David Livingstone

Neue Misstonsreisen in Süd-Afrika

Forschungen am Zambesi und seinen Nebenflüssen

David Livingstone

Neue Misstonsreisen in Süd-Afrika
Forschungen am Zambesi und seinen Nebenflüssen

ISBN/EAN: 9783741167119

Hergestellt in Europa, USA, Kanada, Australien, Japan

Cover: Foto ©Andreas Hilbeck / pixelio.de

Manufactured and distributed by brebook publishing software (www.brebook.com)

David Livingstone

Neue Misstonsreisen in Süd-Afrika

Kaminick, der erste oder untergste der Nordstjern'schen Wasserfälle.

Neue Missionsreisen
in
Süd-Afrika

unternommen im Auftrage der englischen Regierung.

Forschungen
am Zambesi und seinen Nebenflüssen

nebst Entdeckung der Seen Schirwa und Nyassa in den Jahren 1858 bis 1864.

Autorisirte vollständige Ausgabe für Deutschland

von

David und Charles Livingstone.

Aus dem Englischen von J. E. A. Martin.

Nebst 1 Karte und 40 Illustrationen in Holzschnitt.

Zweiter Band.

Jena und Leipzig,
Hermann Costenoble.
1866.

Vorwort.

Es war mein Zweck, in dem vorliegenden Werke*) eine möglichst klare Darstellung von vorher unerforschten Landstrichen mit ihren Stromgebieten, Naturproducten und Fähigkeiten zu geben und meinen Landsleuten, sowie allen Anderen, die sich für die Sache der Menschlichkeit interessiren, das durch den Sclavenhandel in seinen binnenländischen Phasen herbeigeführte Elend vorzulegen: ein Gegenstand, über welchen ein Urtheil zu bilden ich und meine Gefährten die Ersten waren, die dazu Gelegenheit gehabt haben. Die acht Jahre, die ich, seitdem mein letztes Werk veröffentlicht wurde, in Afrika verbrachte, haben, wie ich fürchte, meine Fähigkeit, Englisch zu schreiben, nicht verbessert; aber ich hoffe, daß das, was meinen Darstellungen an Klarheit oder schriftstellerischer Gewandtheit abgeht, einigermaßen ersetzt wird durch die Neuheit der dargestellten Scenen und den neuen Aufschluß, der über jenen Fluch Afrikas und jene Schmach, die noch jetzt, im neunzehnten Jahrhundert, auf einer europäischen Nation liegt — den Sclavenhandel — gegeben wird.

*) Die in dem Werke vorkommenden Münzen, Maße und Gewichte sind, wo nichts Besonderes bemerkt ist, die englischen. Dies gilt namentlich auch von den Meilen. — Der Anhang, auf welchen im ersten Bande Seite 135 in der Anmerkung verwiesen wird, ist nicht gefolgt; sein Inhalt findet sich im zweiten Bande Seite 97 f.

Anmerkung des Uebersetzers.

Ich brachte die „Lady Nyassa" nach Bombay zu dem ausdrücklichen Zweck, sie zu verkaufen, und hätte dies ohne alle Schwierigkeit thun können; aber bei dem Gedanken der Trennung von ihr erwachte stärker als je das Gefühl der Abgeneigtheit, die Ostküste Afrikas den Portugiesen und dem Sclavenhandel preiszugeben, und ich entschloß mich, ehe ich das kleine Fahrzeug aus meinen Händen ließ, nach Hause zu eilen und meine Freunde zu Rathe zu ziehen. Nachdem ich daher zwei Ajawa'sche Knaben zu dem ausgezeichneten Missionar Reverend Dr. Wilson in die Schule gebracht und für die eingeborene Schiffsmannschaft ausreichend gesorgt hatte, brach ich mit den drei weißen Matrosen nach der Heimath auf und erreichte London am 20. Juli 1864. Herr und Frau Webb, meine vielgeliebten Freunde, schrieben nach Bombay und luden mich ein, im Fall ich nach England käme, Newsteab Abbey zu meinem Hauptquartier zu machen; bei meiner Ankunft erneuerten sie ihre Einladung, und obwohl ich, als ich sie annahm, nicht die Absicht hatte, so lange bei meinen gutherzigen Freunden zu bleiben, so hielt ich mich doch bis zum April 1865. bei ihnen auf und schrieb unter ihrem Dach aus meinem eigenen und meines Bruders Tagebuche das ganze vorliegende Buch ab. Es ist die herzlichste Dankbarkeit, mit der ich ihrer unermüdlichen Freundlichkeit gedenke. Meine Bekanntschaft mit Herrn Webb begann in Afrika, wo er ein kühner und glücklicher Jäger war, und seine fortgesetzte Freundschaft ist höchst werthvoll, weil er Missionsarbeit gesehen hat, und er würde mir seine Rücksicht und Achtung nicht zu Theil werden lassen, wenn er nicht geglaubt hätte, daß ich und meine Brüder als rechtschaffene Männer zu betrachten seien, die sich ernstlich bestreben, ihre Pflicht zu thun.

Die Regierung hat den Vorschlag der königlichen geographischen Gesellschaft, der von meinem Freunde, Sir Roderick Murchison, gemacht worden ist, unterstützt und sich mit jener Körper-

schaft vereinigt, um mir bei einem andern Versuch, Afrika civilisirenden Einflüssen zu öffnen, beizustehen, und ein hochgeschätzter
Privatfreund hat zu demselben Zwecke tausend Pfund Sterling
gegeben. Ich beabsichtige, nördlich von dem Gebiet, welches die
Portugiesen in Europa beanspruchen, landeinwärts zu gehen und
mich zu bemühen, jenes Verfahren, welches auf der Westküste so
überaus erfolgreich gewesen ist, auf der Ostküste zu beginnen:
ein Verfahren, welches die unterdrückenden Anstrengungen Ihrer
Majestät Kreuzer mit gesetzlichem Handel und christlichen Missionen
verbindet — und das zu so erfreulichen moralischen und materiel-
len Resultaten geführt hat. Ich hoffe, den Rovuma oder irgend
einen andern Fluß nördlich vom Cap Delgado hinaufzufahren, und
werde außer meiner anderweitigen Arbeit streben, indem ich längs
dem nördlichen Ende des Nyassasees hin und um das südliche
Ende des Tanganyikasees herum gehe, die Wasserscheide dieses
Theils von Afrika zu ermitteln. Dabei hege ich nicht den Wunsch,
dasjenige, was von Speke und Grant mit so vieler Mühe und
Gefahr vollbracht wurde, umzustoßen, sondern vielmehr ihre
glänzenden Entdeckungen zu bestätigen.

Mit Dank muß ich die zuvorkommende Bereitwilligkeit an-
erkennen, mit welcher Lord Russell mir die von dem Künstler,
welcher der Expedition zum ersten Male beigegeben wurde, aufge-
nommenen Zeichnungen ließ. Diese Skizzen, nebst Photographien
von Charles Livingstone und Dr. Kirk, haben zu den Illustrationen wesentliches Material geliefert. Auch meinen Freunden
Professor Owen und Herrn Oswell sage ich für viele werthvolle
Winke und sonstigen Beistand bei der Herstellung dieses Werkes
meinen aufrichtigen Dank.

Newstead Abbey, den 16. April 1865.

Nachschrift zum Vorwort.

Die Ehre, welche ich den Lissaboner Staatsmännern wegen eines aufrichtigen Wunsches, dem Sclavenhandel ein Ende zu machen, zuerkennen mußte, ist, wie ich zu meinem Bedauern erfahre, ganz und gar unverdient. Sie haben einen Monsenhor Lacerda beauftragt, zu versuchen, die von mir vor der Versammlung der „Britischen Gesellschaft zur Beförderung der Wissenschaft" in Bath angeführten Thatsachen durch eine Reihe Artikel in dem portugiesischen officiellen Journal zu unterdrücken, und ihr Minister für auswärtige Angelegenheiten hat seitdem einige von den Geldern seiner Regierung aufgeopfert, um Monsenhor Lacerda's Artikel übersetzen und in der Gestalt einer englischen Abhandlung in Umlauf bringen zu lassen. In dieser amtlichen Urkunde ist nichts augenfälliger als die äußerste Unwissenheit, die in der Geographie des Landes entfaltet wird, von welchem sie nicht nur die Kenntniß, sondern auch die Herrschaft zu besitzen behaupten. Ein von irgend einem alten Schriftsteller angeführtes dunkles Gerücht von zwei Sümpfen unterhalb Murchison's Katarakten wird als entscheidender Beweis betrachtet, daß die alten Einwohner von Senna, einem am Zambesi gelegenen Dorfe, bei der Beschiffung des Schire bis zum Nyassasee hinauf, wo neuere Reisende auf eine Strecke von 35 Meilen eine Steigung von

Nachschrift zum Vorwort.

1200 Fuß finden, auf keine Schwierigkeit stießen. Ein breiter, seichter See mit einer starken Strömung, von dem Senhor Candibo erklärte, daß er ihn nordwestlich von Tette besucht habe, wird als der schmale, tiefe Nyassasee angenommen, der keine Strömung hat und ungefähr nordnordöstlich von demselben Punkte liegt. Auch wird großer Anstoß daran genommen, daß man die Entdeckung der Hauptquellen des Nil Speke und Grant anstatt Ptolemäus und F. Lobo zugeschrieben hat.

Aber der Hauptzweck der portugiesischen Regierung ist kein geographischer. Er besteht darin, jenen Anspruch auf Macht zu unterstützen, der für die Begründung eines gesetzlichen Handels und Herstellung freundschaftlicher Beziehungen zu den eingeborenen Bewohnern Ostafrikas das einzige Hinderniß war. Das folgende Werk enthält eine reiche Bestätigung alles dessen, was von mir in der Versammlung der Britischen Gesellschaft zu Bath vorgebracht wurde, und ich kann hier hinzufügen, daß es diese ungerechtfertigte Annahme einer Gewalt über 1360 Meilen Küste — vom English River bis Cap Delgado, wo die Portugiesen in der That wenig wirkliche Macht haben — ist, was die Einwohner in ewiger Barbarei erhält. Die Portugiesen verbieten allen ausländischen Handel, ausgenommen an sehr wenigen Punkten, wo sie Zollhäuser errichtet haben, und selbst an diesen schließen sie durch einen übertriebenen und hemmenden Tarif und Differentialzölle die Eingeborenen von allem Handel, ausgenommen in Sclaven, vollständig aus.

Wenden wir uns einmal von Süden nach Norden und werfen wir einen Blick auf die ungeheuere Meeresküste, von welcher die Portugiesen in Europa sich bemühen uns glauben zu machen, daß sie ihnen gehört. Delagoa Bai hat ein kleines Fort, Lorenzo Marques genannt, aber jenseits der Mauern nichts. In Inhambane haben sie mit Zulassung der Eingeborenen einen schmalen Streifen Landes inne. Sofala liegt in Trümmern, und von

Quillimane nordwärts haben sie 690 Meilen weit nur eine einzige kleine Schanze, die durch eine bewaffnete Barkasse in der Mündung des Flusses Angoxa geschützt wird, um ausländische Fahrzeuge zu hindern, dort Handel zu treiben. Dann haben sie in Mosambik die kleine Insel, auf welcher das Fort steht, und einen ungefähr drei Meilen langen Streifen auf dem Festlande, auf welchem sie einige Landgüter haben, die nur dadurch vor Feindseligkeit geschützt werden, daß sie den Eingeborenen einen jährlichen Tribut entrichten, was sie „die Schwarzen in ihrem Sold haben" nennen. Die Niederlassung ist in Handel und Wichtigkeit lange im Sinken gewesen. Sie hat als Besatzung wenige Hundert kränkliche Soldaten, die in's Fort eingesperrt sind, und kann ebenso wie eine kleine Koralleninsel in der Nähe kaum sicher genannt werden. Auf der Insel Cibo oder Ibse werden eine unermeßliche Anzahl Sclaven zusammengebracht, aber es giebt wenig Handel irgend einer Art. In Pomba Bai wurde eine kleines Fort hergestellt, aber es ist sehr zu bezweifeln, ob es noch besteht, da der Versuch, dort eine Niederlassung zu bilden, gänzlich fehlgeschlagen ist. Für die Ländereien, welche sie auf dem rechten Ufer des Zambesi bebauen, entrichten sie den Zulus Tribut, und die allgemeine Wirkung des Anspruchs auf Macht und der Hinderung des Handels ist die, daß sie die unabhängigen eingeborenen Häuptlinge dem Sclavenhandel der arabischen Dhows zutreiben, als dem einzigen Handel, der ihnen offen steht.

Es ist der englischen Regierung aus zuverläßlichen Documenten, die bei der Admiralität und dem auswärtigen Amte liegen, wohl bekannt, daß erst im November 1864, zwei Monate später, als meine Rede in Bath gehalten wurde, als von Ihrer Majestät Schiff „Wasp" in Mosambik die Bestrafung derer verlangt wurde, die an der Mannschaft des Kutters von Ihrer Majestät Schiff „Lyra" in der Nähe eines 45 Meilen südwestlich von Moſambik gelegenen Fluſſes eine Gewaltthätigkeit verübt hatten, der gegenwärtige General-Gouverneur erklärte, daß er über die dortigen Eingebornen keine Gewalt habe. Sie ſind nie unterworfen geweſen, und würden, da ſie ein ſchöner und kräftiger Stamm ſind, gern Handelsverträge mit Ausländern eingehen, wenn nicht die Portugieſen mit der ſtillſchweigenden Zuſtimmung europäiſcher Regierungen ſie durch die falſche Behauptung einer Macht vom Handel und jedem civiliſirenden Einfluß ausſchlöſſen.

Dieſer portugieſiſche Anſpruch auf Herrſchaft iſt der Fluch der Negerrace auf der Oſtküſte Afrikas, und er würde bald zu Boden fallen, wenn er nicht die moraliſche Unterſtützung hätte, welche er aus der Achtung herleitet, die ihm von unſerer eigenen Flagge erwieſen wird. Der Kaiſer Napoleon III. mißachtete ihn in Betreff des „Charles et Georges," während das Gouvernement von Moſambik bei mehr als einer Gelegenheit nur durch die Hülfe engliſcher Matroſen vom Umſturz gerettet worden iſt. Unſer Geſchwader an der Oſtküſte koſtet jährlich über 70,000 Pfund Sterling, und indem wir uns in die vorgebliche Souveränetät der Portugieſen fügen, erreichen wir nur eine theilweiſe Unterdrückung des Sclavenhandels und keinen der commerciellen Vortheile, welche dem directen Verkehr mit den Eingeborenen auf der Weſtküſte gefolgt ſind. Der König von Portugal hat ein neues Geſetz zur Abſchaffung der Sclaverei vorgeſchlagen; da aber nie Anſtalt gemacht worden iſt, um ähnliche bereits erlaſſene Verfügungen zur Ausführung zu bringen, ſo flößt es mir kein Vertrauen ein, und wir können daſſelbe nur als eine neue Bitte um noch weitere Fügung in ein Syſtem betrachten, welches die Barbarei forterhält. Monſenhor Lacerra hat durch ſeine eifrige Vertheidigung unwiſſentlich gezeigt, daß die wirklichen Geſinnungen ſeiner Committenten entſchieden für die Sclaverei ſind. Die große Thatſache, daß die Amerikaner ſich von dem Koboſd der Sclaverei frei gemacht haben und wahrscheinlich die Fortdauer des mörderischen Sclavenhandels durch die portugiesische Nation nicht bulden werden, hat mehr gethan, um die neuerliche Rede ihres Königs herauszulocken, als die Ansichten seines Ministeriums.

Inhalt.

Sechzehntes Kapitel.

Sinamane. — Fahrt in Baumkähnen. — Moemba. — Pallisaden zum Wasserschöpfen. — Großmuth der Batoka. — Wir laufen einen Baumkahn. — Ameisenlöwen. — Eine Heerde Flußpferde. — Wasserfalldoctor von Kariba. — Albinos unter den Menschen und Flußpferden. — Wir treffen Sequasha, der nicht ganz so schwarz ist, wie er gemalt wurde. — Begrüßungsart der Eingebornen. — Kariwua. — Braves Betragen der Makololo. — Das Frühstück wird durch den Mambo Kazai unterbrochen. — Das Mittagsmahl wird durch vorgebliche Hülfe vertilgt. — Banzai. — Kebrabasa-Stromschnellen. — Dr. Kirk in Gefahr. — Trauriger Verlust von Manuskripten u. s. w. — Der Tod eines unserer Esel. — Mahl à la Banzo. — Wir erreichen Tette am 23. November. — In allen Sätteln gerechte Leute. — Betrug, der an dem Colonialplane des Königs von Portugal begangen wird 1

Siebenzehntes Kapitel.

Wir fahren nach dem Kongone hinab. — Letzter Bericht über „den Asthmatiker." — Das Ableben des alten Herrn. — Wir erreichen Senna auf Baumkähnen. — Unerträglicher Handel durch Sclaven. — Der Beißer wird gebissen, oder Sequasha gequetscht. — Die Steinkohlen werden durch Sclavenarbeit theuer. — Sr. Excellenz Jacht. — Der Kongone. — Englische Zeitschriften. — Fleisch, Geflügel, Fische und harmonische Krebse der Mangiebaumsümpfe. — Busungu. — Der Sägefisch 26

Achtzehntes Kapitel.

Ankunft des „Pioneer." — Der Missionsstab wird nach Johanna gebracht. — Bischof Mackenzie schließt sich der Expedition auf dem Rovuma an. — Das Wasser fällt. — Rückkehr nach den Comorischen Inseln. — Johanna. — Wir fahren den Schire hinauf. — Der „Pioneer" geht zu tief im Wasser — Charles Livingstone bemüht sich, zur Baumwollencultur anzuspornen. — Mangel an Agenten an der Ostküste im Vergleich zur Westküste. — Englands dortige Anstrengungen. — Ihr Werth. — Die Expedition hat außerordentliches Glück. — Wendepunkt des Glücks. —

Es werden Sclaven befreit. — Der Bischof nimmt des Häuptlings Einladung nach Magomero an. — Besuch bei den Ajawa, wohl gemeint, übel genommen. — Widerstand in höchster Noth. — Rückzug der Ajawa. — Bischof Mackenzie's Mission in Magomero. — Umfang von Dr. Livingstone's Verantwortlichkeit. — Rückkehr zum Schiffe 38

Neunzehntes Kapitel.

Neuer Anlauf nach dem Nyassasee. — Transport eines Bootes an den Kataracten vorbei. — Ein buckliger Wortführer. — Kleiner See Pamalombe. — Anzeichen von Sumpfluft (malaria). — Nyassasee. — Tiefe. — Größe. — Gestalt. — Buchten. — Gebirge und Stürme. — Volkshaufen. — Wildenfachen. — Fische, Sanjika u. s. w. — Scheinbare Faulheit des Volkes. — Unempfindlichkeit der Haut. — Busznetze. — Baumrindengewebe. — Schönheit à la „Velde." — Marenga's Großmuth. — Gräuel des inländischen Sclavenhandels. — Diebe; die erste Räuberei, die wir in Afrika erlitten. — Gräber der Eingeborenen. — Maziru oder Julus. — Viertägige Trennung. — Rauhe Straßen. — Der Mensch des Menschen Feind. — Unser Bürkschweißjäger verschwindet, kommt aber wieder zum Vorschein. — Elephanten. — Araber aus Katanga. — Arabische Geographie vom Tanganyika und Nyassa. — Der Sclavenhandel. — Rohrhütten in Papyrus. — Junge Frauen werden zum Verkauf hinaufgebracht. — Eine gescheidte alte Frau. — Wir begegnen in Mileena's Dorfe plündernden Ajawa. — Athletisches Vergnügen eines Elephanten 58

Zwanzigstes Kapitel.

Ermuthigende Aussichten. — Bischof Mackenzie. — Unsere Fahrt stromabwärts wird gehemmt. — Der Fluß hat im Januar 1862 Hochwasser. — Mariano betritt seine Laufbahn der Sclavenjagd wieder. — Der Gouverneur spielt Versteckens mit ihm. — Hauptmann Alves. — Wir erreichen den Zambesi. — Die Vorstellungen eines Sclavenbesitzers von seinen Sclaven. — Weisheit und Menschlichkeit Napoleon's III. — Am Luabo. — Ihrer Majestät Schiff „Gorgon" kommt an. — Der „Pionier" ist baufällig. — Capitän Wilson fährt den Schire hinauf. — Fortsetzung der Geschichte der Mission des Bischofs. — Er fährt in einem kleinen Baumkahne den Schire hinab. — Verliert Kleidung, Arzenei u. s. w. — Fieber. — Tod und Beerdigung. — Sein Charakter. — Die Freundlichkeit der Makololo. — Herrn Burrup's Tod. — Capitän Wilson kehrt nach Schupanga zurück. — Der Reverend James Stewart prüft erst das Land, ehe er eine Mission durch die freie Kirche von Schottland unternimmt. — Portugiesische Politik und Sclavenhandel sind die Haupthindernisse für jede Mission. — Die persönliche Verantwortlichkeit wird hintenangesetzt und die Schuld auf Andere geschoben. — Frau Livingstone's Krankheit und Tod am 27. April 1862 99

Inhalt.

Einundzwanzigstes Kapitel.

Dr. Kirk und Charles Livingstone fahren nach Tette. — Belchior's Kriege. — Gouverneur Almeida's ehrenwerthes Verbot. — Der General-Gouverneur duldet den Sclavenhandel. — Herren und Sclaven. — Es ist keine Liebe verloren. — Die „Lady Nyassa" läuft vom Stapel. — Betrachtungen der Eingeborenen über die Schwimmkraft des Eisens. — Redefreiheit über gewisse Gegenstände. — Spielende Vögel. — Unser neuer Schlemann. — Die Abfahrt der „Lady Nyassa" wird verschoben. — Portugiesische „Prohibitiv"-Erlaubniß zum Handel. — Wir fahren in Booten den Rovuma hinauf. — Einwohner. — Matten. — Im Zickzack laufendes Fahrwasser. — Ein wunderlicher Fisch. — Baumlehn-Rivalist. — Der Engländer in Afrika. — Eine alte Dame eröffnet den Markt. — Männer mit Pfeilen. — Nabiha. — Matoa. — Sclavenstraße nach Kilwa. — Leben auf einer Sandbank. — Feindseligkeit ohne Herausforderung. — Bienenstöcke und Honig. — Wir finden Steinkohle. — Eine muntere junge Führfrau. — Unser Vordringen wird durch felsige Engpässe gehemmt. — Quellen des Rovuma. — Krokodile. — Ihre Eier. — Seekuhjagd. — Wieder zum „Pioneer" zurück . 120

Zweiundzwanzigstes Kapitel.

Quillimane. — Oberst Nuñez. — Das Gouvernement bekämpft die Landwirthschaft. — Paßmeken. — Die Quillimane'schen Faulenzer. — Rückkehr nach dem Zambesi — Schupanga, am 19. December 1862. — Unsere Mazaro'schen Leute und ihre Verwandten. — Hungersnoth in Tette. — Zerstreuung der Sclaven. — „Die Portugiesen treiben keinen Landbau" noch Jagd. — Am 10. Januar befindet sich die „Lady Nyassa" im Schlepptau. — Mariano's gräßliche Thaten. — Des Bischofs Grab. — Geruch und Gehör bei Thieren. — Wir angeln nach Krokodilen. — Ein schreckliches Schauspiel. — Ein Krokodil gegen einen Makololo. — Die Luft durchdringt alle Körpertheile der Vögel. — Herrn Thornton's Rückkehr. — Kilimanjaro. — Herrn Thornton's edelmüthige Freundlichkeit gegen die Mission. — Eine Reise nach Tette war zu viel für ihn. — Sein Tod und Grab. — Weitverbreitete Verwüstung. — Sclavenhandel und Hungersnoth. — Landbau in den Sümpfen. — Schlafsucht des Ueberrestes der Bewohner. — Gerippe. — Die Abschaffung des Sclavenhandels ist eine unerläßliche Bedingung. — Einfluß eines englischen Dampfers auf dem Nyassasee. — Straßenbau. — Frisches Grün der Hügel. — Es lassen sich keine Lebensmittel kaufen. — Keine Arbeiter. — Aermliche Nahrung und ein niedergeschlagener Geist sind die Vorläufer der Krankheit. — Dr. Kirk und C. Livingstone werden nach Hause beordert. — Dr. Livingstone krank. — Dr. Kirk bleibt zurück, um ihn zu pflegen. — Den 19. Mai reisen Dr. Kirk und C. Livingstone ab. — Vorstellung an die Lissaboner Regierung. — Kein Resultat. — Benehmen der portugiesischen Staatsmänner gegen Afrika. — Dr. Livingstone und Herr Rae machen sich auf, um nach unserem alten Boote zu sehen. — Beschäftigungen der Zurückgelassenen. — Eine durch einen Pfeil verwundete Frau. — Zähigkeit des Lebens. — Dr. Meller 152

Dreiundzwanzigstes Kapitel.

Am 16. Juni 1863 Aufbruch nach den obern Katarakten. — Getreidebau. — Baumwolle. — Hütten, leer oder von Grippen bewohnt. — Flußvögel und Furcht vor dem vergifteten Pfeil. — Das angewandte Gift heißt Kombi und ist eine Strophantusart. — Das 'Ngagib. — Seine Wirkungen. — Instinkt beim Menschen. — Der Muluru-Diable. — Sann oder stachelsamiges Gras. — Sein Gebrauch. — Wege der Eingeborenen. — Perlhühner. — Baumwollenstücke. — Die Expedition wird zurückgerufen. — Da durch den portugiesischen Sclavenhandel alle Arbeitskräfte weggerafft waren, so stand uns kein anderer Weg offen. — Herr Waller ist Zeuge von einem kleinen Theil des Handels. — Freundlichkeit der Ajawa und Makololo gegen die Engländer. — Wir versuchen ein anderes Boot an den Katarakten vorbeizuschaffen. — Verlust des Bootes. — Name derer, die es verloren. — Die Katarakten. — Ihre geologische Beschaffenheit 174

Vierundzwanzigstes Kapitel.

Reisgetränk. — Gutes Betragen der englischen Matrosen. — Molola-Insel. — Kost der Eingeborenen bei Hungersnoth. — Eine neue Richtung des Marsches. — Der Rivi-rivi. — Ein Land, nachdem die Geißel des Kriegs über dasselbe hingezogen ist. — Wir verirren uns. — Gastfreundschaft des Volkes. — Kirk's Metz. — Goa- oder Govathal. — Das Zerfallen der Felsen in einem heißen Klima. — Unsere Reisegesellschaft wird für Sclavenhändler angesehen. — Motunda. — Wir erreichen den Abfluß des Npaffalers. — Kaiofa's Dorf. — Wanderungen der Ajawa. — Landwirthschaft der Eingeborenen. — Bischof Mackenzie's Vorstellung von der Landwirthschaft der Eingeborenen. — Baumwolle. — Chinsamba. — Die assyrische Gesichtsbildung ist der echte Negertypus. — Die Babisa. — Das Lachen der eingeborenen Frauen. — Das Schreien der Kinder. — Wir gehen nordöstlich nach den Ufern des Molambalar. — Das Fischnetz am Chia. — Hacken. — Wilde hätten nicht fortleben können, wären sie ohne alle Belehrung gewesen. — Sie bedurften eines übermenschlichen Lehrers 195

Fünfundzwanzigstes Kapitel.

Lota-lota-Bai. — Araber, die eine Dhow bauen. — Eingeborene versammeln sich an einem gewissen Punkte, welcher Hoffnung auf Schutz vor Krieg gewährt. — Verbreitet sich der Muhametanismus in Afrika? — Die heidnischen Afrikaner stehen in der Sittlichkeit höher als die Anhänger des falschen Propheten. — Wir ziehen nach Westen. — Besteigung des Plateaus. — Einweihungsfeierlichkeit der Eingeborenen. — Sclavenstraße. — Die Wirkungen verdünnter Luft. — Die afrika-

Inhalt.

nische Urreligion schärft Demuth ein. — Sie ist dem Muhamedanismus unähnlich. — Grausame Religionsgebräuche sind auf den kleinen District Dahomey beschränkt. — Hexerei oder Einfluß der Pflanzen. — Götzendienst giebt es nicht. — Feuchtes Klima. — Der Loangwa des Sees und der Loangwa der Maravi. — Die Matumbola. — Das Abfeilen der Zähne und das Tättowiren. — Schießpulver ist die Quelle der Macht des Sclavenhändlers. — Des Sclavenjägers Art, anzugreifen. — Muazi in Kafunga. — Ursachen der Ueberschwemmungen. — Regen. — Das Klima hängt von den herrschenden Winden ab. — Die Wasserscheide. — Geographie der Eingeborenen. — Vergleichung zwischen Afrika und Indien. — Fossilien. — Das eiserne Zeitalter. — In's Kleinliche gehende Topographie. — Die Sprache der Eingeborenen . . 230

Sechsundzwanzigstes Kapitel.

Die Gründe zur Rückkehr. — Depesche von Ihrer Majestät Regierung. — Ein Dieb. — Die afrikanischen Frauen reden selten Fremde an. — Beschäftigungen der Frauen. — Getreidemahlen. — Bierbrauen. — Trinkgelage 263

Siebenundzwanzigstes Kapitel.

Urbar gemachte Waldereien in Wäldern. — Aehnlichkeit der Jäger mit altägyptischen Figuren. — Muazi. — Verlegenheit um Führer. — Babisa übernehmen es, uns nach Chinsamba's Dorf zu führen. — Babisa- und Manganjaköpfe. — Verschiedene Charakterzüge. — Die Dialekte sind verschieden, jedoch verwandt. — Akoma. — Der Bua. — Wir werden für Mazitu gehalten und demgemäß behandelt. — Ein halsstarriger Ortsvorsteher. — Ein gut dressirter Ehemann. — Drückende Stille des verlassenen Landes. — Bangwé. — Wir begegnen den Mazitu. — Wir zeigen eine kühne Stirn mit glücklichem Erfolg. — Zachariah beschleunigte seinen Schritt. — Wir werden für eine Kriegsschaar gehalten. — Am 8. October erreichen wir Molamba am Nyassasee. — Der unbezahlte Führer und sein Betragen. — Vielweiberei. — Der Loapula und Tanganyika. — Die Kenntniß des Babisa vom Innern wird geprüft. — Falscher Lärm über Mazitu. — Herrschende Richtung des Windes im Osten. — Ufer des Sees. — Flüchtlinge und ihre Noth. — Tabakshändler werden von Mazitu angegriffen. — Gewehre gegen Bogen. — Molapo. — Chinsamba's Dorf. — Die in's Kleinliche gehende Kenntniß eines Häuptlings. — Die Afrikaner sind nicht so entwürdigt, wie sie geschildert werden. — Geschenke. — Führer. — Rückhalter Sclavenhandel. — Traurige Gedanken. — Den 15. October, Katosa's Dorf. — Seine Schilderung des Betragens der Ajawa. — Ihre Vorliebe für rothes Haar. — Zuckerrohr ist wahrscheinlich einheimisch. — Bambus. — Katosa wird mit einem Officiersrock und Epauletten bekleidet. — Sein gegenwärtiges Dorf und sein früheres. — Am 20. October kommen wir in Pamumba's Dorfe an. — Verbotgene Vorräthe von Lebensmitteln. — Kabambe und Nyango. — Das Gôa- oder Gowaihal. — Der Kusungwe. — Freundlichkeit eingeborener Frauen. — Am 31. October erreichen wir den Kaluru-Mabse. — Donner und Regen. — Nasse Kleider und Fieber. 271

Achtundzwanzigstes Kapitel.

Erfreuliches Vertrauen der Ajawa. — Üebliche Ruhe der tropischen Räume. — Das Siechen im Schire ist ungeheuer. — Bischof Mackenzie's Nachfolger. — Unerfüllte Hoffnungen. — Was ein Missionar sein muß. — Das Aufgeben der Mission war unnöthig. — Der glückliche Erfolg der Westflußmissionen. — Am 19. Januar hat der Schire Hochwasser. — Wir verlassen Chibisa's Dorf. — Werden aufgehalten. — Erreichen am 2. Februar den Morambala. — Ausbleibung vom Wasser. — Ihre Wirkungen. — Wir nehmen Wittwen und Waisen an Bord. — Der Zambesi hat Hochwasser. — Inseln im Zambesi. — Deltabildung — Mariano's Tod. — Sehr mäßige Ausfuhr. — Wir werden in's Schlepptau genommen. — Ein heftiger Sturm. — Das Verhalten der „Dame des Sees." — Schnelligkeit und Gewandtheit des Capitän Chapman von Ihrer Majestät Schiff „Ariel." — Dichte Packung lebendiger Schiffsladungen ist vielleicht nothwendig. — Der „Pioneer" nimmt besetzt Wittwen und Waisen nebst Herrn Waller mit nach dem Vorgebirge der guten Hoffnung. — Caboceira. — Herr Soares. — Neuer Gouverneur von Mosambik. — Eine neue Pedalia-Art. — Am 16. April erreichen wir Zanzibar. — Gastfreundschaft der Ausländer und unserer eigenen Landsleute. — Am 30. April verlassen wir Zanzibar am Bord der „Lady Nyassa," um nach Bombay zu fahren. — Afrikanische Matrosen. — Ankunft in Bombay 296

Neunundzwanzigstes Kapitel.
Schluß.

Recapitulation der Resultate der Expedition. — Entdeckung eines Hafens und eines Durchganges nach den gesunden Hochlanden. — Fruchtbarkeit des Bodens. — Indigo. — Baumwolle. — Klima und Boden sind vortrefflich zu ihrem Anbau geeignet. — Große Baumwollenstrecken des Inneren. — Tabak und Kleinnußpflanzen nebst Zuckerrohr. — Gräser. — Ununterbrochene Ernten. — Fettes Rindvieh. — Türrangen. — Harte Hölzer sind gewöhnlich. — Bauholz ist selten. — Sarsaparille. — Columbawurzel. — Faserige und Oel liefernde Bäume und Pflanzen. — Mangel an Muth, in Afrika gemachte Entdeckungen zu beschreiben. — Düsterer Schatten des Sclavenhandels. — Verschiedene Arten, auf die er betrieben wird. — Directe europäische Vermittelung beim Handel. — Napoleon III. — „Anwerbungssystem." — Der Sclavenhandel ist eine Schranke für jeden Fortschritt. — Seine Einwirkungen auf das Land der Sclavenbesitzer. — Ursache des Krieges in Amerika —

Aehnliche Wirkung einer Jahrhunderte langen Barbarei auf afrikanische und andere Nationen. — Der Afrikaner physisch betrachtet; sein Grobsinn. Tauglichkeit zur Dienstbarkeit ist nicht dem Klima zuzuschreiben. — Patriarchalische Regierungsform. — Der Stillstand der Afrikaner geht aus derselben Ursache hervor wie derjenige anderer Nationen. Der Mensch wirkt mit. — Er wird mit Werkzeug geleitet, die nicht sein eigen ist. — Ist die aus der Wissenschaft herzuleitende größte Macht den Christen vorbehalten? — Die Befähigung des Afrikaners für das Christenthum. — Freundlichkeit ist der beste Weg zum Herzen. — Missionen in Sierra Leone. — Der Sonntag in Sierra Leone. — Die Behauptung des Capitän Burton. — Statistik von Sierra Leone. — Die Fortdauer von Lord Palmerston's Politik ist nothwendig. — Handelsberichte. — Oberst Ord's Bericht. — Einflüsse der Niederlassungen. — Sterblichkeit an Bord des Westküstengeschwaders. — Behandlung des Fiebers. — Missionsgesellschaften auf der Westküste. — Unsere amerikanischen Missionsbrüder. — Winke zu einer Lösung unserer Verbrecherfrage. — Oberst Ord's Ansicht über Niederlassungen 317

Verzeichniß der Illustrationen.

Erster Band.

Seite

1. Vogelperspective der großen Wasserfälle des Zambesi (Mosiotunya oder Victoriafälle genannt) und der im Zickzack laufenden Kluft unterhalb der Fälle, durch welche der Fluß entrinnt. Türkkupfer des 1. Bandes, vergl. 1. Bd. S. 279 ff.
2. Mit Schlingpflanzen bedeckte Pandane oder Schraubenpalme am Kongonekanal des Zambesi 20
3. Ansicht von Mazaro. — In der Ferne eine Schlacht zwischen Portugiesen und Rebellen 30
4. Tanz der Landeens oder Zulus, die in Schupanga angekommen sind, um von den Portugiesen ihren jährlichen Tribut zu erheben . . . 32
5. Das Grab der Frau Livingstone unter dem Baobabbaume in der Nähe des Schupangahauses 33
6. Die „Ma-Robert" im Zambesi oberhalb Senna; in der Ferne der sattelförmige Nevramilahügel 36
7. Landeens oder Zulus, die in Senna von den Portugiesen Tribut erheben, stellen Kriegsübungen zur Schau an 38
8. Flußpferdspeer mit ausgewickeltem Milolaseil und wurffertig eingesetzter Speerspitze 41
9. Die Art, wie man die Speerspitze am Seile befestigt 41
10. Die Speerspitze hat in's Thier eingeschlagen und das Seil wickelt sich vom Schafte ab 41
11. Ansicht eines Theiles der Kebrabasastromschnellen 57
12. Frauen mit Wassertöpfen hören der Musik auf der Marimba, Sanji und Papagenopfeife zu 68
13. Afrikanische Geige mit einer Saite 101
14. Ansicht des Dampfers, der Flußschertfallen und eines todten Flußpferdes 103
15. Fischkorb 106
16. Einheimisches Gewebe und eingeborener Weber, die landesübliche ungeheuere Tabakspfeife rauchend 122
17. Eine Schmiede mit Blasbalg von Ziegenleder 123
18. Pelele oder Lippenring einer Manganjerin 125

Verzeichniß der Illustrationen.

Seite

19. „Gorée" oder Sclavenstock 136
20. Hochzeitszug zu Tette. Braut und Bräutigam von Sclaven in Machillas oder Hängematten getragen. Begleitende Freunde. Ehrenpforte am Hause des Schwiegervaters. Sclaven schießen Gewehre ab, wie es bei Hochzeiten und Leichenbegängnissen gewöhnlich geschieht 159
21. Eine Gruppe Flußpferde 205
22. Ameisengänge 209
23. Sansa, ein musikalisches Instrument 262
24. Flaschenkürbiß als Resonanzboden 262
25. Flaschenkürbiß, mit Figuren verziert 262
26. Blasebalg und andere Werkzeuge 351
27. Leibgürtel 353

Zweiter Band.

28. Morumbala, der erste oder niedrigste der Murchison'schen Wasserfälle. Titelkupfer des 2. Bandes, vergl. 1. Br. S. 65.
29. Trupp Gefangener, auf ihrem Wege nach Tette bei Abame's Dorf angetroffen 47
30. Eine alte Manganjerin, die Pelele oder den Lippenring und die in sich kreuzweise durchschneidenden Linien auf Gesicht, Armen und Körper bestehende Tätowirung zeigend 92
31. In der Nähe der Wasserfälle des Rovuma. Bienenstock von Frauen zum Fischfangen gebrauchter Korb 144
32. Ansicht von Quillimane und vom „Pioneer" 153
33. Gewöhnliche Form der eisernen Spitze eines Ajawapfeiles mit Widerhaken 177
34. Gewöhnliche Form eines Manganjapfeiles, an Spitze, Widerhaken und Hals vergiftet 177
35. Die Art, wie die Pfeilspitze in den Schaft eingefügt wird . . . 177
36. Ganzer Pfeil, fast vier Fuß lang und befiedert 177
37. Hackende Frauenzimmer 215
38. Handbrett am Chia 223
39. Manganjaspeere mit eisernen Schaufeln oder Spaten an den Enden der Griffe und mit eisernen Ringen beschwert 226
40. Eine mahlende Frau 268
41. Mühle der Eingeborenen zum Getreidemahlen 269
42. Marovibogen 284
43. Special-Karte von Süd-Ost-Afrika zu Dr. David und Charles Livingstone's Neuen Missionsreisen, nach deren astronomischen Beobachtungen und Skizzen gezeichnet von John Arrowsmith . . Am Ende.

Sechzehntes Capitel.

Sinamane. — Fahrt in Baumkähnen. — Moemba. — Pallisaden zum Wasserschöpfen. — Großmuth der Batoka. — Wir laufen einen Baumkahn. — Ameisenlöwen. — Eine Heerde Flußpferde. — Wasserfalldoctor von Kariba. — Albinos unter den Menschen und Flußpferden. — Wir treffen Sequasha, der nicht ganz so schwarz ist, wie er gemalt wurde. — Begrüßungsart der Eingeborenen. — Kariwa. — Braves Betragen der Makololo. — Das Frühstück wird durch den Mambo Kajai unterbrochen. — Das Mittagsmahl wird durch vorgebliche Hülfe vereitelt. — Banyai. — Achrabasa-Stromschnellen. — Dr. Kirk in Gefahr. — Trauriger Verlust von Manuscripten u. s. w. — Der Tod eines unserer Esel. — Mahl à la Banyo. — Wir erreichen Tette am 23. November. — In allen Stücken gerechte Leute. — Betrug, der an dem Colonialplane des Königs von Portugal begangen wird.

 Sinamane's Volk baut große Quantitäten Tabak, den sie für den Makololo'schen Markt zu Bällen verarbeiten. Zwanzig Bälle, deren jeder ungefähr drei Viertelpfund wiegt, werden für eine Hacke verkauft. Der Tabak wird an die niedrigen feuchten Stellen an den Ufern des Zambesi gepflanzt und stand zu der Zeit, wo wir dort waren, im October, in Blüthe. Sinamane's Volk scheint Nahrung im Ueberfluß zu haben; die Leute sind alle stark und kräftig. Er konnte uns nur zwei seiner Baumkähne verkaufen, lieh uns aber noch drei, um uns bis nach Moemba's Dorf zu fahren, wo, wie er glaubte, andere gekauft werden konnten. Sie wurden mit seinen eigenen Baumkahnmännern bemannt, die sie wieder zurückbringen sollten. Der Fluß ist ungefähr 250 Yards breit und fließt heiter zwischen hohen Ufern nordostwärts. Unterhalb Sinamane's Dorf sind die Ufer oft fünfzig Fuß tief ausgewaschen und aus Kies und Sand vulkanischer Gesteine zusammengesetzt, die bisweilen in einer eisenhaltigen Erzmutter sitzen. Der Grund besteht aus lauter Flußsand und Kies; wie derselbe sich bildete, können wir uns nicht vorstellen, wenn es nicht in den Löchern geschah, die sich in dem weiter oben liegenden tiefen Spalte befinden. Der Grund oberhalb der Wasserfälle ist, wenige dicht an denselben stehende Felsen ausgenommen, gewöhnlich Sand oder weicher Tuffstein. Jede feuchte Stelle ist mit Mais, Kürbissen, Wassermelonen, Tabak und Hanf bedeckt. An beiden Seiten des Flusses giebt es eine ziemlich zahlreiche Batokabevölkerung. Als wir langsam hinabfuhren, begrüßten uns die Leute von den Ufern aus mit Händeklatschen. Auch ein Ortsvorsteher beglückwünschte uns und brachte uns ein reiches Geschenk an Getreide und Kürbissen.

Moemba besitzt eine fruchtbare Insel, Mosanga genannt, die eine Meile lang ist, und auf der sein Dorf liegt. Er steht in dem Rufe, daß er ein tapferer Krieger sei, und ist sicherlich ein großer Sprecher; aber uns Fremden gab er etwas Besseres als einen Strom von Worten. Wir empfingen ein hübsches Geschenk an Getreide und die fetteste Ziege, die wir je gesehen hatten; sie glich einem Hammel. Seine Unterthanen waren eben so freigebig wie ihr Häuptling. Sie brachten zwei große Körbe Getreide und eine Partie Tabak, als eine Art allgemeiner Steuer für die Reisenden. Hier lief einer von Sinamane's Baumkahnmännern, nachdem er seinen Lohn zu bekommen gesucht hatte, davon, ging vor Ablauf der bedungenen Zeit zurück und erzählte, die Engländer hätten die Baumkähne gestohlen. Am nächsten Morgen kurz nach Sonnenaufgang kam Sinamane mit fünf seiner „langen Speere" in's Dorf, offenbar entschlossen, sein Eigenthum mit Gewalt wieder zu nehmen; er sah den Augenblick, daß sein Mann ihn getäuscht hatte. Moemba neckte ihn damit, daß er auf eine Entenjagd gekommen sei. „Hier sind Eure bei mir zurückgelassenen Baumkähne; Eure Leute sind alle bezahlt worden, und die Engländer baten mich so eben, ihnen meine Baumkähne zu verkaufen." Sinamane sprach wenig mit uns; er bemerkte blos, daß er von seinem Diener getäuscht worden sei. Eine einzige Bemerkung über seinen Häuptling veranlaßte den albernen Menschen, offenbar in großer Furcht und Niedergeschlagenheit sich plötzlich zu entfernen. Sinamane war sehr freundlich gegen uns gewesen, und da er zusah, als wir Moemba unser Geschenk gaben, boten wir ihm auch noch einige Perlen an und trennten uns als gute Freunde. Moemba, der gehört hatte, daß wir Sinamane's Unterthanen versammelt hätten, um ihnen von der Sendung unsers Heilandes zu erzählen und mit ihnen zu beten, verband mit unserer Zusammenkunft den Begriff des Sonntags, kam, ehe noch etwas Derartiges vorgeschlagen wurde, und bat, er und seine Unterthanen möchten eben so wie seine Nachbarn „gesonntagt" werden, und wir möchten ihm ein wenig Saatweizen und Obstbaumsamen geben — eine Bitte, die wir natürlich sehr gern erfüllten. Der Gedanke, daß man unmittelbar zum höchsten Wesen beten kann, scheint, obwohl er Allen nicht ganz neu ist, sich ihren Gemüthern so stark einzuprägen, daß sie ihn nie vergessen werden. Sinamane sagte, er bete zu Gott, Morungo, und bringe ihm Trankopfer dar. Er hatte zwar von uns gehört, aber noch nie weiße Männer gesehen.

Als wir mit Moemba um Baumkähne handelten, bemerkten wir zu unserer Freude, daß er rechtschaffen und ehrlich mit uns verfahren wollte. „Unser Preis sei hoch; aber er habe nur zwei Baumkähne übrig. Einer sei gut — den wolle er uns verkaufen. Den andern wolle er uns nicht verkaufen, weil er die schlechte Eigenschaft habe, umzufallen und Alles, was darin sei, in den Fluß zu werfen. Er wolle uns seine eigenen zwei großen Baumkähne so lange leihen, bis wir weiter unten andere kaufen könnten." Die besten Baumkähne werden aus einer großen Art borniger Akazien verfertigt. Diese Bäume standen jetzt im Samen, und manche Eingeborene kochten die Schoten im Wasser und vermischten den Absud mit ihrem Biere, um die berauschenden Eigenschaften zu vermehren. In Zeiten großer Hungersnoth werden die Bohnen auch gegessen, sind aber sehr abstringirend.

In Makonde's Dorfe legten wir an, um einen Baumkahn zu kaufen. Sie hatten eben fröhliche Zeit, sangen, tanzten und tranken ihr außergewöhnlich starkes Bier. Es wurde uns sofort ein großer Topf voll gebracht. Der Häuptling sprach nur wenig; sein Redner besorgte für ihn das Sprechen und den Handel, und schien ihm zeigen zu wollen, wie gewandt er beides thun könne. Am Saume des Flusses stehen viele kleine Pallisaden; sie werden dort gebaut, um die Frauen, während sie ihre Wassertöpfe füllen, vor den Krokodilen zu schützen. Hierin sind sie den Portugiesen voraus; denn obgleich in Senna und Tette jährlich viele Frauen von den Krokodilen hinweggetragen werden, so wird doch das Leben dieser armen Wasserschöpferinnen von den Herren so gering angeschlagen, daß sie nie daran denken, auch nur einen einfachen Zaun zu ihrem Schutz zu errichten. Dr. Livingstone versuchte den Pater von Tette zu bewegen, diesen Gegenstand in Anregung zu bringen, und erbot sich, wenn nach der Messe eine Einsammlung veranstaltet würde, selbst zwanzig Dollars zu geben; der Pater aber lächelte blos, zuckte die Achseln und that nichts.

Kraniche mit schönen Kronen, nach ihrem Gesang „Mawang" genannt, wurden täglich gesehen und fingen an, sich zu paaren. Große Schaaren spornflügeliger Gänse oder Matschikwe waren gewöhnlich. Diese Gans soll ihre Eier im März legen. Auch Paare ägyptischer Gänse sahen wir, und eben so einige der knopfnasigen oder, wie sie in Indien genannt werden, gekämmten Gänse. Wenn die ägyptischen Gänse, wie in der jetzigen Zeit, Junge haben, bleiben die Gänschen stets so dicht hinter ihrer

Mutter, daß es aussieht, als ob sie ein Theil ihres Schwanzes wären, und beide Eltern erheucheln, wenn sie auf dem Lande sind, gerade so wie unsere Regenpfeifer, Lahmheit, um Verfolger abzulenken. Auch der Strauß nimmt die Kibitzmode an, aber kein Vierfüßler: sie zeigen sich kampfbereit, um ihre Jungen zu vertheidigen. An manchen Stellen waren die steilen Ufer mit den Löchern bedeckt, welche in die Nester der Bienenfresser führen. Als wir vorbeifuhren, kamen diese Vögel zu Hunderten heraus. Wenn die rothbrüstige Art sich auf den Bäumen niederläßt, geben sie denselben das Ansehen, als wären sie mit rothem Laube bedeckt.

Am Abend des 11. October holte uns unsere zu Lande hinziehende Reiseabtheilung ein; eine Anzahl Männer waren so freundlich, ihre Bündel für sie zu tragen. Sie hatten unterwegs werthvolle Geschenke an Lebensmitteln bekommen. Der Eine war mit einer Ziege beschenkt worden, ein Anderer mit Hühnern und Mais. Sie fingen an, zu glauben, daß diese Batoka „Herzen haben," obgleich sie anfangs, wie diejenigen, welche Jemandem ein Unrecht zufügen, gewöhnlich sind, argwöhnisch gegen sie waren und ihnen Schuld gaben, daß sie die Makololo haßten und Jeden, den sie anträfen, umbrächten. Plündernde Streifcorps von Makololo und unterworfenen Batoka hatten früher in diese nämlichen Dörfer Einfälle gemacht. Seit einigen Morgen erschien Moloka in großem Kummer und Furcht; sein Diener Ranyeu war den Tag vorher verschwunden, und er war versichert, daß die Batoka ihn gefangen und umgebracht hatten. Einige Minuten später kam dieser Ranyeu mit zwei Männern an, die ihn, während er nach Sonnenuntergang umherirrte, gefunden, ihm Abendessen und Herberge gegeben, und ihn, indem sie seine Last für ihn trugen, zu uns gebracht hatten.

Am Morgen des 12. October zogen wir durch ein wildes, hügeliges Land mit schöner bewaldeter Landschaft auf beiden

Selten, aber dünn bewohnt. Die größten Bäume waren gewöhnlich dornige Akazien von großem Umfange und schönen Formen. Da wir an mehreren Dörfern vorüberfuhren, ohne anzulegen, wurden die Bewohner beunruhigt und liefen mit Speeren in der Hand an den Ufern hin. Wir beauftragten Einen, vorwärts zu gehen und Mpande zu sagen, daß wir kämen. Dies beruhigte ihre Furcht; wir gingen an's Land und frühstückten in der Nähe der großen, mit zwei Dörfern versehenen Insel, der Mündung des Zungwe gegenüber, wo wir auf unserm Wege nach Seschele hinauf den Zambesi verlassen hatten. Mpande that es Leid, daß er von seinen eigenen Baumkähnen keine verkaufen konnte, er wollte uns aber zwei leihen. Er gab uns gekochte Kürbisse und eine Wassermelone. Sein Diener hatte eine Seitenkrümmung des Rückgrats. Wir haben oft Fälle von Höckern gesehen, aber dies war der einzige Fall dieser Art Krümmung, den wir angetroffen haben. Mpande begleitete uns selbst in seinem eigenen Fahrzeuge, bis wir Gelegenheit fanden, anderswo einen schönen großen Baumkahn zu kaufen. Wir bezahlten dafür, was als ein hoher Preis betrachtet wurde, zwölf Schnuren blaue geschnittene gläserne Halsperlen, eine gleiche Anzahl große blaue von der Größe der Schnellläufchen und zwei Yards grauen Calico. Wären die Perlen gröber gewesen, so würden sie höher berechnet worden sein, weil solche Mode waren. Vor dem Abschluß des Handels sagte der Eigenthümer, „sein Herz jammerte um seinen Baumkahn, und wir müßten etwas mehr geben, um sein Jammern zu stillen." Dies war unwiderstehlich. Die Handelsgesellschaft Sequascha's, die wir jetzt trafen, hatte zehn große neue Baumkähne, jeden für sechs Schnuren wohlfeile grobe weiße Perlen oder, was mit denselben gleichen Werth hat, vier Yards Calico, erhandelt und für den reinsten Tand Elfenbein genug eingekauft, um sie sämmtlich zu beladen. Sie trieben auch Handel in Sclaven, was in dieser Gegend Afrika's etwas Neues war und wahrscheinlich den Charakter der Einwohner bald ändern wird. Diese Leute hatten wie der Hase im Klee gelebt und waren ungemein dick und fett. Wenn sie auf den Handel geschickt werden, schränken sich die Sclaven im Bier oder sonst etwas, was sie für ihres Herrn Waaren kaufen können, wohlweislich nie ein.

Die Insecten, welche man Ameisenlöwen (Myrmecoleo) nennt, fanden sich sehr zahlreich an sandigen Orten unter schattigen Bäumen, selbst wo nur wenig Ameisen zu sehen waren. Diese geduldigen Geschöpfe liegen jetzt im Hinterhalt und haben in dieser Zeit des Jahres viel außergewöhnliche Arbeit. Die starken Winde füllen ihre Fallgruben mit Triebsand aus, und kaum haben sie denselben sorgfältig herausgeschaufelt, so wird er wieder hineingeweht und erhält sie auf diese Weise in beständiger Thätigkeit, bis der Wind sich legt.

Die Temperatur des Zambesi war seit dem August um 10° gestiegen, sie betrug jetzt 80°. Die Luft war nach Sonnenuntergang bis auf 96° erhitzt, und da es in der Nähe des Wassers am kühlsten war, so machten wir unsere Betten gewöhnlich dicht an den Rand des Flusses, obgleich wir dort durch die Krokodile gefährdet waren. Afrika unterscheidet sich von Indien darin, daß die Luft stets kühl und erfrischend wird, lange ehe die Sonne wiederkehrt, und es kann kein Zweifel sein, daß wir in diesem Lande es aushalten können, wenn wir uns einer Sonnenhitze aussetzen, die in Indien tödlich sein würde. Daß man den Sonnenstich so selten antrifft, rührt wahrscheinlich von der größeren Trockenheit der afrikanischen Atmosphäre her. In zweiundzwanzig Jahren fand oder hörte Dr. Livingstone nie einen einzigen Fall, obgleich man die schützenden Kopfbedeckungen Indiens hier selten sieht.

Wenn das Wasser sich fast auf seinem niedrigsten Stande befindet, begegnen wir dann und wann kleinen Stromschnellen, die während der übrigen Zeit des Jahres wahrscheinlich nicht vorhanden sind. Nachdem wir dem Flüßchen Bume gegenüber, welches von Süden kommt, übernachtet hatten, passirten wir die Insel Nalansalo, gingen am 17. über die Stromschnellen gleiches Namens hinab und kamen am Morgen des 19. zu den bedeutenderen Nakabelschnellen am Eingange zu der Kariba. Die Makololo führten die Baumkähne vortrefflich durch die im Damme befindliche Oeffnung. Als wir in die Schlucht eintraten, kamen wir an mehr als dreißig Flußpferde heran; in der Nähe des Einganges erstreckt sich eine Bank zwei Drittel quer über den eingeengten Fluß, und an der ruhigen Stelle hinter derselben schwammen sie umher. Mehrere waren im Fahrwasser, und unsere Baumkahnmänner fürchteten sich, unter dieselben hinabzufahren, weil, wie sie behaupteten, gewöhnlich ein bösartiges in einer Heerde sei, das ein boshaftes Vergnügen daran finde, Baumkähne umzuwerfen. Zwei oder drei Knaben auf den gegenüberliegenden Felsen vertrieben sich die Zeit damit, Steine nach den erschrockenen Thieren zu werfen, und trafen mehrere an den Kopf. Es würde nicht schwer gewesen sein, die ganze Heerde zu schießen. Wir feuerten einige Schüsse ab, um sie wegzutreiben; die Kugeln springen oft vom Schädel ab, und man thut nicht mehr Schaden, als wenn ein Schulknabe eine blutige Nase bekommt. Wir erlegten eins, welches den reißenden Strom hinabschwamm und von einer Anzahl am Ufer hinlaufender Männer verfolgt wurde. Vom linken Ufer her rief uns ein Eingeborener zu und sagte, ein Mann auf seiner Seite wisse, wie man zu den Karibagöttern beten müsse; er rieth uns, ihn zu dingen, um, während wir die Stromschnellen hinabgingen, für unsere Rettung zu beten, sonst würden wir sicherlich Alle ertränkt werden. Noch Niemand wagte sein Leben in der Kariba, ohne erst den Flußdoctor oder Priester für seine Gebete zu bezahlen. Unsere Leute fragten, ob vorn ein Katarakt sei, aber er lehnte es ab, irgend eine Auskunft zu geben; sie wären nicht auf seiner Seite des Flusses; wenn sie hinüberkommen wollten, dann werde er im Stande sein, es ihnen zu sagen. Wir fuhren hinüber, aber er ging nach dem Dorfe ab. Da landeten wir und spazierten über die Hügel, um uns die Kariba anzusehen, ehe wir derselben unsere Baumkähne anvertrauten. Die Strömung war stark und an manchen Stellen gab es gebrochenes Wasser, aber das Fahrwasser war fast gerade und hatte keinen Katarakt; wir beschlossen daher, es zu wagen. Während wir uns den Fluß ansahen, besuchten unsere Leute das Dorf und wurden mit Bier und Tabak bewirthet. Der Priester, welcher weiß, wie man zu dem Gotte beten muß, der die Stromschnellen beherrscht, folgte uns mit mehreren seiner Freunde, und sie waren ziemlich überrascht, als sie sahen, daß wir ohne die Hülfe seiner Fürsprache wohlbehalten hinabfuhren. Die Eingeborenen, welche das todte Flußpferd verfolgten, fingen dasselbe ein paar Meilen weiter unten auf und saßen, während sie es an einem Felsen festgemacht hatten, neben dem todten Thiere am Ufer, um auf uns zu warten. Da es dort eine bedeutende Strömung gab und die felsigen Ufer nicht für unsere Betten paßten, so nahmen wir das Flußpferd in's Schlepptau und sagten den Dorfbewohnern, sie möchten uns folgen, wir würden ihnen den größten Theil des Fleisches geben. Die Krokodile zausten so stark an dem Aase, daß wir, um das Umwerfen des Baumkahnes zu vermeiden, uns bald genöthigt sahen, es den Wellen preiszugeben und es in der Strömung hinabschwimmen zu lassen. Ehe wir eine passende Stelle fanden, wo wir die Nacht zubringen konnten, mußten wir noch so weit hinabfahren, daß die Eingeborenen schlossen, wir hätten nicht die Absicht, das Fleisch mit ihnen zu theilen, und nach dem Dorfe zurückkehrten. Wir schliefen zwei Nächte an dem Platze, wo das Flußpferd zerlegt wurde.*) Die

---

*) Das Thier war ein Weibchen und fett; es war 10 Fuß lang und 4 Fuß 1 Zoll hoch. Ein junger Bulle, den wir weiter oben bekamen, war

Krokodile waren in der Dunkelheit stark damit beschäftigt, indem sie an dem, was im Flusse gelassen wurde, herumrissen und das Wasser wüthend mit ihren gewaltigen Schwänzen peitschten. Die auf beiden Seiten der Kariba liegenden Hügel sind denen der Kebrabasa sehr ähnlich; die Schichten sind, ohne einen ebenen Grund, in jeder Richtung geneigt und gedreht.

Obgleich die Hügel den Zambesi mehrere Meilen weit in einen engen Kanal einschließen, so giebt es doch außer denjenigen, welche in der Nähe des Einganges liegen, keine Stromschnellen. Der Fluß ist glatt und offenbar sehr tief. In der Schlucht war nur ein einziges menschliches Wesen zu sehen, da das Land für die Bebauung zu rauh ist. Manche in der Nähe des Ausganges der Kariba im Wasser liegende Felsen sehen in einiger Entfernung wie ein Fort aus, und wenn so große Massen verrückt, gebogen und sogar gedreht sind, so bezeugt dies sofort irgend eine furchtbare emporhebende und convulsivische Thätigkeit der Natur, welche wahrscheinlich die Kebrabasa, Kariba und die Victoriafälle veranlaßte, ihre gegenwärtige Gestalt anzunehmen; sie fand nach der Bildung der Steinkohle statt, da dieses Mineral damals emporgetrieben worden ist. In den gegenwärtigen ruhigen Wirkungen der Natur haben wir wahrscheinlich nichts dem Aehnliches.

Als wir herauskamen, schlugen wir unser Lager an einem kleinen Flusse, dem Pendele, einige Meilen unterhalb der Schlucht auf. An der westlichen Seite des unteren Endes der Kariba-Enge steht der Palabiberg; die Kette, zu welcher er gehört, geht quer über den Fluß und läuft nach Südosten. Chitumbula, ein gastfreundlicher alter Ortsvorsteher unter Nschomotela, dem Oberhäuptling eines großen Districtes, den wir nicht sahen, brachte uns am nächsten Morgen einen großen Korb Mehl und vier

---

am Widerrist 4 Fuß 8 Zoll hoch und von der Schnauze bis zur Einfügungsstelle des Schwanzes 9 Fuß 7 Zoll lang.

Hühner nebst etwas Bier und einem Kuchen Salz, „um den Speisen einen guten Geschmack zu geben." Chilumbula sagte, die Elephanten plagten sie, indem sie die Baumwollenpflanzen wegfräßen; aber seine Leute schienen sich in guten Verhältnissen zu befinden.

Einige Tage vor unserer Ankunft fingen sie in einer Nacht drei Büffel in Fallgruben, und nicht im Stande, sie alle zu essen, ließen sie einen verfaulen. Während der Nacht änderte sich der Wind und wehte von dem todten Büffel nach unserer Schlafstelle hin; ein hungriger Löwe, der in seiner Nahrung nichts weniger als leckerhaft war, rührte die faule Masse auf, knurrte und glotzte über seinem Schmause, und störte uns in unserm Schlummer. Wild jeder Art ist in außerordentlicher Fülle vorhanden, besonders von diesem Punkte an bis über den Kafue hinab, und eben so ist es auf Moselekatse's Seite, wo es keine Einwohner giebt. Die Dürrung treibt alles Wild nach dem Flusse zur Tränke. Geht man am Morgen oder Abend eine Stunde weit am rechten Ufer hin, so hat man ein Land vor sich, das von wilden Thieren wimmelt. Ungeheure Heerden Pallahs, viele Wasserböcke, Rooboos, Büffel, wilde Schweine, Hirschochsen, Zebras und Affen kommen zum Vorschein; in den Didichten mit der frischen Spur der Elephanten und Nashörner, die während der Nacht am Flusse gewesen sind, ziehen Franlolinhühner, Perlhühner und Myriaden Turteltauben das Auge auf sich. Nach wenigen Meilen stießen wir stets auf eine Heerde Flußpferde, die auf einer seichten Sandbank schliefen; ihre Körper, die fast alle außerhalb des Wassers lagen, sahen wie im Flusse liegende schwarze Felsmassen aus. Wenn diese Thiere viel gejagt werden, so werden sie verhältnißmäßig vorsichtig, aber hier stört sie nie ein Jäger, und sie ruhen ohne Sorgen aus, ergreifen jedoch immer die Vorsicht, gerade über dem tiefen Fahrwasser zu schlafen, in welches sie, wenn sie beunruhigt werden, untertauchen können. Wird in eine schlafende Heerde ein Schuß abgefeuert, so springen alle auf die Beine, stieren mit eigenthümlichen dummen Blicken von flußpferdlicher Ueberraschung vor sich hin und warten, ehe sie in das tiefe Wasser stürzen, einen zweiten Schuß ab. Einige Meilen unterhalb Chikuubula's Dorfe sahen wir in einer Heerde ein weißes Flußpferd. Unsere Leute hatten noch nie ein ähnliches gesehen. Seine Farbe war blaßröthlich-weiß, genau wie die der Albinos. Es schien der Vater einer Anzahl anderer zu sein, denn es gab viele, die mit großen hellen Flecken gezeichnet waren. Der sogenannte weiße Elephant ist ein eben solcher blaßröthlicher Albino wie dieses Flußpferd. Einige Meilen oberhalb der Kariba bemerkten wir, daß in zwei kleinen Weilern viele der Einwohner einen ähnlichen krankhaften Zustand der Haut hatten. Auf Menschen und Thiere schien derselbe Einfluß gewirkt zu haben. Ein schwarzfarbiges Flußpferd stand allein da, als ob es von der Heerde ausgestoßen wäre, und biß das Wasser, während es seinen Kopf in einer höchst rasenden Weise von einer Seite zur andern schüttelte. Dieses Wasserbeißen mit seinem ungeheuern Rachen ist des Flußpferds Art, „die Thür zuzuschmeißen." Wenn das Weibchen Zwillinge hat, soll es einen derselben umbringen.

Wir legten an der schönen baumbedeckten Insel Kalabi an, der Stelle gegenüber, wo Tuba-moloro, als wir hinaufzogen, dem Löwen die Moral las. Die Vorfahren der Leute, welche jetzt diese Insel bewohnen, besaßen Rindvieh. Seitdem „die Rinder erhoben wurden," hat die Tsetse Besitz vom Lande ergriffen. Niemand weiß, wo diese Insecten entstehen; zu einer gewissen Jahreszeit verschwinden sie alle und kommen eben so plötzlich wieder, Niemand weiß, woher. Die Eingeborenen sind so genaue Beobachter der Natur, daß ihre Unwissenheit in diesem Falle uns überraschte. Die kleine Bucht, in welcher wir landeten, und wo die Frauen Wasser schöpften, hatte ein einsames Flußpferd zu seinem Wohnorte erwählt. Zwischen den Felsen laufen hübsche kleine Eidechsen mit hellblauen und rothen Schwänzen hin und fangen Fliegen und andere Insecten. Diese harmlosen — obgleich für neue Ankömmlinge abstoßenden — Geschöpfe leisten dem Menschen bisweilen gute Dienste, indem sie große Massen der zerstörenden weißen Ameisen fressen.

Am Mittag des 24. October fanden wir Sequascha in einem Dorfe unterhalb des Kafue mit dem Hauptcorps seiner Leute. Er sagte, während seines Ausflugs wären 210 Elephanten erlegt worden; viele seiner Leute seien ausgezeichnete Jäger. Bei der Menge Thiere, die wir sahen, war dies möglich. Er erzählte, daß er, nachdem er den Kafue erreicht hatte, nordwärts in das Land der Zulus gegangen sei, deren Vorfahren ehedem vom Süden hergewandert wären und eine Art republikanischer Regierungsform eingeführt hätten. Sequascha ist der größte portugiesische Reisende, mit dem wir je bekannt wurden, und er rühmt sich, daß er ein Dutzend verschiedene Dialecte sprechen könne; doch weiß er leider von den Ländern und Völkern, die er gesehen hat, nur sehr dürftige Nachricht zu geben, und man kann sich auf seine Aussagen nicht sonderlich verlassen. In Erwägung der Einflüsse aber, unter denen er erzogen worden ist, und des in Tette obwaltenden Mangels an Erziehungsmitteln ist es ein Wunder, daß er die guten Züge besitzt, welche er bisweilen darlegt. Unter seinen Waaren befanden sich mehrere wohlfeile amerikanische Wanduhren: ein ziemlich unnützes Möbel für eine Gegend von Afrika, wo kein Mensch sich um künstliche Zeitmessung kümmert. Diese Uhren brachten ihn bei den Banyai in Verlegenheit. Er setzte sie in Gegenwart des Häuptlings alle in Gang; dieser erschrak über die fremdartigen Töne, die sie gaben, und sah sie als eben so viele Hexereiverwittler an, die eben thätig wären, allerhand Uebel über ihn und sein Volk zu bringen. Sequascha hatte sich, das war entschieden, eines Milando oder Verbrechens schuldig gemacht, und er mußte für seine Ausstellung eine schwere

Strafe an Katunn und Perlen bezahlen. Er spielte darauf an, daß wir gehört hätten, er habe Mpangwe getödtet, und läugnete, daß er es wirklich gethan habe; aber in seiner Abwesenheit sei sein Name mit in die Sache gemengt worden, und zwar in Folge seiner Sclaven, die, während er eines Nachts mit Namalusuru, dem Manne, der auf Mpangwe gefolgt sei, Bier getrunken habe, gesagt hätten, sie wollten den Häuptling für ihn tödten. Sein Genosse hatte, als wir ihn auf dem Wege nach Sesehele hinauf sahen, daran nicht gedacht, denn er suchte den Mord dadurch zu entschuldigen, daß er sagte, sie hätten jetzt den rechten Mann in die Häuptlingsstelle eingesetzt.

Von Tombanyama's Dorf vorwärts ist der Zambesi voller Inseln, und durch das frische junge Gras und Rohr waren viele Büffel herbeigelockt worden. Am Vormittag des 27. October wurde einer geschossen. Während der Nacht hörten wir entfernten Donner, und das Fleisch verdarb, wie es bei einer solchen Beschaffenheit der Atmosphäre gewöhnlich geschieht, so rasch, daß es am nächsten Morgen nicht zu essen taugte. In diesem Falle, wo nur Mangel die Wahl blieb, machte Hunger Bitteres süß. Dieselbe rasche Zersetzung tritt auch ein, wenn man Fleisch vier bis fünf Stunden lang auf einen Melonenbaum hängt; eine bis zwei Stunden machen es nur zart.

Als wir am 28. auf einer Insel in der Nähe des Pobebobo rasteten, brachten uns drei von Ma-mburuma's Leuten ein Geschenk an Mehl und Hühnern. Ihre Begrüßungsart, die bezweckt, feine Lebensart und höfliche Etikette zu zeigen, bestand darin, während sie sich mit dem Geschenk in der einen Hand näherten, mit der andern Hand auf die Schenkel zu klatschen, und indem sie sich vor uns niedersetzten, in die Hände zu klatschen, sodann, als sie unseren Leuten das Geschenk überreichten, das Klatschen auf die Schenkel fortzusetzen, was sie, als sie ein Gegengeschenk empfingen, sowie auch bei ihrem Weggange, mit beiden Händen thaten. Dieses ceremoniöse Verfahren wird mit ernster Stimmung ausgeführt, und man kann Mütter beobachten, die ihren Kindern das richtige Händeklatschen gerade so einschärfen, wie man bei uns Höflichkeitsformen lernt.

Nachdem wir am Morgen des 29. drei Stunden gefahren waren, wurde der Fluß durch die Mburumaberge, Karivua genannt, wieder in ein Fahrwasser eingeengt und es kam abermals eine Stromschnelle dunkel zum Vorschein. Sie wurde durch zwei Strömungen gebildet, die durch Felsen nach dem Mittelpunkte hingeleitet wurden. Als wir auf derselben hinabfuhren, benahmen sich die von Sekeletu mitgeschickten Leute sehr edel. Die Baumkähne liefen ohne vorherige Besichtigung hinein, und die ungeheuern Stoßwellen der mittleren Strömung begannen sofort, dieselben zu füllen. Mit großer Geistesgegenwart und ohne einen Augenblick zu zögern, lichteten zwei Mann, indem sie über Bord sprangen; dann befahlen sie einem Batoka, dasselbe zu thun, „da die weißen Männer gerettet werden müßten." „Ich kann nicht schwimmen," sagte der Batoka. „So spring' heraus und halte Dich am Baumkahne an." Das that er augenblicklich. Nebenher schwimmend, führten sie die sich mit Wasser füllenden Baumkähne die schnelle Strömung hinab bis an's Ende der Stromschnelle und trieben sie dann an's Ufer, um sie zu entleeren. Ein Boot hätte sicher hinabfahren können, aber unsere Baumkähne standen an den Dahlborden keinen Fuß über dem Wasser.

Es war, Dank der Unerschrockenheit dieser guten Leute, Nichts verloren, wenn auch Alles ganz durchnäßt war. Diese Stromschnelle liegt nahe dem westlichen Ende der Mburumaberge oder Karivua gegenüber. Unterhalb derselben beginnt bald eine zweite. Wenn der Fluß steigt, sollen sie völlig ausgeglichen werden. An dieser schlimmsten Stromschnelle mußten die Baumkähne ausgeladen und die Sachen ungefähr hundert Yards weit getragen werden. Nach der Zeit, in welcher ein Stück Holz über

100 Fuß hinschwamm, fanden wir, daß die Strömung sechs Knoten in der Stunde durchlaufe, bei weitem die größte Geschwindigkeit, die wir im Zambesi beobachteten. Als die Leute eben den letzten Baumkahn dicht am Ufer hinabbrachten, schwang sich das Hintertheil um und in die Strömung hinein, und Alle, einen einzigen ausgenommen, ließen lieber fahren, als daß sie mit fortgeschleppt wurden. Er klammerte sich an's Bug an, und wurde mitten in den Strom gerissen. Während er fest gehalten hatte, als er hätte sollen fahren lassen, setzte er gleich darauf sein Leben dadurch auf's Spiel, daß er fahren ließ, als er hätte festhalten sollen, und wurde in wenigen Secunden von einem furchtbaren Strudel verschlungen. Seine Kameraden setzten weiter unten einen Baumkahn aus, fingen ihn auf, als er zum dritten Male an die Oberfläche heraufkam, und retteten ihn, obgleich er sehr erschöpft und ganz kalt war.

Die Landschaft dieses Passes erinnerte uns an die Kebrabasa, wenn sie auch derselben sehr nachsteht. Ein Band derselben schwarzen glänzenden Glasur läuft ungefähr zwei Fuß vom Rande des Wassers an dem Felsen hin. Auf manchem Hügel gab es keinen Halm Gras, da es das Ende der gewöhnlichen trockenen Jahreszeit war, die auf eine vorhergegangene strenge Dürrung folgte; doch waren die Hügelseiten mit schönen grünen Bäumen unterbrochen. An den rauhen Abhängen ließen sich einige Antilopen sehen; auch ein paar Leute zeigten sich dort, die sich hingelegt hatten und ein Töpfchen Bier tranken. Die Karivua-Engpässe sind ungefähr dreißig Meilen lang. Sie enden am Berge Roganora. Zwei Felsen, die zu der Zeit, wo wir dort waren, zwölf bis fünfzehn Fuß über dem Wasser standen, mögen bei Hochwasser bedeckt und gefährlich sein. Unsere Hauptgefahr war der Wind, da ein ganz unbedeutender Wellenschlag hinreichend war, die Baumkähne mit Wasser zu füllen.

Am 1. November kamen wir in Zumbo, an der Mündung

des Luengua an. Da das Wasser kaum bis an die Knie ging, so watete unsere zu Lande hinziehende Reiseabtheilung mit Leichtigkeit durch diesen Fluß. Auf einer Banyolo's Dorf gegenüberliegenden Insel wurde ein Büffel geschossen; die Kugel saß in der Milz. Wir sahen, daß er vorher in demselben Organ verwundet worden war; denn eine eiserne Kugel war in dasselbe eingebettet und die Wunde völlig geheilt. Auf dem Flusse sah man große Massen der Pflanze Pistia stratiotes schwimmen. Um diese Gegend herum ist das rechte Ufer stark von Menschen bewohnt, und doch ist das Wild sehr zahlreich.

Als wir am Morgen des 2. unser Frühstück genossen, kamen der Mambo Kazai, von dem wir nichts wußten, und seine Leute mit ihren Musketen und großen Pulverhörnern, um eine Abgabe zu erheben und sich das Holz bezahlen zu lassen, das wir zum Kochen gebraucht hatten. Da wir aber auf seine Forderung entgegneten, daß wir Engländer wären, sagte er: „Ach! Engländer seid Ihr? Ich dachte, Ihr wäret Bazungu (Portugiesen). Sie sind die Leute, von denen ich Zahlungen nehme;" und entschuldigte sich, daß er sich geirrt habe. Bazungu oder Azungu ist ein Ausdruck, der auf alle Ausländer von heller Farbe und auf Araber angewandt wird, auch auf Handelssclaven, wenn sie bekleidet sind. Er bedeutet wahrscheinlich Fremde oder Besucher, — von zunga, besuchen oder wandern, — und die Portugiesen waren die einzigen Fremden, welche die Leute je gesehen hatten. Da wir kein Verlangen trugen, für Leute von dieser Nation zu gelten — im Gegentheil — so zogen wir gewöhnlich eine breite Grenzlinie, indem wir sagten, wir wären Engländer, und die Engländer kauften kein verkauften weder schwarze Menschen, noch hielten sie dieselben als Sclaven, sondern wünschten dem Sclavenhandel für immer ein Ende zu machen.

Unserm Freund Mpende machten wir im Vorbeigehen einen kurzen Besuch. Er besorgte eine Hütte für uns mit neuen auf den Fußboden gebreiteten Matten. Da wir ihm gesagt hatten, wir müßten weiter eilen, weil die Regen nahe wären, fragte ein alter Rath begierig: „Sind sie nahe? und werden wir in diesem Jahre reichlichen Regen bekommen?" Wir konnten nur sagen, daß es um die gewöhnliche Zeit sei, wo die Regen anfingen, und daß die gewöhnlichen Anzeichen, eine große Menge westwärts ziehender Wolken, vorhanden wären, daß wir aber nicht mehr wüßten als sie selbst. Manche Leute machen sich gelegentlich die vermeintliche Leichtgläubigkeit der Eingeborenen zu Nutze, um temporären Beifall zu gewinnen; aber die Afrikaner sind gewöhnlich schlau genug, irgend einen Widerspruch zu entdecken, und es ist Niemand betrogen, als der Reisende selbst. Mpende war beschuldigt worden, während der vergangenen Dürrung die Wolken vertrieben zu haben, und hatte als Sühne seiner Missethat dem Pondoro eine schwere Strafe bezahlen müssen. In der Nacht des 4. wehte ein Sturm (gale), nach welchem der Wind plötzlich umsprang und stromabwärts blies, und wir Donner, Blitz und Regen hatten. Die Temperatur sowohl der Luft als des Wassers war am nächsten Morgen gesunken; der Fluß war um 7° oder bis auf 78° gefallen. Während des Tages waren rings um uns Gewitter; der Zambesi stieg um mehrere Zoll und wurde in hohem Grade verfärbt.

Die Flußpferde sind hier vorsichtiger als weiter oben, da die Eingeborenen sie mit Feuergewehren jagen. Wir schossen auf einer seichten Sandbank eines, und unsere Leute unternahmen es, dasselbe nach dem linken Ufer hinüberzubringen, um es mit größerer Gemächlichkeit zerlegen zu können. Es war ein schönes fettes Thier, und Alle freuten sich in der Hoffnung, das Fett für Butter zu unserm harten dürren Kuchen von einheimischem Mehl zu essen. Unser Koch wurde hinübergeschickt, um ein auserlesenes Stück zum Mittagsessen abzuschneiden, kehrte aber mit der staunenerregenden Nachricht zurück, daß das todte Thier fort sei. Sie waren betrogen worden und schämten sich vor sich selbst. Eine Anzahl Banyai kamen, um ihnen dasselbe an's Land wälzen zu helfen, und behaupteten, es sei ganz seichtes Wasser. Sie wälzten es immer fort nach dem Lande hin, und da sie fanden, daß das Seil, welches wir an dasselbe befestigt hatten, wie sie sagten, hinderlich sei, wurde es los gemacht. Alle jauchzten und schwatzten so laut sie nur schreien konnten, als plötzlich unser gehoffter Schmaus, wie die Banyai beabsichtigt hatten, in ein tiefes Loch plumpte. Als es versank, sprangen alle Makololo ihm nach. Einer erhaschte wie rasend den Schwanz, ein zweiter packte einen Fuß, ein dritter bemächtigte sich der Hüfte; „aber bei Sebituane! es ging hinab, trotz Allem, was wir thun konnten." Anstatt eines fetten Flußpferdes hatten wir nur ein mageres Huhn zum Mittagsessen und waren sehr froh, daß wir nur dies bekamen. Das Flußpferd jedoch schwamm während der Nacht auf und wurde etwa eine Meile weiter unten gefunden. Da versammelten sich die Banyai am Ufer und machten uns das Recht auf das Thier streitig. „Es konnte ja von Jemand anders geschossen worden sein." Unsere Leute nahmen ein wenig davon und überließen es ihnen dann lieber, als daß sie mit ihnen in Collision kommen wollten.

In den Kakolole-Engpässen am Manyerereberge wurde ein schöner Wasserbock geschossen. Er sank neben der Bucht hin, wo er eben weidete. Ein ungeheueres Krokodil, das ihn in dem Augenblicke belauert hatte, packte und schleppte ihn in's Wasser, welches nicht sehr tief war. Das tödtlich verwundete Thier machte einen verzweifelten Sturz und riß sich, indem es das Krokodil mehrere Yards weit fortzog, aus dem gräßlichen Rachen. Um dem Jäger zu entgehen, sprang der Wasserbock in den Fluß und schwamm quer über denselben; da machte ein zweites Krokodil Jagd auf ihn, aber eine Kugel schickte dasselbe bald auf den Grund. Der Wasserbock schwamm noch ein wenig weiter, der schöne Kopf sank, der Körper schlug um und einer der Baumkähne schleppte ihn an's Ufer. Unterhalb des Kakolole und noch immer an der Basis des Montereteberges sahen wir jetzt am rechten Ufer des Zambesi mehrere Steinkohlenschichten zu Tage streichen, die wir auf unserer Reise hinaufwärts nicht bemerkt hatten.

Chitora, der Häuptling von Chicova, bewirthete uns mit seiner früheren Gastfreundlichkeit. Unsere Leute waren alle mit seiner Artigkeit sehr zufrieden und sahen sie sicherlich nicht als einen Beweis von Schwäche an. Sie gedachten seine Freundlichkeit zu erwiedern, wenn sie diesen Weg auf einem Plünderungszuge kämen, um die Schafe der Banyai zu essen, weil dieselben sie in der Angelegenheit des Flußpferdes beleidigt hatten; sie würden dem Chitora sagen lassen, er solle nicht ausreißen, denn sie, die seine Freunde wären, würden einem so gutherzigen Manne kein Leid zufügen.

Auf unserer Reise stromabwärts hatten wir in Betreff des Flusses selbst folgende Kenntniß gesammelt. Von dem Punkte an, wo wir uns in Sinamane's Dorfe nach Kansalo einschifften, ist der Fluß schiffbarer als zwischen Tette und Senna, obgleich eine große Strecke desselben nur 250 bis 300 Yards breit oder der Themse an der Londonbrücke gleich ist. Etwas unterhalb Kansalo, an der Kariba, erstreckt sich ein basaltischer Deich, Kalabese genannt, mit einer weiten Oeffnung, die nur für Baumkähne gefährlich ist, wie ein künstlicher Damm quer über den Strom. Der tiefe und schmale Fluß fließt dann mehrere Meilen weit durch eine Kette hoher Berge. Noch weiter hinab und vom Kafue ostwärts ist er wenigstens eine halbe Meile breit; die Strömung ist sanft, und es giebt dort viele sandige Inseln. Dann kommt die oben erwähnte, ungefähr 100 Yards lange Stromschnelle am Karivua mit einer Stromgeschwindigkeit von fast sechs Knoten in der Stunde; dies ist, die wirklichen Katarakten ausgenommen, der reißendste Theil des Zambesi. Auf der Strecke unterhalb Zumbo und bis nach Chicova hin ist der Fluß wieder breit und leicht zu befahren. Chicova, von dem die Geographen bald als von einem Königreiche, bald als von einem Katarakt gesprochen haben, ist ein District mit einer fruchtbaren Ebene am südlichen Ufer, und beide Seiten des Flusses waren hier ehemals gut cultivirt; jetzt aber hat er keine Bevölkerung.

In die Kebrabasastromschnellen am östlichen Ende von Chicova fuhren wir in den Baumkähnen ein und gingen etliche Meilen hinab, bis der Fluß sich in eine Rinne von fünfzig bis sechzig Yards Breite verengt, von der wir schon bei der Beschreibung des Hochwasserstandbettes und des Fluthbettes für niedrigen Wasserstand sprachen. Dann wurde die Schifffahrt schwierig und gefahrvoll. Ein Fallen des Wassers um fünfzehn Fuß in unserer Abwesenheit hatte viele Katarakten enthüllt. Zwei von unseren Baumkähnen fuhren unversehrt einen schmalen Kanal hinab, der, wo er sich gabelte, an der felsigen Scheidewand zwischen den beiden Armen einen garstigen Strudel hatte, indem das tiefe Loch bei den Wirbeln sich bald öffnete, bald schloß. Gleich darauf kam der Baumkahn des Doctors und schien trotz der äußersten Anstrengungen der Ruderer in den offenen Strudel hinabschießen zu wollen. Die übrigen erwarteten, daß sie zur Rettung herbeirudern müßten; die Mannschaft sagte: „Seht, wohin diese Leute eben gehen! — seht, seht!" — als ein lauter Krach unsere Ohren traf. Dr. Kirk's Baumkahn wurde durch ein plötzliches und geheimnißvolles Aufbrausen des Flusses, das in unregelmäßigen Zwischenzeiten vorkommt, an einen Vorsprung der senkrechten Felsen geschmettert. Man sah, wie Dr. Kirk der hinabziehenden Wirkung des Wassers, das fünfzehn Faden tief sein mußte, widerstand und sich mit seinen Armen an dem Vorsprunge hinaufhob, während sein Steuermann, der sich an demselben Felsen festhielt, den Baumkahn rettete, aber fast der ganze Inhalt desselben den Strom hinab mit fortgerissen wurde. Mittlerweile, wo die Aufmerksamkeit der Mannschaft abgelenkt war, wurde Dr. Livingstone's Baumkahn dadurch gerettet, daß, als man an den furchtbaren Wirbel gelangte, die Höhlung im Strudel sich ausfüllte. Einige von den in Dr. Kirk's Baumkahn befindlichen Sachen waren darin geblieben; aber Alles, was werthvoll war, mit Einschluß eines Chronometers, eines Barometers und, zu unserer großen Betrübniß, seiner Reisenotizen und botanischen Zeichnungen der Fruchtbäume des Inneren, ging verloren.

Nun verließen wir den Fluß und gingen zu Fuße weiter, bedauernd, daß wir es nicht schon den Tag zuvor gethan hatten. Die Mannschaft war durch und durch erschrocken, sie hatten noch nie eine so gefährliche Schifffahrt gesehen. Sie wollten lieber alle Lasten tragen, als sich den Gefahren der Kebrabasa noch länger aussetzen. Aber die Strapaze eines einzigen Tagemarsches über die heißen Felsen und den glühenden Sand hin änderte ihre Stimmung, ehe es Nacht wurde; sie bedauerten dann, daß sie die Baumkähne verlassen hatten; sie meinten, sie hätten sie an den gefährlichen Stellen vorbeischleppen und dann wieder vom Stapel lassen sollen. Einer der beiden Esel starb in der Nähe des Luia in Folge der Erschöpfung. Obgleich die Leute Zebras und Quaggas, Blutsverwandte des Esels, essen, so nahmen sie doch Anstoß an dem Gedanken, den Esel zu essen. „Es würde eben so sein, als wenn der Mensch sich selbst äße, weil der Esel mit dem Menschen lebt und sein vertrauter Gefährte ist." Wir begegneten zwei großen Handelsgesellschaften Tette'scher Sclaven auf ihrem Wege nach Zumbo, die eine Anzahl für Elfenbein zu verkaufende Manganjafrauen führten, welche Stricke um die Hälse hatten und alle an ein langes Seil befestigt waren.

Panzo, der Ortsvorsteher des Dorfes östlich von der Kebrabasa, nahm uns mit großer Freundlichkeit auf. Nach der gewöhnlichen Begrüßung ging er auf den Hügel und rief mit lauter

Stimme über das Thal hin den Frauen mehrerer Weiler zu, sie sollten Abendessen für uns kochen. Um acht Uhr Abends kehrte er zurück, begleitet von einem Zuge Frauen, die Lebensmittel brachten. Es waren acht Schüsseln Nsima oder Suppe, sechs Schüsseln verschiedener Arten sehr guten wildwachsenden Gemüses, nebst Schüsseln Bohnen und Hühnern, alles auf's köstlichste gekocht und gewissenhaft gereinigt. Die hölzernen Schüsseln waren fast so weiß wie das Mehl selbst. Auch für unsere Mannschaft wurden Lebensmittel gebracht. Am 21. November fanden wir reife Mangofrüchte, die gewöhnlich die Nähe der Portuglesen anzeigen, und am 23. erreichten wir frühzeitig Tette, nachdem wir etwas über sechs Monate abwesend waren.

Die zwei englischen Matrosen, die wir zur Beaufsichtigung des Dampfers zurückgelassen hatten, befanden sich wohl, hatten sich gut betragen und sich während der ganzen Zeit unserer Abwesenheit einer ausgezeichneten Gesundheit erfreut. Ihr Landbau war mißlungen. Wir ließen einige Schafe zurück, welche sie, wenn sie sich nach frischem Fleische sehnten, schlachten sollten, und zwei Dutzend Hühner. Indem sie noch mehr kauften, hatten sie die Zahl der letzteren bald verdoppelt und sich auf einen guten Vorrath von Eiern Aussicht gemacht; aber sie kauften auch zwei Affen, und diese fraßen alle Eier. In einer Nacht kam ein Flußpferd herauf und verwüstete ihren Gemüsegarten; in ihren Baumwollenfled brachen die Schafe ein, als sie in Blüthe stand, und fraßen Alles weg bis auf die Stengel; dann trugen die Krokodile die Schafe fort und die Eingeborenen stahlen die Hühner. Auch als Büchsenmacher waren sie nicht glücklicher. Ein portugiesischer Handelsmann, der von dem Scharfsinne englischer Matrosen eine sehr hohe Meinung hatte, zeigte ihnen eine Doppelbüchse und fragte, ob sie die Bräunung, die der Rost weggefressen hatte, wiederherstellen könnten. „Ich glaube, ich weiß, wie sich das machen läßt," sagte der Eine, dessen Vater ein Grobschmied war; „es ist ganz leicht; Sie brauchen nur die Läufe in's Feuer zu legen." Es wurde am Ufer ein großes Holzfeuer angemacht und die unglücklichen Läufe darübergelegt, damit sie die schöne Büchsenfarbe bekommen sollten. Zu Hans' großem Schrecken gingen die Läufe in Stücke. Um aus der Verlegenheit zu kommen, klebten sein Kamerad und er die Stücke mit Harz zusammen und schickten die Büchse dem Eigenthümer mit dem Gruß, „das sei Alles, was sie an ihr thun könnten; für ihre Arbeit wollten sie ihm nichts anrechnen!" Sie hatten auch eine eigenthümliche Art erfunden, einen Handel abzumachen. Sie hatten den Marktpreis der Lebensbedürfnisse ermittelt und bezahlten denselben, aber nicht mehr. Wenn die Handelsleute sich weigerten, das Schiff zu verlassen, bis der Preis erhöht sei, wurde ein Chamäleon, vor welchem die Eingeborenen sich wie vor dem Tode fürchten, aus der Kajüte gebracht, und in dem Augenblicke, wo dieselben das Geschöpf sahen, sprangen sie über Bord. Das Chamäleon legte jeden Streit auf der Stelle bei.

Aber neben ihrer guten Laune im Geschäftsverkehr zeigten sie eine englischer Matrosen würdige Menschenliebe. In einer Nacht weckte sie ein schreckliches Angstgeschrei auf; sofort eilten sie in einem Boote zur Rettung hinaus. Ein Krokodil hatte eine Frau gepackt und wollte sie eben über eine seichte Sandbank schleppen. Gerade als sie zu ihr hinaufkamen, that sie einen furchtbaren Schrei: das schauderhafte Reptil hatte ihr Bein am Knie abgebrochen. Sie nahmen sie an Bord, verbanden das Glied, so gut sie konnten, gaben ihr, da sie sich auf nichts Besseres besannen, wodurch sie ihr Mitgefühl hätten bezeigen können, ein Glas Rum und brachten sie nach einer Hütte im Dorfe. Am nächsten Morgen fanden sie, daß man den Verband losgerissen und das unglückliche Wesen hatte sterben lassen. „Ich glaube," bemerkte Rowe, einer der Matrosen, „ihr Herr war böse auf uns, daß wir ihr das Leben gerettet, als er sah, daß sie ihr Bein verloren hatte."

Da wir viel von einer Militär- und Agricultur-Colonie gehört hatten, die der verstorbene König von Portugal, der als ein biederer Mann bekannte Don Pedro V., ausgeschickt hatte, so empfanden wir große Theilnahme für einen Versuch, der unter seinen erleuchteten Auspicien begonnen worden war. Unmittelbar nach unserer Ankunft in Tette besuchten wir den neuen Gouverneur. Se. Excellenz sagte kaltblütig, der König sei von denen, die er angewiesen hätte, die Leute auszuwählen, arg betrogen worden. Er lächelte darüber, daß seine Regierung Militärverbrecher als Colonisten aussende und sagte: „Diese Leute sind nicht geeignet, etwas im Lande zu thun; sie wissen, wie sie ihre Waffen rein zu halten haben, weiter aber nichts. Was in aller Welt nützte es, für Leute wie diese landwirthschaftliche Geräthe zu schicken? Was Afrika betrifft, so wird die Regierung betrogen."

Siebenzehntes Capitel.

Wir fahren nach dem Kongone hinab. — Letzter Bericht über „den Asthmatiker." — Das Ableben des alten Herrn. — Wir erreichen Senna auf Baumstämmen. — Uneinträglicher Handel durch Sclaven. — Der Beißer wird gebissen, oder Sequasha gequetscht. — Die Steinkohlen werden durch Sclavenarbeit theuer. — Sr. Excellenz Jacht. — Der Kongone. — Englische Zeitschriften. — Fleisch, Geflügel, Fische und harmonische Krebse der Manglebaumsümpfe. — Busungu. — Der Sägefisch.

Da der Zambesi ungewöhnlich niedrig war, blieben wir in Tette, bis er ein wenig stieg, und verließen es am 3. December, um nach dem Kongone zu fahren. Es war eine saure Arbeit, das Fahrzeug flott zu erhalten; in der That erwarteten wir nie, daß es über dem Wasser bleiben werde. Jeden Tag brachen neue Lecke aus; die Maschinenpumpe gab nach; die Brücke brach nieder; in der Nacht füllten sich drei Fächer; außer der Kajüte und dem vorderen Fach war Alles überschwemmt, und in wenigen Tagen wurde uns von Rowe versichert: „Herr, es kann nicht schlechter sein, als es ist." Während unserer Abwesenheit hatte er und Hutchins einen großen Theil ihrer Zeit damit verbracht, daß sie den Boden flickten, ihn mit Thon beschmierten und unterschorten, und hauptsächlich ihnen zu Gefallen versuchten wir noch einmal Gebrauch von ihm zu machen. Wir waren lange völlig überzeugt gewesen, daß die Stuhlplatten durchaus ungeeignet waren. Am 21. blieb der trostlose „Asthmatiker" auf einer Sandbank sitzen und füllte sich. Er konnte weder entleert noch wieder flott gemacht werden. Während der Nacht stieg der Fluß, und Alles, was am nächsten Tage von dem abgenutzten Schiff noch sichtbar war, waren ungefähr sechs Fuß von seinen beiden Masten. Der größte Theil des Eigenthums, das wir an Bord hatten, wurde gerettet, und wir verbrachten die Weihnachten des Jahres 1860 in einem Lager auf der Insel Chimba. Wir ließen von Senna Baumkähne kommen und langten am 27. in dieser Stadt an, um von unserm Freunde Senhor Ferrão wieder gastfreundlich aufgenommen zu werden.

Eine große Sclavengesellschaft, die dem Commandanten gehörte, war gerade, nachdem sie den größeren Theil des Jahres weg gewesen, von einer nach Moseletatse's Land unternommenen Handelsreise zurückgekehrt. Sie hatten tausend Flinten und eine große Quantität Schießpulver mit in's Innere genommen, da dies, wie sie sagten, die einzigen Artikel sind, die Moseletatse gern kauft. Sie traten ihre Rückreise an mit Elfenbein, Straußfedern, tausend Schafen und Ziegen und dreißig Stück schönen Rindern. Außerdem schickte Moseletatse, als ein Zeichen, daß die Händler und er sich als gute Freunde trennten, dem Commandanten einen prächtigen weißen Bullen mit. Die Straußfedern waren in Rohr eingepackt worden; im Lager brach eines Nachts Feuer aus, und die meisten derselben verbrannten. Die Rinder mußten unterwegs durch ein Thetseland ziehen und starben alle an den Folgen des Bisses. Der weiße Bulle ging zwei Tagereisen von Senna zu Grunde; sechshundert Schafe und Ziegen waren gegessen worden, entweder weil sie lahm wurden, oder weil die Treiber hungrig waren. Der Commandant, der einen Fieberanfall hatte, war unfähig, seine Verluste zu berechnen, beabsichtigte aber die Sclaven, die, wie gewöhnlich, mehr auf ihre eigene Bequemlichkeit, als auf den Nutzen ihres Herrn bedacht waren, einzukerkern. Sclavenarbeit ist sicherlich sehr theuer, denn ein Engländer mit zwei Wagen und zehn Leuten hätte — von den viel weiter entfernten Punkten Natal oder dem Vorgebirge der guten Hoffnung aus — einen viel einträglichern Ausflug nach Moselekatse's Land machen können, als von diesen Hunderten von Sclaven gemacht wurde.

Als wir Sequascha trafen, gestand er, daß er bereits 600 Arroben oder 25,600 Pfund Elfenbein aufgehäuft und den größten Theil desselben für bloßen Tand gekauft habe. Sein Kamerad hatte ungefähr halb so viel oder 12,800 Pfund. Als Sequascha im folgenden Jahre nach Tette zurückkehrte, wurde er in das im Fort befindliche Gefängniß geworfen. Er hatte mehrere Tonnen Elfenbein mit herabgebracht und war bald wieder ein freier Mann. Der vorgebliche Grund für seine Einkerkerung waren die Unordnungen, deren er sich im Innern schuldig gemacht hatte: dies glich aber nur dem üblichen Verfahren, durch welches bei der Fischzucht der Lachs veranlaßt wird, seinen Laich herzugeben, ehe er wieder als ein freier flinker Fisch fortschwimmt. Wir beneiden den Ansiedler in diesen portugiesischen Verbrecherkolonien nicht um seine Lage. Aber wir bedauern, daß unsere eigenen Landsleute am Vorgebirge der guten Hoffnung durch eine unweise Politik verhindert werden, ihre Freiheit und Liebe zu ehrlichem Spiel in das Land zu tragen, welches, soweit die Entdeckung geht, von Rechtswegen ihr Eigenthum ist. Und es mag uns gestattet sein, unsere innige Betrübniß auszusprechen, daß Robert Moffat, der Sohn des berühmten Missionars, so bald in der Mitte seines Lebens und am Anfange seiner edlen Bemühungen, gesetzlichen Handel in das ganze Innere zu bringen, hinweggenommen wurde.

Für unsere Freunde am Vorgebirge der guten Hoffnung kann es interessant sein, zu wissen, daß ungeachtet ihres dann und wann löblichen Murrens über die Wankelmüthigkeit Kaffern'scher Arbeiter dieselben doch viel besser sind als Sclaven. Die hiesige Steinkohle liegt, wie wir schon erwähnt haben, in Klippenprofilen an den Seiten der Flüsse, die leicht zum Transport durch Lichterfahrzeuge nützlich gemacht werden könnten, ganz bloß. Von

Von Pedro V. wurde ein kleines Fahrzeug, das genau der Ma-Robert glich, ausgeschickt, um den Zambesi zu befahren, und nach Tette wurden Befehle gesendet, für dasselbe einen Vorrath an Kohlen aus der Schicht bereit zu halten, an welcher wir unser Fahrzeug versorgten. Dieser Befehl wurde durch Sclaven ausgeführt, und aus einem Bericht, der uns durch den Officier verschafft wurde, welcher diese leichte Bergbauarbeit beaufsichtigte, entnahmen wir, daß die Tonne Kohle 1 Pfund Sterling oder wenigstens zweimal so viel als bei freier Arbeit am Eingange des Schachtes in England kostete. Wäre sie bis zur Mündung des Flusses mitgenommen worden, so würde sie in der That theurer gewesen sein als Kohle, die zur See um das Vorgebirge der guten Hoffnung herum nach Indien gebracht wird. Die erwähnten Umstände zeigten, daß die Hauptkosten, die man sich zuzog, in der von den Sclaven verlangten Nahrung lagen. Die den Herren in der Berechnung ausgeworfenen Löhne waren gering. Dem gegenwärtigen Arbeitssystem gemäß könnte die Tonne Steinkohle aus den Gruben zu Tette am Kongone für nicht viel unter 10 Pfund Sterling geliefert werden. Der Contrast wird noch auffallender, wenn man sich an die große Tiefe erinnert, in welcher die Steinkohle in England gewonnen wird. Im Jahre 1864 sahen wir das oben erwähnte Fahrzeug im Hafen von Mosambik liegen; es war nicht zu dem Zwecke benutzt worden, zu welchem es ausgeschickt wurde, obwohl es fast drei Jahre dort war. Welches Geheul würde durch die Capcolonie hin ertönt sein, wenn unser dortiger Gouverneur ein Fahrzeug, das aus Europa zur Entwickelung des Colonialhandels geschickt worden wäre, zu Seiner Excellenz eigenem Zeitvertreib behalten hätte.

Wir erreichten den Kongone am 4. Januar 1861. Während unserer Abwesenheit war eine Flaggenstange und ein Zollhaus errichtet worden; auch eine Hütte für einen schwarzen Vicecorporal und drei Gemeine stand da. Mit der gütigen Erlaubniß des Vicecorporals, der, sobald er seine Hosen und sein Hemd angezogen hatte, kam, um uns zu sehen, quartierten wir uns im Zollhause ein, das, wie die übrigen Gebäude, eine kleine viereckige Hütte von mit Rohr überdeckten Manglebaumpfählen und ohne Dielen war. Die Soldaten klagten über Hunger; sie hatten nichts zu essen als ein wenig Mapira, und machten eben Palmwein, um ihre Gier zu dämpfen. Während wir auf ein Schiff warteten, hatten wir Muße, die Zeitungen und periodischen Schriften zu lesen, die wir in dem Felleisen fanden, welches unsere Ankunft in Tette erwartete. Mehrere waren anderthalb Jahr alt.

Unsere Lebensmittel fingen an, auf die Neige zu gehen, und gegen das Ende des Monats war nichts mehr übrig als ein wenig schlechter Zwieback und einige Loth Zucker. Der Kaffee und Thee war verbraucht, wurde aber kaum vermißt, da unsere Matrosen ein ziemlich gutes Ersatzmittel in geröstetem Mapira entdeckten. Frisches Fleisch bekamen wir in Fülle aus unseren Antilopengehägen auf der großen Insel, die durch einen kleinen Kanal zwischen dem Kongone und Ost-Luabo gebildet wird.

Große Heerden Wasserböcke (Aigocerus ellipsiprymnus) weiden dort auf den grasreichen Ebenen. Wenn sie sich nach frischer Weide sehnen, warten sie am Ufer, bis die Ebbe am niedrigsten ist, und schwimmen dann mit der größten Bequemlichkeit eine halbe Meile oder noch weiter über die Kanäle hin. Diese Thiere sind schwer zu tödten und scheinen zuweilen ein eben so zähes Leben zu haben wie eine Katze. Ein Schuß in den Hals ist gewöhnlich tödlich; aber mit zwei oder drei Enfield'schen Kugeln in der Lunge oder in anderen Theilen des Körpers sind sie häufig fortgegangen, als wären sie unverletzt. Die Lunge schien zahlreiche faserige Scheidewände zu haben, die in ihre Substanz übergehen, so daß sie einen Haufen kleiner Flügel bilden, von denen einer ohne großen Schaden für die anderen verwundet werden kann; während wir aber in benselben eine Erklärung des Umstandes zu finden suchten, daß eine Wunde in der Lunge der Wasserböcke nicht tödtete, hatten wir niemals die Mittel und Zeit zu sorgfältiger anatomischer Zergliederung. Ein schönes Männchen lief in voller Eile über zweihundert Yards weit, nachdem durch eine Jacob'sche Sprengkugel ein Theil des Herzens herausgeschlagen war. Man hoffte, daß Jacob'sche Sprengkugeln den Thieren sofort den Schmerz benehmen würden, wir fanden aber, daß sie, weil sie an einem in der Nähe der Haut liegenden Knochen oder sogar an der Haut selbst zerplatzen, unseren Erwartungen nicht entsprechen. Auch die Enfield'sche Kugel, obwohl sie mit ungeheurer Geschwindigkeit fortgetrieben wird, ist doch viel zu klein, als daß sie schnell tödten könnte. Die große vierlöthige runde Bleikugel ist die beste von allen, wenn sie gut trifft. In der Nähe des Meeres ist das Fleisch des Wasserbocks immer saftig und wohlschmeckend und erinnert uns an Rindfleisch; im Innern aber ist das Fleisch derselben Antilopenart so trocken und zähe, daß zuletzt sogar unsere Schwarzen, obwohl sie weit entfernt waren, ekel zu sein, sich weigerten, dasselbe zu essen, und wir es gänzlich aufgaben, Antilopen zu schießen. Es soll eine wohlbezeugte Thatsache sein, daß das Fleisch der Schafe von der Insel Halki sehr geschätzt wird und einen köstlichen Geschmack hat, weil, wie man glaubt, die Thiere nur Salzwasser saufen. Die hiesige Vegetation hat gewöhnlich eine Quantität feines Salz in Efflorescenz an sich, und ein großer Theil des Wassers ist salzig. Vielleicht läßt sich auch in diesem Falle die Vortrefflichkeit des Fleisches dem Salze zuschreiben. Erst nachdem wir dasselbe im Innern genossen hatten, verstanden wir, warum Capitän Harris eine so geringe Meinung von ihm hatte.

Der Rohrbock (Redunca eleotragus) liegt gewöhnlich während der äußersten Hitze des Tages im langen Grase verborgen und wartet, bis der Jäger nahe ist, ehe er fortspringt und seinen

Lärmpfiff hören läßt. Eine bessere Bekanntschaft mit den Gewohnheiten der Thiere könnte bei ihrer Eintheilung in Gruppen unterstützen, wie sie in der Natur, auf den Hügeln, Ebenen und Sümpfen erscheinen. Den Kooboo, Pallah, Schwarzbock oder Kualata, Klippspringer oder Kololo sieht man gewöhnlich auf den Hügeln, und wenn sie verfolgt werden, fliehen sie zur Sicherheit nach denselben. Der Gemsbock oder Kukama, Kama, Tsessebe, das Gnu, der Hirschocks, Puti oder Taucher, Steinbock, die Giraffe, der Numi oder Blesbock, Springbock oder Tsepe, und Ourebi sind stets auf den Ebenen; während der Wasserbock, Rohrbock, Lechwe, Poku, Nakong und Buschbock sumpfige Orte bewohnen und zum Schutze nach den Gewässern oder Sümpfen fliehen.

An den Morgen und Abenden wagt sich der hübsch gefleckte Buschbock (Tragelaphus sylvatica), wenn auch nur eine kurze Strecke, aus den Manglebäumen heraus, um zu weiden. Wenn er erschreckt wird, ist sein Gefahrruf ein lautes Bellen, dessen Nachahmung unter den meisten eingeborenen Stämmen sein Name — „Mbabala," „Mpswate" — ist. Der Wasserbock hat die offenen Ebenen inne und legt sich während des Tages selten nieder. An helleren windigen Tagen ist alles Wild außerordentlich wild und vorsichtig, und läßt sich nur mit der größten Schwierigkeit beschleichen, während man sich ihm bei stiller schwüler Witterung mit Leichtigkeit nähern kann.

Einige Leoparden (Felis leopardus), von den Portugiesen „Tiger" genannt, und Trupps grüner Affen, die den Namen „Pusi" führen, finden unter den Manglebäumen Nahrung und Obdach. Den Jagdleopard (Felis jubata) mit kleinen runden schwarzen Flecken sahen wir nie.

In diesem Brennpunkte absterbender Vegetation ist nichts so sehr zu fürchten als Unthätigkeit. Wir mußten deshalb, wenn keine Jagd erforderlich war, indem wir in den stinkenden Sümpfen umherschauten, Uebung und Zeitvertreib finden, wo wir nur konnten. Wären wir in sorgloser Trägheit umhergegangen, so würde das Fieber in seiner schlimmsten Gestalt uns sicher ergriffen und wahrscheinlich verderbliche Folgen gehabt haben.

In den zahlreichen Kanälen, welche die Manglebaumhaine durchschneiden, schwärmt ein seltsamer kleiner Schleimfisch. Wenn er beunruhigt wird, eilt er in einer Reihe von Sprüngen quer über die Oberfläche des Wassers. Er kann als amphibisch betrachtet werden, da er eben so viel außerhalb des Wassers als in demselben lebt, und seine geschäftigste Zeit während des niedrigen Wasserstandes ist. Dann erscheint er auf dem Sande oder Schlamme in der Nähe der kleinen Teiche, die bei der zurücktretenden Fluth übrig bleiben. Er erhebt sich auf seinen Brustflossen einigermaßen zu einer stehenden Stellung und hält mit seinen großen hervorstehenden Augen eine scharfe Wache über die hellfarbige Fliege, von der er sich nährt. Sollte die Fliege sich in einer selbst für einen zweiten Sprung zu großen Entfernung niederlassen, so bewegt sich der Schleimfisch langsam nach ihr hin, wie die Katze nach ihrer Beute oder wie eine Springspinne, und ermöglicht es, sobald er auf zwei bis drei Zoll an das Insect herankommt, durch einen plötzlichen Sprung mit seinem untersetzten Maule gerade auf das unglückliche Opfer zu schnalzen. Ueberdies ist er ein kampflustiges Bürschchen, und man kann zwischen ihm und seinen Brüdern ziemlich lange dauernde Kämpfe beobachten. Einer hüpfte auf der Flucht vor einer anscheinenden Gefahr in eine Pfütze von der Größe eines Quadratfußes, welche ein anderer offenbar als durch das Recht der früheren Entdeckung ihm gehörig betrachtete; in einem Nu stürzte der Eigenthümer mit wuthblitzenden Augen und sich emporsträubender Rückenflosse auf den eindringenden Feind. Es entspann sich ein wüthender Kampf; kein Sturm im Theetopfe kam je dem Sturme jenes Miniaturmeeres gleich. Bald waren die Krieger im Wasser, bald außerhalb desselben, denn die Schlacht wüthete zu Wasser und zu Lande. Sie schlugen sich gewaltig, sie bissen einander, bis sie, erschöpft, einander wie zwei Bullenbeißer mit den Rachen packten; sie pausirten, um zu athmen, und fuhren dann wieder eben so grimmig übereinander her, wie zuvor, bis der Kampf durch den jähen Rückzug des Eindringlings endete.

Der schlammige Boden unter den Manglebäumen ist mit Eremitenkrebsen bedeckt, die bei jedem Anzeichen einer Gefahr rasch in ihre Höhlen schleichen. Wenn das Wasser sich verläuft, kommen Myriaden winziger Krebse aus ihren unterirdischen Wohnungen hervor und fangen an zu arbeiten wie eben so viele geschäftige Bienen. Bald wird der glatte Sand viele Meilen weit von den Ergebnissen ihrer Arbeit rauh. Sie plagen sich um ihr tägliches Brot: ein rundes Stückchen feuchten Sandes erscheint am Munde des kleinen Arbeiters und wird rasch mit einer der Scheeren weggewischt; ein zweites Stückchen folgt dem ersten, und noch eins und immer noch eins kommt so schnell, als sie bei Seite gelegt werden können. Wie diese Kügelchen sich anhäufen, tritt der Krebs auf die Seite und die Arbeit geht fort. Der erste Eindruck, den man empfängt, ist der, daß das kleine Geschöpf viel Sand verschluckt habe und sich desselben so schnell als möglich wieder zu entledigen im Begriff sei. Eine Gewohnheit, der es nachhängt, in Zwischenzeiten in sein Loch zu eilen, als ob es frische Hülfe holen wolle, dient zur Bestärkung dieses Gedankens; aber die Größe der in wenigen Secunden gebildeten Haufen zeigt, daß dies nicht der Fall sein kann, und führt zu dem Eindrucke, daß, wenn man es auch in der Entfernung, in welcher der Krebs den Beobachter zu halten beliebt, durchaus nicht sieht, er doch vielleicht den Sand in sein Maul aufnimmt, wo jedes Thierchen, das derselbe etwa enthält, herausgesiebt und der Rückstand in der beschriebenen Weise weggeworfen wird. Zuweilen führt die größere Krebsspecies eine Art Concert auf; aus jeder unterirdischen Wohnung steigen seltsame Töne empor, als ob sie die Sänger der Haine nachahmten und vor lauter Freude sängen. Für diese großen, Töne hervorbringenden Krebse scheinen die Warzenschweine (Phacochoerus africanus) besondere Vorliebe zu haben; sie wühlen dieselben während der Nacht aus den schlammigen Sümpfen heraus und verschlingen sie. Züge kleiner Fische wimmeln in den Untiefen zwischen dem Kongone und dem Lande Nyangalule, und dies ist für einen großen Flug Pelikane während der Monate, in denen sie an der Küste bleiben, der Lieblingsort zum Fischen. Diese Vögel vertilgen eine ungeheure Menge Fische; sie brüten im April auf der niedrigen Insel, die auf der Höhe des Kongone, sowie auch auf derjenigen, die auf der Höhe des Csiluabo liegt. Die Eier, von denen wir eine große Lieferung bekamen, schmecken so stark nach Fischen, daß, um sie schmackhaft zu machen, Sardellensauce nothwendig ist. Auf die Luabo-Insel kommen zu bestimmten Zeiten die Schildkröten, um ihre Eier zu legen, die statt der Schale eine zähe Haut und einen angenehmen Geschmack haben.

Der Manglebaum selbst ist der Untersuchung werth, und Dr. Kirk fand, daß er, sowie andere Bäume und Pflanzen, die aus einiger Entfernung herbeigeführt und an diesen Gestaden gestrandet waren, ein interessantes und belehrendes Studium gewährte. Eine Species des Manglebaumes steht zur Zeit der Ebbe auf ihren phantastischen Wurzeln, die hoch über den Boden emporgetrieben sind, während zur Zeit der Fluth der Stamm gleichsam auf die Oberfläche des Wassers gepflanzt zu sein scheint. Eine andere Art hat platte, breite, schlangenartig gewundene Wurzeln, die im Schlamme auf die hohe Kante gestellt sind, so daß sie dem Baume selbst in dieser weichen Substanz einen festen Grund geben, auf dem er stehen kann. Die Samen der einen Species sind an Gestalt den Pfeilspitzen etwas ähnlich; sie werden beim Herabfallen durch ihre eigene Schwere in den weichen Boden getrieben und pflanzen sich auf diese Weise selbst. Die Frucht einer andern Art, die fast so groß wie ein Rinderkopf und, so weit wir muthmaßen können, weder für Menschen noch für Thiere von irgend einem Nutzen ist, zerspringt, wenn sie herabfällt, in Stücke. Das Holz jedoch liefert ein ausgezeichnetes Brennmaterial und besitzt die werthvolle Eigenschaft, daß es, selbst wenn es grün ist, im Ofen frei brennt. Es giebt auch vortreffliche Sparren, die wegen ihrer Geradheit und Länge von den Portugiesen sehr geschätzt werden.

Wir fanden einige Eingeborene, welche die holzigen Stengel einer giftigen Schlingpflanze (Dirca palustris), Busungu oder Gift genannt, die in den Sümpfen massenweise wächst, zerstießen. Wenn eine gute Quantität zermalmt war, wurde sie in Pakete zusammengebunden. Der Strom wurde oben und unten mit Büschen versperrt und das Gift mit einer Art ausspülender Bewegung durch das Wasser hin verbreitet. An vielen Fischen zeigte sich bald die Wirkung desselben; sie schwammen an den Strand und starben; andere wurden nur betäubt. Die Pflanze hat blaßrothe, erbsenförmige Blüthen und glatte, zugespitzte, glänzende Blätter, und die braune Rinde ist mit kleinen weißen Pünktchen bedeckt. Die Kenntniß derselben könnte sich Gestrandeten nützlich erweisen, indem sie dieselben in den Stand setzt, die Fische zu fangen.

Das Gift soll für den Menschen schädlich sein, wenn das Wasser getrunken, aber nicht, wenn der Fisch gekocht wird. Das Busungu ist für manche Insecten abstoßend und wird um die Schößlinge der Palmbäume geschmiert, um die Ameisen zu hindern, in den Palmwein zu gerathen, während er von den Gipfeln der Palmbäume in die kleinen Töpfe tröpfelt, die zum Sammeln desselben aufgehängt werden.

Wir hatten die Gewohnheit, bei Sonnenaufgang aus unseren Betten in das Salzwasser zu gehen, um ein Bad zu nehmen, bis an dem Badeplatze ein großes Krokodil erschien. Von dieser

Zeit an nahmen wir unser Bad gegen Mittag an einer vom Hafen abgelegenen Stelle im Meere. Dies soll ungesund sein, aber wir fanden es nicht so. Es ist sicherlich besser, nicht an den Morgen zu baden, wo die Luft kälter ist als das Wasser — denn dann bekommt man, wenn man zu der kühleren Luft zurückkehrt, leicht einen Frostschauer und Fieber. In der Mündung des Flusses finden sich viele Sägefische. Rowe sah einen, während er sich badete, fing ihn am Schwanze und schob ihn, „die Schnauze voran," an's Land. Die Säge ist einen Fuß bis achtzehn Zoll lang. Wir hörten nie, daß Jemand von diesem Fische verwundet worden sei; auch konnten wir, obgleich er bei frischem Wasser Hunderte von Meilen den Fluß hinaufgeht, nicht erfahren, daß er von den Bewohnern gegessen werde. Die Flußpferde ergötzten sich, den Tag mitten unter der Brandung zu verbringen, und schienen am Scherz eben so viel Vergnügen zu finden wie wir.

Während unseres Aufenthalts an der Küste kamen heftige Stürme (gales) vor, und viele kleine Seevögel (Prion Banksii Smith) gingen zu Grunde. Der Strand war mit ihren Leichnamen bestreut, und manche wurden Hunderte von Yards landeinwärts gefunden; viele waren so abgezehrt, daß sie vertrockneten, ohne in Fäulniß überzugehen. Wir waren von Myriaden Mosfitos gequält und hatten einige Fieberanfälle. Die Leute, die wir aus Sumpfluftgegenden des Inneren mitbrachten, litten hier fast eben so sehr von demselben, wie wir selbst. Dies bestärkt den Gedanken, daß die Civilisirten den übeln Einflüssen fremder Klimate besser widerstehen, als die Uncivilisirten. Wenn Neger aus gesunden Ländern in ihr Vaterland zurückkehren, leiden sie so heftig, als Ausländer nur irgend leiden können.

Achtzehntes Kapitel.

Ankunft des „Pioneer." — Der Missionsstab wird nach Johanna gebracht. — Bischof Mackenzie schließt sich der Expedition auf den Rovuma an. - Das Wasser fällt. — Rückkehr nach den Comorischen Inseln. — Johanna. — Wir fahren den Schire hinauf. — Der „Pioneer" geht zu tief im Wasser. — Charles Livingstone bemüht sich, zur Baumwollencultur anzuspornen. — Mangel an Agenten an der Ostküste im Vergleich zur Westküste. — Englands dortige Anstrengungen. — Ihr Werth. — Die Expedition hat außerordentliches Glück. — Wendepunkt des Glücks. — Es werden Sclaven befreit. — Der Bischof nimmt des Häuptlings Einladung nach Magomero an. — Besuch bei den Ajawa, wohl gemeint, übel genommen. — Widerstand in höchster Noth. — Rückzug der Ajawa. — Bischof Mackenzie's Mission in Magomero. - Umfang von Dr. Livingstone's Verantwortlichkeit. — Rückkehr zum Schiffe.

Am 31. Januar 1861 kam unser neues Schiff, „der Pioneer," aus England an und ankerte außerhalb der Barre; aber das Wetter war stürmisch, und es wagte sich bis zum 4. Februar nicht herein.

Zu derselben Zeit kamen zwei Kreuzer Ihrer Majestät, die den Bischof Mackenzie und die Oxforder und Cambridger Mission zu den Stämmen des Schire und Nyassasees brachten. Die Mission bestand aus sechs Engländern und vier Farbigen vom Vorgebirge der guten Hoffnung. Wir waren in Verlegenheit, was wir mit so vielen Leuten anfangen sollten. Der achtungswerthe Bischof, der gern sein Werk ohne Verzug beginnen wollte, wünschte, daß der „Pioneer" die Mission den Schire hinauf bis nach Chibisa's Dorf bringen und sie dort lassen solle. Dem standen aber wichtige Einwände entgegen. Da die portugiesische Regierung sich geweigert hatte, den Zambesi den Schiffen anderer Nationen zu öffnen, und ihre Beamten in sehr kräftiger Weise ein System verfolgten, welches durch Entziehung der Arbeitskräfte das Land sowohl für Fremde als für sie selbst werthlos machte, so hatte der „Pioneer" Befehl, den Rovuma zu erforschen. Er hatte sich schon um zwei Monate verspätet, und die Regenzeit war halb vorüber. Wenn daher auch die Reisegesellschaft nach Chibisa's Dorf wäre mitgenommen worden, so wäre doch die Mission in einer ungesunden Gegend, beim Beginn der ungesundesten Zeit des Jahres ohne einen ärztlichen Begleiter und ohne Mittel zurückgelassen worden, die gesunden Hochlande zu erreichen oder nach dem Meere zurückzukehren. Wir fürchteten, daß beim Mangel ärztlicher Hülfe und aller Kenntniß der Behandlung des Fiebers eine Wiederholung des traurigen Schicksals eintreten werde, welches der ähnlichen nichtärztlichen Mission in Linyanti begegnete. Es war gut, daß wir so starke Einwendungen machten, denn wir fanden später, daß der Bischof am Vorgebirge der guten Hoffnung unsere Fieberpillen gekauft hatte, welche von Dreck anstatt von Droguen mußten gemacht worden sein. Der Bischof willigte endlich ein, in dem Kriegsschiff Lyra nach Johanna zu fahren und dort die Mitglieder der Mission bei Ihrer Majestät Consul, Herrn Sunley, zu lassen, während er selbst uns auf dem Rovuma begleiten sollte, um zu ermitteln, ob das Land um seine oberen Gewässer herum, von denen man berichtete, daß sie sich aus dem Nyassa ergößen, ein passender Platz für eine Niederlassung sei.

Am 25. Februar ankerte der „Pioneer" in der Mündung des Rovuma, der, den meisten afrikanischen Flüssen unähnlich, eine prachtvolle Bai und keine Barre hat. Wir nahmen Holz ein und warteten dann auf den Bischof bis zum 9. März, wo er in der „Lyra" kam. Am 11. fuhren wir weiter stromaufwärts und sahen, daß er während unserer Verzögerung am vier bis fünf

Fuß gefallen war. Die Landschaft am unteren Theile des Rovuma übertrifft diejenige am Zambesi, denn wir können vom Meere aus die Hochlande sehen. Acht Meilen von der Mündung haben wir die Manglebäume hinter uns, und es beginnt an jedem Ufer eine schöne Kette waldreicher Hügel. Auf diesen Bergrücken wächst der Baum, der dem afrikanischen schwarzen Ebenholz gleicht, aber feinere Längsfasern als Ebenholz hat, in großer Menge und erreicht eine bedeutende Größe. Menschen waren wenige zu sehen, und die sich zeigten, waren arabischer Herkunft und schienen sich in nicht besonders guten Verhältnissen zu befinden. Die Stromgeschwindigkeit des Rovuma war jetzt eben so stark wie die des Zambesi, aber die Wassermasse ist bedeutend geringer. Mehrere Uebergangsstellen hatten knapp Wasser genug, daß unser Schiff, welches fünf Fuß tief ging, hindurchfahren konnte. Als wir dreißig Meilen weit den Fluß hinauf waren, fiel das Wasser plötzlich in vierundzwanzig Stunden sieben Zoll. Da das Märzhochwasser das letzte der Jahreszeit ist, und dasselbe sich zu verlaufen schien, so hielten wir es für klug, die Möglichkeit einer einjährigen Verzögerung dadurch zu vermeiden, daß wir das Schiff ohne Verzug nach dem Meere zurückbrachten. Wäre die Expedition allein gewesen, so würden wir in Booten oder zu Fuße hinaufgedrungen sein und in Betreff der Erforschung des Flusses und oberen Endes des Sees gethan haben, was wir konnten; aber obgleich die Mission ein Privatunternehmen und von dem unsrigen, einem Staatsunternehmen, gänzlich verschieden war, so wollten wir doch gern, da die Zwecke beider ähnlich waren, unseren Landsleuten in ihrem edlen Unternehmen beistehen, und entschlossen uns, statt unserer eigenen Neigung zu folgen, lieber nach dem Schire zurückzukehren, die Missionsgesellschaft sich sicher niederlassen zu sehen und den Nyassasee nebst dem Rovuma vom See abwärts später zu erforschen. An der Mündung des Rovuma brach am Bord des „Pioneer" das Fieber aus, wie wir glaubten, in Folge dessen, daß wir dicht an einem Kanal geankert hatten, der aus den Mangrebäumen hervorkam, und blieb so lange in demselben, bis wir den Maschinenraum vollständig von dem übrigen Schiffe absonderten. Der verwesende Kohlenstaub verbreitete starke Ausdünstungen und unterhielt die Krankheit länger als ein Jahr.

Bald nachdem wir abgefahren waren, legte das Fieber den „Pioneer" fast ganz in die Hände der ursprünglichen Zambesiexpedition, und nicht lange nachher mußte der Anführer derselben auf dem Ocean so gut wie auf dem Flusse dirigiren. Die Gewohnheit, die geographischen Lagen auf dem Lande zu finden, macht es zu einer leichten Aufgabe, einen Dampfer mit nur drei bis vier Segeln auf dem Meere zu steuern, wo, wenn man nicht an's Land rennt, Niemand nachgeht, um eine Irrfahrt ausfindig zu machen, und wo eine Strömung für jedes Versehen eine nahe liegende Entschuldigung darbietet.

Als wir auf unserer Rückkehr Mohilla, eine der Comorischen Inseln, berührten, fanden wir eine aus Arabern, Afrikanern und ihren Eroberern, den Eingeborenen von Madagascor, gemischte Race. Da sie Muhamedaner sind, so haben sie Moscheen und Schulen, in denen wir zu unserer Freude sahen, daß Mädchen sowohl als Knaben unterrichtet wurden, den Koran zu lesen. Der Lehrer sagte, er werde nach dem Stück bezahlt und bekomme für jedes Kind, dem er lesen lehrt, zehn Dollars. Die gescheidten Kinder lernen es in sechs Monaten; die dummen aber nehmen ein paar Jahre in Anspruch. Hierauf fuhren wir nach Johanna hinüber, um unsere Freunde abzuholen, und nachdem wir uns einige Tage auf den schönen Comorischen Inseln aufgehalten hatten, segelten wir mit Bischof Mackenzie und seiner Reisegesellschaft nach der Rongonemündung des Zambesi hin. In sieben Tagen erreichten wir die Küste und fuhren auf dem Zambesi bis zum Schirr hinauf.

Der „Pioneer", der unter der geschickten Oberaufsicht des Admiral Sir Baldwin Walker und des seligen Admiral Washington, warmer und hochgeschätzter Freunde der Expedition, gebaut wurde, war ein wahrhaft vortreffliches Fahrzeug und in jeder Beziehung, außer in seinem Tiefgang im Wasser, für unser Werk gut eingerichtet. Fünf Fuß Wassertracht wurden zur Beschiffung des oberen Theils des Schire als zu viel gefunden. Es war zwar bestimmt, nur drei Fuß tief zu gehen, aber das Gewicht, das nothwendig war, um ihm eine Extrastärke zu verleihen und es für den Ocean passend zu machen, drückte es noch zwei Fuß tiefer hinab und verursachte uns viel harte und mühselige Anstrengung beim Auslegen der Anker und Arbeiten am Gangspill, um es von Sandbänken loszumachen. Daraus würden wir uns nicht viel gemacht haben, wenn nicht kostbare Zeit verloren gegangen wäre, die im Verkehr mit den Bewohnern, in der Erforschung neuer Gegenden und in der sonstigen Verwirklichung der Zwecke der Expedition vortheilhafter und unendlich angenehmer hätte verwendet werden können. Einmal saßen wir vierzehn Tage auf einer Bank von weichem, nachgiebigem Sande, während wir nur zwei bis drei Zoll Wasser weniger hatten, als das Schiff tief ging. Dieser Verzug wurde dadurch veranlaßt, daß die Anker triftig waren und die Strömung das Schiff mit der breiten Seite gegen den Strom auf die Bank schwenkte, die, sobald wir sie berührten, sich stets hinter uns bildete. Wir wollten das Schiff nicht gern unter Chibisa's Dorf verlassen, damit nicht die Mannschaft von der Sumpfluft (malaria) der umliegenden Niederung leiden sollte; auch würde es schwer gewesen sein, die Sachen der Mission hinauftragen zu lassen. Wir wurden täglich von Haufen Eingeborener besucht, die uns Lebensmittel in Masse brachten, weit mehr, als wir zu verzehren im Stande waren. Wenn wir den „Pioneer" über die seichten Stellen schleppten, waren der Bischof nebst Horace Waller und Herrn Scudamore stets bereit und eifrig, mit Hand anzulegen, und arbeiteten so stark wie irgend Einer am Bord. Wäre unser schönes kleines Schiff nur drei Fuß tief gegangen, so hätte es können zu jeder Zeit des Jahres mit der größten Leichtigkeit stromauf- und ab laufen, aber wie die Sache stand, war es, nachdem es einmal über einige seichte Bänke hinaufgefahren, unmöglich, es wieder mit herabzunehmen, bis der Fluß im December stieg. Es konnte über eine Bank hinaufgehen, aber nicht über dieselbe herabkommen, da sich hinter dem Schiffe immer sogleich ein Haufen Sand bildete, während die Strömung ihn unter seinen Bugen wegspülte.

Von der Zeit an, wo wir zum zweiten Male unter die Stämme am Schire eintraten, hatte Charles Livingstone seine Kräfte mit allem Eifer darauf gelenkt, die Bewohner zu bewegen, Baumwolle zur Ausfuhr zu bauen. Die „Ma-Robert" war so leck, daß, während wir sie hatten, sich nichts weiter thun ließ, als kleine Quantitäten gereinigter Baumwolle und von den Eingeborenen gefertigten Garns zu kaufen, um unseren Freunden in Manchester zur Prüfung vorgelegt zu werden, und die Wahrscheinlichkeit einzuschärfen, daß unsere Landsleute kommen würden, um so viel zu kaufen, als gebaut werden könnte. Vieles von dem, was wir auf diese Weise kauften, wurde durch den nassen Zustand des Fahrzeugs unvermeidlich verdorben; aber die nach Hause geschickten Proben wurden für „die nämliche Art Baumwolle, die in Lancashire am meisten gebraucht wird," erklärt, und das Garn, oder vielmehr das Vorgespinnst, von dem wir das Pfund für ungefähr einen englischen Pfennig kauften, erregte die Bewunderung dortiger praktischer Fabrikanten

Jetzt, wo wir besser eingerichtet waren, verfolgte Charles Livingstone dasselbe Versuchssystem, die industriellen Kräfte der Eingeborenen zu verwerthen, und mit sehr erfreulichem Erfolg. Es wurde Baumwolle gekauft und mit Egrenirmaschinen gereinigt, und obgleich wir durch den großen Tiefgang des „Pioneer" auf einen Flächenraum von nicht ganz sieben Meilen beschränkt waren, so hatten wir doch in drei Monaten 300 Pfund reine Baumwolle zusammengebracht, wovon das Pfund nicht ganz einen englischen Pfennig kostete. Im Vergleich mit den Tausenden von Ballen, die aus andern Ländern kommen, war es freilich nicht viel, aber es genügte doch, um zu beweisen, daß Baumwolle von vorzüglicher Qualität durch die alleinige Arbeit der Eingebornen gebaut werden kann, und es ist höchst wahrscheinlich, daß, wenn der Sclavenhandel nicht gewesen wäre, der bald darauf dieses ganze Volk hinwegraffte, in wenigen Jahren die freie Arbeit auf den Märkten der Welt hätte verwerthet werden können.

Es wurde nie beabsichtigt, daß eine Regierungsexpedition eine bloße Baumwollensammlung oder kaufmännische Speculation werden sollte. Wir ermittelten, daß die Gegend von Afrika, in welcher wir arbeiteten, für die besseren Varietäten der Baumwollenpflanze im höchsten Grade geeignet sei, daß zwei Arten ausgezeichneter Baumwolle bereits eingeführt und von den Eingebornen selbst so weit verbreitet worden seien, daß sie neuen Samen unnöthig und die einheimische Art zu einer völligen Ausnahme im Lande machen. Das Klima und der Boden wurden für den Bau dieses Productes so angemessen gefunden, daß man nie eine Gefahr zu befürchten braucht, die Ernte möchte durch Fröste vernichtet werden, und nach allem dem, was wir erfahren konnten, war freie Arbeit hier eben so vortheilhaft wie in jedem andern Lande in der Welt. Aber ein gewaltiger Mangel wurde in der gänzlichen Abwesenheit derjenigen Segnungen empfunden, welche England unstreitig der Westküste ertheilt hat. Es gab dort keine jener christlichen Eingebornen, die man in Sierra-Leone und anderwärts zu Tausenden zählen kann, und die, was sie auch für Fehler haben mögen, die Eigenschaft besitzen, daß sie unter ihren Landsleuten zuverlässige Handelsagenten sind. Indem wir beide Küsten sorgfältig geprüft und verglichen haben und den Umstand berücksichtigen, daß vielleicht die Mehrzahl derjenigen, denen englisches Wohlwollen zu Theil geworden ist, die Niedrigsten der Niedrigen — freigelassene afrikanische Sclaven — gewesen sind, auch auf die Behauptungen der Händler, die darin, daß sie verhindert wurden, die Menschen wie Vieh zu behandeln, ihre verletzten Gefühle in starken Worten ausgedrückt haben, alles gebührende Gewicht legen, müssen wir sagen, daß Englands Benehmen an der Westküste seit einigen Jahren die Bewunderung der Welt verdient. Sein Edelmuth wird in den Augen der Nachwelt großartig erscheinen. Hier, an der Ostküste, haben wir den Gegensatz. Man kann keine zuverlässigen Agenten anwenden; keine Erziehung ist ertheilt worden, und nicht einmal Sclaven kann man als Agenten in einige Entfernung schicken, außer auf das Versprechen der Plünderung und des Raubes hin. Auf die Mission, die wir jetzt bei uns hatten, setzten wir das Vertrauen, daß wir die Morgendämmerung eines besseren Systems sowohl für die Portugiesen als für die Eingeborenen sähen, als dasjenige war, welches für die vergangenen Zeiten das Verderben jedes Fortschrittes gewesen.

Die Expedition war, trotz verschiedener widriger Umstände, bis zu diesem Punkte in der Verfolgung ihrer Zwecke überaus glücklich. Wir hatten, wie man später sehen wird, ein Baumwollenfeld geöffnet, welches, da es den Schire und Nyassasee umfaßte, 400 Meilen lang war. Wir hatten überall, wohin wir gegangen waren, das Vertrauen des Volkes gewonnen, und für den Fall, daß die Mission der Universitäten nur einigermaßen erfolgreich war, hatte, da Alles, was wir vorher von der Liebe der Eingeborenen zum Handel kennen gelernt hatten, völlig bestätigt worden war, eine vollkommen neue Aera in einer Gegend begonnen, die einen viel größeren Umfang als die Baumwollenfelder der Südstaaten Amerika's hat.

Wir waren indeß, wie man später sehen wird, an dem Wendepunkt unserer glücklichen Laufbahn angelangt und kamen bald mit dem portugiesischen Sclavenhandel in Berührung. Wenn Jemand über das Unrecht nachdenkt, welches ein Land selbst durch Gesetze erträgt, die den Handel und freien commerciellen Verkehr nur fesseln, so wird er bald beurtheilen, wie äußerst zerstörend für alles Gedeihen jenes System sein muß, das nicht nur mörderische Kriege nährt, sondern den Betrieb des Landbaues auch in Friedenszeiten gefährlich macht.

Als wir endlich Chibisa's Dorf erreichten, hörten wir, daß im Manganjalande Krieg sei und der Sclavenhandel schwunghaft von statten gehe. So eben war eine Deputation von einem Häuptling am Zombaberge auf ihrem Wege zu Chibisa, der in einem entlegenen Dorfe war, durchgezogen, um ihn anzuflehen, selbst zu kommen oder Arzenei zu schicken, um die Waiao, Waiau oder Ajawa zu vertreiben, deren plündernde Streifcorps eben das Land verheerten. Wenige Tage zuvor, ehe wir das Schiff hinaufbrachten, setzte ein großer Trupp neuerdings zu Sclaven gemachter Manganja auf ihrem Wege nach Tette über den Fluß. Chibisa's Statthalter war höflich und gab uns sogleich die Erlaubniß, so viel Leute zu dingen, um die Sachen des Bischofs auf die Hügel zu tragen, als mitzugehen bereit wären. Wir brachen daher am 15. Juli mit einer hinreichenden Anzahl nach den Hochlanden auf, um dem Bischof das Land zu zeigen, das wegen seiner hohen und kühlen Lage zu einer Station höchst geeignet war. Unser erster Tagemarsch war ein langer und ermüdender. Die wenigen Weiler, die wir passirten, waren arm und hatten für unsere Leute keine Lebensmittel; wir waren daher genöthigt, bis 4 Uhr Nachmittags zu gehen, wo wir in das kleine Dorf Chipindu einzogen. Die Einwohner klagten über Hunger und sagten, sie hätten keine Lebensmittel zu verkaufen und keine Hütte für uns, um darin zu schlafen; wenn wir aber nur noch ein wenig weiter gehen wollten, würden wir in ein Dorf kommen, wo sie vollauf zu essen hätten. Wir waren jedoch weit genug gereist und beschlossen zu bleiben, wo wir waren. Ehe die Sonne unterging, wurden so viel Lebensmittel gebracht, als wir zu kaufen Lust hatten, und da es zu regnen drohte, wurden für die ganze Reisegesellschaft Hütten besorgt.

Am nächsten Vormittag machten wir im Dorfe unsers alten Freundes Mbame Halt, um neue Träger zu nehmen, weil Chibisa's Leute, die noch nie gebungen worden waren und noch nicht gelernt hatten, uns zu trauen, nicht weiter mitgehen wollten. Nachdem wir ein wenig geruht hatten, sagte uns Mbame, daß sogleich ein Sclaventrupp auf seinem Wege nach Tette durch sein Dorf ziehen werde. „Wollen wir uns in's Mittel schlagen?" fragten wir einander. Wir erinnerten uns, daß unser ganzes werthvolles Privatgepäd in Tette war, das, wenn wir die Sclaven befreiten, sammt einigem Regierungseigenthum zur Wiedervergeltung vernichtet werden konnte; daß aber dieses System der Sclavenjäger uns da verfolgte, wohin sie sich vorher nicht wagen durften, und dieselben auf den Vorwand hin, daß sie „unsere Kinder" seien, einen Stamm gegen den andern aufhetzten, um sich selbst Sclaven zu verschaffen, das mußte alle Bestrebungen, zu denen wir die Genehmigung der portugiesischen Regierung hatten, so unvermeidlich vereiteln, daß wir uns entschlossen, alles zu wagen und dem Sclavenhandel, der jetzt unseren Entdeckungen auf den Fersen gefolgt war, wo möglich Einhalt zu thun. Einige Minuten darauf, wo Mbame mit uns gesprochen hatte, kam der Sclaventrupp, ein langer Zug gefesselter Männer, Frauen und Kinder, und nahm seinen Weg um den Hügel herum und in das Thal hinein, an dessen Seite das Dorf lag. Die schwarzen Treiber, mit Musketen bewaffnet und mit mannigfachen Putzartikeln geschmückt, marschirten lustig an der Spitze, in der Mitte und am Ende des Zuges. Manche von ihnen bliesen frohlockende Stückchen auf langen zinnernen Hörnern. Sie schienen zu fühlen, daß sie eine sehr edle That verrichteten, und mit Siegesmiene stolz einhermarschiren könnten. Aber in dem Augenblicke, wo die Kerle die Engländer erblickten, stürzten sie wie toll in den Wald hinein, und zwar so schnell, daß wir nur ihre rothen Mützen und die Sohlen ihrer Füße sahen. Der Vorsteher des Truppes blieb allein zurück, und da er voran war, wurde er von einem Makololo fest an der Hand gepackt. Es ergab sich, daß er ein wohlbekannter Sclave des vormaligen Commandanten in Tette und, während wir uns dort befanden, eine Zeit lang unser eigener Aufwärter war. Als wir ihn fragten, wie er diese Gefangenen bekommen habe, antwortete er, er habe sie gekauft; als wir uns aber bei den Leuten selbst erkundigten, sagten sie alle, bis auf vier, sie wären im Kriege gefangen worden. Während diese Erkundigung vor sich ging, machte auch er sich aus dem Staube. Die Gefangenen knieten nieder und klatschten nach ihrer Weise, den Dank auszudrücken, mit großer Kraft in die Hände. Sie wurden auf diese Art ganz in unseren Händen gelassen, und bald waren Messer in eifriger Thätigkeit, die Frauen und Kinder loszuschneiden. Schwieriger war es, die Männer loszubringen, da jeder seinen Hals in der Gabel eines starken Stockes hatte, der sechs bis sieben Fuß lang war und durch einen quer über die Kehle liegenden Eisenstab, welcher an beiden Enden vernietet war, festgehalten wurde. Mit einer Säge, die sich glücklicherweise im Gepäck des Bischofs fand, wurden die Männer, einer nach dem andern, in die Freiheit herausgesägt. Als den Frauen gesagt wurde, sie sollten das Mehl, das sie trugen, nehmen und für sich und die Kinder Frühstück kochen, schienen sie die Neuigkeit für zu gut zu halten, als daß sie wahr sein könnte. Aber nach einer kleinen Schmeichelei gingen sie munter an's Werk und machten ein starkes Feuer an, in welchem ihre Töpfe bei den Sclavenstöcken und Fesseln kochen mußten, die manche traurige Nacht und manchen ermüdenden Tag hindurch ihre alten Bekannten waren. Manche Kinder waren nur ungefähr fünf Jahre alt und sogar noch jünger. Ein kleiner Knabe sagte mit kindlicher Naivetät zu unseren Leuten: „Die Anderen banden uns und ließen uns verhungern, Ihr zerschneidet die Stricke und heißt uns essen; was seid Ihr für Leute? — Woher kommt Ihr denn?" Zwei Frauen waren den Tag zuvor erschossen worden, weil sie versuchten die Riemen loszubinden. Dies geschah, wurde den übrigen gesagt, um sie zu hindern, daß sie nicht den Versuch machten davon zu laufen. Eine Frau hatte ihrem Kinde die Hirnschale eingeschlagen, weil sie ihre Last und auch das Kind nicht tragen konnte. Und ein Mann wurde mit der Axt abgethan, weil er vor Müdigkeit zusammengebrochen war. Eigennutz würde lieber eine Wache über das Ganze gestellt, als einen Mord begangen haben; aber bei diesem Handel finden wir unveränderlich den Eigennutz von der Verachtung des menschlichen Lebens und vom Blutdurst überwältigt.

Der Bischof war bei dieser Scene nicht zugegen; er war in einen kleinen Fluß unterhalb des Dorfes baden gegangen; aber bei seiner Rückkehr billigte er das, was gethan worden war, auf's lebhafteste. Anfangs trug er Bedenken; jetzt aber fühlte er, daß, wenn er zugegen gewesen wäre, er sich uns in dem guten Werke angeschlossen hätte. Wenn es sich bei einem redlichen Manne darum handelt, ob sein Mitmensch gerettet werden soll oder nicht, ist Logik am unrechten Orte. Vierundachtzig Menschen, hauptsächlich Frauen und Kinder, wurden befreit, und als wir ihnen sagten, daß sie jetzt frei wären und gehen möchten, wohin es ihnen beliebte, oder auch bei uns bleiben könnten, wählten Alle das Bleiben. Der Bischof reihte sie weltlich in seine Mission ein, damit sie als Glieder einer christlichen Familie erzogen würden. Auf diese Weise wurde eine große Schwierigkeit beim Anfang einer Mission überwunden. Gewöhnlich sind Jahre erforderlich, ehe dem Gemüth der Eingeborenen so viel Vertrauen eingeflößt wird, daß sie sich, mögen sie jung oder alt sein, bewegen lassen, sich der Führung Fremder zu unterwerfen, die vorgeben, daß sie von Beweggründen getrieben werden, welche die Kehrseite weltlicher Klugheit sind, und Gewohnheiten einschärfen, welche ihnen und ihren Vätern fremd und unbekannt waren.

Am nächsten Morgen gingen wir mit unserer freigelassenen Gesellschaft weiter nach Sotsche's Dorfe, wobei die Männer mit Freuden die Sachen des Bischofs trugen. Da wir einmal angefangen hatten, so wäre es nutzlos gewesen, wenn wir die Sache nur halb gethan hätten; daher wurden unterwegs in einem Weiler noch acht Andere befreit. Ein Trupp Händler aber mit nahe an hundert Sclaven floh aus Sotsche's Dorfe, als er von unserem Verfahren hörte. Dr. Kirl und vier Makololo verfolgten sie sehr energisch, aber sie entkamen glücklich nach Tette. In Mongazi's Dorfe wurden noch sechs Gefangene freigelassen und zwei Sclavenhändler die Nacht hindurch gefangen gehalten, um sie zu hindern, einen großen, noch vor uns befindlichen Trupp zu benachrichtigen. Sie gaben uns aus freien Stücken die Nachricht, daß über den nächsten Trupp die Dienstleute des Gouverneurs die Aufsicht hätten; sie erboten sich zwar, uns zu Sr. Excellenz eigenen Agenten zu führen, aber wir wollten uns nicht gern von ihnen leiten lassen. Zwei von des Bischofs schwarzen Männern vom Vorgebirge der guten Hoffnung, die einst Sclaven gewesen, waren jetzt eifrige Emancipatoren und übernahmen es freiwillig, während der Nacht die gefangenen Händler zu bewachen. Unsere Helden waren so ängstlich, dieselben in sicherem Gewahrsam zu halten, daß sie, anstatt einander abzulösen und Einer nach dem Andern zu wachen, Beide zugleich Wache hielten, bis gegen vier Uhr Morgens, wo der Schlaf sie Beide leise beschlich und die wachsamen Gefangenen die Gelegenheit ergriffen und entschlüpften. Eine der Wachen wurde den Verlust gewahr, stürzte aus der Hütte und schrie: „Sie sind fort, die Gefangenen sind weg, und haben meine Büchse und auch die Frauen mitgenommen! Feuer! Alle Feuer!" Die Büchse und die Frauen jedoch waren sicher genug; die Sclavenhändler waren nur zu froh, daß sie allein entkamen. Am nächsten Tage wurden in einem andern Dorfe noch fünfzig Sclaven befreit; der ganze Trupp war fadennackt, aber es war noch Kattun genug übrig, um sie zu kleiden, und wahrscheinlich besser, als sie je zuvor gekleidet gewesen waren. Der Vorsteher dieses Zuges, den wir als den Agenten eines der ersten Kaufleute von Tette kennen lernten, sagte, sie hätten zu Allem, was sie thäten, die Erlaubniß des Gouverneurs. Wir waren davon völlig überzeugt, ohne daß er es sagte. Es ist ganz unmöglich, dort irgend etwas ohne die Kenntniß und das Einverständniß des Gouverneurs zu unternehmen.

Der Theil der Hochlande, welchen der Bischof anzusehen wünschte, ehe er sich über einen Wohnsitz entschied, gehörte Chimawa oder Chibaba, dem männlichsten und großmüthigsten Manganjahäuptling, den wir auf unserer vorigen Reise getroffen hatten. Als wir Asambo's Dorf am Chirabzuruberge erreichten, hörten wir, daß Chibaba todt und Chigunda statt seiner Häuptling sei. Chigunda bat den Bischof — offenbar aus eigenem Antriebe, wenn er auch vielleicht erfahren haben mochte, daß derselbe beabsichtige, sich irgendwo im Lande niederzulassen — er solle kommen und bei ihm in Magomero leben, indem er hinzufügte, es sei dort Platz genug für Beide. Diese herzliche und freiwillige Einladung hatte auf das Gemüth des Bischofs einen bedeutenden Einfluß und schien die Frage zu entscheiden. Hätte er erwarten können, daß seine Vorräthe auf dem Flusse hinaufkommen würden, so würde ein näher am Schire gelegener Ort gewählt worden sein; aber die Portugiesen, die den Schire beanspruchten, obwohl sie nie auch nur seine Mündung inne gehabt, hatten denselben so gut wie den Zambesi geschlossen.

Unsere Hoffnungen wurden auf den Rovuma, als eine freie

Straße nach dem Nyassasee und dem ungeheuern Innern gelenkt. Ein Dampfer war bereits für den See bestimmt, und der Bischof, der die vortheilhafte Beschaffenheit der Hochlande sah, welche sich unendlich weit nach Norden erstrecken, wollte lieber in der Nähe des Sees und des Rovuma als des Schire sein. Da er sich entschied, sich in Magomero niederzulassen, so wurde es, um zu verhindern, daß das Land entwölkert werde, für wünschenswerth gehalten, den Ajawahäuptling zu besuchen und ihn zu überreden, daß er seine Sclavenmacherei und Menschenstehlerei aufgebe und die Kräfte seines Volkes friedlichen Geschäften zuwende.

Am Morgen des 22. wurden wir benachrichtigt, daß die Ajawa in der Nähe wären und wenige Meilen davon ein Dorf wegbrennten. Wir ließen die befreiten Sclaven zurück und gingen fort, um eine Zusammenkunft mit diesen Geißeln des Landes zu suchen. Unterwegs begegneten wir Haufen Manganja, die vor dem vorne wüthenden Kriege flohen. Diese armen, vor der Sclavenjagd ausreißenden Flüchtlinge hatten, wie gewöhnlich, alle Lebensmittel, die sie besaßen, zurücklassen müssen, die wenigen ausgenommen, die sie auf ihren Köpfen tragen konnten. Wir passirten ein Mais- oder Bohnenfeld nach dem andern; sie standen zur Ernte reif, aber die Eigenthümer waren hinweg. Die Dörfer waren alle verlassen; eins, in dem wir zwei Jahre vorher frühstückten und eine Anzahl Männer friedlich Kattun weben sahen, und das wir unter uns selbst das „Paisley der Hügel" nannten, war weggebrannt; die Getreidevorräthe waren kartenweise ausgeschüttet und über die ganze Ebene und an allen Wegen hin zerstreut; weder die Sieger noch die Besiegten waren im Stande gewesen, sie fortzuschaffen. Gegen zwei Uhr sahen wir den Rauch brennender Dörfer und hörten Triumphgeschrei, vermischt mit der Wehklage der Manganjafrauen, die um ihre Erschlagenen jammerten. Da forderte uns der Bischof zu inbrünstigem Gebet auf, und als wir uns von unseren Knieen erhoben, sahen wir einen langen Zug Ajawakrieger mit ihren Gefangenen um die Hügelwand kommen. Die ersten der zurückkehrenden Sieger zogen eben in ihr eigenes unten liegendes Dorf ein, und wir hörten Frauen sie mit „Villiloo"-Rufen bewillkommnen. Der Ortsvorsteher der Ajawa verließ, als er uns sah, den Weg und stellte sich, um eine vollständige Aussicht auf unsere Gesellschaft zu bekommen, auf einen Ameisenhaufen. Wir riefen aus, daß wir gekommen wären, um eine Zusammenkunft mit ihnen zu halten, aber einige der Manganja, die uns gefolgt waren, schrieen: „Unser Chibisa ist gekommen!" Chibisa war als ein großer Zauberer und Feldherr bekannt. Die Ajawa liefen davon, heulend und schreiend: „Nkondo! Nkondo!" (Krieg! Krieg!) Wir hörten die Worte der Manganja, aber sie machten im Augenblick nicht den Eindruck auf uns, als könnten sie alle unsere Friedensversicherungen vereiteln. Die Gefangenen warfen ihre Lasten auf den Weg und flohen nach den Hügeln. Aus dem Dorfe kam eiligst ein großes Corps bewaffneter Männer herauf, und in wenigen Secunden waren sie alle rings um uns, obwohl größtentheils durch die vorspringenden Felsen und das lange Gras verborgen. Wir betheuerten vergebens, daß wir nicht gekommen wären, um zu kämpfen, sondern um mit ihnen zu sprechen. Sie wollten nicht hören und hatten, wie wir uns später erinnerten, guten Grund dazu in dem Rufe: „Unser Chibisa." Stolz gemacht von dem eben erst errungenen Siege über drei Dörfer und voll Vertrauen auf einen leichten Triumph über eine bloße Handvoll Männer, fingen sie an, ihre vergifteten Pfeile zu schießen; sie schickten dieselben mit großer Kraft über hundert Yards weit und verwundeten einen von unseren Begleitern durch den Arm. Daß wir uns langsam auf die vom Dorfe aufsteigende Anhöhe zurückzogen, machte sie nur noch eifriger, um uns am Entkommen zu hindern, und in dem Glauben, daß dieser Rückzug ein Zeugniß der Furcht sei, rückten sie in blutdürstiger Wuth uns nach. Manche kamen unter scheußlichem Tanzen bis auf fünfzig Yards heran; Andere gingen, indem sie uns gänzlich umringt hatten und sich die dicht anstehenden Felsen und das lange Gras zu Nutze machten, damit um, uns abzuschneiden, während noch Andere mit ihren Frauen und einem großen Haufen Sclaven sich fortmachten. Vier waren mit Musketen bewaffnet, und wir sahen uns genöthigt, zur Selbstvertheidigung ihr Feuer zu erwiedern und sie zu vertreiben. Als sie die Reihe der Büchsen sahen, standen sie sehr bald ab und liefen davon; aber Manche schrieen uns von den Hügeln aus die tröstende Nachricht zu, daß sie uns verfolgen und uns umbringen würden, wo wir schliefen. Zu uns entkamen nur zwei der Gefangenen, wahrscheinlich aber flohen die meisten von denen, die an jenem Tage festgenommen wurden, in der Verwirrung anderswohin. Nach einem hungrigen, ermüdenden und höchst unangenehmen Tage kehrten wir nach dem Dorfe zurück, das wir am Morgen verlassen hatten.

Wenn wir uns auch wegen des Verfahrens, das wir befolgt hatten, keine Vorwürfe machen konnten, so fühlten wir uns doch um dessen willen, was geschehen war, betrübt. Es war das erste Mal, wo wir von Eingeborenen angegriffen worden oder mit ihnen in Collision gekommen waren. Obgleich wir es stets für gewiß angenommen hatten, daß wir zur Selbstvertheidigung herausgefordert werden könnten, so waren wir doch bei dieser Gelegenheit weniger vorbereitet als gewöhnlich, da wir hier kein Wild erwartet hatten. Die Leute hatten jeder nur eine einzige Patrone; ihr Anführer hatte keinen Revolver, und die Büchse, mit welcher er gewöhnlich schoß, war auf dem Schiffe gelassen worden, um sie vor der Feuchtigkeit der Jahreszeit zu bewahren. Hätten wir die Wirkung, welche Sclaverei und Mord auf den Charakter jener blutdürstigen Plünderer ausübt, besser gekannt, so würden wir, ehe wir uns ihnen nahten, es erst mit Botschaften und Geschenken versucht haben.

Am nächsten Tage kam der alte Häuptling Chinsunse zum Besuch zu uns und drang in den Bischof, er solle mitkommen und bei ihm leben. „Chigunda," sagte er, „ist nur ein Kind, und der Bischof sollte doch lieber beim Vater als beim Kinde leben." Aber der Zweck des alten Mannes, in der Mission einen Schutz gegen die Ajawa zu haben, war so augenfällig, daß seine Einladung abgelehnt wurde. Während er uns bat, die Plünderer zu vertreiben, damit er in Frieden leben könnte, gebrauchte er die List, eine Anzahl seiner Leute zu veranlassen, in athemloser Hast mit der Nachricht in das Dorf zu stürzen, daß die Ajawa dicht an uns wären. Und als wir ihm zu Gemüthe führten, daß wir nie kämpften, es sei denn, daß wir angegriffen würden, wie es den Tag zuvor geschehen sei, und daß wir unter sie gekommen wären, um den Frieden zu befördern und ihnen den Höchsten anbeten, den Verlauf seiner Kinder aufgeben und andere Gegenstände als sich selbst unter einander für den Handel bauen zu lehren, fuhr er auf und antwortete trotzig: „Dann bin ich schon todt."

Der Bischof, der, als er sah, daß das jetzt ihm anvertraute Volk von Horden Menschenstehlern in die Sclaverei hinweggeschleppt wurde, ein Gefühl hatte, wie die meisten Engländer es haben würden, schlug vor, sofort an die Befreiung der gefangenen Manganja zu gehen und die plündernden Ajawa aus dem Lande zu treiben. Diesem Vorschlage stimmten Alle auf das lebhafteste bei, Dr. Livingstone ausgenommen, der ihm auf den Grund hin entgegentrat, daß es für den Bischof besser sein werde, zu warten und zu sehen, wie die Lehre wirke, welche die Sclavenjäger eben bekommen hatten. Die Ajawa wurden offenbar von portugiesischen Agenten aus Tette angestachelt, und unter den Manganja gab es kein Band der Einheit, auf welches hin man wirken konnte. Es war möglich, daß die Ajawa sich zu etwas Besserem bereden ließen, wenn es auch, da sie sich schon lange daran gewöhnt hatten, für den Quillimane'schen Markt Sclaven zu liefern, nicht sehr wahrscheinlich war. Die Manganja aber konnten stückweise von jedem Feinde leicht überwunden werden; aller Fehden halber sahen sie es mit Freuden, wenn Unglücksfälle ihre nächsten Nachbarn trafen. Wir riethen ihnen, sich gegen die gemeinsamen Feinde ihres Landes zu vereinigen, und fügten noch besonders hinzu, daß wir Engländer uns durchaus nicht in ihre Streitigkeiten einlassen würden. Als der Bischof fragte, ob in dem Falle, daß die Manganja wieder um Hülfe gegen die Ajawa bäten, es seine Pflicht sein werde, in ihre Bitte zu willigen, antwortete Dr. Livingstone: „Nein, Sie werden mit ihren Zudringlichkeiten überhäuft werden, aber mischen Sie sich nicht in die Streitigkeiten der Eingeborenen." Diesen Rath erwähnt der biedere Mann in ehrenvoller Weise in seinem Tagebuche. Wir sind in der Erzählung dessen, was während der wenigen Tage unserer Verbindung mit der Mission der englischen Universitäten auf den Hügeln vorkam, etwas umständlich gewesen, weil davon, daß der erwähnte Rath bei Seite gesetzt worden war, die Schuld auf Dr. Livingstone's Schultern geworfen wurde, als ob die Missionare für ihr späteres Benehmen nicht persönliche Verantwortung hätten. Der biedere Bischof Mackenzie besaß unstreitig zu viel Männlichkeit, als daß er dies nicht anerkannt hätte. Die Verbindung der Mitglieder der Zambesi-Expedition mit den Handlungen der Mission des Bischofs hörte jetzt auf, denn wir kehrten zum Schiffe zurück und bereiteten uns zu unserer Reise nach dem Nyassasee vor. Bis hierher wollen wir, wenn es nöthig ist, alle Verantwortlichkeit mit Freuden tragen, und ob der Bischof später bei gewissen Collisionen mit den Sclavenmachern Fehler beging, dafür hatte er die Stimme seiner ganzen bei ihm befindlichen Gesellschaft, und diejenigen, welche die besonderen Umstände und die liebreiche Gesinnung dieses von Herzen guten Mannes am besten kannten, werden am wenigsten etwas auf ihn kommen lassen. Wir verließen unsere Freunde an der Missionsstation in folgender Lage und unter folgenden Umständen:

Einstweilen entschloß sich der Bischof, seine Missionsstation auf einem kleinen Vorgebirge anzubringen, welches durch die Windungen des kleinen hellen Flusses Magomero gebildet wird, der so kalt war, daß die Glieder, wenn man sie an den Julimorgen in demselben wusch, ganz steif wurden. Der gewählte Platz war eine für das Auge angenehme Stelle und mit stattlichen schattigen Bäumen vollständig umringt. Man erwartete, daß sie so lange zur Residenz dienen werde, bis der Bischof sich eine genaue Kenntniß des anliegenden Landes und der politischen Verhältnisse des Volkes verschafft habe und eine gesunde und gebieterische Lage als einen bleibenden Mittelpunkt christlicher Civilisation auswählen könne. Alles erregte schöne Hoffnungen. Die Witterung war köstlich; sie glich dem angenehmsten Theile eines englischen Sommers; Lebensmittel strömten sehr wohlfeil und in großem Ueberfluß herbei. Der Bischof fing mit charakteristischem Eifer an, die Sprache zu lernen, Herr Waller begann zu bauen und Herr Scudamore improvisirte eine Art Kleinkinderschule für die Kinder, das beste Mittel zur Erlernung einer ungeschriebenen Sprache, das es giebt.

Neunzehntes Capitel.

Neuer Anlauf nach dem Nyassasee. — Transport eines Bootes an den Kataratten vorbei. — Ein duckiger Wortführer. — Kleiner See Pamalombe. — Anzeichen von Sumpfluft (malaria). — Nyassasee. — Tiefe. — Größe. — Gestalt. — Buchten. — Gebirge und Stürme. — Volksbauten. — Mückentuchen. — Fische, Sanjika u. s. w. — Scheinbare Faulheit des Volkes. — Unempfindlichkeit der Haut. — Snazenetze. — Baumrindengewebe. — Schönheit à la „Petele." — Marenga's Großmuth. — Gräuel des inländischen Sclavenhandels. — Diebe; die erste Räuberei, die wir in Afrika erlitten. — Gräber der Eingeborenen. — Mazitu oder Zulus. — Viertägige Trennung. — Rauhe Straßen. — Der Mensch des Menschen Feind. — Unser Würfelweißlager verschwindet, kommt aber wieder zum Vorschein. — Elephanten. — Araber aus Katanga. — Arabische Geographie vom Tanganyika und Nyassa. — Der Sclavenhandel. — Rohrhütten in Pappros. — Junge Frauen werden zum Verkauf hinausgebracht — Eine gescheidte alte Frau. — Wir begegnen in Milena's Dorfe plündernden Ajawa. — Athletisches Vergnügen eines Elephanten.

Am 6. August 1861, wenige Tage nach der Rückkehr von Magomero, brachen Dr. Livingstone und Dr. Kirk nebst Charles Livingstone mit einem leichten vierruderigen Boot, einem weißen Matrosen und zwanzig Mann Gefolge nach dem Nyassa auf. Wir dangen längs des Weges Leute, um das Boot über die vierzig Meilen lange Strecke der Murchison'schen Katarakten zu tragen, für täglich eine Elle Kattun. Da dies für hohen Lohn gehalten wurde, so boten mehr denn zweimal so viel Leute, als erforderlich waren, begierig ihre Dienste an. Die Hauptschwierigkeit lag in der Beschränkung ihrer Anzahl. Ganze Haufen folgten uns; und hätten wir nicht am Morgen die Namen der

beschäftigten Träger niedergeschrieben, so würden am Abend von
denjenigen Ansprüche gemacht worden sein, die nur während der
letzten zehn Minuten der Reise halfen. Die Männer eines Dorfes schafften das Boot bis zum nächsten, und Alles, was wir zu
thun hatten, war, dem Ortsvorsteher zu sagen, daß wir am Morgen frische Leute brauchten. Er sah uns die erste Partie bezahlen und hatte seine Leute zur festgesetzten Zeit in Bereitschaft, so
daß wir keine Zeit zu verlieren brauchten, indem wir auf Träger
warteten. Wenn der Transport schwer wird, machen sie oft einen
lauten Lärm, aber Schwatzen und Schreien bringt sie nicht außer
Athem. Die Gegend war rauh und mit wenig Erdreich versehen,
aber mit Gras und offenem Wald bedeckt. Um für unsere jauch-
zenden Gehülfen, die gut genug waren, um das Boot als ein
Zeugniß friedlicher Absichten wenigstens gegen sie zu betrachten,
einen Pfad zu lichten, wurden einige kleine Bäume gefällt. Es
wurden mehrere kleine Ströme passirt, deren größte der Mukuru-
Mabse und Lesungwe waren. Die Einwohner an beiden Ufern
waren jetzt höflich und zuvorkommend. Daß wir ein Boot und
folglich Macht besaßen, überzusetzen, ohne von den Baumkähnen
abhängig zu sein, half ihre Höflichkeit, die bei unserm vorigen
Besuche nicht zum Vorschein kam, entwickeln.

Es ist oft ein überraschender Gegensatz zwischen benachbarten Dörfern. Das eine befindet sich in glücklichen und gedeihlichen Verhältnissen, hat gute Hütten, reichliche Nahrung und einheimisches Gewebe und seine Bevölkerung ist offenherzig, zuver-
lässig und begierig, Lebensmittel zu verkaufen; während im nächsten die Einwohner schlechte Hütten besitzen, unfreundlich, mißtrauisch, schlecht genährt und ärmlich gekleidet sind und nichts zu
verkaufen haben, obgleich das umliegende Land eben so fruchtbar
ist wie das ihrer wohlhabenden Nachbarn. Wir folgten meisten-
theils dem Flusse, um die ruhigen Strecken zum Segeln zu benutzen; aber weiter landeinwärts liegt eine verhältnißmäßig ebene

Landschaft, über welche eine gute Straße geführt werden könnte. Einige der fünf Hauptkatarakten sind sehr groß, da der Fluß in den 40 Meilen 1200 Fuß fällt. Nachdem wir an dem letzten der Wasserfälle vorüber waren, ließen wir unser Boot für immer auf den breiten und tiefen Wassern des Obershire vom Stapel und waren dem Wesen nach auf dem See, denn die sanfte Strömung zeigt nur einen geringen Unterschied des Niveaus. Das Bett ist breit und tief, aber der Lauf ist Anfangs ziemlich gewunden und macht eine lange Biegung nach Osten, bis er auf fünf bis sechs Meilen an den Fuß des Zombaberges herankommt. Die Eingeborenen betrachten den Obershire als eine Verlängerung des Nyassasees; denn wo das, was wir den Fluß nannten, sich dem Schirwasee nähert, etwas nördlich von den Gebirgen, sagten sie, daß die Flußpferde, „welche große Nachtwanderer sind," aus einem See in den andern übergingen. Dort ist das Land flach, und es würde nur eine kurze Landreise nöthig sein. Die Stromgeschwindigkeit übersteigt hier selten einen Knoten in der Stunde, während die des Niederschire anderthalb bis zwei Knoten beträgt. Unsere zu Lande hinziehende Reiseabtheilung der Makololo begleitete uns längs des rechten Ufers und ging an Tausenden von Manganja-Flüchtlingen vorüber, die unlängst von den Ajawa aus ihren auf den gegenüberliegenden Hügeln gelegenen Dörfern vertrieben worden waren und jetzt auf dieser Seite in zeitweiligen Hütten lebten.

Der Boden war dürr und hart und mit Mopanebäumen bedeckt; aber manche Manganja waren beschäftigt, das Land aufzuhacken und das wenige Getreide anzupflanzen, das sie mitgebracht hatten. An denjenigen, deren Lebensmittel von den Ajawa und portugiesischen Sclavenhändlern weggenommen oder verbrannt worden waren, waren bereits die Wirkungen des Hungers sichtbar. Der Wortführer oder Premierminister eines der Häuptlinge, Kalošjeré mit Namen, war ein buckliger Zwerg, ein fließender

Sprecher, der stark versuchte uns dahin zu bringen, daß wir hinübergingen und die Ajawa vertrieben, aber er konnte nicht läugnen, daß Kalonjeré durch das Verlaufen von Leuten jene Sclavenjäger in's Land gelockt hatte. Das ist der zweite bucklige Zwerg, den wir auf dem so wichtigen Posten gefunden haben; der andere war der Premierminister eines Batonga-Häuptlings am Zambesi.

Als wir dahinsegelten, beunruhigten wir viele weißbrüstige Cormoranten; wir hatten dieselbe Art zwischen den Katarakten fischen sehen. Hier finden sie mit vielem anderen wilden Geflügel ihren Unterhalt bei Nacht auf dem sanft hinfließenden Wasser, und sitzen bei Tage schlafend auf Bäumen und im Schilfrohr. Im Strome ließen sich viele Flußpferde sehen, und eines derselben sperrte dicht an Dr. Kirk's Rücken seinen weiten Rachen auf, als wollte es das ganze Hintertheil des Bootes verschlingen; das Thier war so nahe, daß es beim Oeffnen seines Mundes eine Quantität Wasser auf die Bänke im Boote peitschte, aber ohne daß es Schaden that. Um großen plündernden Streifcorps der Ajawa auszuweichen, die am linken Ufer des Schire hingingen, fuhren wir immer am rechten Ufer oder auf der westlichen Seite mit unserer zu Lande gehenden Abtheilung längs der Küste des kleinen Sees Pamalombe hin. Dieser kleine See ist zehn bis zwölf Meilen lang und fünf bis sechs Meilen breit. Er ist fast ringsum von einem breiten Papyrusgürtel umschlossen, der so dicht ist, daß wir kaum eine offene Stelle zum Ufer finden konnten. Die zehn bis zwölf Fuß hohen Pflanzen wuchsen so eng an einander, daß keine Luft dazwischen konnte, und es entwickelte sich so viel Schwefelwasserstoffgas, daß der Bauch des Bootes in einer Nacht schwarz geworden war. Myriaden von Moskitos kündigten, wie sie es wahrscheinlich immer thun, die Gegenwart von Sumpfluft (malaria) an.

Wir eilten von dieser ungesunden Stelle hinweg, indem wir die Aufmerksamkeiten der Moskitos als Winke nahmen, daß wir angenehmere Quartiere suchen sollten an den gesunden Ufern des Nyassasees; und als wir am 2. September in denselben hineinsegelten, fühlten wir uns erfrischt durch die größere Kühle der Luft, die von dieser ausgedehnten Wassermasse ausging. Der erste Punkt, der unser Interesse in Anspruch nahm, war die Tiefe. Sie wird durch die Farbe des Wassers angedeutet, die auf einem längs dem Ufer hinlaufenden Gürtel, welcher in der Breite von einer Viertel- bis zu einer halben Meile wechselt, hellgrün ist, und daran stößt die tiefblaue oder Indigofärbung des indischen Oceans, welche die Farbe der großen Masse des Nyassa ist. Im Oberschire fanden wir eine Tiefe von neun bis fünfzehn Fuß; aber während wir an der Westseite des Sees, ungefähr eine Meile vom Ufer, hinliefen, vertiefte sich das Wasser auf neun bis fünfzehn Faden; sodann, als wir um das große Vorgebirge herumfuhren, welches wir nach unserm vortrefflichen Freunde, dem königlichen Astronomen am Vorgebirge der guten Hoffnung, Cap Maclear nannten, konnten wir mit unserer Lothleine von fünfunddreißig Faden Länge keinen Grund erreichen. Wir steuerten längs der Westküste hin, die aus einer Reihe von Buchten bestand, und fanden, daß, wo der Grund in der Nähe des Strandes und bis auf eine Meile hinaus sandig war, die Tiefe von sechs bis vierzehn Faden wechselte. In einer felsigen Bucht unter etwa 11° 40′ Breite hatten wir bei 100 Faden Grund, obgleich wir außerhalb derselben Bucht mit einer Angelschnur von 116 Faden keinen fanden; dieser Wurf des Lothes war aber ungenügend, da die Schnur beim Heraufkommen zerriß. Nach unserer jetzigen Kenntniß könnte ein Schiff nur in der Nähe der Küste ankern.

Als wir auf das südliche Ende des Nyassasees zurückblickten, fanden wir den Arm, aus welchem der Shire fließt, ungefähr dreißig Meilen lang und zehn bis zwölf Meilen breit. Fahren wir um Cap Maclear herum und blicken nach Südwest, so haben wir einen zweiten Arm, der sich etwa achtzehn Meilen südwärts erstreckt und sechs bis zwölf Meilen breit ist. Diese Arme geben dem südlichen Ende ein gabeliges Aussehen, und wenn man etwas Phantasie zu Hülfe nimmt, kann man es mit der „Stiefelform" Italiens vergleichen. Der schmalste Theil, achtzehn bis zwanzig Meilen, ist um den Knöchel herum. Von da erweitert sich der See nach Norden, und im oberen Drittel oder Viertel ist er fünfzig bis sechzig Meilen breit. Die Länge beträgt über 200 Meilen. Die Richtung, in welcher er liegt, ist möglichst genau gerade von Norden nach Süden. Von der großen Biegung nach Westen, die auf allen früheren Karten erscheint, läßt sich weder durch den Compaß noch durch den Chronometer etwas entdecken, und die Uhr, die wir benutzten, war eine vortreffliche. Die Zeit des Jahres war sehr ungünstig. Die „Rauche" erfüllten die Luft mit einem undurchbringlichen Nebel, und die Aequinoctialstürme machten es uns unmöglich, nach der Ostseite hinüberzufahren. Wenn wir einen Schimmer der hinter den nach Osten liegenden Bergen aufgehenden Sonne erblickten, machten wir Skizzen und Messungen jener Berge in verschiedenen Breiten, die uns in den Stand setzten, uns annähernde Maßbestimmungen für die Breite des Sees zu verschaffen. Diese stimmten mit den Zeiten überein, welche die Eingeborenen an den verschiedenen Uebergangsstellen — wie Tsenga und Molamba — brauchen. Etwa beim Anfang des oberen Drittels wird der See mit Benutzung der Insel Chizumara durchfahren, — ein Name, der in der Sprache der Eingeborenen „Endung" bedeutet; doch braucht man dazu mehrere Tage.

Es schien, als ob der See rings von Gebirgen umschlossen sei, aber später fand sich, daß diese schönen baumbedeckten Höhen im Westen nur die Kanten hoher Tafelländer waren. Wie alle schmalen, von Hochländern umringten Seen, wird er von plötzlichen und furchtbaren Stürmen heimgesucht. Wir waren im

September und October, vielleicht die stürmischste Zeit des Jahres, auf demselben und wurden wiederholt durch Stürme (gales) aufgehalten. Zuweilen ließ sich, während wir mit einem sanften Winde (gentle breeze) angenehm über das blaue Wasser hinsegelten, plötzlich und ohne Warnung der Ton eines kommenden Sturmes hören, der mit Haufen grimmiger Wogen auf seiner Bahn heranbrauste. Eines Morgens wurden wir von der rings um uns brandenden See ergriffen, und weder zum Vorwärtsfahren noch zum Zurückgehen fähig, ankerten wir eine Meile vom Ufer, bei sieben Faden Tiefe. Die wüthende Brandung am Strande hätte unser schwaches Boot zu Atomen zertrümmert, hätten wir zu landen versucht. Die Wogen, die wir am meisten fürchteten, wälzten sich zu dreien heran, ihre Kämme in Schaum getrieben, der hinter ihnen nachströmte. Auf jede dreifache Ladung folgte eine kurze Stille. Hätte eine dieser weißmähnigen Wogen an unsere zerbrechliche Barke geschlagen, so hätte nichts uns retten können; denn sie kamen mit unwiderstehlicher Gewalt heran; seewärts, am Ufer und auf jeder Seite von uns brachen sie in Schaum, aber wir entschlüpften. Sechs schwere Stunden lang trotzten wir diesen furchtbaren Trios, deren jedes das Ende unserer Expedition hätte in seinem weißen Haupte tragen können. Eine tiefe, finstere, abgesonderte, seltsam gestaltete Wolke kam langsam von den Bergen her und hing Stunden lang gerade über unseren Häuptern. Ein Flug Ziegenmelker (Cometornis vexillarius), die bei keiner andern Gelegenheit am Tage herauskommen, schwebte im Sturme über uns, wie Vögel von böser Vorbedeutung. Unsere schwarze Schiffsmannschaft wurde seekrank und unfähig, aufzubleiben oder das Vordertheil des Bootes in See zu erhalten. Die Eingeborenen und unsere zu Lande reisende Abtheilung standen an den hohen Klippen, schauten uns zu und riefen, als die Wogen das Boot zu verschlingen schienen: „Sie sind verloren! sie sind Alle todt!" Als endlich der Sturm sich mäßigte und wir unversehrt

Große Wogen auf dem See.

an's Land gelangten, begrüßten sie uns herzlich, wie nach einer langen Abwesenheit. Von dieser Zeit an vertrauten wir unbedingt auf die Ansichten unseres Seemanns, John Neil, der, da er ein Fischer an der Küste von Irland gewesen war, im Boot an einer stürmischen Küste zu fahren verstand, und auf seinen Rath saßen wir oft Tage lang auf dem Lande beisammen kauernd und warteten, bis sich die Brandung legte. Er hatte noch nie solche Wogen gesehen. Wir mußten jede Nacht das Boot an's Ufer ziehen, damit es nicht vor Anker zum Sinken gebracht wurde; und glaubten wir nicht, daß die Stürme (gales) einer besondern Zeit des Jahres eigenthümlich wären, so würden wir den Nyassa den „See der Stürme" nennen.

Von Westen her empfängt der Nyassasee keine großen Zuflüsse. Die fünf Ströme, die wir im Vorübergehen bemerkten, schienen damals nicht so viel Wasser hineinzubringen, als der Schire ausführte. Sie waren fünfzehn bis dreißig Yards breit und manche zum Durchwaten zu tief; aber die Verdunstung muß sehr bedeutend sein. Wenn diese Ströme nebst anderen von ungefähr derselben Größe, die von den Gebirgen im Osten und Norden herabkommen, durch die Regen angeschwollen sind, können sie genügen, das Steigen des Wassers im See ohne irgend einen großen Fluß zu erklären. Die dem nördlichen Ende zunächst wohnenden Eingeborenen behaupteten, daß dort kein großer Fluß vorhanden sei, obgleich es fast nothwendig schien, um das beständige Fließen des Schire zu erklären. Deutliche weiße Merkmale an den Felsen zeigten, daß während der Regenzeit das Wasser des Sees eine Zeitlang drei Fuß über dem Punkte steht, bis zu welchem es gegen das Ende der trockenen Periode des Jahres hin fällt. Die Regen fangen hier im November an, und das beständige Steigen des Schire findet vor dem Januar nicht statt. Die Westseite des Nyassasees, mit Ausnahme des großen Hafens im Westen vom Cap Maclear, besteht, wie oben gesagt worden ist, aus einer Reihe kleiner Buchten von beinahe ähnlicher Gestalt, da jede einen offenen sandigen Strand und ein kieseliges Ufer hat und von ihrer Nachbarin durch ein felsiges Vorgebirge mit abgerissenen, sich ein Stück in den See hineinerstreckenden Felsen getrennt ist. Die erwähnte große südwestliche Bucht würde einen prächtigen Hafen bilden, den einzigen wirklich guten, den wir auf der Westseite sahen.

Das unmittelbar am See liegende Land ist niedrig und fruchtbar, wenn auch an manchen Stellen sumpfig und von großen Flügen von Enten, Gänsen, Reihern, gekrönten Kranichen und anderen Vögeln bewohnt. Im südlichen Theile haben wir bisweilen zehn- bis zwölf Meilen lange reiche Ebenen, begrenzt durch das, was als hohe Ketten waldreicher Hügel erscheint, die mit dem See fast parallel laufen. Nach Norden hin werden die Berge höher und bieten manche prachtvolle Ansichten dar, indem sich Kette über Kette thürmt, bis zu den matten, hohen Umrissen, die an den Himmel hingezeichnet sind, welcher den Gesichtskreis begrenzt. Noch weiter nördlich wird die Ebene schmäler, bis sie in der Nähe der Stelle, wo wir umkehrten, gänzlich verschwindet und die Gebirge jäh aus dem See aufsteigen, welche die Nordostgrenze dessen bilden, was uns als eine ausgedehnte Hochebene beschrieben wurde, wohlgeeignet zu Weide und Ackerbau und jetzt nur theilweise von einem Stamme der Zulus besetzt, der vor einigen Jahren vom Süden herkam. Diese Bewohner besitzen große Viehheerden und sind durch Vereinigung anderer Stämme mit sich der Zahl nach in beständigem Wachsthum begriffen.

Noch nie haben wir in Afrika eine so dichte Bevölkerung gesehen, wie an den Ufern des Nhassasees. Im südlichen Theile gab es eine fast ununterbrochene Kette von Dörfern. Am Strande fast jeder kleinen sandigen Bucht standen schwarze Volkshaufen und starrten nach der neuen Erscheinung eines unter Segel befindlichen Bootes; und wo wir nur landeten, waren wir in

wenigen Secunden von Hunderten von Männern, Frauen und
Kindern umringt, die sich beeilten, die „Chirombo" (wilden Thiere)
anzustieren. Die Thiere füttern zu sehen war der größte Reiz.
Die Löwen und Affen der zoologischen Gesellschaft haben niemals
mehr Schaulustige herbeigezogen, als wir damals. Wir glichen
in der That dem Flußpferd bei seiner ersten Ankunft unter den
Civilisirten an den Ufern der Themse. Die verwunderte Menge
drängte sich in den Eßzeiten um uns herum und bildete ein Dickicht
schwarzer Körper, die scheinbar alle mit tiefstem Interesse zusahen;
aber sie blieben gutmüthig an einem Striche stehen, den wir auf
den Sand machten, und ließen uns Raum zum Speisen. Sie
waren überhaupt höflich. Zweimal gingen sie so weit, daß sie
den Saum unseres Segels aufhoben, welches wir als Zelt benutzten, wie Knaben daheim es mit den Vorhängen wandernder
Menagerien machen. Sie nannten uns wirklich „Chirombo,"
welches nur die wilden Thiere bedeutet, die gegessen werden können,
aber sie hatten keinen Begriff davon, daß wir ihre Meinung verstanden. Es wurden von uns keine Strafen erhoben und keine
Abgaben verlangt. Nur in einem Dorfe waren sie unverschämt,
aber sie waren vom Biere „selig." Sie bestellen den Boden in
ziemlich ausgedehnter Weise, und bauen große Quantitäten Reis
und Bataten sowohl, als Mais, Mapira und Hirse. Im Norden
jedoch ist Maniok das Haupterzeugniß, welches, nebst Fisch, der
so lange aufbewahrt wird, bis er einen pikanten Geschmack bekommen hat, den Hauptlebensunterhalt der Einwohner ausmacht.
Einen Theil des Jahres hindurch haben die nördlichen Bewohner
am See eine Ernte, die eine besondere Art Nahrung liefert. Als
wir uns nach dieser Richtung hin unserer Grenze näherten, bemerkten wir Wolken, wie von Rauch, der aus Meilen weit bren-
nendem Gras aufsteigt; sie bogen sich in südöstlicher Richtung,
und wir glaubten, daß das unsichtbare Land auf der gegenüberliegenden Seite sich anschlösse, und daß wir dem Ende des Sees

nahe wären. Am nächsten Morgen aber segelten wir durch eine der Wolken auf unserer eigenen Seite und entdeckten, daß es weder Rauch noch Nebel, sondern zahllose Millionen winzig kleiner Mücken waren, die „Kungo" (eine Wolke oder dichter Nebel) genannt wurden. Sie füllten die Luft bis zu einer unermeßlichen Höhe an und wimmelten auf dem Wasser, da sie zu leicht waren, um hineinzusinken. Während wir durch diese lebendige Wolke fuhren, mußten wir Augen und Mund verschlossen halten, sie trafen auf das Gesicht wie feiner wehender Schnee. Tausende lagen im Boote, als es aus der Mückenwolke herauskam. Des Nachts sammeln die Leute diese kleinen Insecten und kochen sie zu einem dicken Kuchen ein, um sie als einen Leckerbissen zu benutzen. In einem Kuchen sind Millionen von Mücken. Ein Kungokuchen, einen Zoll dick und so groß wie die blaue Mütze eines schottischen Bauern, wurde uns angeboten; er hatte eine sehr dunkle Farbe und schmeckte dem Caviar oder eingesalzenen Heuschrecken nicht unähnlich.

Im See fanden sich eine Menge vortrefflicher Fische, und fast alle waren uns neu. Der Mpasa oder Sanjika, den Dr. Kirk für eine Art Karpfen erklärte, ging auf die Flüsse, um zu laichen, wie unser Lachs daheim; der größte, den wir sahen, war über zwei Fuß lang; er ist ein köstlicher Fisch und der beste, den wir je in Afrika gegessen haben. Im August und September gingen sie die Flüsse hinauf und verschafften manchen Fischern, die sich außer der Zeit nicht um ihr Dasein bekümmerten, lebhafte und einträgliche Beschäftigung. Wehre voller Schleusen wurden gebaut und in jede derselben eine große Korbfalle gestellt, durch deren einzige gewundene Oeffnung der Fisch, wenn er einmal darin war, wenig Aussicht hatte zu entschlüpfen. In kurzer Entfernung unterhalb des Wehres werden querüber von Ufer zu Ufer Netze gespannt, so daß es ein Wunder zu sein schien, wie der scharfsinnigste Sanjika überhaupt hinaufkommen konnte, ohne

gefangen zu werden. Vielleicht wird in der Nacht ein Weg den
Fluß hinauf gefunden; aber Sonntage oder „geschlossene Zeiten"
giebt es in jenem Lande weder für Menschen noch für Fische.
Die Seefische werden hauptsächlich in Netzen gefangen, obschon
man auch gelegentlich Männer, und selbst Frauen mit kleinen
Kindern auf dem Rücken, von den Felsen aus mit Angeln fischen
sieht.

Ein Netz mit kleinen Maschen wird zum Fang der jungen
Brut einer silberfarbigen, dem Grashecht gleichen Gattung benutzt, wenn sie ungefähr zwei Zoll lang sind; in einem einzigen
Zuge werden oft Tausende gefangen. Wir bekamen eines Tages
einen großen Eimer voll zum Mittagsmahl geschenkt; sie schmeckten,
als ob sie mit ein wenig Chinin gekocht worden wären, wahrscheinlich weil man ihre Gallenblasen darin gelassen hatte. In
tiefem Wasser werden manche Arten dadurch gefangen, daß man
Fischkörbe hinabläßt, die durch ein langes Seil an ein Floß befestigt werden, um welches man oft, zur Erzeugung eines an-
lockenden Schattens für die in tiefer See lebenden Fische, eine
Masse Gras oder Unkraut bindet. In den Fischereien sind Flotten
schöner Baumkähne beschäftigt. Die Mannschaften haben lange
Ruder und stehen, während sie dieselben gebrauchen, aufrecht. Sie
wagen sich bisweilen hinaus, wenn das Wasser bedeutende Wogen
schlägt. Unser Makololo erkannte an, daß die Leute am See in
der Handhabung der Baumkähne sie überträfen; sie führen nicht
einmal gern über den Zambesi, wenn der Wind stark bliese. Der
erste Eindruck, den man von den Bewohnern des Nyassasees
empfängt, ist, daß sie weit entfernt sind, fleißig zu sein — oder,
um uns deutlicher auszudrücken, daß sie mit handgreiflicher Faulheit geplagt werden. Ganze Gruppen kann man während des
Tages unter den schattigen Bäumen längs dem Ufer hin in
tiefem Schlafe liegen und scheinbar ein sehr bequemes Leben
führen sehen; bei etwas besserer Bekanntschaft aber wird dieser

erste Eindruck geändert, und man findet, daß jene Vormittagsschläfer den größeren Theil der Nacht tüchtig gearbeitet haben. Am Nachmittag fangen sie an sich zu rühren; sie untersuchen und bessern ihre Netze aus, schaffen sie auf die Kähne und wickeln ihre Leinen auf. Am Abend rudern sie nach der besten Fischstation ab, und den größten Theil der Nacht hindurch platzen sich die armen Kerle im Wasser, indem sie ihre Netze schleppen. Dazu leiden sie noch vom Fieber. Wir sahen die flechtenartigen Ausschläge um ihre Mäuler, welche oft seine Hellung bezeichnen, und fanden, daß die Fröste auf sie wirkten, obschon ihre Haut viel unempfindlicher und in ihrer Function viel träger ist als die unserige. Deshalb würde jene Unbequemung an die Sitten der Eingeborenen, die manche Leute anempfehlen, eine Modification für unsere sehr reizbare Haut erfordern. Unsere Bärte wachsen in einer Woche so viel, wie die der Eingeborenen in einem Monate.

Obschon es viele Krokodile im See giebt und manche eine außerordentliche Größe haben, sagen die Fischer doch, es komme selten vor, daß Jemand von diesen Reptilien fortgetragen werde. Wenn Krokodile leicht Fische — ihre natürliche Nahrung — in reichlichem Maße bekommen können, greifen sie selten Menschen an; wenn sie aber wegen der Trübe des Wassers bei Fluthen nicht sehen können, um ihre Beute zu fangen, dann sind sie sehr gefährlich.

Manche Männer und Knaben beschäftigen sich mit der Einsammlung der Buaze, der Zubereitung der Faser und der Verfertigung langer Netze daraus. Der Knoten des Netzes ist von dem unserigen verschieden, denn sie gebrauchen unveränderlich das, was die Matrosen den Reefknoten nennen, aber sie stricken mit einer Nadel, welche der von uns benutzten gleicht. Aus dem Betrag des einheimischen Kattuns, der in manchen der südlichen Dörfer getragen wird, leuchtet ein, daß eine stattliche Anzahl geschäftiger Hände und geduldiger Köpfe mit dem Anbau der Baum-

Gewebe aus Baumrinde.

wolle und den mannichfachen langsamen Processen beschäftigt sein muß, welche sie zu durchlaufen hat, ehe das Gewebe auf dem Webstuhle der Eingeborenen fertig wird. Außer diesem Gewerbszweig ist eine ausgedehnte Manufactur eines Gewebes aus der inneren Rinde eines noch nicht beschriebenen Baumes, der zu der Pflanzengruppe der Cäsalpineen gehört, von einem Ende des Sees bis zum andern in stetigem Fortgang begriffen, und es sind sowohl Mühe als Zeit erforderlich, um die Rinde herbeizuschaffen und durch Pochen und Einweichen zuzubereiten, damit sie weich und biegsam wird. Die ungeheure Menge der Rindenkleider, die getragen werden, deuten auf die alljährliche Zerstörung einer unermeßlichen Anzahl von Bäumen hin; und doch erscheinen die anliegenden Höhen noch immer mit Nutzholz wohl bedeckt.

Die Bewohner am See sind durchaus nicht schön; die Frauen — um unsern mildesten Ausdruck für das schöne Geschlecht zu gebrauchen — sind sehr häßlich; und sie machen sich in der That selbst scheußlich durch die Mittel, die sie anwenden, um ihre Personen schön und reizend zu machen. Die Pelele oder der Schmuck für die Oberlippe wird von den Damen allgemein getragen; die werthvollste ist von reinem Zinn, das in die Gestalt einer kleinen Schüssel gehämmert wird; manche sind aus weißem Quarz gemacht und geben der Trägerin das Aussehen, als hätte sie einen Zoll oder noch mehr von einer der Price'schen Patentkerzen durch die Lippe gesteckt und dies rage über die Nasenspitze hinaus. Manche Damen, die mit der Oberpelele nicht zufrieden sind, gehen zu Extremen, wie Damen es gern thun, und stecken noch eine in die Unterlippe durch ein dem unteren Zahnfleisch fast gegenüber befindliches Loch. Einige Pelelen werden aus einer blutrothen Art Pfeifenthon gemacht; sie sind sehr in der Mode, — als Lippenringe genommen „liebliche Dinge," aber so scheußlich anzusehen, daß weder Zeit noch Gewohnheit unsere Augen dahin bringen konnten, daß sie ohne Abscheu auf denselben ruhten.

Alle Eingeborenen sind vom Kopf bis zum Fuß tätowirt; die Figuren sind charakteristische Kennzeichen der Stämme und wechseln mit ihnen. Die Matumbola oder Atimbola treiben auf der Haut ihrer Gesichter kleine Knoten in die Höhe, so daß sie aussehen, als wären sie ganz und gar mit Warzen oder Fianen bedeckt. Die jungen Mädchen sind hübsch, ehe dieser häßliche Schmuck die Gesichtszüge verhärtet und ihnen den Anschein des Alters giebt. Ihre langen Kleider sind unbeschreiblich, was von der außerordentlichen Knappheit des Stoffes herrührt, aus dem sie geschnitten werden, und ihre schönen Zähne werden eingeserbt oder bis auf Spitzen beschnitten, wie die der Katzen.

Dem Charakter nach sind die am See wohnenden Stämme so ziemlich wie andere Bewohner; es giebt anständige Männer unter ihnen, aber auch eine gute Anzahl saubere Geschöpfe. Sie sind ziemlich freigebig; wenn Einer von uns, wie es oft der Fall war, hinging, um ein gezogenes Netz zu sehen, so wurde ihm stets ein Fisch angeboten. Als wir eines Tages bei einer der schönen Fischereien zu Pamalombe an einer Anzahl Männer vorübersegelten, die gerade ihre Netze an's Land geschleppt hatten, wurden wir gegrüßt und gebeten, anzuhalten, und empfingen eine reichliche Schenkung schöner Fische. An einem Nachmittag kamen wir spät in ein kleines, am See liegendes Dorf; da bemannten eine Anzahl der Einwohner zwei Baumkähne, nahmen ihr Schlagnetz heraus, schleppten es und machten uns den ganzen Zug zum Geschenk. Der nördliche Häuptling, Marenga, ein schlanker, schöner Mann mit einer hübschen Adlernase, den wir fanden, wie er in seiner Pallisade lebte, die in einem Walde, ungefähr zwanzig Meilen nördlich vom Kowirweberge lag, benahm sich gegen uns wie ein Ehrenmann. Sein Land erstreckte sich von Dambo bis nördlich vom Maluzahügel. Er war ganz besonders großmüthig und gab uns reichliche Geschenke an Speise und Bier. „Tragen sie in Eurem Lande solche Dinge?" fragte er, indem er auf sein eisernes Armband zeigte, das mit kupfernen Buckeln verziert war und viel kostete. Der Doctor sagte, er hätte in seinem Vaterlande so etwas nie gesehen, worauf Marenga es sofort abnahm und ihm schenkte, so wie auch seine Gattin dasselbe mit dem Ihrigen that. Auf unserer Rückkehr von den nahe am nördlichen Ende des Sees sich erhebenden Gebirgen nach Süden, erreichten wir Marenga's Restberg am 7. October. Da er uns nicht bereden konnte für seine Einladung, „den ganzen Tag damit hinzubringen, daß wir sein Bier tränken, welches," wie er sagte, „völlig bereit sei," den Vortheil eines günstigen Windes aufzugeben, belud er uns mit Lebensmitteln, die er alle holen ließ, ehe wir ihm irgend ein Geschenk gaben. Mit Anspielung auf das Bootssegel sagten seine Leute, sie hätten keinen Bazimo oder keine werthvolle Habe, weil sie nie so etwas für sich erfunden hätten. Der Häuptling Mankambira behandelte uns ebenfalls mit Freundlichkeit; aber überall, wo der Sclavenhandel betrieben wird, sind die Bewohner unehrlich und unhöflich; er hinterläßt auf seinem Pfade unveränderlich einen Gifthauch und einen Fluch. Die erste Frage, die an den Ueberfahrtsstellen des Sees an uns gerichtet wurde, war: „Seid Ihr gekommen, um Sclaven zu kaufen?" Wenn sie hörten, daß wir Engländer wären und niemals Sclaven kauften, nahmen die Fragenden eine stolze Miene an und weigerten sich bisweilen, uns Lebensmittel zu verkaufen. Dieser Mangel an Achtung vor uns mag durch die Einwirkungen veranlaßt worden sein, welche die Araber auf sie ausgeübt hatten, deren Dhows bisweilen von englischen Kreuzern weggenommen worden sind, wenn sie zu gesetzlichem Handel verwendet waren. Von diesen Fährmännern wurde viel ausländischer Kattun, Perlen und Messingdraht getragen und manche hatten Musketen.

Bei Chitanda, in der Nähe einer der Sclaven-Ueberfahrtsstellen, wurden wir zum ersten Mal in Afrika beraubt, und lernten aus Erfahrung, daß diese Leute, gleich civilisirteren Nationen, erfahrene Diebe unter sich haben. Es mochte nur ein zufälliges Zusammentreffen sein; aber wir litten nie von Unverschämtheit, an Verlust des Eigenthums, und kamen nie in Gefahr, außer unter Leuten, die mit Sclavenmacherei vertraut sind. Wir hatten ein so allgemeines Gefühl der Sicherheit, daß wir nie, außer wenn wir Verrath fürchteten, des Nachts eine Wache ausstellten. Bei dieser Gelegenheit hatten unsere eingeborenen Gefährten bei Bier gezecht und sich auf einige dreißig Yards entfernt, damit wir ihre freien und ungezwungenen Nachtischbemerkungen nicht behorchen sollten, und zwei von uns hatten einen unbedeutenden Fieberanfall; zwischen drei und vier Uhr Morgens, während wir — Büchsen und Revolver in völliger Bereitschaft — unrühmlich schliefen, kamen einige leichtfingerige Herren und befreiten uns vom größten Theile unserer Sachen. Das Bootssegel, unter welchem wir schliefen, war ringsum offen, daher war die That leicht. Einer von uns fühlte, daß sein Kopfkissen sich bewegte, aber in dem köstlichen träumerischen Zustande, in welchem er lag, dachte er, es wäre einer von den Dienern, der seine Decke in Ordnung brächte, und ließ ihn daher, wie er sich einbildete, gewähren.

Als wir, wie ehrbare Leute thun, zur gewöhnlichen Stunde aufwachten, wurde der Verlust des Einen verkündigt mit „Mein Reisesack ist weg — mit allen meinen Kleidern; und meine Stiefeln auch!" „Und meine!" antwortete ein Zweiter. „Und meine auch!" stimmte der Dritte ein, „nebst dem Perlenbeutel und dem Reis!" „Ist der Kattun mitgenommen?" war die begierige Frage, da dies eben so viel bedeutet hätte wie unser ganzes Geld. Er war jene Nacht zu einem Kopfkissen benutzt und auf diese Weise gerettet worden. Die Spitzbuben hinterließen am Strande, dicht an unseren Betten, das Aneroid-Barometer und ein Paar Stiefeln, da sie vielleicht dachten, daß sie uns von Nutzen sein, oder wenigstens, daß sie ihnen nichts nützen könnten. Einige zu

einem Sacke befindliche getrocknete Pflanzen und Fische schoben
sie zurück, viele andere Proben aber, die wir gesammelt hatten,
trugen sie fort; auch einige unserer Notizbücher und fast unsere
ganze Kleidung nahmen sie mit; Einer von unserer Gesellschaft
stand in der That mit Nichts auf, was ihm gehörte, außer was
er in dem Augenblicke zufällig anhatte; ein Anderer verdankte
weiblicher Neugierde die Rettung seines besten Anzuges; denn
während er sich am Tage vorher, der ein Sonntag war, von der
Menge zurückgezogen hatte, um ein Bad zu nehmen und unter
dem Schilfrohr die Kleider zu wechseln, schaute er sich, ehe er
ganz ausgekleidet war, um und sah eine Menge Damen zum Vorschein kommen. Er zog sich zurück ohne Bad und ohne Wechsel
des Anzugs. Man schämt sich der weißen Haut; sie erscheint
unnatürlich, wie gebleichter Sellerie — oder weiße Mäuse. Bei
der Rückkehr zum Lager, welches den ganzen Tag mit beständigem
Getöse und Haufen von Besuchern umgeben war, wechselte er seine
Kleidung nach Einbruch der Dunkelheit; er legte seinen besten
Anzug an und schlief darin, da es zu spät war, ihn wieder aus-
zuziehen, und so wurde nur der schlechteste gestohlen.

Die Bewohner des Dorfes, in dessen Nähe wir lagen, konnten wir nicht im Verdacht haben. Die Diebe hatten uns wahrscheinlich Tage lang verfolgt und auf eine günstige Gelegenheit
gewartet. Unser Verdacht fiel auf einige Personen, die von der
Ostküste hergekommen waren; da wir aber keine Gewißheit hatten und zu hören hofften, ob unsere Sachen in der Nachbarschaft
zum Verkauf ausgestellt würden, machten wir keinen Lärm darüber und fingen an, uns neue Kleidung zu verfertigen. Daß unsere Büchsen und Revolver unberührt gelassen wurden, gereichte
uns zu großem Vortheil: gleichwohl fühlten wir, daß es für bewaffnete Männer höchst demüthigend sei, von wenigen schwarzen
Schurken so gänzlich ausgeplündert worden zu sein.

Manche der besten Fischereien scheinen Privateigenthum zu

sein. Eines Morgens fanden wir Schutz vor einem Sturme in einer geräumigen Lagune, welche durch einen engen Durchgang mit dem See in Verbindung stand. Quer über diese schmale Straße waren Pfähle eingeschlagen, welche nur Zwischenräume für die Korb-Fischfallen ließen. Zwanzig Männer waren emsig beschäftigt, die Fische herauszunehmen. Wir versuchten einige einzuhandeln, aber sie weigerten sich, sie zu verkaufen. Die Fische gehörten ihnen nicht, sie wollten nach dem Eigenthümer des Platzes schicken. Der Eigenthümer kam in kurzer Zeit an und verkaufte bereitwillig, was wir brauchten.

Von den Friedhöfen sind manche recht gut angelegt und mit Sorgfalt gepflegt. Dies bemerkte man in Chilanda und ganz besonders in einem Dorfe an der Südküste des schönen Hafens am Cap Maclear. An der Ost- und Südseite waren auf dem Friedhofe breite und saubere Wege gemacht. Ein großer alter Feigenbaum stand an der nordöstlichen Ecke, und seine sich weit ausbreitenden Zweige warfen ihren milden Schatten über die letzte Ruhestätte der Todten. Um die geweihte Stelle herum wuchsen noch verschiedene andere prächtige Bäume. Grabhügel waren aufgerichtet wie in unserer Heimath, aber sie lagen alle von Norden nach Süden, die Köpfe scheinbar nach Norden. Die Gräber der Geschlechter waren durch die mannichfaltigen Geräthe unterschieden, welche die begrabenen Todten bei ihren verschiedenen Beschäftigungen während des Lebens benutzt hatten; sie waren aber alle zerbrochen, als ob sie nicht mehr gebraucht werden sollten. Ein Stück von einem Fischernetz und ein zerbrochenes Ruder besagten, daß ein Fischer unter jenem Rasen schliefe. Die Gräber der Frauen hatten den hölzernen Mörser und die beim Zerstoßen des Getreides benutzte schwere Keule, nebst dem Korb, in welchen das Mehl gesiebt wird, während sie alle zahlreiche zerbrochene Kürbisflaschen und Töpfe hatten, die rings um die Gräber herumgestellt waren. Der Gedanke, daß das zukünftige

Leben dem gegenwärtigen gleicht, scheint nicht zu herrschen; doch war an dem Kopfe verschiedener Gräber sorgsam ein Bananenbaum gepflanzt worden, und wenn er nicht blos zur Zierde dastand, so konnte die Frucht als ein Opfer für diejenigen betrachtet werden, welche noch immer menschlichen Geschmack besitzen. Die Bewohner der benachbarten Dörfer waren freundlich und zuvorkommend und brachten uns bereitwillig Lebensmittel zum Verkauf.

Indem wir unsere Forschung fortsetzten, fanden wir, daß der nördliche Theil des Sees die Wohnung der Gesetzlosigkeit und des Blutvergießens war. Die Mazite oder Mazitu leben auf den Hochländern und machen plötzliche Raubanfälle auf die Dörfer der Ebenen. Sie sind Zulus, die ursprünglich von Süden, landeinwärts von Sofalla und Inhambane, herkamen, und gehören zu derselben Familie wie diejenigen, welche von den Portugiesen am Zambesi einen jährlichen Tribut erheben. Unlängst waren alle Dörfer nördlich vom Sitze Mankambira's (11° 44′ südlicher Breite) von diesen entsetzlichen Plünderern zerstört worden, aber bei ihren Angriffen auf den genannten Häuptling und Marenga erlitten sie eine Niederlage. Die Dickichte und Pallisaden um ihre Dörfer herum setzten die Bogenschützen in den Stand, die Mazitu in Sicherheit wegzuschießen, während sie sich fürchteten, sich in die Nähe eines Platzes zu wagen, wo sie ihre Schilde nicht gebrauchen konnten. Jenseits von Mankambira's Residenz sahen wir verbrannte Dörfer und die faulige Körper Vieler, die nur wenige Tage vorher durch Mazituspeere gefallen waren. Unsere zu Lande reisende Abtheilung fürchtete sich, weiter zu gehen, und scheute sich, ohne einen Europäer in ihrer Mitte den Verhängern der furchtbaren Rache zu begegnen, deren Zeugniß sie bei jedem Schritte sahen. Dieses Widerstreben der zu Lande hinziehenden eingebornen Reiseabtheilung, ohne die Gegenwart eines weißen Mannes weiter zu gehen, war sehr natürlich, weil man vermuthete, daß Banden des Feindes, der das Land verheert hatte, noch immer umherstreiften; und wenn diese Plünderer nur Leute von ihrer eigenen Farbe sahen, so konnte unsere Gesellschaft sofort angegriffen werden. Die Gewährung ihrer Bitte führte zu einem Ausgang, der von sehr ernsten Folgen hätte begleitet sein können. Dr. Livingstone trennte sich vier Tage lang von der im Boote befindlichen Reiseabtheilung. Nachdem er die Wanderung des ersten Morgens mit ihnen gemacht und das Boot angewiesen hatte, in einer in Sicht befindlichen Bucht nach ihm zu rufen, gingen beide Abtheilungen nach Norden vorwärts. In einer Stunde wendeten sich Dr. Livingstone und seine Abtheilung landeinwärts, da sie sich dem Fuße der Berge näherten, welche jäh aus dem See aufsteigen. In der Vermuthung, daß sie von einem Wege gehört hätten, der hinter der hohen Bergkette hinführte, welche dort das Ufer bildet, setzte die im Boote befindliche Reiseabtheilung ihre Fahrt fort; aber der Wind begann bald so stark zu wehen, daß sie, um sich zu retten, an's Land eilen mußten. Während sie ein Paar Stunden aufgehalten wurden, schickten sie zwei Männer auf die Hügel, um sich nach der zu Lande reisenden Abtheilung umzuschauen, aber sie konnten nichts von ihnen sehen, und die Bootsabtheilung segelte, sobald es nicht mehr gefährlich war, in See zu stechen, mit der Ueberzeugung ab, daß die Vermißten den vor ihnen liegenden See wieder erlangen würden.

In kurzer Zeit wurde eine kleine Insel oder Felsenmasse passirt, auf welcher sich eine Anzahl bewaffneter Mazitu mit einigen jungen Frauen, scheinbar ihren Weibern, befanden. Der Vorsteher sagte, er wäre von Manlambira am Fuße verwundet worden, und sie wollten dort bleiben, bis er zu seinem Häuptling gehen könnte, welcher über den Hügeln lebte. Sie hatten mehrere große Baumkähne, und es lag vor Augen, daß dies ein Nest von Seeräubern war, die des Nachts ausfielen, um zu morden und zu plündern. Sie berichteten, daß hinter den Hügeln ein Weg hinführe, und als die Mannschaft wieder beruhigt war, segelte das Boot weiter. Wenige Meilen davon stießen sie auf eine zweite, noch größere Bande von Seeräubern, und Hunderte von Krähen und Milanen schwebten über und um die Felsen, auf denen sie lebten. Dr. Kirk und Charles Livingstone, obwohl sie in einem gewichtigen Tone den Befehl erhielten, an's Land zu kommen, setzten ihre Fahrt fort. Da schossen eine Anzahl Baumkähne von den Felsen hervor und jagten sie. Ein mit neun starken Ruderern bemannter hielt noch eine Zeitlang aus, nachdem alle anderen die Jagd aufgegeben hatten. Ein günstiger Wind jedoch setzte das Boot in den Stand, mit Leichtigkeit von ihnen wegzukommen. Nachdem sie von dem Punkte aus, wo Dr. Livingstone sie verlassen hatte, zwölf bis fünfzehn Meilen nordwärts gesegelt waren, war es entschieden, daß er noch zurück sein müsse; aber kaum war das Vordertheil des Bootes nach Süden gewendet worden, als wieder ein Sturm es nöthigte, in einer Bucht Schutz zu suchen. Hier wurden eine Anzahl unglücklicher Flüchtlinge gefunden, die vor dem Sclavenhandel auf dem gegenüberliegenden Ufer des Sees geflohen waren; die ursprünglichen Einwohner des Ortes waren das Jahr vorher sämmtlich von den Mazitu weggefegt worden. In den verlassenen Gärten sah man schöne Baumwolle wachsen; viele derselben hatte einen anderthalb Zoll langen Stapel und war von sehr feiner Qualität. Manche Pflanzen waren ungewöhnlich groß und verdienten zu den Bäumen gezählt zu werden.

Als sie Lebensmittel einzukaufen versuchten, hatten die Eingeborenen nichts zu verkaufen als ein wenig getrocknete Maniokwurzel und einige Fische, und sie verlangten zwei Yards Calico für einen einzigen großen Fisch. Als der Sturm ihre Rückkehr gestattete, suchten ihre früheren Verfolger sie an's Land zu locken, indem sie behaupteten, sie hätten viel Elfenbein zu verkaufen. In

Folge einer Reihe von Stürmen war es seit der Trennung der vierte Tag, als das Boot von Dr. Livingstone gefunden wurde, der mit nur zweien seiner Gefährten herankam, um es aufzusuchen.

Nachdem sie eine kurze Strecke auf dem Wege fortgegangen waren, auf welchem sie aus dem Gesicht verloren worden waren, sahen sie ein, daß es mehrere Tage in Anspruch nehmen würde, um die Berge herumzugehen und wieder an den See zu kommen; sie wendeten sich deshalb nach der Bucht hinab, in der Erwartung, das Boot zu finden, sahen es aber nur nach Norden hin verschwinden. Sie eilten so schnell als möglich vorwärts, aber die Gebirgsflanke, welche die Küste bildet, erwies sich als ungemein langweilig und ermüdend; obgleich sie den ganzen Tag reisten, so betrug doch die zurückgelegte Strecke in gerader Linie noch nicht fünf Meilen. Sobald der Tag graute, ward der Marsch fortgesetzt, und nachdem sie am ersten bewohnten Felsen gehört hatten, daß ihre Gefährten den Tag vorher an demselben vorbeigefahren wären, wurde eine von den vier Ziegen geschlachtet, die sie bei sich hatten, als plötzlich zur augenscheinlichen Bestürzung der Mannschaft sieben Mazitu erschienen, mit Speeren und Schilden bewaffnet, die Köpfe phantastisch mit Federn geschmückt. Um eine Unterredung abzuhalten, gingen Dr. Livingstone und Moloka, ein Malololo, der Zulu sprach, ihnen unbewaffnet entgegen. Als Dr. Livingstone sich ihnen näherte, befahlen sie ihm, zu bleiben und sich in die Sonne zu setzen, während sie im Schatten saßen. „Nein, nein!" war die Antwort, „wenn Ihr im Schatten sitzt, so wollen wir es auch." Da rasselten sie mit ihren Keulen auf den Schilden, ein Verfahren, das gewöhnlich Schrecken einflößt; aber Moloka bemerkte: „Es ist nicht das erste Mal, daß wir haben Schilde rasseln hören." Und Alle setzten sich zusammen nieder. Sie baten um ein Geschenk, um ihrem Häuptling zu zeigen, daß sie wirklich Fremden begegnet wären — etwas als Beweiß, daß sie Leute gesehen hätten, die keine Araber waren. Und sie ihrerseits wurden ersucht, diese Fremden zum Boot oder zu ihrem Häuptling zu bringen. Alle Sachen waren im Boote, und um zu zeigen, daß er kein solches Geschenk, wie sie es brauchten, in seinen Taschen hätte, leerte sie Dr. Livingstone aus und brachte unter Anderm ein Notizbuch hervor: in der Meinung, es wäre eine Pistole, sprangen sie auf und sagten: „Steck' das wieder ein." Die Jüngeren Leute wurden nun ungestüm und verlangten eine Ziege. Diese konnte nicht entbehrt werden, da die Ziegen die einzigen Lebensmittel waren. Als sie darauf bestanden, wurden sie gefragt, wie viele von der Gesellschaft sie getödtet hätten, daß sie auf diese Weise anfingen, die Beute zu theilen. Dies beschämte sie offenbar. Die Aelteren waren vernünftiger; sie fürchteten Verrath und hatten eben so viel Bangigkeit vor Dr. Livingstone und seiner Gesellschaft wie dessen Leute vor ihnen; denn als sie einander verließen, eilten sie fort auf die Hügel wie aufgescheuchtes Wild. Einer von ihnen, wahrscheinlich der Anführer, war verheirathet, wie man daran sah, daß Theile seines Haares in einen Ring genäht waren. Man merkte es Allen an den Zähnen an, daß sie dem Lande angehörten, welches dem Zulustamme einverleibt worden war.

Der Weg führte noch immer über steile Bergrücken mit Schluchten von 500 bis 1000 Fuß Tiefe. Manche Wände mußten auf Händen und Knieen erstiegen werden, und kaum war der Gipfel erreicht, so fing wieder das Hinabsteigen an. Jede Schlucht hatte einen fließenden Strom, und die ganze Gegend, obgleich so rauh, war doch angebaut und dicht bevölkert gewesen. Viele Bananenbäume, vernachlässigte Getreidestücken und Congobohnensträuche bezeugten den früheren Anbau. Die ganze Bevölkerung war weggerafft worden; zerstörte Dörfer, zerbrochene Geräthe und menschliche Gerippe, auf die man bei jedem Schritte stieß, erzählten eine traurige Sage von „des Menschen Unmenschlichkeit gegen den Mensehen." So zahlreich waren die Erschlagenen, daß man glaubte, die Einwohner wären in Folge dessen geschlachtet worden, daß sie auf die Zulus feindliche Anfälle gemacht hätten, um Vieh zu erbeuten.

Wir vermutheten, daß dies die Ursache des allgemeinen Gemetzels sei, weil die Zulus gewöhnlich Niemanden vernichten als die alten und handfesten Männer. Der Zweck ihrer Einfälle im Allgemeinen ist, Frauen und Kinder zu erbeuten, die dem Stamme einverleibt und Zulus werden können. Die Herren der Gefangenen sind freundlich gegen sie, und die Kinder werden auf dieselbe Stufe gestellt, wie die eines gemeinen Mannes. In ihrem gewöhnlichen Plane scheinen wir das von manchen Vertheidigern der Sclaverei so gepriesene Verhältniß zu haben. Die Mitglieder kleiner entzweiter Gemeinden werden unter eine mächtige Regierung aufgenommen — bekommen freundliche Herren, denen gestattet wird, sie gegen Jemanden anders innerhalb des Stammes auszutauschen, und ihre Kinder werden freie Leute. Es ist, wie unsere Augen und Nasenlöcher oft an den fauligen Leichnamen der Erschlagenen fanden, nichts desto weniger ein trauriges System — aber doch keineswegs so schlimm als dasjenige, welches, während es eine immer größere Verwüstung menschlichen Lebens veranlaßt, die am Leben bleibenden Opfer zu ewiger Sclaverei bestimmt. Die Zulus sollen, wie man sagt, ihre Gefangenen nie verkaufen.

Bei der zu Lande reisenden Abtheilung befanden sich mehrere Sennaer. Einer derselben, ein Würfelweissager, der vor den Mazitu Todesangst hatte, riß in dem Augenblick, wo er unsere Besucher sah, aus. Vor der Wiederabreise schrieen seine Kameraden nach ihm und riefen ihn lange Zeit durch Abfeuern ihrer Musketen; aber er ließ sich nicht dazu bringen, aus seinem Versteck hervorzukommen.

Da sie jene Nacht die Reise fortsetzten, so lange sie sehen konnten, schliefen sie, ohne es zu wissen, an der Kante eines tiefen Abgrundes; sie machten kein Feuer an, damit die Mazitu es nicht sehen sollten. Am nächsten Morgen war der größte Theil der Mannschaft gänzlich erschöpft; wahrscheinlich trug die Furcht vor dem Gespenste des vorhergehenden Tages dazu bei, die Lähmung, über die sie klagten, zu vermehren. Als jedoch mitgetheilt wurde, daß Alle außer Zweien, Mfolola und Charlie, nach Mankambira's Dorf zurückkehren könnten, wollten sie nicht, bis versichert wurde, daß dies nicht als ein Act der Feigheit betrachtet werde. Es wurde ihnen eine der Ziegen als Proviant gegeben und eine zweite für den Rest der Gesellschaft geschlachtet, der, nachdem er auf den Felsen einen Baumkahn gefunden, welcher einem der verlassenen Dörfer zugehört hatte, wieder in See zu gehen beschloß; aber der Kahn war sehr klein, und die noch übrige Ziege sprang und wälzte sich trotz mancher Drohung, daß man ihr werde die Kehle abschneiden, dermaßen, daß sie ihn fast umwarf; Dr. Livingstone begab sich daher wieder an's Land, und nachdem er noch eine Nacht ohne Feuer zugebracht hatte, außer so viel als eben zum Kochen hinreichte, sah er zu seiner Freude das Boot zurückkommen.

Wir fuhren an jenem Tage bis zu Mankambira's Dorf, eine Strecke, die bei einer Reise am Ufer hin mit der herzbrechendsten Anstrengung drei Tage in Anspruch genommen hätte. Dies war die äußerste Breite, die wir aufnahmen, 11° 44' südlich. Das Boot war ungefähr 24' weiter nach Norden gegangen, die zu Lande reisende Abtheilung wahrscheinlich die Hälfte dieser Entfernung, aber das Fieber verhinderte die Benutzung der Instrumente. Dr. Kirk und Charles Livingstone waren daher am weitesten auf dem See vorgegangen, und sie sahen etwa 20' über ihren Wendepunkt hinaus, das heißt in den zehnten Grad südlicher Breite hinein. Von den wenigstens tausend Fuß betragenden Höhen aus, über welche die zu Lande reisende Abtheilung sich plagte, sah man die dunkeln Gebirgsmassen auf beiden Seiten des Sees sich anschließen. Auf dieser Höhe erstreckte sich die Aussicht wenigstens eben so weit wie von den Booten aus, und wir glauben, daß das Ende des Sees an den südlichen Rändern von 10° oder an den nördlichen Grenzen von 11° südlicher Breite liegt.

Mankambira dachte, unser Weissager würde in den Gebirgen vor Hunger sterben, versprach aber, daß, wenn er am Leben bliebe und zu ihm käme, er ihm Lebensmittel geben und ihn uns nachschicken wolle. Eine Woche später kam uns der arme Kerl zum großen Vergnügen seiner Kameraden nach, die zurückliefen, um ihn einzuholen und zu begrüßen; sie tanzten und jauchzten vor Freude und feuerten ihre Musketen ab. Er hatte von seinem Versteck aus seine Kameraden nach ihm rufen und feuern hören, antwortete aber nicht, weil er glaubte, sie wären mit den Mazitu im Gefecht. Der Hunger trieb ihn endlich von den Gebirgen herab. Mankambira nahm ihn freundlich auf, gab ihm Lebensmittel und schickte ihn weiter, wie er versprochen hatte; aber eine Rotte roher Gesellen zwischen Mankambira's und Marenga's Dörfern ergriffen und beraubten ihn, und legten ihm einen Sclavenstock auf den Nacken, in der Absicht, ihn als Sclaven zu verkaufen, als einige ältere Leute sagten, wenn sie ihn stählen, würden die Engländer zurückkommen und die That rächen. Da ließ man ihn gehen, und Marenga gab ihm ebenfalls Lebensmittel und ein Stück Baumrindengewebe als Bekleidung.

Elephanten sind zahlreich an den Ufern des Sees und überraschend zahm, da man sie oft dicht an den Dörfern findet. Flußpferde schwärmen sehr viele in ihrer Gemächlichkeit in den Buchten und Lagunen, und im See selbst sieht man bisweilen Heerden derselben. Ihre Zahmheit rührt davon her, daß vergiftete Pfeile weder auf den Elephanten noch auf das Flußpferd eine Wirkung haben. Fünf von jeden wurden während unserer Reise geschossen, um Lebensmittel zu bekommen. Zwei der Elephanten waren Weibchen und hatten jeder nur einen einzigen Stoßzahn; auch wurde jeder derselben durch den ersten Schuß getödtet. Wenn man hinsichtlich der Nahrungsmittel von der Büchse abhängt, so giebt es immer entweder Hungersnoth oder Ueberfättigung — entweder Fleisch in Ueberfluß oder gar keins. Am häufigsten giebt es knappe Kost, außer wenn reichliches Wild vorhanden ist, wie es weit den Zambesi hinauf der Fall ist. Wir hatten an einem Morgen zwei Flußpferde und einen Elephanten, im Ganzen vielleicht etliche acht Tonnen Fleisch, und zwei Tage nachher nur den Rest von wenigen Sardellen zum Mittagsmahl.

Eines Morgens, als wir an einer ziemlich dicht bewohnten Gegend vorübersegelten, waren wir erstaunt, neun große Bullen-Elephanten in der Nähe des Strandes stehen zu sehen, die ruhig ihre riesigen Ohren hingen. Erfreut über die günstige Gelegenheit, etwas frisches Fleisch zu bekommen, landeten wir und feuerten nach einem. Sie zogen sich sämmtlich in ein sumpfiges Stück Land zwischen zwei Dörfern zurück. Unsere Leute verfolgten sie und feuerten auf die Heerde. Auf einem Sandhügel stehend, konnten wir die blutenden Thiere mit ihren Rüsseln Wassergüsse über ihre Rücken schleudern sehen. Die Heerde wurde bald auf uns zurückgetrieben, und ein Verwundeter lief nach der Bucht hin. Doch versuchte weder dieser noch einer der anderen irgend anzugreifen. Nachdem wir ihm mit einer Büchsenkugel die Beine gebrochen hatten, feuerten wir nach ihm auf vierzig Yards so schnell als wir die Büchsen laden und abschießen konnten. Er schüttelte bei jedem Schusse einfach den Kopf und empfing wenigstens sechzig Enfield'sche Kugeln, ehe er fiel. Unser vortrefflicher Matrose aus dem Norden von Irland feuerte zufällig das letzte Mal, und sobald er das Thier fallen sah, wendete er sich mit einer triumphirenden Miene zum Doctor und rief aus: „Es war mein Schuß, der es gethan, Herr!"

In wenigen Minuten standen mehr als tausend Eingeborene um den hingestreckten König der Thiere herum, und nachdem unsere Leute alles, was sie brauchten, genommen hatten, wurden die Dorfbewohner eingeladen, das Uebrige zu nehmen. Sie stürzten sich darauf wie hungrige Hyänen, und in unglaublich kurzer Zeit war jedes Striemchen fortgeschafft. Nur dadurch, daß wir wußten, das Fleisch werde alles benutzt werden, fühlten wir das Schlachten dieses edlen Geschöpfes gerechtfertigt. Die Stoßzähne wogen jeder 62 Pfund. Von den Bewohnern am Nyassa konnte man das Elfenbein in großer Menge bekommen, und es wurde uns häufig gesagt, daß sie es in ihren Hütten hätten.

Während wir am 17. October durch einen Sturm an der Mündung des Naombe aufgehalten wurden, besuchten uns mehrere Leute, die einem Araber gehörten, welcher vierzehn Jahre lang im Innern, in Katanga's Dorfe, südlich von Cazembe's Residenz, gewesen war. Sie hatten gerade Elfenbein, Malachit, kupferne Ringe und Sclaven herabgebracht, um sie am See für Kattun umzutauschen. Der Malachit sollte aus einer reichen Ader am Abhange des in der Nähe von Katanga's Dorfe liegenden Hügels gewonnen sein. Den Tanganyikasee kannten sie zwar, vom Zambesi aber hatten sie noch nichts gehört. Sie behaupteten ganz bestimmt, daß das Wasser des Tanganyikasees durch das, demjenigen des Nyassa entgegengesetzte Ende ausflöße. Da sie keinen der beiden Ausflüsse gesehen hatten, so nahmen wir es einfach als ein Stück arabischer Geographie hin. Am nächsten Tage fuhren wir an ihrer aus langen Schuppen bestehenden Niederlassung vorbei und überzeugten uns, daß die Araber einen guten Handel treiben müßten. Es ist schwer, über das vor uns liegende Land zu bestimmten Thatsachen zu gelangen oder aus den Eingeborenen irgend eine zuverläßliche Auskunft herauszubringen. Manche sind gegen Fremdlinge so mißtrauisch, daß sie in ihren Antworten die äußerste Vorsicht zeigen und sich ungern durch irgend eine Aussage bloßstellen, während Andere ihrer Phantasie weiten Spielraum lassen und Wunder erzählen, die den romanhaftesten Märchen alter Reisenden gleichen, oder gerade das sagen, wovon sie glauben, daß es Einem gefallen werde.

„Wie weit ist es bis zum Ende des Sees?" fragten wir einen intelligent aussehenden Eingeborenen am südlichen Theile. „Das andere Ende des Sees!" rief er in wirklichem oder gut fingirtem Erstaunen aus, „wer hörte je von so etwas? Nun, wenn Einer als reiner Knabe sich aufmachte, um bis zum andern Ende des Sees zu wandern, so würde er, ehe er dort anläme, ein alter Graukopf sein. Ich hörte nie, daß so etwas versucht worden sei." Auf dem Rovuma wurde uns gesagt, daß der Fluß sich aus dem Nyassa ergösse, und auf der untern Hälfte des Sees versicherte uns Jedermann, daß ein Baumkahn aus dem Nyassa in den Rovuma fahren könne; aber oberhalb derselben war das Zeugniß der Leute verschieden: die Einen sagten, er liefe in der Nähe des Sees hin, käme aber nicht aus demselben, und Andere behaupteten mit gleicher Gewißheit, daß er mehrere Tagereisen vom Nyassasee entfernt sei. Mantambira hatte nie etwas von einem großen Flusse im Norden gehört und stellte sogar sein Vorhandensein gänzlich in Abrede, indem er uns zu gleicher Zeit die Namen verschiedener Anhalteplätze um das obere Ende des Sees herum und die Zahl der Tage angab, die erforderlich wären, um die seinem Dorfe gegenüberliegende Küste zu erreichen, und diese Zahl stimmte, so weit wir urtheilen konnten, mit der Entfernung überein, in welche wir sein Ende gesetzt haben.

Der Sclavenhandel am See ging in einem entsetzlichen Maße von Statten. Zwei unternehmende Araber hatten eine Dhow gebaut und ließen dieselbe, mit Sclaven überfüllt, regelmäßig über den See fahren. Man sagte uns, sie sei den Tag zuvor gefahren, ehe wir ihr Hauptquartier erreichten. Dieses Etablissement liegt in der Breite der portugiesischen Sclavenausfuhrstadt Ibo und versieht zum Theil diesen nichtswürdigen Markt; aber die größere Zahl der Sclaven geht nach Kilwa.*)

*) Bei einer Gelegenheit wurde einer unserer Kreuzer, die „Wasp," als er in Ibo vorsprach, für ein großes Sclavenschiff gehalten, welches da-

Wir sahen kein großes Verlangen nach Umsatz an den Tag legen. Es wurde einiges Elfenbein zum Verkauf ausgeboten; aber der Haupthandel bestand in menschlichem Vieh. O daß wir doch eine umfassende Darstellung der Greuel des Sclavenhandels geben könnten, mit einer auch nur annähernden Bestimmung der Zahl der Menschenleben, die er jährlich vernichtet! denn wir sind überzeugt, würde auch nur die Hälfte dessen, was wirklich vorkommt, dargelegt, so würden die Gefühle der Menschen so durch und durch aufgeregt werden, daß dieser teuflische Handel mit Menschenfleisch unter allen Umständen unterdrückt werden würde; aber

mals gerade erwartet wurde. Die in der Nähe befindlichen Sclaven wurden alle eilig in die Stadt getrieben, und als Capitän J. C. Stirling landete, war sein Schiff von denselben voll. Unser Freund, Major Sicard, war damals wirklicher Gouverneur von Ibo, obgleich ganz gegen seine eigenen Wünsche. Es war bekannt geworden, daß der letztverstorbene Gouverneur in gewissen Kisten große Summen durch Sclavenhandel aufgehäuften Geldes hinterlassen habe, und der General-Gouverneur war, wie man sagte, sehr betroffen, daß sein vertrauter Untergeordneter sich so schmachvoll betragen haben sollte. Major Sicard hatte gerade den Dank unserer Regierung für seine höchst uneigennützige Freundlichkeit gegen die Expedition empfangen (und jetzt, wo er, wie wir glauben, in eine bessere Welt gegangen ist, dürfen wir sagen, daß der Dank eines Staates nie von innigerer persönlicher Dankbarkeit begleitet wurde) und ward vom General-Gouverneur ausgewählt, den erledigten Posten des Gouverneurs in Ibo so lange auszufüllen, bis der damals neue Standal vorübergegangen und vergessen worden sei. Major Sicard protestirte dagegen, daß er auf diese Weise über ein Nest von Sclavenhändlern gesetzt werde, aus welchem es für einen Portugiesen kaum möglich ist, mit unbefleckter Ehre wieder herauszukommen, und fürchtete natürlich, daß der Stellung, welche er durch den Empfang des Dankes der englischen Regierung erlangt hatte, durch eine so zweifelhafte Beförderung bedeutender Eintrag gethan werde. Seine Gegenvorstellungen waren alle vergebens, denn der General-Gouverneur bestand darauf, und unserm Freunde blieb als Soldaten nichts übrig, als zu gehorchen. Als Capitän Stirling landete, wurde Major Sicard durch seine eigene falsche Stellung und den Haufen zur Ausfuhr bereiter Sclaven in so große Verlegenheit gebracht, daß er kaum sprechen konnte und, seine gewöhnliche unverweilte Höflichkeit vergessend, seinem Besucher nicht einmal bat, sich niederzusetzen. Man kann sich kaum vorstellen, wie stark die Versuchung ist, welche Officiere in einem Orte wie Ibo bestürmen muß, der nur durch seinen ausgedehnten Sclavenhandel existirt, und wo Jeder, der etwa hinsichtlich des Gewinnes bedenklich wäre, allgemein für einen Thoren gelten würde.

weder wir noch irgend Jemand anders haben die zu einer derartigen Arbeit nöthige Statistik. Wir wollen das mittheilen, was wir von einem Theile Afrikas wissen, dann kann jeder Leser, der unsere Erzählung glaubt, das Verhältniß des bekannten Elendes anwenden, um das unbekannte zu finden. Oberst Rigby, Ihrer Majestät jüngst verstorbener politischer Geschäftsträger und Consul in Zanzibar, benachrichtigte uns, daß allein aus diesem Nyassa-Lande jährlich 19,000 Sclaven durch das Zollhaus jener Insel zögen. Dabei sind natürlich diejenigen noch nicht inbegriffen, die nach portugiesischen Sclavenhäfen geschickt werden. Nehmen wir einmal an, daß diese Zahl, 19,000, alle Opfer darstellt. Diejenigen, welche mit aus dem Lande herausgenommen werden, sind nur eine sehr kleine Abtheilung der Leidenden. Wir hatten nie eine Vorstellung von der gräßlichen Natur des Handels, bis wir ihn an der Quelle sahen. Dort „sitzt der Teufel" in der That. Außer denen, die wirklich gefangen werden, werden Tausende umgebracht oder sterben, wenn sie durch den Sclaveneinfall bles aus ihren Dörfern vertrieben werden, an ihren Wunden und aus Hungersnoth. Tausende kommen in mörderischem Kriege um, den sie, um Sclaven zu machen, mit ihren eigenen Stammesgenossen und Nachbarn führen, welche aus Gewinnsucht erschlagen werden, die — daran erinnere man sich stets — von den Sclavenkäufern von Cuba und anderwärts her angestachelt wird. Die vielen Gerippe, die wir in Felsen und Wäldern, an kleinen Teichen und längs den Wegen der Wildniß sahen, bezeugen das furchtbare Opfer an Menschenleben, das man unmittelbar oder mittelbar diesem Höllenhandel zuschreiben muß. Wir möchten unsere Landsleute bitten, uns zu glauben, wenn wir, wie wir es mit gutem Gewissen können, behaupten, daß nach unserer wohlerwogenen, aus dem, was wir wissen und gesehen haben, hervorgegangenen Ansicht nicht ein Fünftel der Opfer des Sclavenhandels jemals Sclaven werden. Wollten wir das Schirethal als

Durchschnitt annehmen, so könnten wir sagen, daß nicht einmal ein Zehntel an den Ort ihrer Bestimmung gelangen. Da nun das System eine so furchtbare Vergeudung menschlichen Lebens — oder sollen wir sagen menschlicher Arbeitskraft? — in sich schließt und überdies unmittelbar dazu dient, diejenigen, welche im Lande bleiben, immerwährend in der Barbarei zu erhalten, so scheint der für die Fortdauer dieses verheerenden Verfahrens angegebene Grund, daß ja doch ein Bruchtheil der zu Sclaven Gemachten gute Herren finden, keinen großen Werth zu haben. Diese Begründung ist, wenn nicht das Ergebniß der Unwissenheit, jedenfalls das Resultat halbtrunkener Menschenliebe. Ein kleiner bewaffneter Dampfer auf dem Nyassasee könnte dadurch, daß er eine Controle führte und tauschweise für Elfenbein und andere Producte Waaren lieferte, diesem ehrlosen Handel in jener Gegend leicht den Hals brechen; denn sie müssen fast alle über den See oder über den Oberschire fahren.

Unsere Erforschung des Sees dauerte vom 2. September bis zum 27. October 1861, und da wir die meisten Sachen, die wir mitgebracht, verbraucht oder verloren hatten, so mußten wir nothwendig zum Schiffe zurückkehren. Als wir uns auf der Rückkehr in der Nähe des südlichen Endes befanden, sagte man uns, daß eben ein großer Sclaventrupp nach der Ostseite übergefahren wäre. Am Abend hörten wir drei Geschütze abfeuern und schlossen aus dem Knall, daß es wenigstens Sechspfünder sein mußten. Man sagte, sie gehörten einem Ajawa-Häuptling, Namens Mukata.

Als wir auf dem Schire hinabfuhren, fanden wir in dem breiten Papyrusgürtel um den kleinen See Pamalembe herum, zu welchem sich der Fluß erweitert, eine Anzahl Manganja-Familien versteckt, welche durch die Ajawa-Einfälle aus ihren Wohnorten vertrieben worden waren. Der Papyrus wuchs so dicht, daß er, wenn er niedergebrückt wurde, ihre kleinen einstweiligen Hütten trug, obwohl er, wenn sie von einer Hütte zur andern gingen, unter ihren Füßen, wie bei uns dünnes Eis, sich hob und senkte.

Zwischen sich und dem Lande ließen sie einen dichten und undurchdringlichen Wald von Papyrus stehen, und es würde nie Jemand, der auf derselben Seite vorüberging, vermuthet haben, daß dort menschliche Wesen lebten. Sie kamen von Süden her an diese Stelle vermittelst ihrer Baumkähne, die sie in den Stand setzten, sich an den schönen Fischen, welche in dem kleinen See massenweise vorhanden sind, einen Lebensunterhalt zu verschaffen. Sie hatten eine große Quantität vortrefflichen Salzes, das in Baumrinde eingenäht war, und von dem wir, da das unserige zu Ende gegangen war, einiges kauften. Wir ankerten die Nacht hindurch ihrem schwimmenden Lager gegenüber und wurden von Myriaden Moskites heimgesucht. Manche Eingeborene zeigen eine ganz erstaunliche Vaterlandsliebe. Wir sahen Flüchtlinge auf den im Norden des Sees liegenden Bergen, die sich trotz Verhungerns und trotz der beständigen Gefahr, von den Mazitu dem Tode überliefert zu werden, hartnäckig an die Aufenthaltsorte ihrer Kindheit und Jugend anklammerten.

Einige Meilen unterhalb des kleinen Sees ist die letzte der großen Sclavenüberfahrtsstellen. Seit dem Einfall der Ajawa sind die Dörfer auf dem linken Ufer verlassen worden, und die Bewohner lebten, wie wir auf unserer Fahrt den Strom hinauf sahen, auf dem rechten oder westlichen Ufer.

Als wir der werthvollen Fischerei in Mavunguti gegenüber einige Minuten ausruhten, kam ein weichlich aussehender junger Mann aus irgend einem Meeresküstenstamme in großem Staat, um uns zu betrachten. Er ging unter einem großen Schirm und war von fünf hübschen Fräulein begleitet, die prächtig gekleidet und geschmückt waren, in der Absicht, Käufer anzulocken. Die Eine trug seine zum Rauchen von Hanf (bang), hier „Chamba" genannt, dienende Pfeife, eine Zweite seinen Bogen und Pfeile, eine Dritte seine Streitart, eine Vierte einen seiner Röcke, während die Letzte bereit war, seinen Schirm zu nehmen, wenn er sich müde fühlte. Diese Schaustellung seiner Waare hatte den Zweck, das Gelüst irgend eines Häuptlings zu reizen, der Elfenbein hatte, und kann die gesetzliche Art der Betreibung des Sclavenhandels genannt werden. In welchem Verhältniß dieselbe zu den übrigen Arten steht, auf welche wir diesen Handel haben betreiben sehen, darüber sind wir nie im Stande gewesen uns ein Urtheil zu bilden. Er setzte sich und betrachtete uns einige Minuten, während die jungen Damen hinter ihm knieten, und nachdem er sich überzeugt hatte, daß wir wahrscheinlich keine Kunden wären, ging er wieder ab.

Als wir auf unserm ersten Ausflug diesem Orte gegenüber landeten, trafen wir eine Frau in den mittleren Jahren, die be-

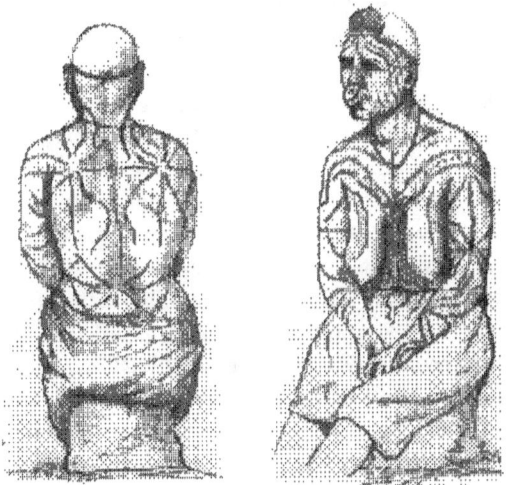

Eine alte Mangaujerin, die Pelele oder den Lippenring und die in sich kreuzweise durchschneidenden Linien auf Gesicht, Armen und Körper bestehende Tätowirung zeigend.

deutende Geistesgaben hatte und eine bessere Kenntniß des Landes besaß als irgend einer der Männer. Von ihr erhielten wir unsere erste bestimmte Nachricht über den Nyassasee. Als sie sah, daß wir Notizen aufzeichneten, bemerkte sie, sie sei am Meere gewesen und habe dort weiße Männer schreiben sehen. Auch Kameele hatte sie gesehen, wahrscheinlich unter den Arabern. Sie war von den Manganjerinnen, die wir je trafen, die Einzige, welche sich schämte, die „Pelele" oder den Lippenring zu tragen. Sie begab sich in ihre Hütte zurück, nahm den Ring heraus, und hielt, während sie mit uns sprach, die Hand vor den Mund, um das gräßliche Loch in der Lippe zu verbergen. Alle Dorfbewohner achteten sie, und selbst die Ortsvorsteher nahmen in ihrer Gegenwart einen untergeordneten Platz ein. Als wir uns jetzt nach ihr erkundigten, erfuhren wir, daß sie todt sei. Um die relative Sterblichkeit auf den Hochlanden und in den Niederungen zu schätzen, bekamen wir nie genügendes Material; aber nach den vielen sehr alten weißköpfigen Schwarzen, die wir auf den Hochlanden sahen, halten wir es für wahrscheinlich, daß selbst Eingeborene ein desto längeres Leben haben, je höher ihre Wohnorte liegen.

Weiter unten landeten wir in Milena's Dorf und machten Längenbeobachtungen, um die Richtigkeit derjenigen, welche wir zwei Jahre zuvor gemacht hatten, zu bestätigen. Das Dorf war verlassen; Milena und seine Leute waren nach der anderen Seite des Flusses geflohen. Einige Wenige waren diesen Morgen herübergekommen, um in ihren alten Gärten zu arbeiten. Nach Vollendung der Beobachtungen hatten wir gefrühstückt, und als die letzten Sachen in's Boot getragen wurden, kam ein Manganja, der nach seinem Baumkahn hinabeilte und schrie: „Die Ajawa haben eben meinen Kameraden getödtet!" Wir stießen ab, und in zwei Minuten stand die Vorhut eines großen plündernden Streifcorps mit ihren Musketen auf der Stelle, wo wir gefrühstückt hatten. Sie waren offenbar überrascht, daß sie uns dort sahen, und machten Halt; dies that auch das Hauptcorps von vielleicht tausend Mann. „Tödtet sie," schrie der Manganja; sie wollen eben auf die Hügel gehen, um die Engländer umzubringen," womit er die Missionare meinte, die wir in Magomero zurückgelassen hatten. Da wir aber auf eine freundschaftliche Unterredung mit denselben keine Aussicht und zu dem Zeugniß des Manganja kein Vertrauen hatten, so ließen wir die Ajawa unter einem großen Affenbrodbaum sitzen, den Manganja sie in höchst trotzvoller Weise quer über den Fluß hinüber verfluchen, und fuhren weiter stromabwärts.

Als wir hinauffuhren, hatten wir gesehen, daß Zinnka's Leute ihre Zuflucht auf eine im Schire liegende lange Insel genommen und daselbst Getreidevorräthe untergebracht hatten, um zu verhindern, daß dieselben in die Hände der Ajawa fielen. In der Voraussetzung, daß der Einfall und Krieg vorüber sei, hatten sie sich später wieder nach dem Festlande auf der Ostseite zurückbegeben und lebten in vermeintlicher Sicherheit. Als wir uns dem Dorfe des Häuptlings näherten, welches mitten in einem schönen Hain wilder Feigenbäume und Palmen gebaut war, trafen unsere Ohren Töne rauschender Lustbarkeit. Die Leute hatten eben eine fröhliche Zeit — trommelten, tanzten und tranken Bier — während ein mächtiger Feind dicht bei der Hand war, der Jedem im Dorfe Tod oder Sclaverei brachte. Einer unserer Leute rief Mehreren, die nach dem Ufer kamen, um uns zu betrachten, zu, die Ajawa kämen und wären eben jetzt in Mitena's Dorfe; aber sie waren vom Trinken verblendet und kümmerten sich nicht um die Warnung.

Indem wir an einem zeitweiligen Dorfe von Manganja-Flüchtlingen vorüberfuhren, sahen wir einen armen Kerl, der seinen Hals in einem Sclavenstocke hatte, und landeten wenige hundert Fuß weiter unten; als wir nach der Stelle, an der wir ihn gesehen hatten, hinaufgingen, war er verschwunden, und Niemand wollte dort einen solchen Menschen gesehen haben. Obgleich diese Mianganja selbst so schrecklich vom Sclavenhandel litten, so nahmen sie ihn doch noch immer in Schutz. Ein Mann, in der Nähe von dessen zeitweiliger Hütte wir unter einem Haufen von Flüchtlingen übernachteten, brach sogar vor Sonnenaufgang auf, um an einige schwarze Portugiesen, die eben in einem benachbarten Dorfe Sclaven einhandelten, einen Knaben zu verlaufen. Diesen armen Knaben hatte das Geschick des Kriegs in die Gewalt des Buben gebracht, und die Herzlosigkeit des rohen Schurken, der selbst durch die Sclavenjäger Alles verloren hatte, brachte uns zu der Ansicht, daß er und seine Race ohne alles natürliche Gefühl sei. In einer Zeit, wo sie dem Hungertode nahe waren, einander nicht für Getreide, sondern für Kattun zu verkaufen, an dem sie keinen großen Mangel hatten, war so widernatürlich, daß uns anfangs das Gefühl ankam, als könne kein Sterblicher, außer Schwarzen, sich solcher Grausamkeit schuldig machen, und wir nachzudenken begannen, wie der Gedanke eines Eigenthumsrechtes am menschlichen Geschlechte je in Wesen kommen konnte, die einen vernünftigen Geist wie der unserige besitzen. Wir erinnerten uns jedoch, gesehen zu haben, daß ein Mann, der in dem Rufe der Menschenfreundlichkeit stand, und in dessen Adern kein schwarzes Blut floß, für die Summe von zwanzig Dollars oder ungefähr vier Pfund Sterling ein hübsches Mädchen losschlug, die zu ihm in näherer Verwandtschaft stand, als dieser Knabe zu dem Manne, der unsern Zorn aufreizte, und da sie außerdem die Pflegerin seines Sohnes war, so erhoben Beide, Sohn und Pflegerin, einen ganzen Tag lang eine so erbarmenswerthe Wehklage, daß selbst der Halbblut, der sie gekauft hatte, sich erweichen ließ und sich erbot, sie dem weißen Manne zurückzugeben, aber vergebens. Gemeinschaft im Leiden erzeugt nicht immer Mitgefühl, obgleich wir es der Natur nach erwarten sollten. Dies wurde bei dem Schiffbruche des französischen Transport-

Schiffes an der Westküste bewiesen, und kann somit nicht eine Eigenthümlichkeit der schwarzen Menschen sein.

Die Tette'schen Sclavenmacher brachten später Getreide (Mapira) herüber und kauften dafür viele Sclaven. Dies könnte man in einem Sinne als menschenfreundlich betrachten, da es wirklich viele arme Geschöpfe vor dem Hungertode bewahrte; aber es steht damit gerade so, wie mit dem Vorgeben, daß „sie zu freundlichen Herren kommen können;" die Retter der Leben sind in Wirklichkeit die Zerstörer aller Leben, die verloren gehen.

In der Nähe der Stelle, wo wir das Boot verließen, standen eine Anzahl Elephanten, und einer von der Heerde machte sich das Elephantenvergnügen, Bäume niederzubrechen; er fraß nicht das Mindeste von denselben, sondern stieß sie des reinen Spaßes wegen blos um, und freute sich dabei über seine Stärke. Drei Enfield'sche und andere Büchsenkugeln im Kopfe schickten ihn eiligst und scheinbar mit solcher Leichtigkeit durch das dichte Gebüsch, als ob es nur Gras wäre. Durch diese gewaltigen Thiere werden eine unermeßliche Anzahl Bäume zerstört. Häufig kauen sie die Aeste nur der Rinde und des Saftes wegen.

Nachdem wir den Fluß verlassen hatten, boten Haufen von Trägern ihre Dienste an. Mehrere Rotten derselben setzten so viel Vertrauen in uns, daß sie sich weigerten, am Ende des ersten Tages Lohn anzunehmen; sie wünschten noch einen Tag zu arbeiten und so die Löhne für beide Tage in einem Stück zu bekommen. Der junge Ortsvorsteher eines neuen Dorfes rückte selbst mit seiner Mannschaft an. Der Marsch war ein ziemlich langer und einer von den Leuten schlug vor, eine Meile oder noch weiter vom nächsten Dorfe die Lasten neben einer Hütte niederzulegen. Der Ortsvorsteher schalt den Burschen wegen seiner Gemeinheit, daß er unsere Sachen an einer Stelle los werden wollte, wo wir uns keine Träger verschaffen konnten, und ließ ihn dieselben weiter tragen. Das Dorf am Fuße der Kataralten war, seitdem wir es auf unserm Wege aufwärts passirt hatten, an Größe und Wohlstand bedeutend gewachsen. Es waren eine Anzahl großer neuer Hütten gebaut worden, und die Bewohner hatten einen guten Vorrath an Kattun und Perlen. Wir konnten uns dieses plötzliche Gedeihen nicht erklären, bis wir anstatt der zwei alten, lecken Dinge, welche vorher dort lagen, einige schöne, große Baumkähne sahen. Es war eine Ueberfahrtsstelle für die Sclaven geworden, welche die portugiesischen Agenten nach Tette transportirten, weil sie sich fürchteten, dieselben näher an der Stelle, wo das Schiff lag, ungefähr sieben Meilen davon, hinüber zu schaffen. Nichts war niederschlagender, als dieses Betragen der Manganja, durch den gänzlichen Untergang ihrer Nation zu gewinnen. Es war fast eben so schlecht, wie das Verhalten unserer eigenen Landsleute, welche Flinten auskauften und sie den Chinesen zuschickten, die mit unsern eigenen Soldaten im Kriege lagen, oder derjenigen, welche am Vorgebirge der guten Hoffnung unter ähnlichen Umständen den Kaffern Kriegsvorrath lieferten, und so unverschämt waren, jenen Handel den Missionaren zuzuschreiben.

Auszug einer Depesche von Oberstlieutenant C. P. Rigby, Ihrer Majestät Consul und Britischem Geschäftsträger in Zanzibar, an H. L. Anderson, Esquire, Regierungssecretär in Bombay:

"Britisches Consulat in Zanzibar, den 15. Juli 1860.

"Sir!

"Ich habe die Ehre, zur Benachrichtigung Seiner Hochwohlgeboren des Gouverneurs zu berichten, daß Dr. Albrecht Roscher, ein Herr, der im Auftrage Seiner Majestät des Königs von Baiern eine wissenschaftliche Reise nach Ostafrika unternommen hatte, am 19. März dieses Jahres im Dorfe Kisunguni, drei Tagereisen nordöstlich vom Nyassasee, ermordet wurde."

. . . .

Nach einer Mittheilung, die sich auf Dr. Roscher's anderweitige Bewegungen bezieht, fährt die Depesche fort:

"4. Im Juni 1859 verließ er Zanzibar wieder, um den großen See Nyassa zu erforschen, und nachdem er sich in Kilwa einer Karawane angeschlossen hatte, brach er am 24. August dieses Jahres aus jener Gegend auf und erreichte den See am 19. November. Er war der erste weiße Mann, der je bis an seine Küsten gelangt ist."

(Der Grund von Oberst Rigby's Irrthum lag darin, daß nicht Zeit genug verflossen war, damit die Nachricht von unserer Entdeckung des Nyassa zu ihm nach Zanzibar gelangen konnte; auch wußte man damals noch nicht, daß der See, den sowohl Dr. Roscher als wir besucht hatten, einer und derselbe sei. Es thut der Ehre, die dem Dr. Roscher dafür gebührt, daß er den See auf einem von dem unserigen gänzlich verschiedenen Wege erreichte, nicht den mindesten Abbruch, daß Andere ihm in der Entdeckung zuvorgekommen waren; aber der Genauigkeit halber ist es nothwendig, die Gründe anzuführen, aus welchen die Priorität der Erforschung von den Engländern beansprucht wird.)

„Als er Zanzibar verließ, war er sehr kränklich, und auf der Reise wurde er so schwach, daß er die ganze letzte Zeit derselben in einem Feldbett getragen wurde.

„Er blieb fast vier Monate in Nussewa, an den Gestaden des Sees. Am 16. März dieses Jahres verließ er Nussewa, um nach dem Rovumafluß zu gehen, den man ungefähr zwölf Tagereisen vom Nyassasee auf der Straße nach Kilwa überschreitet. Er beabsichtigte offenbar, vom Rovuma aus nach dem See zurückzukehren, da er fast sein ganzes Gepäck in der Verwahrung des Sultans von Nussewa ließ, und nur von zwei Regerdienern und zwei Trägern für seine Reise-Utensilien, nämlich einem Manne und einer Frau, begleitet wurde."

Die Depesche ist lang und enthält eine Menge einzelner Umstände und Zeugenaussagen. Dr. Roscher's Freund Ringomanga, der Sultan von Nussewa, lebt drei Tagereisen vom See und wahrscheinlich der Katatotabai gegenüber, oder selbst noch weiter südlich, und gehört zum Waiaostamme.

Die Zeugenaussagen der Eingeborenen sind sehr interessant, da sie unwiderleglich beweisen, daß Roscher von uns hörte. Oberst Rigby glaubt, dem Dr. Roscher sei von dem Ausfluge erzählt worden, den wir nach dem Schirwa oder, wie er schreibt, Kirwa gemacht hatten, „wo," wie er bemerkt, „die Eingeborenen von Nussewa Salz holen." Es ist aber wahrscheinlicher, daß er von unserer Ankunft am südlichen Ende des Nyassa hörte, wo der Schire sich aus demselben ergießt, wo es ungeheure Salzwäschereien giebt, und wo wir mit einer Gesellschaft Küstenaraber in Berührung kamen, die in der Nacht flohen und die Straße durch das Ajawaland einschlagen wollten, auf welcher Roscher zwei Monate später ankam.

Zwanzigstes Kapitel.

Ermuthigende Aussichten. — Bischof Mackenzie. — Unsere Fahrt stromabwärts wird gehemmt. — Der Fluß hat im Januar 1862 Hochwasser. — Mariano beginnt seine Laufbahn der Sclavenjagd wieder. — Der Gouverneur spielt Versteckens mit ihm. — Hauptmann Alvez. — Wir erreichen den Zambesi. — Die Vorstellungen eines Sclavenbesitzers von seinen Sclaven. — Weisheit und Menschlichkeit Napoleon's III. — Am Luabo. — Ihrer Majestät Schiff „Gorgon" kommt an. — Der „Pioneer" ist baufällig." — Capitän Wilson fährt den Schire hinauf. — Fortsetzung der Geschichte der Mission des Bischofs. — Er fährt in einem kleinen Baumkahne den Schire hinab. — Verliert Kleidung, Arznei u. s. w. — Fieber. — Tod und Beerdigung. — Sein Charakter. — Die Freundlichkeit der Makolele. — Herrn Burrup's Tod. — Capitän Wilson kehrt nach Schupanga zurück. — Der Reverend James Stewart prüft erst das Land, ehe er eine Mission durch die freie Kirche von Schottland unternimmt. — Portugiesische Politik und Sclavenhandel sind die Haupthindernisse für jede Mission. — Die persönliche Verantwortlichkeit wird hintenangesetzt und die Schuld auf Andere geschoben. — Frau Livingstone's Krankheit und Tod am 27. April 1862.

Wir erreichten das Schiff am 8. November 1861 in einem sehr schwachen Zustande, da wir mehr vom Hunger gelitten hatten, als auf irgend einem früheren Ausfluge. Am 9. fingen heftige Regen an und dauerten mehrere Tage fort; der Fluß stieg rasch und wurde in hohem Grade entfärbt. Am 14. kam Bischof Mackenzie mit einigen Leuten des „Pioneer," die in Magomero gewesen waren, um ihre Gesundheit zu stärken, so wie auch um der Mission beizustehen, zum Schiffe herab. Der Bischof schien in ausgezeichneter Stimmung zu sein und glaubte, daß die Zukunft für Frieden und Nützlichkeit viel verspräche. Die Ajawa, die, während wir uns auf dem See befanden, geschlagen und vertrieben worden waren, hatten sagen lassen, sie wünschten mit den Engländern auf friedlichem Fuße zu leben. Um Magomero herum hatten sich viele Manganja niedergelassen, um unter dem Schutze des Bischofs zu sein, und man hoffte, daß der Sclavenhandel auf den Hochlanden bald aufhören werde, und die Bewohner im sichern Genusse ihres Gewerbfleißes würden gelassen werden. Die Mission konnte bald, auch das ahnte man, zu einem bedeutenden Grade der Selbsterhaltung gelangen und gewisse Arten Lebensmittel bauen, wie die Portugiesen von Senna und Quillimane. Herr Burrup, ein energischer junger Mann, war in einem Baumkahne den Schire hinaufgekommen und den Tag vor dem Bischof in Chibisa's Dorfe angelangt. Ein Wundarzt und ein Laienbruder folgten in einem andern Baumkahne hintennach. Da der „Pioneer" für den oberen Theil des Schire zu tief im Wasser ging, so hielt man es nicht für rathsam, ihn beim nächsten Ausfluge weiter hinaufzubringen, als bis zum Ruo; der Bischof entschloß sich deshalb, das Land von Magomero aus bis zur Mündung jenes Flusses zu erforschen und das Schiff mit seinen Schwestern und Frau Burrup im Januar zu treffen. Dies wurde angeordnet, ehe wir uns trennten; dann verließen uns der biedere Bischof und Burrup, und wir haben sie nie wieder getroffen. Als sie nach dem Ufer gingen, gaben und empfingen sie drei herzliche englische Hurrah, und wir dampften ab.

Am 14. hörten die Regen auf und die Wasser des Schire fielen sogar noch rascher, als sie gestiegen waren. Zwanzig Meilen unterhalb Chibisa's Dorf hemmte eine Untiefe unser weiteres Vordringen, und wir lagen dort fünf ermüdende Wochen, bis das beständige Steigen des Flusses eintrat. Während dieser Verzögerung, wobei wir auf jeder Seite einen großen Sumpf hatten, kam bei der Expedition, die nunmehr viertehalb Jahre im Lande gewesen war, der erste Todesfall vor. Der Gehülfe des Zimmer-

manns, ein schöner, gesunder, junger Mann wurde vom Fieber
ergriffen. Die gewöhnlichen Heilmittel wirkten nicht; er starb
plötzlich, während wir das Abendgebet verrichteten, und wurde am
Ufer begraben. Er kam im „Pioneer" mit von zu Hause und
hatte mit Ausnahme eines unbedeutenden Fieberanfalls an der
Mündung des Rovuma die ganze Zeit, die er bei uns gewesen
war, sich vollkommener Gesundheit erfreut. Die Portugiesen sind
der Ansicht, daß der Europäer, welcher längere Zeit, nachdem er
das Land betreten hat, von dieser Krankheit verschont bleibt, wenn
dieselbe kommt, mit größerer Wahrscheinlichkeit von ihr hinweggerafft wird, als derjenige, welcher sie gleich anfangs mehrmals
bekommt.

Gegen das Ende des December wurden die Regen ziemlich
allgemein, und im Anfang des Januar 1862 hatte der Schire
Hochwasser. An der Stelle, wo wir Holz einnahmen, eine Meile
oberhalb des Ruo, war das Wasser drei Fuß höher als im Juni,
wo wir an derselben Stelle waren, und in der Nacht des 6. stieg
es noch achtzehn Zoll höher und schwemmte eine ungeheure Masse
Reisholz und Klötze herab, welche von Käfern und den beiden
Arten der Schaalthiere wimmelten, die über den ganzen afrikanischen Continent hin gemein sind. Eingeborene in Baumkähnen
waren geschäftig, auf den Wiesen und in den Gräben mit Speeren
Fische aufzuspießen, und schienen dieselben in großen Massen zu
fangen. Sporaflügelige Gänse und andere von der knopfnasigen
Art machten sich die tiefliegenden Gärten zu Nutze, die überschwemmt wurden, und kamen, um die Bohnen wegzustehlen.
Als wir am 7. den Ruo passirten und vom Bischof nichts sahen,
schlossen wir, daß er durch den Wundarzt von unserer Verzögerung gehört und seine Reise verschoben habe. Er kam dort fünf
Tage später, am 12., an.

In Mbema's Dorfe hörten wir, daß dem allgemein bekannten
rebellischen Räuber und Mörder Mariano gestattet worden sei,

von Mosambik zurückzukehren, und sein altes Geschäft wieder treibe, die Manganja zu stehlen und sie den Bewohnern von Quillimane als Sclaven zu verkaufen. Er hatte schon einen großen Theil des rechten Ufers verheert, und die Bewohner dieses Dorfes lebten in beständiger Furcht vor einem Besuche von Seiten seiner bewaffneten Plünderer. Als wir zum Zambesi kamen, fanden wir, daß die Portugiesen kürzlich auf einer der Mündung des Schire gegenüberliegenden Insel eine Station errichtet hatten. Hauptmann Alvez, — Mozinga oder dicke Kanone, wie die Eingeborenen ihn nannten, — war der commandirende Officier und kam, nachdem wir den Anker ausgeworfen hatten, an Bord. Der Gouverneur hatte gewünscht, er solle uns versichern, daß die Besetzung der Insel nur vorübergehend sei und lediglich in Folge von Mariano's Entrinnen und Empörung stattfinde.

Es scheint, daß dieser halbkastische Rebell ungeachtet aller seiner offenkundigen Räubereien und Mordthaten und seines thatsächlichen Aufstandes und Krieges in Mosambik vor Gericht gestellt und mit dem milden Urtheilsspruche einer drei Jahre langen Haft und einer Geldstrafe entlassen worden war. Da er nicht genug Geld bei sich hatte, um die Strafe zu bezahlen, nahmen die Mosambik'schen Behörden Rücksicht und gestatteten ihm, nach Quillimane zurückzugehen, um einige Schulden einzufordern, die er, wie er behauptete, ausstehen hatte; als er aber dort ankam, ergab es sich, daß seine Schulden irgendwo landeinwärts standen. Seine Quillimane'schen Gläubiger indeß waren so gefühlvoll, die Regierung zu ersuchen, daß sie Mariano gestatten möge, dorthin zu gehen, damit er Elfenbein bekäme, um sowohl die Schulden als die Strafe zu bezahlen. Die Erlaubniß wurde gnädigst gegeben, und ihm auch noch gestattet, mehrere Hundert Flinten und viel Kriegsvorrath mitzunehmen; aber anstatt Elfenbein einzufordern, kehrte er den Schire hinauf zu seinem eigenen Volke zurück, fing sein früheres Verfahren des Raubens, Mordens und

Menschenstehlens wieder an und sprach der portugiesischen Behörde Hohn. Da erklärte der Gouverneur von Quillimane seinem alten Feinde den Krieg, und segelte mit allen seinen nützlichen Soldaten und Sclaven in einer Flotte von Booten und Baumkähnen den Schire hinauf, um den Rebellen gefangen zu nehmen, konnte ihn aber nicht finden — und segelte daher wieder herab. Die ganze Sache hatte — für den Unbarmherzigen, der wußte, daß ohne Wissen des Gouverneurs in seinem Districte etwas gethan werden konnte, — das Ansehen, als sei Mariano gestattet worden, mit einer großen Masse Waffen und Kriegsvorrath aus einem kleinen Weiler davonzulaufen, wo Jeder vermittelst seiner Sclaven weiß, was jeder Andere vornimmt. Der Gouverneur lief ihm zwar nach, aber in einem Schritte, in dem man beim Spiel einem Kinde nachläuft — und konnte ihn natürlich nicht erhaschen. Später wurde ein Hauptmann mit einer Kriegsmacht quer über das Land geschickt, und war glücklicher als der Gouverneur, denn er erreichte Mariano. Anstatt jedoch den Rebellen gefangen zu nehmen, nahm unglücklicherweise der Rebell, wie man sagt bei einem nächtlichen Angriff, ihn sammt seiner ganzen Munition und einer Anzahl seiner Mannschaft gefangen. Dem Hauptmanne wurde nach dem Berichte seines Mitofficiers gestattet, nachdem er ein Geschenk an Elfenbein empfangen hatte, abzureisen. Uns war dies unglaublich; wir erwähnen es aber, um zu zeigen, wie diese Leute, die Verbrecher gewesen sind, von einander sprechen.

Hauptmann Alvez litt eben am Fieber und hatte, seitdem er an diesen tiefliegenden sumpfigen Ort gekommen war, stets daran gelitten. Wenn der Fluß, was er höchst wahrscheinlich thun werde, noch zwei Fuß höher stiege, sagte er, werde die Insel unter Wasser stehen. Das einsame Leben eines einzelnen Officiers, der mit einer Anzahl entwürdigter schwarzer Soldaten an einer solchen Stelle wie diese lebt, muß etwas Schreckliches sein. Es steht der Einkerkerung, wo nicht der Einzelhaft am nächsten;

und dies war das Loos eines tapfern Artillerie-Officiers, der wegen irgend eines politischen Vergehens hierher geschickt wurde, und der vor einer Reihe von Jahren den ganzen harten Kampf mit den Rebellen mitgemacht hatte. Während er, der den Aufstand unterdrückte, auf diese Weise lebte, erzählte man, daß Mariano, der Rebell, die letzten drei Jahre lang in der Hauptstadt der Provinz ein glänzendes Leben geführt und sogar an den Tafeln des Höchsten im Lande gespeist habe. Da diese Verurtheilung zu Gefängniß in Mosambik so mild ausgeführt wurde, daß sie gar nicht auf Verhaftung hinauslief, so darf man sich nicht darüber wundern, daß die Zungen der Leute sich gegen den General-Gouverneur hart aussprachen, und daß man offen erklärte, obgleich man es natürlich nicht wirklich wissen konnte, es habe Bestechung stattgefunden. Wir kennen weiter nichts als die Wahrscheinlichkeit und das allgemeine Gerücht, das falsch sein kann. Mozinga trafen wir nie wieder; er erlag in einigen Monaten dem Fieber.

Da unsere Sennaer nach Hause zu gehen wünschten, so bezahlten wir sie und setzten sie hier an's Land. Sie waren Alle eifrige Handelsleute, und hatten sich reichlich mit einheimischen eisernen Hacken, Aexten und Schmucksachen versehen. Viele der Hacken und Speere waren den sclavenmachenden Streifcorps weggenommen worden, deren Gefangene wir befreiten; denn bei diesen Gelegenheiten waren unsere Sennaer Freunde stets ungemein eifrig und thätig. Der Rest war für die alten Kleider, die wir ihnen gegeben hatten, und ihren Vorrath an Flußpferdfleisch eingekauft worden. Sie hatten keine Furcht, die Sachen zu verlieren oder bestraft zu werden, weil sie uns unterstützt hatten. Das System, in welchem sie erzogen worden waren, hatte den Gedanken an persönliche Verantwortlichkeit aus ihren Gemüthern ausgerottet. Die portugiesischen Sclavenbesitzer, sagten sie, würden die Engländer allein beschuldigen; sie wären zu der Zeit unsere Diener. Kein weißer Mann am Bord konnte so wohlfeil einlaufen, wie diese Leute. Manchmal hatte ihre Beredtsamkeit einen eingeborenen Handelsmann überredet, für ein Stückchen von schmutzigen abgetragenen Kleidungsstücken zweimal so viel reinen neuen Calico zu verkaufen, was er nur kurz vorher verweigert hatte. Da „Scissors"*) in der Nacht vom Husten geplagt wurde, bekam er eine Steppdecke zum Geschenk, welche viel mit durchgemacht hatte. Einige Tage später bot sich eine gute Gelegenheit dar, Hacken einzukaufen; da trennte er beide Seiten ab, zerriß sie in zwölf Stücke und kaufte ungefähr ein Dutzend Hacken für dieselben.

Am 11. Januar liefen wir in den Zambesi ein und dampften nach der Küste hinab, indem wir an der Seite hinfuhren, an welcher wir herausgekommen waren; aber das Fluthbett hatte sich, wie es bisweilen geschieht, während des Sommers auf die andere Seite gewendet, und wir saßen bald auf dem Grunde. Ein vornehmer Portugiese, der früher Lieutenant in der Armee war, und jetzt auf Sangwisa, einer der Inseln des Zambesi, lebte, kam mit seinen Sclaven herüber, um uns das Schiff flott machen zu helfen. Er sagte offenherzig, daß alle seine Leute große Diebe wären, und wir auf unserer Hut sein müßten, nichts umherliegen zu lassen. Dann hielt er eine kurze Rede an seine Mannschaft, sagte ihnen, er wisse, was für Diebe sie wären, bäte sie aber inständigst, uns nicht zu bestehlen, da wir ihnen, wenn die Arbeit gethan sei, ein Geschenk an Kattun geben würden. „Die Eingeborenen des Landes," bemerkte er uns, „denken nur an drei Dinge: was sie essen und trinken sollen, wie viel Weiber sie haben können und was sie ihrem Herrn stehlen, wo nicht, wie sie ihn ermorden wollen." Wenn er schlief, hatte er stets eine geladene Flinte an der Seite. Diese Ansicht mag auf Sclaven passen, aber sie paßt nach unserer Erfahrung entschieden nicht

---

*) Die Scheere.

auf freie Männer. Wir bezahlten seine Leute für die Hülfe, die sie uns leisteten, und glauben, daß auch sie, da sie bezahlt wurden, uns nichts gestohlen hätten. Unser Freund treibt auf der großen Insel, die den Namen Sangwisa führt, — und die ihm von Senhor Ferrão unentgeltlich geliehen worden ist, — einen ziemlich bedeutenden Landbau, und baut große Quantitäten Mapira und Bohnen, so wie auch schönen weißen Reis, der aus Samen gezogen wird, welcher vor einigen Jahren aus Süd-Carolina hergebracht worden ist. Er gab uns einigen, der uns sehr willkommen war; denn wenn wir auch nicht unbedingten Mangel litten, so mußten wir doch eben von Bohnen, eingesalzenem Schweinefleisch und Geflügel leben, da der Zwieback und das Weizenmehl, das wir an Bord hatten, sämmtlich verbraucht worden war.

Wir waren der völligen Erwartung, daß die Eigenthümer der Gefangenen, die wir befreit hatten, ihr Mißfallen wenigstens durch ihre Zungen an den Tag legen würden; aber sie schienen sich zu schämen; nur Einer wagte eine Bemerkung und sagte im Laufe eines gewöhnlichen Gesprächs lächelnd: „Sie nahmen die Sclaven des Gouverneurs weg, nicht wahr?" „Ja, wir befreiten mehrere Trupps, denen wir im Manganja-Lande begegneten." Die Portugiesen von Tette, vom Gouverneur abwärts, waren in umfangreicher Weise an der Sclavenmacherei betheiligt. Der Handel ist theils ein inländischer, theils ein auswärtiger. Manche der Gefangenen und diejenigen, welche gekauft werden, schicken sie den Zambesi hinauf in's Innere; einigen derselben begegneten wir wirklich auf ihrem Wege den Fluß hinauf. Die jungen Frauen werden dort für Elfenbein verkauft. Eine gewöhnlich aussehende brachte zwei Arroben oder vierundsechzig Pfund, und eine außergewöhnliche Schönheit trug zweimal so viel ein. Die Männer und Knaben wurden als Träger behalten, um das Elfenbein aus dem Innern mit nach Tette hinabzunehmen, oder sie wurden auf Landgütern auf dem Zambesi zurückbehalten und standen zur Ausfuhr bereit, falls ein Sclavenschiff ansegeln sollte. Auch von dieser letzteren Art des Sclavenhandels waren wir Zeugen. Die Sclaven wurden gefesselt und in großen Baumkähnen den Fluß hinabgeschickt. Dies ging in Tette frei und offen vor sich, und ganz besonders, während das französische System der „freien Auswanderung" in voller Wirksamkeit war. Diese doppelte Art, über die Gefangenen zu verfügen, lohnt besser als das einfache System, sie zur Ausfuhr nach der Küste hinabzuschicken. Ein einziger Kaufmann in Tette, mit dem wir gut bekannt waren, schickte dreihundert Manganjerinnen in's Innere, um sie für Elfenbein zu verkaufen, und ein Anderer schickte deren hundertundfünfzig. Das Verfahren, durch welches die Insel Bourbon mit Sclaven versorgt wurde, ward mit noch größerer Frechheit betrieben, als selbst die Manganja-Einfälle. Der Commandant in Tette, der erfahren hatte, daß eine Frau von schlechtem Charakter eine Schiffsladung Sclaven mit den Fluß hinabgenommen habe, schickte ihr der Form halber einen Officier nach. Er verfolgte sie, holte sie ein, kehrte aber ohne sie zurück. Als wir mit dem Commandanten darüber sprachen, sagte er mit Siegesmiene: „Jetzt, wo uns die französische Flagge schützt, können uns die Engländer nichts anhaben." Und diese Flagge schützte den Sclavenhandel bis zum Mai 1864. Von allen Wohlthaten, welche die Regierung Napoleon's III. seinem Geschlecht erwiesen hat, macht keine seiner Weisheit und Menschlichkeit mehr Ehre, als daß er diesem nichtswürdigen System Einhalt gethan hat. Er that, um das System zu enden, durch welches Afrika seine Arbeitskräfte entzogen werden, so viel, als in seiner Macht lag, indem er Officiere anstellte, welche Mißbräuche in seiner Ausübung verhindern sollten; aber trotz aller Vorsichtsmaßregeln wurde das „Anwerbungssystem" weder mehr noch weniger als der abscheuliche Sclavenhandel in allen seinen Schrecken nicht sowohl durch französische Vermittelung, als durch die der Portugiesen und Halbkasten. Bis das Volk aufgeklärt wird, muß jeder derartige Versuch den Sclavenhandel stets befördern.

Wir ankerten an der Großen-Luabo-Mündung des Zambesi, weil dort viel leichter Holz zu bekommen war als am Kongone. Am 30. kam Ihrer Majestät Schiff „Gorgon" an und schleppte die Brigg nach, welche Frau Livingstone, einige Damen, die sich ihren Verwandten bei der Mission der Universitäten anschließen wollten, und die vierundzwanzig Theile eines neuen eisernen Dampfers brachte, der zur Beschiffung des Nyassasees bestimmt war. Der „Pioneer" dampfte hinaus und schleppte die Brigg in den Kongone-Hafen. Der neue Dampfer wurde die „Dame des Sees" (Lady of the Lake) oder die „Lady Nyassa" genannt, und so viel wir von ihm auf einer Fahrt fortbringen konnten, wurde mit Hülfe der Officiere und Mannschaft der „Gorgon" an Bord des „Pioneer" und der zwei großen Rahkastenboote von Ihrer Majestät Schiff gestellt. Am 10. Februar dampften wir nach dem Ruo ab, indem wir Capitän Wilson nebst einer Anzahl seiner Officiere und Mannschaft an Bord hatten, um uns die Fracht auszuladen zu helfen. Unsere Fahrt den Strom hinauf ging peinlich langsam vorwärts. Der Fluß hatte Hochwasser, und wir hatten an vielen Stellen eine Stromgeschwindigkeit von drei Knoten in der Stunde gegen uns. Die Maschinen des „Pioneer" waren von der besten Beschaffenheit, aber vom Maschinisten gänzlich vernachlässigt — die Liderung war zwanzig Monate lang nicht erneuert worden. Diese Ursachen hielten uns sechs Monate im Delta auf, anstatt, wie wir annahmen, nur sechs Tage; denn da wir fanden, daß es unmöglich sei, die Theile ohne großen Zeitverlust bis zum Ruo hinaufzuschaffen, so hielten wir es für das Beste, dieselben in Schupanga an's Land zu bringen, den Rumpf der „Lady Nyassa" dort zusammenzusetzen, und sie bis an den Fuß der Murchison-Katarakten hinaufzuschleppen.

Capitän Wilson fährt den Schire hinauf.

Einige Tage vorher, ehe der „Pioneer" Schupanga erreichte, faßte Capitän Wilson, da er den hoffnungslosen Zustand unserer Maschinen sah, den großmüthigen Entschluß, mit den Missions-Damen zu denjenigen hinaufzueilen, die, wie wir glaubten, ihre Ankunft sehnlichst erwarteten, brach deshalb in seinem Schiffsboot nach dem Ruo auf und nahm Fräulein Mackenzie, Frau Burrup und seinen Wundarzt, Dr. Ramsay, mit. Sie wurden von Dr. Kirk und Herrn Sewell, dem Zahlmeister der „Gorgon," im Wallfischboote der „Lady Nyassa" begleitet. Da unsere langsamen Schrittes dahinlaufende „Ma-Robert" ehedem in neuntägiger Fahrt bis zum Fuße der Cataralten hinaufgegangen war, so wurde vorausgesetzt, daß die Boote den gehofften Sammelplatz am Ruo bequem in einer Woche erreichen könnten; aber der Schire hatte jetzt Hochwasser und war in seinem reißendsten Zustande, und sie brachten länger zu, ehe sie ungefähr die halbe Strecke hinauflamen, als gehofft wurde, daß sie auf dem ganzen schiffbaren Theile des Flusses zubringen würden. Von dem Häuptling der Insel Malo an der Mündung des Ruo konnten sie nichts über den Bischof erfahren. „In sein Dorf sei nie ein weißer Mann gekommen," sagte er. Sie fuhren weiter vor bis nach Chibija's Dorf, wobei sie in der Nacht schrecklich von Moslitos litten. Ihre Anstrengung, um gegen den reißenden Strom zu fahren, ließ sie wegen der Windungen die Entfernung auf näher an 300 als an 200 Meiten schätzen. Die Makololo, die in Chibija's Dorfe geblieben waren, theilten ihnen die traurige Nachricht vom Tode des biederen Bischofs und Herrn Burrup's mit. Eine andere Nachricht, die sie dort erhielten, erweckte neue Sorge um diejenigen, welche leben geblieben waren; in der Hoffnung, ihnen Beistand leisten zu können, ließen daher Capitän Wilson und Dr. Kirk die Damen bei Dr. Ramsay und den Makololo und gingen auf die Hügel. Unterwegs trafen sie Einige von der Missionsgesellschaft in Sotsche's Dorfe. Die außerordentliche Strapaze, die unsere Freunde auf der Reise nach Chibisa's Dorfe hinauf ausgehalten hatten, schreckte sie von diesem weiteren Versuch zum Besten ihrer Landsleute keineswegs ab, aber die neue Anstrengung mit verminderten Rationen war für ihre Kraft zu viel. Sie wurden auf eine Kost von einheimischen Bohnen und dann und wann einem Huhn eingeschränkt. Beide wurden sehr krank am Fieber, Capitän Wilson so gefährlich, daß sein Leidensgefährte alle Hoffnung auf seine Genesung verlor. Sein starker gesunder Schaluppenführer leistete einen guten Dienst, indem er seinen vielgeliebten Befehlshaber mit Freuden trug; sie machten es möglich, wieder zum Boote zu kommen, und brachten die beiden beraubten und von Kummer gebeugten Damen zum „Pioneer" zurück.

Wir erfuhren, daß der Bischof, indem er einen kürzeren Weg zum Schire hinab zu finden wünschte, zwei Männer abgeschickt hatte, um das Land zwischen Magomero und dem Vereinigungspunkte des Ruo zu erforschen, und im December verließen die Herren Proctor und Scudamore mit einer Anzahl Manganja'scher Träger Magomero zu demselben Zwecke. Sie mußten dicht am Choroberge hingehen und dann, mit dem Berg Clarendon zu ihrer Linken, um den Elephantensumpf herumlaufen. Ihre Führer schienen sie, anstatt nach Süden, immer nach Osten, anstatt zur Mündung des Ruo, zu seinen oberen Wassern im Schirwa-Thale geführt zu haben. Beim Eintritt in ein Anguru-Dorf, das Sclavenhandel trieb, fingen sie bald an zu argwöhnen, daß die Leute Böses im Sinne hätten, und gerade vor Sonnenuntergang sagte eine Frau einigen von ihrer Mannschaft, wenn sie dort schliefen, würden sie alle umgebracht werden. Als sie sich zur Abreise vorbereiteten, verfolgten sie die Anguru und schossen ihre Pfeile auf die sich zurückziehende Reisegesellschaft ab. Zwei Träger wurden gefangen und alle Sachen von diesen Räubern weggenommen. Eine Pfeilspitze schlug tief in den Schaft von Proctor's Gewehr. Die beiden Missionare, die mit dem bloßen Leben davonkamen, schwammen in der Nacht über einen tiefen Fluß, und kehrten verhungert und erschöpft nach Magomero zurück.

Die Weiber der gefangenen Träger kamen Tag für Tag zum Bischof, weinten und flehten ihn an, ihre Gatten aus der Sclaverei zu befreien. Die Männer waren gefangen worden, während sie in seinem Dienste standen; Niemand anders konnte darum ersucht werden; es gab kein öffentliches Recht und keine Macht, die über der seinigen stand, und an die man sich hätte wenden können; denn in ihm waren bei dem zerrütteten Zustande des Landes Kirche und Staat dem Wesen nach vereinigt. Es schien unläugbar seine Pflicht zu sein, es durchzusetzen und diese gestohlenen Mitglieder der Missionsfamilie zu befreien. Demgemäß lud er die altbewährten Makololo ein, diesen etwas gefährlichen Gang mit ihm zu gehen. Nichts konnte ihnen vorgeschlagen werden, was ihnen besser gefallen hätte; sie gingen fröhlich mit, um die Schafe der Anguru zu essen, und bedauerten nur, daß der Feind nicht auch Rindvieh hielt. Hätte man die Sache ganz in ihren Händen gelassen, so würden sie diesen Theil des Landes reingefegt haben; aber der Bischof hielt sie zurück und ging in offener Weise, indem er die Maßregel allen Eingeborenen als eine gerechte empfahl. Diese Ueberlegung gab jedoch den Verbrechern Gelegenheit, zu entkommen*).

Die Missionare hatten Glück; das verbrecherische Dorf wurde weggebrannt und einige Schafe und Ziegen genommen, was nur als eine sehr milde Strafe für das begangene Verbrechen betrachtet werden konnte. Der Ortsvorsteher Muana-Somba, der sich fürchtete, die Gefangenen noch länger zurückzuhalten, ließ dieselben

---

*) Unterwegs soll der Bischof eine günstige Gelegenheit gehabt haben einen unbedeutenden geographischen Fehler zu verbessern, den Dr. Livingstone gemacht hatte, als der Schirwasee entdeckt wurde. Ein gewisser Tunst, der damals auf dem fruchtbaren Thale am südlichen Ende des Sees ruhte, hatte zu dem Schlusse geführt, daß der See sich etwas weiter nach Süden erstreckt, als es wirklich der Fall ist.

sofort frei, und sie kehrten in ihre Heimath zurück. Dies fand zu der Zeit statt, wo wir am Ruo waren, und wo die Regen fielen, und wurde für die Gesundheit der Missionare sehr nachtheilig. Sie wurden häufig durchnäßt und hatten kaum Lebensmittel außer geröstetem Mais. Herr Scudamore war später nie gesund. Gleich bei ihrer Rückkehr nach Magomero reisten der Bischof und Herr Burrup, die in Folge der Nässe, des Hungers und der Witterungseinflüsse beide an Diarrhöe litten, nach Chibisa's Dorf ab, um auf dem Schire nach dem Ruo hinabzugehen. Der Bischof erwartete so zuversichtlich eine Erneuerung des durchdringenden Regenwetters, aus dem er eben heraus war, daß er, so wie er Magomero verließ, sogleich durch den Strom lief. Die Bäche waren so angeschwollen, daß es fünf Tage in Anspruch nahm, um einen Weg zurückzulegen, zu dem man sonst nur dritthalb Tage gebraucht haben würde.

Da von den Manganja sie Niemand während des Hochwassers den Fluß hinabbringen wollte, so fanden sich drei Makololo'sche Baumkahnmänner bereit, mit ihnen zu gehen. Nachdem sie fast bis zum Sonnenuntergang gerudert waren, beschlossen sie anzuhalten und am Ufer zu übernachten; aber die Moskito's waren so zahlreich, daß die Makololo darauf bestanden, weiter zu fahren. Der Bischof, der eine Woche hinter der Zeit zurück war, zu der er am Ruo zu sein versprochen hatte, stimmte, wenn auch ungern, bei, und in der Dunkelheit wurde der Baumkahn in einem der starken Wirbel oder Strudel umgeworfen, die zur Zeit des Hochwassers an den ausmündenden Armen des Flusses plötzlich aufbrausen. Kleidung, Arzneimittel, Thee, Kaffee und Zucker war alles verloren. Naß, müde und von Moskitos gemartert, lagen sie im Baumkahn, bis der Morgen graute, und fuhren dann weiter nach Malo, einer Insel an der Mündung des Ruo, wo der Bischof sofort vom Fieber ergriffen wurde.

Wären sie bei ihrer gewöhnlichen Gesundheit gewesen, so

würden sie ohne Zweifel nach Schupanga oder zum Schiffe gefahren sein; aber das Fieber schlägt schnell die Kräfte nieder und führt einen schläfrigen Stumpfsinn herbei, aus welchem der Patient, wenn er nicht durch Arznei aufgeregt wird, allmälig in den Todesschlaf sinkt. Doch noch immer seines Amtes eingedenk, tröstete sich der Bischof damit, daß er dachte, er könnte vielleicht die Freundschaft des Häuptlings gewinnen, die ihm bei seinen künftigen Arbeiten von wesentlichem Nutzen sein werde. Dieser herzlose Mann indeß, der, wahrscheinlich in Folge der Kenntniß, die er sich von weißen Sclavenhändlern verschafft hatte, gegen alle Ausländer mißtrauisch war, wollte den im Sterben liegenden Bischof aus der Hütte treiben, da er sie zu seinem Getreide brauchte, gab aber den Gegenvorstellungen der Makololo nach. Drei Wochen lang blieben diese treuen Gefährten Tag für Tag neben seiner auf dem Fußboden liegenden Matte, bis er, ohne Arznei und sogar ohne gehörige Nahrung, starb. Sie gruben sein Grab an der Ecke des finstern Waldes, wo die Eingeborenen ihre Todten begruben. Herr Burrup, der selbst von der Ruhr sehr mitgenommen war, wankte aus der Hütte und trug, als sie in der Abenddämmerung des Bischofs Leichnam in's Grab legten, Stücke aus unserm schönen Gebete für die Bestattung der Todten vor: „Erde zu Erde, Asche zu Asche, Staub zu Staub, in sicherer und gewisser Hoffnung auf die Auferstehung der Todten durch unsern Herrn Jesum Christum." In dieser traurigen Weise endete die irdische Laufbahn eines Mannes, von dem man mit Gewißheit sagen kann, daß hinsichtlich der uneigennützigen Herzensgüte und des Ernstes, mit welchem er sich dem edeln Werke widmete, das er unternommen hatte, kein Lob seiner Freunde die Wirklichkeit übersteigen kann. Das Grab, in welchem sein Leichnam ruht, liegt ungefähr hundert Yards von der Einmündung des Ruo entfernt, am linken Ufer des Schire und der Insel Malo gegenüber. Die Makololo brachten dann Herrn Burrup, so weit als fie konnten, im Baumkahn hinauf, und trugen ihn, indem fie eine Sänfte aus Baumästen machten, den ganzen Weg bis zu ihren Landsleuten in Magomero zurück entweder selbst, oder nahmen Andere, um ihn zu tragen. Sie eilten mit ihm fort, damit er nicht in ihren Händen sterben und die Schuld ihnen zugerechnet werden möchte. Bald nach seiner Rückkehr verschied er in Folge der Krankheit, die ihn überfiel, als er sich aufmachte, seiner Gattin entgegen zu gehen.

Am 11. März kam Capitän Wilson in Schupanga an, nachdem er drei Wochen auf dem Schire gewesen war. Am 15. dampfte der „Pioneer" nach dem Kongone hinab. Die „Gorgon" war in einem Sturme auf die See hinausgetrieben worden, und war nach Johanna gefahren, um Proviant zu holen. Ehe sie zurückkehrte, kam der 2. April heran. Da unsere Lebensmittel erschöpft waren, und wir vom Herrn der Brigg einige kaufen mußten, so war es ein Glück für uns, daß sie eine Lieferung erhalten hatte. Am 4. fuhr die „Gorgon" nach dem Vorgebirge der guten Hoffnung ab, und nahm alle Mitglieder der Missionsgesellschaft, die im Januar gekommen waren, bis auf eines mit. Wir ergriffen diese Gelegenheit, dem braven Capitän Wilson und seinen Officieren für unzählige Beweise der Gefälligkeit und eifrigen Mitwirkung unsere herzliche Dankbarkeit auszudrücken. Auch dem Capitän R. B. Oldfield und den übrigen Officieren vom Admiral herab gebührt unser wärmster Dank, und wir bitten, ihnen zu versichern, daß bei unseren Mühseligkeiten und Prüfungen nichts ermuthigender für uns sein konnte, als das Bewußtsein, daß wir bei unseren Arbeiten ihre Freundschaft und Sympathie besaßen.

In der „Gorgon" kam der Reverend James Stewart an, der zur freien Kirche von Schottland gehörte. Er war so weise, erst herzukommen und das Land in Augenschein zu nehmen, ehe er sich über die Bildung einer Mission im Innern entschied. Diesem Zwecke widmete er viele Monate ernster Arbeit. Die Mission sollte sowohl das industrielle als das religiöse Element umfassen. Da nun der Weg auf dem Zambesi und Schire den einzigen gegenwärtig bekannten bildet, mit einer nur ein paar Tage in Anspruch nehmenden Landreise nach den Hochlanden, die sich bis zu einer unbekannten Ferne in den Continent hinein erstrecken, und da es nicht wahrscheinlich war, daß im Gemüth eines Mannes von des Bischofs Mackenzie weiten Ansichten Eifersucht erwachen werde, — zumal dort Raum für Hunderte von Missionen ist, — so gewährten wir einem Gesandten der oben erwähnten thatkräftigen und höchst achtungswerthen Körperschaft gern den in unserer Macht stehenden geringen Beistand, empfahlen ihm aber, das Feld mit eigenen Augen zu prüfen.

Während wir nachher in Schupanga aufgehalten wurden, ging er den Schire hinauf bis zu den oberen Katarakten, und sah die bloßen Ueberbleibsel jener dichten Bevölkerung, die wir anfangs in Frieden und Ueberfluß lebend gefunden hatten, die aber jetzt durch Hungersnoth und Sclavenjagd zerstreut und vernichtet wurde. Das Land, das wir sowohl vorher als nachher so schön und fruchtbar fanden, wurde durch eine strenge Dürrung ausgebrannt; es war in der That in seinem allerschlimmsten Zustande. Mit höchst lobenswerther Energie, und trotz gelegentlicher Fieberanfälle ging er dann bis nach Kebrabasa den Zambesi hinauf, und verglich denselben, was vielleicht Manchem von Interesse sein kann, stellenweise mit der Donau. Seine Schätzung der Hochlande war natürlich niedriger als die unserige. Die Hauptmängel waren jedoch nach seiner Meinung der Sclavenhandel und die Gewalt, die man den ausgemergelten Portugiesen gestattete, das Land Allen zu verschließen, einige Verbrecher ihrer eigenen Nation ausgenommen. Die Zeit, in der er kam, war ungelegen. Das Unglück, das die Mission der Universitäten betroffen hatte, übte auf die Gemüther Vieler in der Heimath eine niederschlagende Wirkung aus und machte einen neuen Versuch unräthlich. Wäre jedoch die schottische Ausdauer und Energie eingeführt worden, so würde sie sehr wahrscheinlich auf den Eifer unserer englischen Brüder höchst wohlthätig zurückgewirkt, und man würde nie von einer Desertion gehört haben. Nach Prüfung des Landes fuhr Herr Stewart im Anfange des folgenden Jahres auf dem Zambesi hinab, und begab sich über Mosambik und das Vorgebirge der guten Hoffnung mit seinem Bericht nach Hause.

Am 7. April hatten wir nur einen einzigen dienstfähigen Mann; alle Uebrigen lagen am Fieber oder an dem nichtswürdigen Spiritus darnieder, der von den portugiesischen Zollbeamten, trotz unserer ernsten Bitte, den verderblichen Handel zu unterlassen, heimlich an sie verkauft worden war.

Am 11. brachen wir mit einer zweiten Ladung der „Lady Nyassa" nach Schupanga auf. Als wir das Delta hinaufdampften, bemerkten wir, daß viele der Eingeborenen Streifen Palmlaub, die Zeichen der Krankheit und Trauer, trugen; denn auch sie litten am Fieber. Dies ist die ungesunde Jahreszeit; die Regen sind vorüber, und die heiße Sonne zieht aus der abgestorbenen Vegetation Sumpfluft (malaria) empor; in diesem Jahre schien die Krankheit ganz besonders heftig zu sein. Unterwegs begegneten wir Herrn Waller, der von Magomero gekommen war, um Lebensmittel zu holen; die Missionare litten stark wegen Mangel an Nahrung; das befreite Volk verhungerte und starb an Diarrhöe und ekelhaften Geschwüren. Die Ajawa, in ihren Sclavenraubzügen von den Portugiesen durch Lieferung von Munition und Kalinn angespornt, hatten die reiche Ernte des vergangenen Jahres vernichtet; eine Dürrung war gefolgt, und es ließen sich wenig oder keine Nahrungsmittel kaufen. Mit seiner gewöhnlichen Energie miethete Herr Waller Baumkähne, belud sie mit Lebensbedürfnissen und nahm sie den langen, ermüdenden Weg nach Chibisa's Dorf mit hinauf. Ehe er ankam, wurde er benachrichtigt, daß die Mission der Universitäten, jetzt ihres tapfern Anführers beraubt, von den Hochlanden nach dem Nieberschirethale hinab geflohen sei. Dies schien uns, die wir die Gefahr kannten, ein unthätiges Leben zu führen, der größte Fehler zu sein, den sie hätten machen können, und das hatte ihnen Niemand anders gerathen, und war kein Mensch weiter verantwortlich dafür, als sie selbst. Waller hatte sofort wieder auf die größere Höhe hinaufgehen wollen, aber es standen mannichfaltige Einwände im Wege. Der Verlust des armen Scudamore und Dickinson in dieser tiefliegenden Gegend vermehrte nur das Bedauern, daß die Hochlande nicht einer gehörigen Untersuchung unterworfen worden waren.

Als die Nachricht von den unglücklichen Collisionen des Bischofs mit den Eingeborenen und von seinem frühzeitigen Ende nach England kam, wurde ihm viel Schuld zugerechnet. Da die Politik, welche er mit der förmlichen Genehmigung aller seiner Gefährten befolgt hatte, dem Rathe, welchen Dr. Livingstone gab, und den Versicherungen von dem friedlichen Wesen der Mission, welche der Doctor den Eingeborenen hatte zu Theil werden lassen, gerade entgegengesetzt war, so wurde, als wir den Bischof im November in Chibisa's Dorfe trafen, eine freundliche Mißbilligung gewagt, daß er sich in Krieg eingelassen hatte. Als wir aber fanden, daß sein Benehmen in England mit so viel Bitterkeit betrachtet wurde, fühlten wir uns, sei es aus einer natürlichen Neigung, „dem Gefallenen auszuhelfen," oder deshalb, weil wir eine genaue Kenntniß der besonderen Umstände des Landes besaßen, in welches er gestellt war, oder in Folge des vollkommenen Vertrauens, das innigste Freundschaft uns veranlaßte auf seine wahre Frömmigkeit und inbrünstige Gottergebenheit zu setzen, von seinem Verfahren viel milder zu denken, als diejenigen, welche ihn angriffen. Er schien nie daran zu zweifeln, daß er seine Pflicht gethan habe, und war in allen Stücken von seinen Amtsgenossen unterstützt worden. Einer von ihnen warf später in einem schwachen Augenblicke, in dem er von persönlicher Verantwortlichkeit nichts wußte, alle Schuld auf Dr. Livingstone, und der Herr, welcher zum Nachfolger des Bischofs ernannt wurde, erklärte in öffentlichen Versammlungen zu Cambridge und an anderen Orten, trotzdem, daß in Bischof Mackenzie's eigenem Tagebuche das Gegentheil bewiesen wird, „die kriegerischen Maßregeln der Mission wären die Folgen davon, daß sie Dr. Livingstone's Rath befolgt hätten." Die Frage, ob ein Bischof in dem Falle, wo seine Heerde seinem Schooße entrissen wird, Krieg führen darf, um sie zu befreien, erfordert eine ernste Erwägung. Sie scheint sich darauf zu beschränken, ob es einem Christen überhaupt erlaubt sei, die bürgerliche Gewalt oder das Schwert im Vertheidigungskriege, als Polizei oder auf sonst eine Weise zu gebrauchen. Wir würden fast Alles thun, um eine Collision mit entwürdigten Eingeborenen zu vermeiden; aber im Falle eines Einfalls — unser Blut kocht schon bei dem bloßen Gedanken, daß unsere Gattinnen, Töchter oder Schwestern angetastet werden — würden wir, als Männer mit menschlichen Gefühlen, ohne Zögern mit aller in unserer Macht stehenden Wuth auf Tod und Leben kämpfen.

Der biedere Bischof war, ehe er den Sclavenjägern begegnete, dem Gebrauche der Waffen eben so abgeneigt, wie irgend ein Mann in England. In dem Wege, den er verfolgte, mag er einen Fehler gemacht haben, aber es ist ein Fehler, den sehr wenige Engländer, wenn sie Schaaren hülfloser Gefangener oder Mitgliedern ihrer Familien in Fesseln begegnet wären, nicht ebenfalls begangen haben würden.

Während des ungesunden April war das Fieber in Schupanga und Mazaro heftiger als gewöhnlich. Wir hatten mehrere Fälle auf dem Schiffe — sie wurden rasch geheilt, kehrten aber, da wir uns im Delta befanden, eben so rasch wieder. Um die Mitte des Monats wurde Frau Livingstone durch diese Krankheit niedergeworfen, und das Uebel war von hartnäckigem Erbrechen begleitet. Bis jetzt ist noch Nichts bekannt, was dieses qualvolle Symptom, das natürlich die Arznei nutzlos macht, da sie sofort wieder ausgeworfen wird, stillen könnte. Es wurde ihr von Seiten des Dr. Kirl alle ärztliche Hülfe zu Theil, die nur irgend geleistet werden konnte, aber sie wurde bewußtlos, und als am Abend des christlichen Sabbaths, am 27. April 1862, die Sonne unterging, wurden ihre Augen im Todesschlaf geschlossen. Während der Nacht wurde ein Sarg gemacht, am nächsten Tage unter den Zweigen des großen Baobabbaumes ein Grab gegraben, und mitfühlenden Herzens stand die kleine Schaar seiner Landsleute dem beraubten Gatten bei der Bestattung seiner Todten bei. Auf seine Bitte verlas der Reverend James Stewart das Begräbnißgebet, und die Seeleute waren so freundlich, an der Stelle, wo ihr Körper in Hoffnung ruht, einige Nächte hindurch freiwillig Wache zu stehen. Diejenigen, welche keine Ahnung haben, welch' eine köstliche Heimath diese edle, gute Englische Frau in Kolobeng, tausend Meilen landeinwärts vom Vorgebirge der guten Hoffnung, bereitete, und welch' einen höchst wohlthätigen Einfluß sie als die Tochter Moffat's und als eine christliche Dame auf die rohen Stämme des Inneren ausübte, werden sich vielleicht wundern, daß sie den Gefahren und Mühseligkeiten dieses niedergetretenen Landes Trotz bot. Sie kannte sie alle, und bei dem uneigennützigen und pflichtgetreuen Versuche, ihre Anstrengungen zu erneuern, ward sie statt dessen zur Ruhe gerufen. „Fiat, Domine, voluntas tua!"

Einundzwanzigstes Kapitel.

Dr. Kirk und Charles Livingstone fahren nach Tette. — Belchior's Kriege. — Gouverneur Almeida's ehrenwerthes Verbot. — Der General-Gouverneur treibt den Sclavenhandel. — Herren und Sclaven. — Es ist keine Liebe verloren. — Die „Lady Nyassa" läuft vom Stapel. — Betrachtungen der Eingeborenen über die Schwimmkraft des Eisens. — Ketzereien über gewisse Gegenstände. — Spielende Vögel. — Unser neuer Schiemann. — Die Abfahrt der „Lady Nyassa" wird verschoben. — Portugiesische „Prohibitiv"-Erlaubniß zum Handel. — Wir fahren in Booten den Rovuma hinauf. — Einwohner. — Matten. — Im Zickzack laufendes Fahrwasser. — Ein wunderlicher Fisch. — Baumlahn-Rivalität. — Der Engländer in Afrika. — Eine alte Dame eröffnet den Markt. — Männer mit Pelzen. — Matita. — Matoa. — Sclavenstraße nach Kilwa. — Leben auf einer Sandbank. — Feindseligkeit ohne Herausforderung. — Bienenstöcke und Honig. — Wir finden Steinkohle. — Eine muntere junge Fährfrau. — Unser Vordringen wird durch selsige Engpässe gehemmt. — Quellen des Rovuma. — Krokodile. — Ihre Eier. — Sennsjagd. — Wieder zum „Pioneer" zurück.

Am 5. Mai brachen Dr. Kirk und Charles Livingstone in einem Boote nach Tette auf, um das Eigenthum der Expedition in Baumkähnen herabschaffen zu lassen. Sie nahmen vier Majaro'sche Baumkahnmänner mit, um das Boot zu führen, und einen weißen Matrosen, um für sie zu kochen; aber unglücklicherweise bekam dieser an demselben Tage, wo er das Schiff verlassen hatte, das Fieber und war den größten Theil der Reise krank; sie mußten selbst für sich kochen, und außerdem sich noch um ihn bemühen. Die Eingeborenen betrugen sich außerordentlich gut und hielten sich sehr reinlich, indem sie sich jeden Tag nach Sonnenuntergang badeten, obgleich die Witterung ziemlich kalt war.

Wenn Einem etwas zu essen gegeben wurde, so theilte er es nach einer fast allgemeinen Sitte mit den Anderen, wenn auch oft Jeder nur einen Mund voll bekam. Das Fahren mit der Stange zogen sie dem Rudern vor, und wählten den Fluß hinauf diejenigen Stellen, welche zwei bis vier Fuß Wasser hatten, anstatt des tiefen Fahrwassers, wo die Strömung stark ist. Sie hielten mit ihren Stangen bewundernswerthen Tact, indem sie sie alle in demselben Augenblicke emporhoben, niederdrückten, aufstießen und ihnen endlich den letzten Schub gaben. Das Steuer brauchte kaum berührt zu werden, so gut erhielten sie das Boot in seiner Richtung. Von ihren Baumkahnliedern sind viele sehr schön, manche eigenthümlich klagend, wie das eine, welches ein Klagelied auf einen sterbenden Häuptling zu sein scheint. Das Segel konnte am ersten Tage nicht benutzt werden, da es nur wenig Wind gab; aber gegen Abend stieg eine angenehme Brise auf und das Segel wurde ausgesetzt. Die Baumkahnmänner waren natürlich sehr erfreut, daß sie das Boot ohne ihre Anstrengungen weitergehen sahen. Die Malololo unserer ersten Reise behaupteten immer, ein Segelboot sei die Vollendung der Schifffahrt — es stehe unendlich hoch über einem Dampfer, weil man kein Holz zu hauen habe — man brauche nur ruhig dazusitzen und sich vom Winde dahintreiben zu lassen. Nach Einbruch der Dunkelheit nahm der Wind zu, das Boot strich schnell durch das Wasser; die Kahnmänner, die eine sehr reizbare Körperbeschaffenheit haben, fühlten den Einfluß und begannen einen sehr kräftigen Gesang aus dem Stegreife. Als die Brise frisch wurde, flog das Boot durch die Wellen hin; da sprangen die Leute in wilder Aufregung auf die Beine und sangen noch lauter, indem sie aus Leibeskräften dazu gesticulirten. Plötzlich hörte Flug und Gesang auf — die Sänger lagen der Länge nach auf ihren Rücken — das Boot saß auf einer Sandbank.

Auf einer Schiramba gegenüberliegenden Insel fand die

Reisegesellschaft eine große Anzahl flüchtiger Manganja, die vor
dem auf dem Festlande wüthenden Kriege geflohen waren. Ein
aus Portugal verbannter Mann, Namens Belchior, der eine
Schwester des halbkastischen Häuptlings unterhalb Tette ge-
heirathet und sich am Lupata niedergelassen hatte, war auf
einer Insel im Schigogo gelagert. Als sie nach Einbruch der
Dunkelheit an derselben vorübersegelten, wurden sie angerufen.
Die Pfeife und Trommeln riefen zu den Waffen. „Die Engländer! die Engländer!" antworteten unsere Leute, und sie
wurden nicht weiter belästigt. Chibisa, sagte er zu ihnen, habe
ihm eine beleidigende Botschaft geschickt, daher habe er ihn angegriffen und ihn mit siebenzig mit Musketen bewaffneten Leuten
aus seinem Hauptdorfe in der Nähe des Zambesi vertrieben und
dasselbe weggebrannt. Selbst Privatleute ahmen militärische
Sitten nach und machen, wie sie es nennen, Krieg und Frieden,
als ob keine andere Behörde vorhanden sei. Später zwang dieser Abenteurer den Chibisa, nach der neuen, der Dakanamoio-
Insel gegenüberliegenden Missionsstation zu fliehen, und drohte,
ihm auch dorthin zu folgen. Um dies zu verhindern, wendete
sich Dr. Livingstone an den Gouverneur von Tette, Antonio Ta-
vares d'Almeida, und wir können zu unserer großen Freude mittheilen, daß Sr. Excellenz es ihm bereits eingeschärft hatte, mit
seinem beabsichtigten Raubzuge nicht weiter zu gehen. Dieser sehr
ehrenwerthe Befehl war Dr. Livingstone's Gesuch vorhergegangen.

Am 17. kamen Dr. Kirk und Charles Livingstone in Tette an
und fanden seine gewöhnliche langweilige Eintönigkeit angenehm
unterbrochen durch die Hochzeit der Tochter des Gouverneurs mit
einem der Officiere. Die Sclaven feierten das freudige Ereigniß
in der gewöhnlichen Weise durch Trinken, Trommeln, Tanzen,
Singen und Abfeuern von Musketen. Unsere Gefährten wurden
vom Gouverneur gastfreundlich aufgenommen. Er war freundlicher, als sie, nachdem sie erst kürzlich im Manganjalande seine

Sclavenschaaren befreit hatten, erwarten konnten. Se. Excellenz spielte eines Abends auf den Gegenstand an, indem er gegen Dr. Kirk bemerkte, er habe von seinem Bruder, dem General-Gouverneur, eine Depesche erhalten, worin er sage, daß sie, da der Sclavenhandel nach portugiesischem Recht erlaubt sei, wenn eine Sclavengesellschaft außerhalb des portugiesischen Gebietes angegriffen werde, sich der Gewalt mit Gewalt widersetzen müßten, mit klaren Worten gesagt, sie müßten das nächste Mal, wo wir die gestohlenen Manganja zu befreien versuchten, sich auf einen Kampf einlassen. Wir erwähnen dies nicht, als ob es für einen Repräsentanten der portugiesischen Krone auffallend wäre, daß er die Sclavenmacherei duldet, sondern weil der General-Gouverneur Almeida dadurch, daß er Englisch spricht und erklärt, er hege den innigen Wunsch, den Sclavenhandel zu unterdrücken, unter den Officieren der Kreuzer Ihrer Majestät ein Zeugniß der Aufrichtigkeit erlangt hat, welches keiner seiner Landsleute auch nur einen Augenblick bestätigen würde. Als er später fand, daß sein weniger mächtiger Bruder in Tette uns unwissentlich die wirkliche Gesinnung des großen Bruders in Mosambik verrathen habe, konnte Se. Excellenz einen kleinen, vielleicht zu entschuldigenden Aerger nicht verbergen, obgleich er hätte wissen müssen, daß wir, da wir hinter den Coulissen standen, uns durch sein Englisches Geschwätz nie hatten irre führen lassen, und daß wir uns gefreut haben würden, wenn wir eine höhere Achtung vor ihm hätten haben können. Manche der Sclaven, welche durch die Agenten seines Bruders gefangen werden, werden für Elfenbein landeinwärts geschickt, und andere auf Landgütern behalten, von wo sie, wie er und jeder Andere weiß, wenn eine Gelegenheit sich findet, vermittelst großer Baumkähne eingeschifft werden. Jener inländische Sclavenhandel unterhält den auswärtigen, und wenn die portugiesische Gesetzgebung irgend eine Bedeutung hat, so ist die ganze Sache verboten. Wenn sie, wie die Gesetze aussprechen, die Sclaverei los zu werden wünschen, so können keine Sclaven mehr gemacht werden, wofern nicht die Gesetze blos gegeben werden, um den Engländern eine Gefälligkeit zu erweisen und die Selbstachtung der Gesetzgeber zu befriedigen.

Die portugiesische Regierung ist wirklich berühmt dadurch, daß in Lissabon gute Gesetze durchgehen, und nicht weniger dadurch, daß die in Betreff der Sclaverei gegebenen ein todter Buchstabe bleiben. Es ist verordnet worden, daß im Jahre 1878 die Sclaverei in der Provinz abgeschafft und im Jahre 1864 die Regierungssclaven frei sein sollen. Ein Officier sagte uns, daß sie die Regierungssclaven furchtbar arbeiten ließen, indem sie Straßen bauten und Ziegel machten, um alle Arbeit, welche sie durch dieselben ausführen lassen könnten, herzustellen, ehe sie frei würden.

Seitdem der gegenwärtige Gouverneur in's Amt gekommen ist, hat sich Tette bedeutend verbessert. Es sind zwei gute Straßen oder Gassen hergestellt worden, was für dieses Land etwas Neues ist. Der Gouverneur selbst hat sich fast die Beine weggelaufen, um nach ihnen zu sehen. Es giebt einige Hundert schwarze Soldaten in der Stadt, die bedeutend besser gekleidet sind, als ein Zehntel der Zahl, die in früheren Jahren gewöhnlich dort waren. Man sagte uns auf ein Zeugniß hin, das man als ein sicheres ansehen konnte, daß Tette jetzt der portugiesischen Regierung jährlich 3000 Pfund Sterling koste und ein jährliches Einkommen von 300 Pfund Sterling abwerfe. Der Elfenbeinhandel hat sich sehr wesentlich vermindert, da die Elephanten fast alle umgebracht oder aus dem Theile des Landes, wo früher gejagt wurde, vertrieben sind.

Die in Mazaro zur Rückreise gemietheten Baumkähne waren, als wir ankamen, in Tette. Sie hatten für die portugiesische Regierung Vorräthe hinaufgebracht und waren von einem Officier begleitet worden, der eine Anzahl der Leute, obgleich sie freie

Männer waren, ausgepeitscht hatte, weil sie, wie er sagte, faul waren und beim Hinauffahren Zeit verloren. Die Rücken der armen Leute waren böse zerhauen. In der Theorie ist das öffentliche Gesetz vorhanden; in der Praxis wird die Strafe nach der Laune der Individuen verhängt. Einmal schickten wir ein paar Schupanga'sche Diebe, die mit ihrer Beute ergriffen wurden, zu dem nächstwohnenden Beamten. Am folgenden Tage erhielten wir eine Note, in der angefragt wurde, wie sie bestraft werden sollten. Anstatt ein Urtheil zu fällen, zogen wir es vor, die Verbrecher frei hingehen zu lassen. Zwischen Leuten gleichen Standes wird oft, unter dem Namen „Justizminister," eine Drohung mit der Flinte gemacht. Die Baumkahnmänner erhalten ihren Lohn und ihre Lebensmittel für die Reise, ehe sie abfahren. Wenn die Baumkähne schwer beladen sind und der Wasserstand niedrig ist, essen sie oft ihre ganzen Lebensmittel auf, ehe sie Tette erreichen, und haben für die Rückfahrt nichts übrig, wenn sie sich nicht für ihren Lohn etwas kaufen. Dies war bei unseren Leuten der Fall. Die Lebensmittel waren wohlfeil, und da wir sie zu ihrer Arbeit stärken wollten, so gaben wir ihnen bedeutend mehr, als sie gewöhnlich bekommen, und außerdem noch ein Schwein und eine Ziege. Sie arbeiteten außerordentlich gut. Indem sie aus eignem Antriebe beim ersten Grauen des Tages aufbrachen und bis zur Dunkelheit fortfuhren, hielten sie entschieden mit dem Boote Schritt und erreichten Schupanga in vier und drei Viertel Tagen. Die Kaufleute klagen sehr über die Unehrlichkeit der Baumkahnmänner; sie machen sich wirklich bisweilen mit einer ganzen Ladung Cattun davon, und keine Strafe kann sie erreichen. Eines ist gewiß: zwischen diesen Leuten ist keine Liebe verloren.

Wir fahren jetzt mit den Vorbereitungen fort, um die „Lady Nyassa" vom Stapel zu lassen. Am Ufer zu Schupanga wurde der Boden geebnet, um die Abtheilungen an einander zu ordnen. Sie wurde auf Palmbäume gestellt, welche von einer weiter stromabwärts liegenden Stelle zu Stapelblöcken geholt wurden, und der Maschinist und seine Gehülfen waren bald emsig beschäftigt. Ungefähr vierzehn Tage darnach, wo sie sämmtlich vom Kongone heraufgebracht waren, wurden die Theile zusammengeschraubt. Wo Sclaverei besteht, sind die Schwarzen dem Stehlen mehr ergeben als anderwärts. Wir wurden von Dieben belästigt, welche die eisernen Schraubenbolzen forttrugen, entdeckten aber zu unserer Freude, daß Strychnin uns vor den diebischen Menschen eben so gut sicherte, wie vor der diebischen Hyäne. Eine Hyäne wurde damit getödtet, und als die Eingeborenen das todte Thier sahen und erfuhren, wie wir es umgebracht hatten, schlossen sie, daß es gefährlich sei, Leute zu bestehlen, die eine so gewaltige Arzenei besäßen. Der Halbkast, welcher das Schupanga-Haus inne hatte, sagte, er möchte einige haben, um sie den Zulus zu geben, vor denen er Todesangst hatte, und welchen er einen unerwünschten Tribut entrichten mußte.

Der „Pioneer" machte mehrere Ausflüge nach dem Kongone und kehrte am 12. Juni mit der letzten Ladung zurück. Am 23. wurde die „Lady Nyassa" glücklich vom Stapel gelassen, nachdem die Arbeit ihrer Zusammensetzung durch Fieber und Ruhr, sowie durch viele andere Ursachen, deren Erzählung im Einzelnen für den Leser nur ermüdend sein würde, unterbrochen worden war. Eingeborene aus allen Gegenden des Landes kamen, um sie ablaufen zu sehen; die Meisten von ihnen waren völlig überzeugt, daß sie, da sie von Eisen war, sobald sie in's Wasser eintrete, auf den Grund gehen müsse. Es hatten unter ihnen ernste Erörterungen über die Frage stattgefunden, ob es angemessen sei, zum Schiffsbau Eisen zu verwenden. Die Mehrzahl behauptete, es werde dem Zweck nie entsprechen. Sie sagten: „Wenn wir eine Hacke oder das kleinste Stückchen Eisen in's Wasser legen, so sinkt es augenblicklich unter. Wie kann denn eine solche Masse von Eisen obenauf schwimmen? sie muß auf den Grund gehen."

Die Minderzahl antwortete, dies könne bei ihnen wahr sein, aber weiße Männer hätten für Alles Arzenei. „Sie könnten sogar eine Frau machen, mit der einzigen Ausnahme der Sprache. Seht doch jene dort auf dem Bilde des Fahrzeugs." Die Ungläubigen waren erstaunt und konnten kaum ihren Augen glauben, als sie das Schiff leicht und anmuthig auf dem Flusse schwimmen sahen, statt daß es auf den Grund ging, wie sie so zuversichtlich vorhergesagt hatten. „Wahrlich," sagten sie, „diese Leute haben gewaltige Arzenei."

Unser ausgezeichneter Landsmann, Professor Owen, empfahl uns, unsere Aufmerksamkeit auf die Entstehung der Tsetse zu richten, um ein Mittel zur Vertilgung dieser Plage zu entdecken. Wir erkundigten uns häufig bei den verschiedenen Stämmen, ob sie uns bei unseren Nachforschungen helfen könnten. Einer der Makololo erinnerte daran, daß diese nämliche Frage einst in Linyanti öffentlich erörtert und, wie gewöhnlich, eine Wette gemacht worden sei, daß Niemand etwas davon wisse. Nachdem eine Reihe von Tagen verstrichen waren, beanspruchte ein alter Mann den Preis, indem er behauptete, die Tsetse lege ihre Eier, die eine rothe Farbe hätten, auf die Blätter des Mopanebaumes. Dies waren wahrscheinlich nur die Eier eines Insects, das in den „Missionsreisen" beschrieben und von dem gesagt wird, daß es seine Eier mit einem süßen Harze überziehe, welches gesammelt und gegessen wird. Manche bestritten, daß er sie gesehen habe; Andere behaupteten, die rothen Eier würden auf die Zweige der Bäume und nicht auf die Blätter gelegt; und noch Andere blieben dabei, daß die Eier in den Koth der Büffel gelegt würden, und diese Letzteren hatten wahrscheinlich Recht. Die Ausrottung alles Wildes durch den Fortschritt der Civilisation ist die einzige Möglichkeit, die Tsetse zu beseitigen.

Wir erinnern uns, unter den Eingeborenen eine wüthende Erörterung über die Frage gehört zu haben, ob die zwei Zehen des Straußen beim Menschen den Daumen und Zeigefinger oder den kleinen und Ringfinger vertreten. Bei diesen Gelegenheiten ist es ergötzlich, die Freiheit und Ernsthaftigkeit zu beobachten, mit welcher Leute des niedrigsten Ranges die Ansichten ihrer Vorgesetzten angreifen. Es kommt nicht oft vor, daß sie sich geltend machen können, aber sie suchen eine günstige Gelegenheit möglichst zu benutzen. „Wir sind kleine Kinder; wir klammern uns noch immer an den Busen unserer Mütter an; wir können nicht allein gehen; wir wissen ganz und gar Nichts; aber das wissen wir, daß über diesen geringen Gegenstand die älteren Herren schwatzen wie alle diejenigen, welche über das sprechen, wovon sie Nichts wissen. Wir hörten nie solchen Unsinn," u. s. w. Oder die Disputanten sind vielleicht zwei Männer desselben Alters. Derjenige, welcher die geläufigste Zunge hat, bringt seinen Opponenten in Verwirrung; dies macht indeß dem Streite kein Ende. Warum sollte es denn? Das Gefühl des Abwürgens in der Kehle, der Druck des Blutes auf das Herz lassen den Besiegten, wenn er nicht mehr streiten kann, mit schwerem Athem ausrufen: „Kannst Du mich denn überlaufen?" Sie springen fort, rennen eine Meile weit, bringen einen Ast von einem am Ende der gewöhnlichen Rennbahn stehenden Baume, und wenn dadurch die geistige und körperliche Aufreizung ausgeglichen ist, vereinigen sie sich in Frieden. Wenn unsere Zeitungsredacteure, nachdem sie den Federkrieg haben wüthen lassen, bis beide „geehrte Correspondenten" im Begriff stehen, ohnmächtig zu werden, weil das Blut wüthend um Herz und Gehirn herumgepeitscht wird, statt des gewöhnlichen entsetzlichen Weges (!), daß die nächsten Schreiben wie Anzeigen bezahlt werden müssen, nur den Rath ertheilten, daß sie „ein Wettrennen halten" sollten, so würden auf dem Gebiete der Religion und Kirche weit weniger Fälle von Herzkrankheit und Schlagfluß auszuspüren sein.

Vögel sind im Schupangagebiete zahlreich vorhanden. Manche

Gattungen bleiben das ganze Jahr hindurch, während viele andere nur einige Monate dort sind. Flüge grüner Tauben kommen im April, um sich von der jungen Frucht der wilden Feigenbäume zu nähren, die an den Abenden auch von einer großen Fledermausart genossen wird. Der niedlich kleine schwarze Weber mit gelben Schultern scheint sich, nachdem er sein Freierskleid angelegt hat, des Lebens innig zu freuen. Am Morgen wird ein tüchtiges Frühstück genossen; dann kommen die Stunden der Lustbarkeit. Eine auserlesene Gesellschaft von drei bis vier sitzt auf den Büschen, die eine kleine grasreiche Ebene einfassen, und belustigt sich mit dem Concert ihres eigenen sanften und selbstgefälligen Gesanges. Dann folgt ein Spiel im Fluge. Sein weiches sammetartiges Gefieder ausspannend, gleitet der eine mit zitternden Schwingen nach dem Mittelpunkte des freien Raumes hin, singt, während er fliegt, wendet sich dann mit einem schnellen schwirrenden Tone aus seinen Flügeln — der einigermaßen einer Kinderklapper gleicht — um und kehrt wieder nach seinem Platze zurück. Die übrigen führen, einer nach dem andern, dasselbe Stück auf und setzen das Spiel stundenlang fort, wetteifernd, welcher beim Umwenden das lauteste Geräusch machen kann. Diese Spiele werden nur während der Zeit des Hofmachens und der glänzenden Federn aufgeführt; so lange der Vogel sein Winterkleid von bescheidener brauner Farbe trägt, scheint nicht an die Belustigung gedacht zu werden.

Wir erhielten vom Vorgebirge der guten Hoffnung zwei Maulthiere, um uns beim Transport der Stücke der „Lady Nyassa" an den Katarakten vorbei zu unterstützen, und setzten dieselben in Schupanga an's Land; aber sie lebten nicht lange. Nachdem beide Maulthiere todt waren, war ein portugiesischer Herr so freundlich, uns zu benachrichtigen, daß er gewußt habe, daß sie sterben würden; man habe auf dem dortigen Lande viele Versuche gemacht, aber es wolle auf demselben Nichts leben bleiben —

nicht einmal ein Schwein. Er sagte, er habe es uns nicht vorher mitgetheilt, weil er nicht gern hätte zudringlich erscheinen wollen!

Von der „Gorgon" bekamen wir einen Gehülfen in der Gestalt eines alten Schiemanns: ein ausgezeichneter Matrose und ein überaus nützlicher Mann, wenn er nüchtern war; aber wenn er die Gelegenheit hatte, betrank er sich ungemein gern. Er würde gute Dienste geleistet haben, wenn wir, wie wir beabsichtigten, im Stande gewesen wären, sofort weiter stromaufwärts zu fahren; denn da hätte er bald ein ganz enthaltsamer Mann werden müssen. Er verstand kein Wort von der Sprache, und die Eingeborenen waren eben so unwissend im Englischen; dennoch gelang es ihm, einen Eingeborenen zu bewegen, sieben Meilen weit zu gehen, um einigen Wachholderbranntwein zu holen und ihn, mit einheimischem Bier vermischt, in's Schiff zu schmuggeln. Wenn er nüchtern war, war er ruhig, ehrerbietig, zuvorkommend, sah schnell, was gethan werden sollte, war beharrlich bei der Arbeit und gab auf Alles genau Acht. Der arme Kerl that uns Leid, aber da wir uns nicht den Fluß hinauf begeben konnten, so mußten wir ihn an Bord des ersten Kriegsschiffes bringen, das uns die Möglichkeit darbot. Wer nie den starken Appetit nach Reizmitteln bekommen hat, welchen diese Leute fühlen, kann sich kaum die Stärke der Versuchung vorstellen, der sie zu widerstehen haben. In den Worten des schottischen Zechers heißt es: „Wir verstehen etwas vom Trinken, vom Durste aber nichts."

Bis dahin, wo Alles an Bord der „Lady Nyassa" gebracht worden war, waren die Wasser des Zambesi und Schire so tief gefallen, daß der Versuch, sie vor Eintritt der im December kommenden Regen nach den Katarakten mit hinaufzunehmen, nutzlos gewesen wäre. Auch Zugochsen und Proviant waren erforderlich, und ließen sich nicht näher als auf der Insel Johanna bekommen. Die Portuglesen legten, ohne die Zulassung eines Handels auf dem Zambesi bestimmt zu verweigern, Hindernisse in den Weg; sie verlangten nur einen kleinen Zoll! Sie waren im Begriff, eine Flußpolizei aufzustellen und die Kronländereien wieder einzurichten, die schon lange Zululändereien geworden waren. Mittlerweile machten sie den Zambesi durch Sclavenmacherei für Jedermann werthlos.

Da der Rovuma, von dem man berichtete, daß er aus dem Nyassasee käme, außerhalb ihrer Ansprüche lag und ein freier Fluß war, so beschlossen wir, ihn sogleich auf unserer Rückkehr von Johanna, wohin wir nach einigem, durch Ausbesserung der Maschinen, des Ruderrades und Steuers herbeigeführten Aufenthalte am Kongone den 6. August segelten, in unseren Booten zu erforschen. Auf einem in der Pomorebai jener Insel liegenden Hulk war für den Bedarf der Kreuzer ein Lager von Schiffsproviant eingerichtet worden und stand unter der Aufsicht Herrn Sunley's, des Consuls, von welchem uns stets die freundlichste Aufmerksamkeit und Unterstützung zu Theil wurde. Jetzt verband er uns dadurch, daß er sich von sechs Ochsen trennte, die er zu seinem eigenen Gebrauche bei der Zuckerbereitung aufgezogen hatte. Obwohl er in seinem Geschäfte in unangenehme Verlegenheit kam, indem er sich genöthigt sah, Sclavenarbeit anzuwenden, so hat er doch durch seine unbezähmbare Energie Hindernisse überwunden, denen die meisten Menschen unterlegen sein würden. Er hat Alles gethan, was unter den vorliegenden Umständen gethan werden konnte, um durch Zahlung eines regelmäßigen Tagelohns eine Sehnsucht nach Freiheit einzuflößen. Er hat eine große Fabrik gegründet und 300 Acker fruchtbaren Bodens mit Zuckerrohr angebaut. Wir glauben, er wird sein wohlverdientes Glück machen. Hätte Herr Sunley denselben Versuch auf dem Festlande gemacht, wo für den Lohn, den er jetzt giebt, die Leute ihm haufenweise zugeströmt wären, er würde sicherlich auf der Ostküste Afrikas eine neue Aera eröffnet haben. Auf einer kleinen Insel, wo die Sclavenbesitzer vollkommene Gewalt über die Sclaven haben, und wo es keinen freien Grund und Boden giebt, wie man ihn in Afrika allenthalben antrifft, dürfte der Versuch nicht wiederholt werden. Finge Herr Sunley noch einmal an, es würde weder in Zanzibar noch in Johanna, sondern auf afrikanischem Boden geschehen, wo ein Sclave, wenn er auch gemißhandelt wird, doch durch die Flucht leicht frei werden kann. Auf einer Insel unter eingeborener Regierung konnte eine von Arabern und Engländern betriebene Vereinsfabrik nur die Bedeutung haben, daß die letzteren dem Hasse entgehen sollten, den das Peitschen der Sclaven trifft.

Wir verließen Johanna und unsere Ochsen auf einige Zeit, und Ihrer Majestät Schiff „Orestes" schleppte uns im Anfang des September von da nach der Mündung des Rovuma. Sein Commandant, Capitän Gardner, und mehrere seiner Officiere begleiteten uns zwei Tage lang den Fluß hinauf in dem zum Schiffe gehörigen Boote und Kutter. Der Wasserstand war ungewöhnlich niedrig, und am Morgen ging es mehrere Stunden lang ziemlich matt; als aber der Wind zu wehen begann, wurde der Schauplatz munterer und belebter. Unsere vier Boote flogen dann unter vollem Segel dahin; die Leute am Ausguck im Schiffsboote und Kutter riefen: „Backbord, Sir!" „Steuerbord, Sir!" „Wie Sie gehen, Sir!" während die schwarzen Männer in den Bugen der anderen Boote schrieen: „Pagombe! Pagombe!" „Enda quete!" „Berane! Berane!" was in der Anwendung dieselbe Bedeutung hatte. Gleich darauf sitzt das vorangehende Boot auf einer Sandbank; das flatternde Segel wird herabgenommen; die Mannschaft springt heraus, um es abzustoßen, und die anderen Boote schießen, der Verstopfung ausweichend, über Hals und Kopf weiter, um alle der Reihe nach aufgebracht zu werden, indem sie eine Sandbank fälschlich für das Fahrwasser nehmen, das oft nur eine sehr geringe Wassertiefe hat.

Eine Heerde schläfriger Flußpferde wurde plötzlich durch einige zwanzig Büchsenschüsse erschreckt und starrte mit Erstaunen die fremdartigen Gegenstände an, die in ihre friedlichen Besitzungen eingedrungen waren, bis einige weitere Kugeln sie nöthigten, auf dem Grunde der tiefen Lache Zuflucht zu suchen, in deren Nähe sie ungestört hatten ausruhen wollen. Auf unserer Rückkehr übte eines von der Heerde Vergeltung. Es folgte dem Boote, kam unter demselben herauf und versuchte zweimal, den Boden herauszureißen; glücklicherweise aber war er zu flach, als daß sein Rachen hätte gut anpacken können; es beschädigte daher nur eine der Planken mit seinen Stoßzähnen, obwohl es das Boot, mit zehn Mann und einer Tonne Ebenholz in demselben, gerade emporhob.

Eine der beiden Nächte, die Capitän Gardner bei uns war, schliefen wir dem kleinen See Chidia gegenüber, der zur Zeit des Hochwassers mit dem Flusse in Verbindung steht und fast ringsum von Hügeln umgeben ist, von denen manche 500 bis 600 Fuß hoch und die mit Bäumen besetzt sind. An den Hügelwänden standen einige kleine Gruppen von Hütten mit Gärten, aus denen das gewöhnliche einheimische Product abgeerntet worden war. Die Bewohner schienen durch die Gegenwart der großen Gesellschaft, die sich auf den Sandbänken unterhalb ihrer Wohnungen aufgestellt hatte, nicht sehr beunruhigt zu werden. In der Nachbarschaft giebt es viel starkes Ebenholz. Die niedlich kleine Antilope (Cephalophus coeruleus), etwa von der Größe eines Hasen, schien zahlreich vorhanden zu sein, da viele Felle derselben zum Verkauf ausgeboten wurden. Hier werden zierlich gemusterte Matten von mannichfachen Farben aus Dattelblättern gewebt; die verschiedenen Farben werden aus Baumrinden gewonnen. Rindvieh konnte an den Ufern des Rovuma wegen der Tsetse, die sich von der Nähe der Mündung an bis zu der Stelle hinauf findet, bis zu der wir die Boote bringen konnten, nicht leben. Die Fahrt wurde, indem wir hinaufsegelten, nicht besser; durch die Hochwasser herabgebrachte Baumstämme waren gewöhnlich und bei dem plötzlichen Sinken des Wassers im Flußbett liegen geblieben. An manchen Stellen, wo der Fluß sich in zwei oder drei Fahrwasser theilte, gab es in jedem derselben nicht Wasser genug für ein Boot, das drei Fuß tief ging; wir mußten daher die unserigen über die Untiefen hinwegschleppen; aber wir sahen den Fluß auf seinem allerniedrigsten Stande, und es kann Jahre lang dauern, ehe er wieder so ausgetrocknet ist.

Das Thal des Rovuma, das auf jeder Seite durch eine Kette von Hochlanden begrenzt wird, ist zwei bis vier Meilen breit und kommt in ziemlich gerader Richtung von Westsüdwest; aber das Fahrwasser des Flusses windet sich und lief jetzt bei seinem niedrigsten Stande in so wunderlichem Zickzack, daß die Boote häufig drei Meilen fahren mußten, um in gerader Linie e i n e Meile zurückzulegen. Bei vollem Strome hätte die Fahrt natürlich viel leichter sein müssen. Während der ersten Woche sahen wir wenig Eingeborene. Ihre Dörfer sind zum Schutz vor plündernden Sclavenstreifcorps in dem dichten Dschungel an den Hügelwänden versteckt. Auf diesem Theile des stillen und seichten Flusses wurde nicht viel Interessantes beobachtet. Obgleich wir uns überzeugt fühlten, daß er, acht Monate des Jahres ausgenommen, zur Schifffahrt untauglich sei, so drangen wir doch noch weiter vor, entschlossen, zu sehen, ob weiter landeinwärts die Berichte, die wir von verschiedenen Seeofficieren über seine große Bedeutung erhalten hatten, sich als richtig erweisen, oder ob bei einer Verbindung mit dem Nyassasee auch nur der obere Theil nutzbar gemacht werden könne. Unsere Erforschung zeigte uns, daß bei denjenigen, welche neue Länder besuchen, die größte Vorsicht erforderlich ist.

Die Berichte, die wir von Männern erhielten, welche den Fluß betreten hatten und wohl befähigt waren, ein Urtheil abzugeben, bestanden darin, daß der Rovuma in der Abwesenheit jeder Barre an seiner Mündung, in seiner größeren Wassermasse und in der Schönheit des anliegenden Landes unendlich hoch über dem Zambesi stehe. Wir kamen in einer Jahreszeit hin, die von derjenigen, in welcher sie ihn besuchten, verschieden war, und unser Bericht muß mit den ihrigen zusammengenommen werden, um zur Wahrheit zu gelangen. Als Handelsstraße könnte er vielleicht drei Viertel jedes Jahres hindurch vortheilhaft sein; aber zufällige Besucher, wie wir und Andere, sind schwerlich fähig, eine Entscheidung zu geben. Der Mangel an Vögeln oder sonstigem thierischen Leben war auffallend. Dann und wann sahen wir Paare der stattlichen Jabirus oder der adjutantenmäßig aussehenden Marabus, die zwischen den Sandbänken wateten, sowie spornflügelige Gänse und andere Wasservögel, aber ein Krokodil oder Flußpferd war selten zu sehen.

Am Ende der ersten Woche sprach ein alter Mann in unserem Lager vor und sagte, er wolle aus seinem Dorfe, das oben zwischen den Hügeln lag, ein Geschenk schicken. Am nächsten Morgen erschien er mit einer Anzahl seiner Leute und brachte Mehl, Maniok- und Jamswurzel. Die Sprache unterscheidet sich bedeutend von derjenigen am Zambesi, gehört aber zu derselben Familie. Die Bewohner sind Makonde und stehen mit den Mabiha und Makoa, welche südlich vom Rovuma leben, auf freundschaftlichem Fuße. Als wir einen Spaziergang auf die Abhänge des nördlichen Ufers machten, fanden wir eine große Mannichfaltigkeit von Bäumen, die wir sonst nirgends gesehen hatten. Diejenigen, welche man gewöhnlich weit landeinwärts antrifft, scheinen sich hier der Küste zu nähern. Afrikanisches Ebenholz, gemeiniglich Mpingu genannt, kommt bis auf acht Meilen vom Meere in großer Menge vor; es erreicht eine bedeutendere Größe und hat mehr inneres schwarzes Holz als gewöhnlich. Auch ein zu gutem Bauholz tauglicher Baum, Mosoko genannt, findet sich, und wir sahen halbkastische Araber in der Nähe der Küste einen größeren Klotz desselben zu Brettern zerschneiden. Ehe wir den Gipfel der Anhöhe erreichten, befanden wir uns in einem Bambuswalde. Auf dem darüber liegenden Plateau waren große Flecke gelichtet und angebaut. Ein Mann lud uns ein, ein Töpfchen Bier zu trinken, als wir seine Bitte erfüllten, verschwand die von den Umstehenden vorher gezeigte Furcht. Unsere Mazaro'sche Mannschaft konnte kaum verstehen, was sie sagten. Einige von ihnen wateten im Flusse herum und fingen in Löchern, die sich in dem Thonufer befanden, einen wunderlichen Fisch. Er hat eine eigenthümliche Bauchflosse; sie ist ungewöhnlich groß und von kreisförmiger Gestalt, dem Spielzeug der Knaben ähnlich, das man „Spritzbüchsen" nennt. Man sagte uns, daß dieser Fisch sich auch im Zambesi finde und Chirire genannt werde. Obgleich alle seine Flossen groß sind, so behauptet man doch, daß er sich selten in den Strom herauswage, sondern in der Nähe seines Loches bleibe, wo er leicht mit der Hand gefangen wird.

Die Zambesimänner verstanden genau die charakteristischen Kennzeichen von tiefem oder seichtem Wasser und zeigten große Geschicklichkeit, das richtige Fahrwasser ausfindig zu machen. Der Molimo ist der Steuermann am Helm, der Molabamo ist der Hauptbaumkahnmann; er steht an den Bugen aufrecht mit einer langen Stange in den Händen, weist den Steuermann an, wohin er gehen soll, und unterstützt, wenn es nöthig ist, das Steuerruder mit seiner Stange. Die Anderen zogen es vor, zu stehen und unser Boot lieber mit der Stange fortzutreiben, als mit unseren langen Rudern zu rojen, da sie es schneller vorwärts schieben konnten, als sie es zu rudern im Stande waren. Sie sind an kurze Ruder gewöhnt. Unser Molabamo war mit Mondblindheit behaftet und konnte in der Nacht gar nicht sehen. Seine Kameraden führten ihn dann umher und gaben ihm sein Essen in die Hand. Daß er bei Tage das Fahrwasser so gut sehen konnte, glaubten sie, käme nur daher, weil seine Augen die ganze Nacht ruhten. An schwierigen Stellen machte jedoch der Moladamo bisweilen Fehler und strandete uns. Die Anderen, die offenbar mit dem Geiste des Widerstandes gegen die verordnete Obrigkeit erfüllt waren und von João, einem Bewerber um das Amt, geleitet wurden, stichelten auf ihn wegen seiner Dummheit. „War er im Schlafe? Warum ließ er das Boot dorthin kommen? Konnte er nicht sehen, daß das Fahrwasser irgendwo anders war?" Zuletzt warf der Mokadamo vor Aerger die Stange weg und sagte zu João, er könne selbst Mokadamo sein. Das Amt wurde mit Freuden angenommen; aber in wenigen Minuten brachte auch er uns in eine schlimmere Verlegenheit, als sein Vorgänger je gethan hatte, und wurde unter dem Gelächter seiner Kameraden seines Amtes entlassen.

Beim Reisen ist es am besten, sich über die kleinen einfachen Vorfälle dieser Art, welche höchstens die in das Dasein des ganzen menschlichen Geschlechts eingewebten Triebe beweisen, zu freuen. Es dauert Einen, wenn man hört, daß manche unserer Landsleute sich auf rohe Weise in Dinge mengen, die in Wirklichkeit keinen Schaden thun. Es sind sogar Schläge verhängt worden unter der albernen Annahme, daß der Neger Dies und Jenes, und nicht, wie andere Menschen, ein wunderliches Gemisch von Gut und Böse, Weisheit und Thorheit, Geschicklichkeit und Dummheit ist. Ein Engländer, der ein Gewehr besaß, welches die abscheuliche Gewohnheit hatte, von selbst loszugehen, kam in einem mit Eingeborenen bemannten Baumkahn den Zambesi hinauf. Er kannte von der Sprache kaum ein anderes Wort als das Zeitwort „tödten". Das Gewehr ging nach seiner Gewohnheit zufällig dicht am Kopfe eines Theilnehmers an der Gesellschaft los, und dieser sprach, ehe er schlafen ging, gegen seine Kameraden seine Besorgnisse aus, daß dies unglückliche Gewehr Einen von ihnen „tödten" könne. Unser Held schnappte das Wort auf und verbrachte die ganze Nacht mit dem Revolver in der Hand, bereit, den Verrath zu bestrafen, der nur in seinem eigenen aufgeregten

Gehirn existirte. Dieses Abenteuer veröffentlichte er später in einer Zeitung als eine schreckliche Lage, ein haarbreites Entkommen aus den Händen blutdürstiger Wilden. Ein anderer britischer Löwe, der etwa zweihundert Meilen in einem Baumkahn reisen mußte und von der Sprache kein Wort zu sprechen im Stande war, hielt es für klug, jedes Mal, wenn seine Baumkahnmänner vorschlugen, den ganzen geschlagenen Tag hindurch zu landen, alle Läufe seines Revolvers abzufeuern. Die brennende Sonne gerade über dem Haupte stand auf ihrem heißesten Punkte. Die armen Kerle gaben Zeichen, daß sie etwas Bier zu laufen wünschten. Los ging der Revolver: „Nein, nein, nein, Ihr müßt rudern." Diese Tollheit wurde, da er sie uns selbst beschrieb, offenbar für klug gehalten. Ein Anderer, der sich selbst ganz anders schätzte als ein Stamm, den er besuchte, beklagte sich in einer öffentlichen Versammlung über die Unwahrheit eines vorhergehenden Reisenden, welchem jener selbige Stamm ausgezeichnete Freundlichkeit und Achtung erwiesen hatte, und erzählte dann, wie wir auf die Gewährschaft eines Geistlichen hin erfahren, der zugegen war, er habe, ehe er zu dem betreffenden Stamme kam, einen seiner Leute angebunden „und ihm eine tüchtige Tracht Schläge gegeben." Stellen wir uns die Wirkung vor, die es auf ein englisches Dorf machen würde, wenn ein schwarzer Mann in dasselbe käme und ein weißer Diener sich beklagte, daß er unterwegs von ihm gemißhandelt worden sei. Wir haben uns bisweilen von Herzen geschämt, wenn wir entdeckten, daß wir ohne alle Ursache zornig gewesen waren. Es unterliegt keinem Zweifel, daß die Eingeborenen zuweilen eben so störrisch dumm sind, wie Dienstboten daheim es sein können, wenn sie wollen; aber unser Betragen muß dem Gemüth des Eingeborenen oft wie ein Gemisch von Albernheit und Wahnsinn erscheinen.

Am 16. September kamen wir an der bewohnten Insel Kitschokomane an. Die gewöhnliche Art, sich einem unbekannten

Volke zu nähern, besteht darin, daß man in einem heitern Tone ausruft: „Malonba!" Dinge zum Verkauf, oder: habt Ihr etwas zu verkaufen? Wenn wir einen Mann aus dem letzten Dorfe bekommen können, so wird er angenommen, ist jedoch nur in so fern von Nutzen, als er den Bewohnern des nächsten Dorfes erklärt, daß wir in freundschaftlicher Weise kommen. Die hiesigen Bewohner waren anfangs schüchtern gegen uns und konnten nicht dazu gebracht werden, uns Lebensmittel zu verkaufen, bis eine Frau, die kühner war als die übrigen, uns ein Huhn verkaufte. Dies eröffnete den Markt, und nun kamen Haufen mit Hühnern und Mehl, weit über unsere Bedürfnisse hinaus. Die Frauen sind eben so häßlich wie die am Nyassasee, denn wie kann eine Frau hübsch sein, welche die Pelele oder den Oberlippenring von großem Umfange trägt? Wir waren erstaunt, einmal junge Männer die Pelele tragen zu sehen, und man sagte uns, daß im Stamme der Mabiha, am südlichen Ufer, Männer eben so gut wie Frauen sie trügen.

Oberhalb Ritschotomane zieht sich am linken Ufer eine überaus fruchtbare Ebene hin, die fast zwei Meilen breit und mit einer Anzahl verlassener Dörfer bedeckt ist. Die Einwohner lebten in zeitweiligen Hütten an den niedrigen nackten Sandufern, und wir fanden, daß dies der Fall war, so weit als wir gingen. Sie lassen den größten Theil ihres Eigenthums und ihrer Lebensmittel zurück, weil sie nicht besorgt sind, daß diese gestohlen werden, sondern sich nur fürchten, selbst gestohlen zu werden. Die große Sclavenstraße vom Nyassa nach Kilwa geht von Südwest nach Nordost gerade jenseits von ihnen vorüber, und es ist gefährlich, in dieser Zeit des Jahres, wo die Menschenräuber draußen sind, in ihren Dörfern zu bleiben. In einem der zeitweiligen Dörfer sahen wir im Vorbeifahren zwei Menschenköpfe auf der Erde liegen. Wir übernachteten ein paar Meilen oberhalb dieses Dorfes.

Am nächsten Morgen vor Sonnenaufgang kam ein großes, mit Bogen, Pfeilen und Flinten bewaffnetes Streifcorps zu unserem Lager; zwei oder drei von ihnen hatten jeder ein Huhn, dessen Ankauf wir verweigerten, da wir den Tag zuvor genug gekauft hatten. Sie folgten uns den ganzen Morgen, und nach dem Frühstück schwammen diejenigen auf dem linken Ufer über den Fluß und vereinigten sich mit dem auf der andern Seite hinziehenden Hauptcorps. Sie hatten offenbar die Absicht, uns an einer ausgewählten Stelle, wo wir dicht an einem hohen Ufer hinfahren mußten, anzugreifen, aber ihr Plan wurde durch eine steife Brise vereitelt, die unsere Boote schnell vorbeitrieb, ehe die Mehrzahl an den Platz gelangen konnte. Da verschwanden sie, kamen uns aber, indem sie rasch nach der Krümmung gingen, an der wir hinsegeln mußten, wieder voraus. Auf das vorderste Boot wurde ein Pfeil geschossen, und da wir die bewaffnete Macht an der Krümmung sahen, stießen wir, so weit das seichte Wasser es gestatten wollte, von der Seite ab und versuchten, sie zu einer Unterhandlung zu bringen, indem wir erklärten, daß wir nicht gekommen wären, um zu kämpfen, sondern um den Fluß zu sehen. „Warum feuertet Ihr vor kurzer Zeit ein Gewehr ab?" fragten sie. „Wir schossen eine große Poßadder, um sie zu verhindern, Menschen zu tödten; Ihr könnt sie todt am Strande liegen sehen." Mit großem Muthe watete unser Molabamo bis auf dreißig Yards zum Ufer hin, und sprach sehr ernsthaft, indem er versicherte, daß wir eine friedliche Gesellschaft seien und nicht gekommen wären, um Krieg zu führen, sondern um den Fluß zu sehen. Wir wären Freunde, und unsere Landsleute kauften Baumwolle und Elfenbein und wünschten zu kommen und mit ihnen zu handeln. Alles, was wir wollten, wäre, ruhig hinaufzugehen, um den Fluß anzusehen, und dann wieder nach dem Meere zurückzukehren. Während er mit denjenigen, die am Ufer standen, sprach, schlich sich der alte Schurke, welcher der Rädelsführer zu sein schien, das Ufer hinauf, watete mit einem Dutzend Anderen nach der Insel hinüber, in deren Nähe die Boote lagen, und kam hinter uns herab. In wilder Aufregung stürzten sie in's Wasser und tanzten in unserem Rücken, mit gespannten Bogen zielend und mancherlei wilde Grimassen machend. Ihr Anführer nöthigte sie, hinter einige im Flusse liegende Baumstämme zu treten und dann auf uns zu schießen. Die vor uns am Ufer stehende Abtheilung hatte viele Flinten — und diejenigen, welche Bogen hatten, hielten dieselben mit in die Bogensehne eingesetzten Pfeilen bereit. Sie hatten eine Masse von dichtem Gebüsch und Bäumen hinter sich, in welche sie, nachdem sie ihre Flinten und Pfeile abgeschossen hatten, in einem Augenblick eilen, und wo sie vor unseren Augen vollkommen verborgen sein konnten: ein Umstand, der Leuten, welche Bogen und Pfeile benutzen, stets die größte Dreistigkeit giebt. Ungeachtet dieser Demonstrationen waren wir im höchsten Grade abgeneigt, handgemein zu werden. Wir verbrachten eine volle halbe Stunde in der Gefahr, jeden Augenblick von einer Kugel oder einem vergifteten Pfeile getroffen zu werden. Wir setzten ihnen auseinander, daß wir besser bewaffnet wären als sie und Munition, deren vermutheter Mangel ihnen oft Muth einflößt, vollauf hätten, daß wir aber nicht wünschten, das Blut der Kinder desselben großen Vaters zu vergießen, dem auch wir angehörten, und daß, wenn wir kämpfen müßten, alle Schuld auf sie fallen würde.

Dies ist eine gewöhnliche Art ernster Verstellung unter ihnen selbst, und wir brachten es damit so weit, daß auf große Ueberredung der Anführer und Andere ihre Waffen niederlegten und vom Ufer zu den Booten herüberwateten, um die Sache zu besprechen. „Dieser Fluß gehöre ihnen; sie gestatteten weißen Männern nicht, ihn zu benutzen. Wenn sie uns sollten passiren lassen, müßten wir Zoll entrichten." Es war etwas Demüthigendes, dies zu thun; aber es hieß bezahlen oder kämpfen, und ehe wir kämpften, unterwarfen wir uns lieber der Demüthigung, ihre Freundschaft zu bezahlen, und gaben ihnen dreißig Yards Rattan. Sie verpflichteten sich, für immer unsere Freunde zu sein, und sagten, sie würden, wenn wir zurückkehrten, Speise für uns gekocht haben. Dann zogen wir das Segel auf und fuhren weiter, froh, daß die Sache auf freundschaftliche Weise beigelegt worden war. Diejenigen, welche am Ufer standen, gingen nach der weiter oben befindlichen Krümmung hinauf, um, wie wir voraussetzten, das Boot zu betrachten; aber in dem Augenblicke, wo es ihnen gegenüber war, gaben sie uns, ohne ein Wort der Warnung, eine Salve Flintenkugeln und vergiftete Pfeile. Glücklicherweise waren wir so nahe, daß alle Pfeile völlig über uns hinflogen, aber vier Flintenkugeln gingen gerade über unseren Köpfen durch das Segel. In dem Augenblicke, wo sie abgefeuert hatten, stürzten alle unsere Angreifer in die Büsche und das lange Gras, zwei ausgenommen, von denen der Eine eben im Begriff war eine Flinte und der Andere einen Pfeil abzuschießen, als sie durch das Feuer des zweiten Bootes gehindert wurden. Keiner von ihnen ließ sich wieder sehen, bis wir tausend Yards weit fort waren. Dann wurden, um ihnen eine Vorstellung von der Schußweite unserer Büchsen zu geben, einige Schüsse über ihre Köpfe abgefeuert, und sie Alle flohen in die Wälder. Auch diejenigen, welche auf der Sandbank waren, stürzten in der größten Eile fort; da sie aber nicht auf uns geschossen hatten, so belästigten wir sie nicht, und sie gingen ohne Gefahr mit ihrem Rattan davon. Sie hofften wahrscheinlich, einen von uns zu tödten und in der Verwirrung die Boote zu berauben. Nur da, wo die Bewohner Sclavenmacher sind, sind die Eingeborenen dieses Theils von Afrika blutdürstig.

Diese Leute haben in dem weiter vorn liegenden Lande einen bösen Namen, selbst unter ihrem eigenen Stamme. Ein Sclavenhandel treibender Araber, dem wir weiter oben begegneten, und ber glaubte, wir befänden uns damals auf unserem Wege stromabwärts, rieth uns, nicht in den Dörfern zu landen, sondern in den Booten zu bleiben, da die Einwohner verrätherisch wären und ohne alle Warnung oder Herausforderung sofort angriffen. Unsere Erfahrung über ihr Betragen bestätigte die Wahrheit dessen, was er sagte, vollkommen. Wo sie lebten, gab es keinen Handel auf dem Flusse, aber jenseits jener Gegend war ein lebhafter Handel in Reis und Salz vermittelst Baumkähnen, indem diejenigen, welche weiter im Inneren wohnten, Reis bauten und denselben den Fluß hinabsendeten, um für Salz umgetauscht zu werden, welches an gewissen Stellen an den Ufern aus der Erde ausgezogen wird. Unsere Angreifer hatten schwerlich Widerstand geahnt und sagten zu einem benachbarten Häuptling, wenn sie gewußt hätten, wer wir wären, würden sie die Engländer nicht angegriffen haben, die „tüchtig beißen" können. Auf unserem Wege stromabwärts belästigten sie uns nicht, obwohl wir eine Stunde brauchten, um an ihrem Dorfe vorbeizukommen. Unsere Baumkahnmänner faßten Muth, als sie sahen, daß wir unverletzt davongekommen waren. Einer von ihnen, Namens Chitu, der gestand, daß er furchtbar erschrocken gewesen sei, sagte, „seine Furcht sei nicht eine solche gewesen, die einen Mann veranlasse, über Bord zu springen und davon zu laufen, sondern diejenige, welche das Herz zum Munde hinausbringe und den Mann machtlos und zum Kampfe nicht fähiger mache als ein Weib."

Im Lande Chonga Mitschi, ungefähr 80 bis 90 Meilen stromaufwärts, fanden wir anständige Leute, welche Fremde mit Höflichkeit behandelten, obwohl sie zu demselben Stamme gehörten. Eine Menge Maloa waren aus ihrem eigenen, im Süden gelegenen Lande gekommen und hatten sich hier niedergelassen. Die Maloa erkennt man an einer Narbe auf der Stirn, welche die Gestalt des Neumondes mit abwärtsgekehrten Hörnern hat. Der Stamm besitzt das ganze Land westlich von Mosambik, und sie wollen keinem Portugiesen gestatten, weiter als zwei Stunden vom Fort in ihr Land hineinzukommen. Ein etwa zehn bis zwölf Meilen vom Fort entfernter Hügel, Pau genannt, ist während der gegenwärtigen Generation nur von einem einzigen Portugiesen und einem englischen Officier besucht worden, und dieser Besuch wurde nur durch den Einfluß der besonderen Freundschaft eines Häuptlings gegen diesen vornehmen Portugiesen ermöglicht. Unsere Verbündeten haben dreihundert Jahre lang das Fort von Mosambik inne gehabt, aber in diesem wie in allen anderen Fällen geht ihre Macht nicht weiter, als sie von einer Laffette aus sehen können.

Der Makoa-Häuptling Matingula war gastfreundlich und gesprächig; er sagte uns Alles, was er von dem weiter hinaus liegenden Flusse und Lande wußte. Er war mit Sclaven einmal in Ibo und einmal in Mosambik gewesen. Seine Sprache verstanden unsere Leute leicht. Eine unbrauchbare Muskete, die er an einem der eben genannten Orte gekauft hatte, wurde uns für ein wenig Kattun angeboten. Da wir ein Geschenk an Lebensmitteln von ihm erhalten hatten, überreichten wir ihm eine wollene Eisenbahndecke. Er betrachtete sie — hatte noch nie gewebtes Zeug wie dieses gesehen — fand keinen Gefallen an ihr und wollte lieber Kattun haben. „Aber dies wird Sie in der Nacht warm halten." — „Oh, ich will in der Nacht nicht warm gehalten sein." — Wir gaben ihm ein Stückchen Kattun, das nicht den dritten Theil so viel werth war als die Decke, aber es wurde höher geschätzt. Seine Leute weigerten sich, ihre Hühner für unsere glänzenden gedruckten Calicos und starken Tuche zu verkaufen. Sie waren wahrscheinlich vorher mit bunt gemusterten unechten gedruckten Calicos angeführt worden. Sie zogen einen sehr wohlfeilen, ungemusterten blauen Stoff, den sie erprobt hatten, vor. Am ganzen Flusse hin wird durch Baumrindenkörbe, die für die Bienen auf die hohen Bäume an beiden Ufern gestellt werden,

In der Nähe der Wasserfälle des Niagara.

eine große Quantität vortrefflichen Honigs gesammelt. Große Töpfe desselben, sehr gut und rein, wurden für sehr wenig Kattun angeboten. Wachs wurde nicht zum Verkauf gebracht; da diese Waare nicht in den Handel kommt, so wird sie wahrscheinlich als unbrauchbar weggeworfen.

In Mitschi verlieren wir das Tafelland, welches bis zu diesem Punkte hinauf gleichsam mit einer Kette plattgipfeliger Hügel von 600 bis 800 Fuß Höhe auf beiden Seiten des Flusses die Aussicht begrenzt, und es folgt auf dieses Plateau eine wagerechte fruchtbare Ebene, auf welcher abgesonderte Granithügel stehen. Der Theil des Tafellandes, welcher auf dem rechten Ufer liegt, scheint sich nach Süden hin zu biegen, indem er noch immer den Anschein einer Hügelkette bewahrt. Die gegenüberliegende Höhe erstreckt sich einige Meilen weiter noch Westen und zweigt sich dann in nördlicher Richtung ab. Auf den Sandbänken wurden einige kleine Stücke Steinkohle aufgelesen, die zeigten, daß dieses nützliche Mineral am Rovuma oder an irgend einem seiner Nebenflüsse vorhanden ist. Die Eingeborenen wissen, daß sie brennt. An dem kleinen See Chibla bemerkten wir denselben Sandsteinfelsen, mit fossilem Holz auf demselben, den wir am Zambesi haben, und wußten, daß er ein sicherer Beweis für darunter liegende Steinkohle sei. Wir erwähnten dies zur Zeit Capitän Gardner gegenüber, und daß wir jetzt Steinkohle fanden, schien das, was wir damals sagten, zu bestätigen; der Kohlenflötz erstreckt sich wahrscheinlich vom Zambesi bis zum Rovuma, wo nicht noch über denselben hinaus. Manche der tiefer unten liegenden Felsen haben die bleibende Wasserstandslinie drei Fuß über der gegenwärtigen Höhe des Wassers.

Einige Meilen westlich von den Makoa Matingusa's kamen wir wieder unter die Makonde; diese standen aber in gutem Rufe. Krieg und Sclaverei haben sie genöthigt, auf den Sandbänken

Zuflucht zu suchen. Ein ehrwürdig aussehender alter Mann begrüßte uns, als wir vorüberfuhren, und fragte, ob wir vorbeigehen wollten, ohne zu sprechen. Wir landeten; er legte sein Gewehr nieder und kam zu uns. Er war von seinem Bruder begleitet, der Jedem im Boote die Hand gab, wie er es Leute in Kilwa hatte thun sehen. „Ihr habt also schon weiße Männer gesehen?" fragten wir. „Ja," antwortete der feine Afrikaner, „aber noch nie solche Leute, wie Ihr seid." Diese Menschen waren sehr schwarz und trugen nur wenig Kleidung. Eine junge Frau, die im feinsten Geschmack Maloude'scher Mode gekleidet war und so geschickt wie ein Mann fahren konnte, brachte einen Baumkahn voll Mädchen, um uns zu sehen. Sie trug einen Kopfputz von rothen Perlen, die auf einer Seite des Kopfes an ihr Haar gebunden waren, ein Halsband von Perlen verschiedener Farben, am linken Arme zwei glänzend verzierte messingene Armbänder und kaum für einen Farthing Kattun, obwohl derselbe von der wohlfeilsten Sorte war.

Indem wir weiter nach Westen vordrangen, fanden wir, daß der Fluß sich ein wenig nach Süden wende, und manche Strecken waren tiefer als irgend eine in der Nähe des Meeres; als wir aber dem Laufe des Flusses nach ungefähr 140 Meilen vom Meere hinaufgefahren waren, fingen weiche Tuffsteinfelsen an aufzutreten; noch zehn Meilen weiter wurde der Fluß schmäler und felsig, und als wir unserer Messung zufolge 156 Meilen hinaufgesegelt waren, wurde unsere Fahrt gehemmt. In gerader Linie befanden wir uns etwas weniger als zwei Grad von der Küste entfernt. Bemerkenswerthe Vorfälle gab es nur wenige: einige Tage leisteten uns sieben mit Salz und Reis beladene Baumkähne Gesellschaft, und je weiter wir landeinwärts gingen, desto höflicher wurden die Bewohner.

Als wir gerade unterhalb der Insel Nyamatolo, 38° 36' östl. Länge und 11° 53' südl. Breite, stehen blieben, war der

Die Fahrt wird durch felsige Engpässe versperrt. 147

Fluß schmal und voller Felsen. In der Nähe der Insel ist eine felsige Stromschnelle mit engen Durchgängen, die nur für einheimische Baumkähne passen. Der Fall ist unbedeutend, und die Ufer sind ganz niedrig; aber jene Felsen waren für jedes weitere Vordringen in Booten eine wirksame Schranke. Vorläufige Berichte stellten den schiffbaren Theil dieses Flusses so dar, als ob er sich von seiner Mündung aus eine Fahrt von einem Monat weit erstrecke; wir sahen, daß bei der gewöhnlichen Höhe des Wassers ein Boot die Hemmnisse, welche allen afrikanischen Flüssen eigen zu sein scheinen, in sechs bis acht Tagen erreichen könne. Der Rovuma ist wegen der Hochlande merkwürdig, die ihn vom Ocean aus etliche achtzig Meilen weit flankiren. Die Katarakten anderer Flüsse kommen in Gebirgen vor, die des Rovuma finden sich in einer ebenen Gegend, die nur in der Ferne Hügel hat. Fern im Westen und Norden konnten wir hohe blaue Anhöhen sehen, die sich aus einer Ebene erhoben, ihren Formen nach wahrscheinlich vulkanischen Ursprungs.

Die Entfernung von Ngomano, einem dreißig Meilen weiter hinauf liegenden Flecken, bis zu den arabischen Ueberfahrtsstellen über den Nyassasee, Tsenga oder Kotakota, sollte zwölf Tage betragen. Der Weg, den wir über die Murchison'schen Katarakten nach dem Nyassasee entdeckt hatten, hatte so viel Landtransport weniger, daß wir es für das Beste hielten, unsern Dampfer auf dem Wege, auf dem wir gut bekannt waren, dorthin zu bringen, anstatt uns hier abzunützen, wo wir unbekannt waren; wir entschlossen uns daher, umzukehren.

Die Eingeborenen berichteten von einer noch schlechteren Stelle oberhalb unseres Wendepunktes — wo der Durchgang noch enger sei als der vorliegende. Ein Araber, sagten sie, baute einmal ein Boot oberhalb der Stromschnellen und schickte es voll Sclaven herab; aber es wurde in jenen oberen Engpässen in Stücke zerbrochen. Viele behaupteten noch immer, daß der Rovuma aus

10*

dem Nyassa käme, und daß er, sowie er aus dem See herausfließe, sehr schmal sei. Ein Mann erklärte, er habe ihn mit eigenen Augen gesehen, wie er den See verließ, und schien ungehalten darüber zu sein, daß wir ihn die Kreuz und Quere fragten, als ob wir an seiner Glaubwürdigkeit zweifelten.

Befriedigendere Auskunft, wie es uns schien, erhielten wir von Anderen. Zwei Tagereisen oder dreißig Meilen jenseits der Stelle, wo wir umkehrten, nimmt der Rovuma den Liendé auf, der, da er von Südwesten kommt, in den Gebirgen an der Ostseite des Nyassa entspringt. Die große Sclavenstraße nach Kilwa läuft an den Ufern dieses Flusses hinauf, der in der trockenen Zeit des Jahres nur knöcheltief ist. Der Rovuma selbst kommt von Westnordwest, und nachdem der Reisende die Vereinigungsstelle des Liendé in Ngomano oder an dem „Sammelplatze" — der Häuptling dieser Gegend heißt Ndondé — passirt hat, findet er den Fluß schmal und als Bewohner Ajawa.

Die Bewohner von Nyamatolo haben sehr reichliche Nahrung und treiben bedeutenden Landbau. Die Insel ist nur ihr Sommeraufenthalt; ihre bleibenden Dörfer liegen in den Wäldern. Während wir jagten, kamen wir in einige dieser Dörfer und sahen jene großen Quantitäten Getreide, die sie in denselben zurückgelassen hatten, und in manchen, von den Dörfern abgelegenen Gegenden des Waldes fanden wir, außer Getreide, große Töpfe mit Oel liefernden Samen (Sesamum). Der Sesam wurde uns unter dem Namen Masuta oder Fett sowohl zum Verkauf als auch zum Geschenk angeboten. Auch kleine Quantitäten Copalgummi wurden uns gebracht, was uns auf den Gedanken führte, diese Artikel könnten vielleicht von den Arabern gesammelt worden sein. Tabak, zu Klumpen geformt, war viel vorhanden und wohlfeil. Baumwollensträuche sahen wir, aber Niemanden, der Baumwolle zu irgend etwas spann oder webte, außer zu Fischnetzen. Der werthvollste Artikel war ein Farbeholz von einer Schlingpflanze, welche die Dicke des Schenkels eines Mannes erreicht, und von welcher Dr. Kirk durch Versuche gefunden hat, daß sie eine feste gelbe Farbe von bedeutendem Werthe ist. Die Affenbrodbäume am Rovuma tragen, obwohl sie an Größe nicht ganz so riesenhaft sind wie die am Zambesi, mehr als zweimal so große Früchte. Die großen weißen Blüthen waren gerade heraus, und von den Früchten des letzten Jahres hingen noch immer viele an den Zweigen.

Die Krokodile im Rovuma sind schlimm daran. Noch nie wurden Reptilien so verfolgt und geschoren. Man jagt sie mit Speeren und stellt Schlingfallen für sie. Wenn eines von ihnen in einen einladenden Teich nach Fischen geht, so findet es bald eine Umfriedigung um denselben geworfen und auf den einzigen Weg aus der Einschließung eine Schlingfalle gestellt. Ihr Fleisch wird gegessen und schmackhaft gefunden. Die Ufer, an welche das Weibchen in der Nacht seine Eier legt, werden am Tage sorgfältig durchsucht und alle Eier ausgegraben und verschlungen. Unter den wenigen Jungen, die ihren übrigen Feinden entgehen, wüstet und metzelt der Fischhabicht. Unsere Leute standen beständig auf der Lauer nach Krokodilnestern. Sie fanden eines, das fünfunddreißig frischgelegte Eier enthielt, und behaupteten, das Krokodil werde in der folgenden Nacht an einer andern Stelle noch eben so viele legen. Die Eier lagen einen Fuß tief im Sande an der höchsten Stelle eines zehn Fuß hohen Ufers. Das Thier gräbt mit seinem Fuße ein Loch, bedeckt die Eier und verläßt sie, bis ungefähr drei Monate später der Fluß steigt, wo es dann zurückkommt und den ausgekrochenen Jungen beisteht. Wir sahen einmal Tette gegenüber junge Krokodile in Gesellschaft eines alten im December an einer Insel hinschwimmen. Das Dotter des Eies ist fast eben so weiß, wie das wirkliche Weiß. Im Geschmack gleichen sie Hühnereiern, vielleicht mit einem Beigeschmack nach Eierrahm, und wäre es nicht wegen ihres ekelhaften Ursprungs in Menschenfressern, so würden sie von Weißen mit demselben Hochgenuß gegessen werden wie von Schwarzen.

Als wir an den mit Rohr bedeckten Ufern und niedrigen Inseln vorbeifuhren, war das Hauptgeschäft der Männer und Knaben die Jagd auf die Senze (Aulacodus Swindernianus), ein Thier von der Größe einer großen Katze, aber an Gestalt mehr einem Schweine ähnlich. Sie stecken eine Masse Rohr in Brand und stehen, mit Stöcken, Speeren, Bogen und Pfeilen bewaffnet, in Gruppen da, um die Ausgänge zu bewachen, durch welche die aufgescheuchte Senze vor den nahenden Flammen entrinnen kann. Dunkle dichte Massen von undurchdringlichem Rauch wälzen sich nun auf der ganzen unter dem Winde liegenden Seite der kleinen Insel hin und verbergen die Jäger. Zuweilen bricht ein ungeheures Meer schwarzgelber Flammen hervor und schießt brausend, knatternd und knallend weit über das hohe Rohr wild empor. Die erschreckten Thiere stürzen heraus, und mitten im Rauche sieht man die aufgeregten Jäger mit rasenden Grimassen herumtanzen und Stock, Speer und Pfeil auf ihre herausgebrannten Opfer schleudern. Ueber dem Rauche schweben Milane, bereit, über die Heuschrecken (Mantis und Locusta) herzufallen, so wie sie aus dem Feuer springen. Kleine Krähen und Hunderte von Schwalben sind in eifrigem Fluge, stürzen in den Rauch und wieder heraus, um sich flüchtiger Fliegen zu bemächtigen. Massen von Insecten springen in ihrer Eile, dem Feuer zu entrinnen, in den Fluß, und die emsigen Fische genießen einen seltenen Schmaus.

Am 9. October kamen wir zum „Pioneer" zurück, nachdem wir einen Monat weg gewesen waren. Die Schiffsmannschaft hatte destillirtes Wasser benutzt, da aus England eine Compressionsmaschine geschickt worden war, und es war, seitdem wir das Schiff verlassen hatten, kein einziger Krankheitsfall auf demselben vorgekommen, obgleich in den wenigen Tagen, die es im vorigen Jahre an derselben Stelle lag, so viele Fieberfälle da gewesen waren. Unsere Bootsmannschaft trank das Wasser des Flusses, und die drei weißen Matrosen, die noch nie auf einem afrikanischen Flusse gewesen waren, hatten einige unbedeutende Fieberanfälle.

Zweiundzwanzigstes Capitel.

Quillimane. — Oberst Nuttr. — Das Gouvernement bekämpft die Landwirthschaft. — Postwesen. — Die Quillimane'schen Faulenzer. — Rückkehr nach dem Zambesi. — Schupanga, am 19. December 1862. — Unsere Majaro'schen Leute und ihre Verwandten. — Hungersnoth in Tette. — Zerstreuung der Sclaven. — „Die Portugiesen treiben keinen Landbau" noch Jagd. — Am 10. Januar befindet sich die „Lady Nyassa" im Schlepptau. — Mariano's gräßliche Thaten. — Des Bischofs Grab. — Geruch und Gehör bei Thieren. — Wir angeln nach Krokodilen. — Ein schreckliches Schauspiel. — Ein Krokodil gegen einen Matololo. — Die Luft durchdringt alle Körpertheile der Vögel. — Herrn Thornton's Rückkehr. — Kilimanjaro. — Herrn Thornton's edelmüthige Freundlichkeit gegen die Mission. — Eine Reise nach Tette war zu viel für ihn. — Sein Tod und Grab. — Weitverbreitete Verwüstung. — Sclavenhandel und Hungersnoth. — Landbau in den Sümpfen. — Schlaffucht des Ueberrestes der Bewohner. — Grippe. — Die Abschaffung des Sclavenhandels ist eine unerläßliche Bedingung. — Einfluß eines englischen Dampfers auf dem Nyassasee. — Straßenbau. — Frisches Grün der Hügel. — Es lassen sich keine Lebensmittel kaufen. — Keine Arbeiter. — Aermliche Nahrung und ein niedergeschlagener Geist sind die Vorläufer der Krankheit. — Dr. Kirk und C. Livingstone werden nach Hause beordert. — Dr. Livingstone krank. — Dr. Kirk bleibt zurück, um ihn zu pflegen. — Den 19. Mai reisen Dr. Kirk und C. Livingstone ab. — Vorstellung an die Lissaboner Regierung. — Leere Resultate. — Benehmen der portugiesischen Staatsmänner gegen Afrika. — Dr. Livingstone und Herr Rae machen sich auf, um nach unserem alten Boote zu sehen. — Beschäftigungen der Zurückgelassenen. — Eine durch einen Pfeil verwundete Frau. — Zähigkeit des Lebens. — Dr. Meller.

Am 18. October stachen wir in See. Wir landeten in Johanna wieder, bekamen eine Schaar Johanna'scher Männer und einige Ochsen und segelten nach dem Zambesi. Da aber, ehe wir denselben erreichten, unser Brennmaterial zu Ende und der Wind uns entgegen ging, so fuhren wir nach Quillimane hinein, um Holz einzunehmen.

Quillimane muß lediglich der Betreibung des Sclavenhandels wegen gebaut worden sein, denn es würde nie Jemandem auch nur im Traume einfallen, an einem so tief liegenden, schlammigen, vom Fieber heimgesuchten, von Moskitos wimmelnden Platze ein Dorf anzulegen, wenn es nicht um der Vortheile willen geschehen wäre, die er dem Sclavenhandel gewährt. Ueber die Barre kann man bei Springfluthen und Hochwassern mit Segelschiffen leicht fahren, für Boote aber ist sie, da sie weit vom Lande liegt, stets gefährlich. Sclaven sind unter dem Namen „freie Auswanderer" während der letzten sechs Jahre zu Tausenden von Quillimane nach den etwas südlich gelegenen Häfen, besonders nach Massangano gegangen. Dennoch stehen einige vortreffliche, aus Backsteinen gebaute Häuser im Orte, und die

Ansicht von Quillimane und vom „Pioneer."

Besitzer sind edelmüthig und gastfreundlich, unter ihnen unser guter Freund, Oberst Nuñez. Seine uneigennützige Freundlichkeit gegen uns und alle unsere Landsleute bleibt unvergeßlich. Er giebt ein edles Beispiel davon, wie weit es Thatkraft und Redlichkeit selbst hier bringen kann. Er kam als Schiffsjunge von zu Hause und hat, ohne einen einzigen Freund, der ihm hätte helfen können, in einem ehrenhaften Wandel beharrt, bis er der reichste Mann an der Ostküste geworden ist. Als Dr. Livingstone im Jahre 1856 den Zambesi hinabkam, war Oberst Nuñez der erste der vier einzigen ehrenhaften, zuverlässigen Männer im Lande. Aber während er gestiegen ist, ist ein ganzer Haufen gesunken und erhebt durch Stöße Cigarrenrauch hindurch laute Klagen über die Faulheit der Neger; sie könnten laute Klagen über ihre eigene Faulheit hinzufügen.

Jede landwirthschaftliche Unternehmung wird durch das Quillimane'sche Gouvernement entmuthigt. Will Jemand sein Landgut besuchen, so muß er vom Gouverneur einen Erlaubnißschein kaufen, und diese Steuer wird in einem Lande, wo Arbeit unvolksthümlich ist, der Grund, weshalb die Landgüter fast ganz einem Obersclaven überlassen werden, der seinem Herrn Meldungen macht, wie Interesse oder Ehrlichkeit es ihm eingiebt. Auch wenn Jemand den Fluß hinauf nach Mazaro, Senna oder Tette gehen, oder sich auch nur einen Monat lang in Quillimane aufhalten will, muß er einen Paß kaufen. Bei einem für das Wachsthum des Zuckerrohrs gut geeigneten Boden und Klima, Ueberfluß an Sclavenarbeit und Wasserverbindung nach jedem Markte in der Welt, haben sie nie ihren eigenen Zucker bereitet. Aller Zucker, den sie brauchen, wird von Bombay eingeführt. „Die Bewohner von Quillimane haben keinen Unternehmungsgeist," sagte ein junger europäischer Portugiese, „sie thun nichts und vergeuden ihre Zeit stets damit, daß sie am Fieber leiden oder von demselben genesen."

Gegen das Ende des November fuhren wir in den Zambesi ein und fanden ihn ungewöhnlich niedrig; daher kamen wir erst am 19. December nach Schupanga hinauf. Die Freunde unserer Majaro'schen Leute, die jetzt gute Matrosen und aufmerksame Diener geworden waren, kamen heraus und bewillkommneten sie herzlich bei ihrer Rückkehr aus den Gefahren des Meeres: sie hatten schon angefangen zu fürchten, daß sie nie wiederkommen würden. Wir dangen sie um ein sechzehnhardiges Stück Kattun für den Monat — ungefähr zehn Schillinge an Werth, da der portugiesische Marktpreis des Kattuns achthalb englische Pfennige für den Yard betrug — und entrichteten Jedem für eine Arbeit von fünfthalb Monaten fünf Stücke. Ein Kaufmann gab zu derselben Zeit anderen Majaroensern drei Stücke für sieben Monate, und sie waren mit ihm im Inneren gewesen. Wenn die Kaufleute nicht vorwärts kommen, so liegt der Grund nicht darin, daß die Arbeit theuer ist, sondern darin, daß es an Arbeitskräften fehlt, und daß sie jede Gelegenheit eifrig benutzen, die Arbeiter aus dem Lande zu verkaufen. Unsere Leute hatten von den Matrosen des „Pioneer" und des „Orestes" auch viele gute Kleider bekommen und wurden jetzt von ihren Nachbarn und von sich selbst als bedeutende Männer angesehen. Sie hatten noch nie so großen Reichthum besessen. Sie glaubten, sie könnten sich einen Hausstand gründen, da sie sich jetzt in einer genügenden Stellung befänden, um ihren Eintritt in den Ehestand zu rechtfertigen, und ein Weib und eine Hütte befanden sich unter den ersten Gegenständen, in denen sie ihr Vermögen anlegten. Sechzehn Yards wurden an die Eltern des Weibes entrichtet, und eine Hütte kostete vier Yards. Wir hätten sie gern im Schiffe behalten, denn sie betrugen sich gut und hatten einen großen Theil der erforderlichen Arbeit gelernt. Sie wollten zwar nicht selbst wieder mitgehen, warben aber Andere für uns an und brachten zweimal so viel als wir annehmen konnten, von ihren

Brüdern und Vettern, die begierig waren, sich dem Schiffe anzuschließen und mit uns den Schire hinauf, oder wohin es sonst sein möge, zu gehen. Sie Alle willigten ein, so lange um halben Lohn zu dienen, bis auch sie arbeiten gelernt hätten, und wir fanden keinen Mangel an Arbeitskräften, obgleich alle diejenigen, welche ausgeführt werden konnten, sich jetzt außerhalb des Landes befinden.

Während der vergangenen Jahreszeit war in dem Lande zwischen Lupata und Kebrabasa eine Dürrung von ungewöhnlicher Strenge gewesen und hatte sich nordöstlich bis zu den Manganja-Hochlanden erstreckt. Alle Tette'schen Sclaven, mit Ausnahme sehr weniger, zum Haushalt gehöriger, waren durch Hunger vertrieben worden und befanden sich jetzt weit weg in den Wäldern und da wo nur irgend wilde Früchte oder die Aussicht, etwas zu erlangen, das den Lebenshauch in ihnen erhalten konnte, zu finden waren. Ihre Herren erwarteten, wie man sagte, daß sie dieselben nie wieder sehen würden. So lange wir im Lande gewesen sind, hat es in Tette zwei Jahre großer Hungersnoth gegeben; eine solche, wie die gegenwärtige, herrschte im Jahre 1854, wo Tausende den Hungertod starben. Wenn Männer, wie die Landwirthe am Vorgebirge der guten Hoffnung, dieses Land besäßen, so würde ihre Energie und ihr Unternehmungsgeist die Ernte bald vom Regen unabhängig machen. Da Abdachung oder Fall genug vorhanden ist, so könnte das Land vom Zambesi und seinen Nebenflüssen aus leicht bewässert werden. Eine portugiesische Colonie kann nie gedeihen; sie wird als Verbrechercolonie benutzt, und Alles muß nach militärischer Art geschehen. „Was kümmere ich mich um dieses Land?" sagte der unternehmendste der Tette'schen Kaufleute; „Alles, was ich wünsche, ist, mir so bald als möglich Geld zu machen und dann nach Bombay zu gehen und es zu genießen." Jetzt waren in Tette alle Geschäfte eingestellt. Es ließen sich keine Träger auftreiben, um die Waaren in's Innere zu

Die „Lady Nyassa" im Schlepptau.

bringen, und die Kaufleute konnten kaum Lebensmittel für ihre eigenen Familien bekommen. In Mazaro war mehr Regen gefallen, und es hatte sich eine leidliche Ernte ergeben. Die Bewohner von Schupanga sammelten und trockneten verschiedene wildwachsende Früchte, die fast alle weit entfernt waren, für einen europäischen Gaumen schmackhaft zu sein. Von einer kleinen kriechenden Pflanze, „Bisé" genannt, wird die Wurzel ausgegraben und gegessen. In der äußeren Erscheinung ist sie der kleinen weißen Batate nicht unähnlich und hat etwas von dem Geschmack unserer Kartoffel. Sie würde sehr gut sein, wenn sie nur ein wenig größer wäre. Aus einem andern Knollen, „Ulanga" genannt, läßt sich sehr gute Stärke bereiten. Einige Meilen von Schupanga giebt es sehr viel Hochwild, aber die hiesigen Leute sind, obwohl sie das Fleisch gern genug essen, keine Jäger und erlegen selten ein Stück.

Da der Schire gestiegen war, dampften wir am 10. Januar 1863 mit der „Lady Nyassa" im Schlepptau ab. Es dauerte nicht lange, so stießen wir auf die Verwüstungen des berüchtigten Mariano. Die Leute, welche in einem kleinen Weiler am Fuße des Morambala leben geblieben waren, befanden sich in einem Zustande des Verhungerns, da sie durch eines seiner plündernden Streifcorps ihre Lebensmittel verloren hatten. Die Frauen waren auf den Feldern und sammelten Insecten, Wurzeln, wildwachsende Früchte und was nur irgend sich essen ließ, um womöglich ihr Leben hinzuschleppen, bis die nächste Ernte reif sein würde. Zwei Baumkähne fuhren an uns vorüber, die von Mariano's Bande ihres ganzen Inhaltes beraubt worden waren; die Eigenthümer sammelten Palmnüsse zu ihrem Lebensunterhalt. Sie trugen Schürzen von Palmblättern, da die Räuber ihnen ihre Kleider ausgezogen und ihre Schmucksachen abgenommen hatten. Todte Körper schwammen täglich an uns vorüber, und an den Morgen mußten die Ruderräder von den Leichnamen gereinigt werden, die während der Nacht von den Schaufeln erfaßt worden waren. Viele Meilen weit wurde die ganze Bevölkerung des Thales von Mariano, dieser Geißel des Landes, hinweggerafft, der wieder ist, was er zuvor war, der große portugiesische Sclavenagent. Das Herz that Einem weh, wenn man die weitverbreitete Verwüstung sah; die Flußufer, einst so volkreich, waren jetzt ganz still; die Dörfer waren niedergebrannt, und eine drückende Ruhe herrschte, wo früher Haufen eifriger Verkäufer mit den mannichfaltigen Erzeugnissen ihres Gewerbfleißes erschienen. Hier und da konnte man am Ufer einen kleinen, traurigen, verlassenen Schuppen sehen, wo Tag für Tag ein hungernder Fischer saß, bis die steigenden Wasser die Fische von ihren gewohnten Aufenthaltsorten trieben und ihn sterben ließen. Tingane war geschlagen, sein Volk gemordet, gestohlen und gezwungen worden, aus seinen Dörfern zu fliehen. In einem Dorfe oberhalb des Ruo gab es einige Unglückliche, die am Leben geblieben waren; aber die Mehrzahl der Bevölkerung war todt. Allenthalben war der Anblick und Geruch von Leichen. Viele Gerippe lagen neben dem Wege, wo sie in ihrer Schwäche hingefallen waren und den Geist aufgegeben hatten. Geisterhafte lebendige Gestalten von Knaben und Mädchen mit matten, leblosen Augen, krochen neben einigen der Hütten herum. Noch wenige unglückliche Tage des Hungers, und sie waren bei den Todten.

Ueberwältigt von den ergreifenden Scenen ringsum, besuchten wir des Bischofs Grab, und wenn auch wenig daran gelegen ist, wo die Asche eines guten Christen ruht, so dachten wir doch mit Betrübniß daran, daß alle die Hoffnungen, die sich um ihn herumdrängten, als er den classischen Boden von Cambridge verließ, jetzt an dieser wilden Stelle lagen. Wie würde es sein mildes Herz zerrissen haben, wenn er von den Erscheinungen Zeuge gewesen wäre, die wir jetzt sehen mußten!

Den natürlichen Gefühlen des Bedauerns Luft machend,

daß ein so hochbegabter und gelehrter Mann, wie Bischof Mackenzie, so bald hinweggenommen wurde, haben Manche die Ansicht ausgesprochen, daß es verkehrt gewesen sei, ein so werthvolles Werkzeug blos zur Bekehrung der Heiden zu benutzen. Soll einmal der Versuch gemacht werden, so heißt es „Pfennige sparen und Thaler verschwenden," wenn man nicht die allerbesten Männer und diejenigen, welche besonders zu dem Werke erzogen worden sind, dazu verwenden will. Ein gewöhnlicher Geistlicher, so gut er sich auch für eine Pfarrei eignen mag, wird ohne besondere Erziehung keinen Missionar abgeben, und was ihre vergleichsweise Nützlichkeit betrifft, so ist sie derjenigen des Mannes gleich, der ein Hospital baut, verglichen mit derjenigen des Arztes, der in späteren Jahren nur eine Zeit lang die Heilmittel darreicht, für welche der Gründer auf ewige Zeiten gesorgt hat. Wäre es dem Bischof gelungen, das Christenthum einzuführen, so wären vielleicht seiner Bekehrten wenige gewesen, aber sie wären für alle künftigen Zeiten eine ununterbrochene Kiste gebildet haben.

Ehe wir die seichte Uebergangsstelle erreichten, wo wir früher solche Schwierigkeit hatten, fiel der Schire zwei Fuß, und jetzt mußten wir zwei Schiffe hinaufbringen. Zwei Meilen oberhalb einer Bank, auf welcher das Schiff vierzehn Tage lag, wurde ein Flußpferd geschossen; in drei Stunden schwamm es obenauf. Als das Boot es herabschleppte, wurden die Krokodile durch das todte Thier angelockt, und es mußten mehrere Schüsse abgefeuert werden, um sie abzuwehren. Die Kugel war nicht in das Gehirn des Thieres eingedrungen, hatte aber einen Knochensplitter hineingetrieben. Aus der Wunde kam ein wenig Feuchtigkeit nebst einigem Gas hervor; das war Alles, was den Krokodilen den Strom hinab anzeigen konnte, daß es ein todtes Flußpferd gebe, und doch kamen sie Meilen weit von unten herauf. Ihr Geruchssinn muß eben so scharf sein wie ihr Gehör; beide sind ganz außerordentlich. An dem Fleische, das wir liegen ließen, fraßen Dutzende. Unser Kroomann, Jumbo, pflegte zu behaupten, das Krokodil fräße kein frisches Fleisch, sondern höbe es auf, bis es pikant und zart sei — und je stärker es röche, desto lieber fräße es dasselbe. Daran scheint etwas Wahres zu sein. Sie können nur kleine Stücke auf einmal verschlucken und finden es schwierig, frisches Fleisch zu zerreißen. Beim Schlucken, das wie beim Hunde geschieht, wird der Kopf aus dem Wasser gehoben. Wir versuchten, einige zu fangen, und eins wurde bald geangelt; es erforderte ein halbes Dutzend Hände, um es den Fluß hinaufzuziehen; die Haifischangel bog sich gerade, und es machte sich fort. Hierauf wurde ein großer eiserner Angelhaken gemacht; aber da die Geschöpfe denselben nicht verschlucken konnten, drückten ihre Rachen ihn bald gerade — und unsere Krokodilfischerei war verfehlt. Der Zug eines Krokodils war, wie man — selbst nach der Kraft eines Lachses — erwarten konnte, furchtbar stark.

Am Schiffe schwamm der Leichnam eines Knaben vorbei; ein ungeheueres Krokodil stürzte auf denselben mit der Schnelligkeit eines Windhundes los, fing ihn und schüttelte ihn, wie ein Dachshund eine Ratte. Es eilten noch andere zur Beute herbei, und jedes machte, so wie es wüthend ein Stück abriß, mit seinem gewaltigen Schwanze das Wasser wallen und schäumen. In einigen Secunden war der Leichnam verzehrt. Das Schauspiel war schrecklich anzusehen. Der Schire wimmelte von Krokodilen; auf einer einzigen Bank zählten wir siebenundsechszig dieser abstoßenden Reptilien; aber sie sind nicht so grimmig, wie in manchen anderen Flüssen. „Krokodile," sagt Capitän Tuckey, „sind im Congo in der Nähe der Stromschnellen in solcher Fülle vorhanden, und tragen so häufig die Frauen fort, die am hellen Tage zum Flusse hinabgehen, [um Wasser zu holen, daß, während sie ihre Kürbisflaschen füllen, gewöhnlich eine von der Gesellschaft große Steine in's Wasser werfen muß." Hier wird entweder eine an einer langen Stange hängende Kürbisflasche zum Wasserschöpfen benutzt, oder es wird ein Zaun errichtet. Die Eingeborenen essen das Krokodil, in uns aber erweckte der Gedanke, das moschusartig riechende, fischähnlich aussehende Fleisch zu genießen, den Gedanken an Cannibalismus. Humboldt bemerkt, daß in Südamerika die Alligatoren mancher Flüsse gefährlicher seien als in anderen. Die Alligatoren unterscheiden sich von den Krokodilen darin, daß der vierte oder Hundszahn in ein in der Oberkinnlade befindliches Loch oder Höhle geht, während er beim Krokodil in eine Kerbe paßt. Der Vorderfuß des Krokodils hat fünf nicht durch Schwimmhäute verbundene Zehen, der Hinterfuß hat vier Zehen, die durch Schwimmhäute verbunden sind; beim Alligator fehlt die Schwimmhaut gänzlich. Sie sind einander so gleich, daß sie sich ohne Zweifel gegenseitig fortpflanzen würden.

Eins der Krokodile, das geschossen wurde, hatte ein Stück vom Ende seines Schwanzes abgebissen; ein anderes hatte im Kampfe einen Vorderfuß verloren. Zwischen den Zähnen sahen wir wirkliche Blutegel, wie sie von Herodot erwähnt werden, aber wir sind nie Zeuge gewesen, daß der Regenpfeifer dieselben herauspickte. Daß ihre Grimmigkeit in einem Theile des Landes größer ist als in dem andern, kommt ohne Zweifel vom Mangel an Fischen her. Capitän Tuckey sagt in der That von dem oben erwähnten Theile des Congo: „Außer der Seelatze giebt es hier keine Fische," und wir sahen, daß die Seekrokodile, die in hellem Wasser und bei einer Fülle von Fischen leben, kaum jemals einen Menschen angriffen. Der Schire wimmelt von Fischen vieler verschiedener Gattungen. Die einzige Zeit, wo seine Krokodile besonders zu fürchten sind, ist, wie schon bemerkt, diejenige, wo der Fluß Hochwasser hat. Dann werden die Fische von ihren gewöhnlichen Aufenthaltsorten vertrieben und Wild kommt nicht zum Flusse hinab, um zu trinken, da es Wasser genug in den landeinwärts liegenden Teichen giebt. Jetzt treibt der Hunger das Krokodil, den Frauen aufzulauern, die zum Flusse kommen, um Wasser zu schöpfen, und am Zambesi werden jedes Jahr viele fortgetragen. In anderen Jahreszeiten ist die Gefahr nicht so groß; doch ist es nie sicher, sich zu baden oder zum Trinken niederzubücken, wo man den Grund nicht sehen kann, besonders am Abend. Einer der Makololo lief in der Abenddämmerung zum Flusse hinab, und wie er geschäftig war, auf die den Eingeborenen eigenthümliche Weise das Wasser mit der Hand in den Mund zu schleudern, kam plötzlich ein Krokodil vom Grunde herauf und packte ihn an der Hand. Glücklicherweise ließ sich der Ast eines Baumes erreichen, und er hatte so viel Geistesgegenwart, denselben zu ergreifen. Beide zerrten und rissen, das Krokodil für seine Mahlzeit und der Mann für sein theures Leben. Eine Zeit lang schien es zweifelhaft, ob eine Mahlzeit oder ein Leben geopfert werden müsse; aber der Mann hielt fest, und das Ungeheuer ließ die Hand los, hinterließ aber die tiefen Spuren seiner gräßlichen Zähne in derselben.

Während unserer Verzögerung, um das beständige Steigen des Flusses im März zu erwarten, sammelten Dr. Kirk und C. Livingstone viele Wadvögel der Sümpfe — und vermehrten unsere eingesalzenen Lebensmittel durch einen angenehmen Zuwachs an Gänsen, Enten und Flußpferdfleisch. Eine der Kamm- oder knopfnasigen Gänse wurde erwürgt, um ihren Balg nicht zu beschädigen, athmete aber, als das Schulterbein oder der Flügelknochen zerbrochen war, noch immer hörbar fort, und es mußten andere Mittel angewandt werden, um ihr den Schmerz zu benehmen. Dies war gerade so, als wenn ein Mensch am Galgen noch fortathmen müßte, nachdem ein Armknochen zerbrochen worden ist, und erklärte uns die Thatsache, daß bei Vögeln die Lebensluft jeden Theil des Inneren ihres Körpers durchdringt. Der Athem geht durch und rings um die Lungen — dabei die Oberflächen der Eingeweide und tritt in die Höhlen der Knochen ein; er bringt sich) in manche zwischen den Halsmuskeln befindliche Räume — und es wird auf diese Weise nicht nur die vollkommste Oxygenirung des Blutes gesichert, sondern auch, da die Temperatur des Blutes sehr hoch ist, die Luft in jedem Theile verdünnt und die große Leichtigkeit und Lebenskraft herbeigeführt, welche die Lebensweise der Vögel erfordert. Dr. Kirk fand, daß in jmre Vögel in den Schienbeinen Mark hatten, obwohl diese Knochen gewöhnlich als hohl beschrieben werden.

Während der Zeit, wo wir im März auf dem seichten Theile des Flusses aufgehalten wurden, kam Herr Thornton von Schupanga zu uns herauf. Er hatte, wie schon früher erzählt wurde, im Jahre 1859 die Expedition verlassen und sich dem Baron van der Decken auf der Reise nach dem Kilimanjaro angeschlossen, auf welcher durch eine Besteigung des Berges bis zur Höhe von 8000 Fuß zum ersten Mal nachgewiesen, daß derselbe mit ewigem Schnee bedeckt sei, und die frühere, von den Missionaren der anglikanischen Kirche Krapf und Rebman über denselben gegebene Nachricht bestätigt wurde. Es ist jetzt bekannt, daß der Baron später den Kilimanjaro bis zur Höhe von 14,000 Fuß bestieg und ermittelte, daß seine höchste Spitze wenigstens 20,000 Fuß über dem Meere liege. Herr Thornton machte in Schupanga die Karte der ersten Reise nach Materialien, die er gesammelt hatte, als er sich bei dem Baron befand, und als dies Werk vollendet war, ging er mit uns. Er wurde dann angewiesen, den Kataraktendistrict in geologischer Hinsicht zu untersuchen, aber sich keiner Berührung mit den Ajawa auszusetzen, bis er sich von den Gesinnungen dieses Stammes überzeugt haben würde.

Die Mitglieder von Bischof Mackenzie's Reisegesellschaft waren, nach dem Verlust ihres Hauptes, von Magomero auf den Hochlanden nach Chibisa's Dorfe in dem tiefliegenden Schirethale hinabgeflohen, und Thornton, der fand, daß sie Mangel an animalischer Nahrung litten, war so freundlich, freiwillig von da nach Tette hinüber zu gehen und eine Zufuhr an Ziegen und Schafen zu holen. Wir erfuhren diesen Schritt, zu welchem sein edler Charakter ihn getrieben hatte, erst zwei Tage nach seiner Abreise. Außer den Vorräthen für die Mission der Universitäten brachte er einige für die Expedition mit und machte Messungen, durch welche er sein früheres in Tette gefertigtes Werk mit den im Schiredistrict liegenden Gebirgen in Verbindung zu bringen hoffte. Die Strapaze dieser Reise war zu viel für seine Kräfte, wie sie es, mit Hinzunahme großen Wassermangels, für diejenigen Dr. Kirk's und Rae's gewesen war, und er kehrte in einem traurig abgemagerten und erschöpften Zustande zurück. Es kam Diarrhöe hinzu, und diese ging in Dysenterie und Fieber über, welche am 21. April 1863 mit dem Tode endeten. Während der vierzehn Tage seiner Krankheit widmeten ihm Dr. Kirk und Dr. Meller, der Wundarzt des „Pioneer," unablässige Aufmerksamkeit, und da er in Afrika wenig am Fieber oder irgend einer andern Krankheit gelitten hatte, so hegten wir starke Hoffnungen, daß seine Jugend und noch ungeschwächte Natur ihn durchbringen würden. Während der Nacht des 20. phantasirte er so stark, daß wir seine letzten Wünsche nicht ermitteln konnten, und am Morgen des 21. starb er zu unserer großen Betrübniß. Am 22. begruben wir ihn in der Nähe eines großen Baumes auf dem rechten Ufer des Schire, ungefähr hundert Yards vom untersten der Murchison'schen Katarakten — und zwar dicht an einem Flüßchen, an welchem die „Lady Nyassa" und der „Pioneer" lagen.

Von dem Schauplatz weitverbreiteter Verwüstung, welchen das einst so anmuthige Schirethal jetzt darstellte, läßt sich mit Worten keine entsprechende Vorstellung geben. Anstatt freundlicher Dörfer und Volkshaufen, die mit zu verkaufenden Gegenständen kamen, war kaum eine Seele zu sehen, und wenn man

Sclavenhandel und Hungersnoth. 105

durch Zufall einen Eingeborenen traf, so trug seine Gestalt den Eindruck des Hungers und sein Gesicht den Ausdruck einer kriechenden, niedergeschlagenen Gemüthsstimmung. Nachdem der Schrecken der Sclavenjagd über das Land hingezogen war, hatte eine Dürrung es heimgesucht. Hätten wir uns von der gänzlichen Entvölkerung, welche eingetreten war, einen Begriff machen können, so würden wir es vermieden haben, den Fluß hinauf zu kommen. Große Massen des Volkes waren den Schire hinabgeflohen, nur darauf bedacht, den Fluß zwischen sich und ihren Feinden zu haben. Die meisten Lebensmittel waren zurückgelassen worden, und Hungersnoth und Hungertod hatten so Viele hinweggerafft, daß der Bleibenden zu wenig waren, um die Todten zu begraben. Die Leichname, die wir den Fluß hinabschwimmen sahen, waren nur ein Ueberbleibsel der Umgekommenen, welche ihre Freunde aus Schwäche nicht begraben, noch übersadene Krokodile verschlingen konnten. Zwar hatte Hungersnoth einen großen Theil dieser Vergeudung von Menschenleben verursacht; aber der Sclavenhandel muß für den Hauptgrund des Verderbens gehalten werden, weil, wie uns mitgetheilt wurde, bei früheren Dürrungen die ganzen Bewohner von den Hügeln nach den Sümpfen hinabströmten, die fähig sind, zu jeder Zeit des Jahres Maisernten in weniger als drei Monaten zu liefern, und sie sich jetzt fürchteten, dies zu thun. Einigen Wenigen, die von der Mission zu dem Versuch, das Land zu bebauen, angefeuert worden waren, wurden ihre kleinen Felder beraubt, als ein Schwarm Flüchtiger nach dem andern von den Hügeln kam. Wer kann diese von Haus und Hof vertriebenen Menschen tadeln, daß sie stahlen, um ihr jämmerliches Leben zu retten, oder sich wundern, daß die Eigenthümer das wenige Hab und Gut, von dem ihr eignes Leben abhing, mit Keule und Speer schützten? Herr Waller benachrichtigte uns von dem furchtbaren Schlage, der das einst lachende Schirethal getroffen hatte. Seine

Worte waren zwar stark, reichten aber nicht hin, uns einen Begriff von dem Zustande zu geben, wie er in der Wirklichkeit war. Sie wurden in der That so aufgenommen, wie vielleicht Manche unserer eigenen aufnehmen werden, als hätten sie einen Anstrich von Uebertreibung; als aber unsere Augen die letzten bloßen Restchen dieses Leidenskelches sahen, erkannten wir erst, daß das ungeheuere Unrecht, welches unseren Mitmenschen durch den Sclavenhandel zugefügt wird, gar nicht übertrieben werden kann.

Das von diesen Manganja-Hochländern angenommene Verfahren, auf dem weichen schwarzen Schlamme der Sümpfe Getreide zu bauen, möchte wohl den Landwirthen anderer Länder nicht in die Gedanken kommen. Auf den fruchtbarn dunkeln Schlamm werden ungefähr zwei Fuß von einander Spaten voll groben Flußsandes gelegt und der Mais in denselben gebracht. Beim Wachsen steht es den Wurzeln frei, aus dem darunter befindlichen zu fetten Boden zu nehmen, was sie brauchen, und durch den Sand auch atmosphärische Bestandtheile an sich zu ziehen. Fast dasselbe geschieht, wenn der Boden fester, aber zu feucht ist. Es wird ein ungefähr einen Fuß tiefes Loch gegraben, der Same hineingeworfen und mit einem Spaten voll Sand bedeckt; das Ergebniß ist eine blühende Ernte, wo ohne den Sand der reiche, aber zu nasse Lehm nichts liefern würde. Auf diese Weise retteten die Bewohner bei früheren Dürrungen ihr Leben, jetzt aber schien der Schrecken der Sclavenjagd alle Geistesgegenwart zerstört zu haben. Die wenigen Unglücklichen, die nach unserer Ankunft noch lebten, wurden von einer gefühllosen Schlafsucht überwältigt. Sie machten kaum den Versuch, etwas anzubauen, was bei Leuten, die der Landwirthschaft so ergeben sind wie sie, sehr auffallend war. Man sah sie täglich die Getreidehalme verschlingen, welche in den alten Anpflanzungen aufsproßten, und die, hätte man sie in Ruhe gelassen, in einem Monate Getreide geliefert haben würden. Sie ließen sich aus

ihrer Schlafsucht nicht aufregen. Hungersnoth betäubt alle
Kräfte. Wir machten den Versuch, einige dahin zu bringen, daß
sie sich anstrengen sollten, um sich Nahrung zu verschaffen —
aber er schlug fehl. Sie hatten ihren ganzen früheren Geist verloren und antworteten auf jeden zu ihrem Besten gemachten
Vorschlag mit glanzlosen Augen, welche den unserigen kaum begegneten, und in wimmernden Tönen: „Nein, nein!" (Ai, ai!)

Wohin wir auch spazierten, überall sahen wir menschliche
Gerippe in jeder Richtung, und es war peinlich interessant, die
verschiedenen Stellungen zu beobachten, in welchen die armen
Menschen ihren letzten Athemzug gethan hatten. Ein ganzer
Haufe war einen Abhang hinter einem Dorfe hinabgeworfen
worden, wo die Flüchtlinge oft von Osten her über den Fluß setzten,
und in einer Hütte desselben Dorfes waren nicht weniger als zwanzig
Trommeln gesammelt worden, wahrscheinlich die Honorare des
Fährmannes. Viele hatten ihr Elend unter schattigen Bäumen
geendet — andere unter vorspringenden Felsspitzen in den Hügeln — während noch andere in ihren Hütten lagen bei verschlos-
senen Thüren, die, als sie geöffnet wurden, den modernden Leichnam mit den um die Lenden hängenden armseligen Lumpen ent-
hüllten — der Schädel war vom Kopfkissen gefallen — das
kleine Gerippe des Kindes, das zuerst umgekommen war, lag in
eine Matte eingewickelt zwischen zwei großen Gerippen. Der
Anblick dieser Wüste, die nur achtzehn Monate früher ein reich
bevölkertes Thal und jetzt buchstäblich mit Menschenknochen bestreut war, zwang uns die Ueberzeugung auf, daß die Zerstörung
menschlichen Lebens auf dem in der Mitte liegenden Wege, wenn
auch groß, doch nur einen kleinen Theil der Verwüstung aus-
mache, und brachte uns zu der Erkenntniß, daß, wenn nicht der
Sclavenhandel — diese ungeheure Sünde, die so lange über
Afrika gebrütet hat — unterdrückt wird, ein gesetzlicher Handels-
verkehr nicht begründet werden kann.

Wir glaubten, daß, wenn es möglich wäre, ein Dampfschiff auf den See zu bringen, wir vermittelst desselben den von der Ostküste kommenden Sclavenmachern einen Zaum anlegen und durch Einführung eines gesetzlichen Handels in Elfenbein vermittelst des Rovuma die Unterdrückung des Sclavenhandels noch kräftiger unterdrücken könnten. Wir schraubten deshalb die „Lady Nyassa" an einem Flüßchen ungefähr 100 Yards unterhalb des ersten Kataraktes auseinander und fingen an, über die fünfunddreißig bis vierzig Meilen lange Stelle, wo sie zu Lande fortgeschafft werden mußte, eine Straße herzustellen, auf welcher sie sich stückweise hinaufbringen ließ. Nach reiflicher Ueberlegung konnten wir uns kein edleres Werk des Wohlwollens denken, als auf diese Weise Licht und Freiheit in eine Gegend dieser schönen Erde einzuführen, die menschliches Gelüst in das möglichst getreue Ebenbild dessen verwandelt hat, was wir uns als die Hölle vorstellen — und zur Förderung einer so guten Sache opferten wir viel von unseren Privatmitteln.

Der Haupttheil der Arbeit des Straßenbaues bestand im Fällen von Bäumen und Wegräumen von Steinen. Da das Land mit offenem Walde bedeckt war, so mußte ungefähr alle fünfzig bis sechzig Yards ein kleiner Baum abgehauen werden. In der Nähe des Flusses war das Land so sehr von Schluchten durchschnitten, daß eine Meile von seinen Ufern ein ebenerer Boden aufgesucht werden mußte. Erfahrene Hottentotten'sche Fuhrleute würden mit Capwagen ohne alle weitere Störung durchgefahren sein, als daß sie dann und wann einen Baum gefällt hätten. Keine Tsetse belästigte diesen District, und die von Johanna mitgebrachten Rinder gediehen auf der reichen Weide. Die erste halbe Meile der Straße führte durch einen allmäligen Abhang bis zu einer Höhe von zweihundert Fuß über dem Schiffe hinauf, und selbst da wurde der Unterschied des Klimas merklich empfunden. Für den Rest der Strecke nahm die Höhe zu —

bis wir am obersten Katarakt uns mehr als 1200 Fuß über dem Meeresspiegel befanden. Das hiesige Land, das sich von den Wirkungen der Dürre wieder erholt hatte, zeichnete sich durch junge grüne Waldung und Berge von derselben erquickenden Farbe aus. Aber die Abwesenheit der Volkshaufen, die uns begleitet hatten, als wir das Boot hinaufschafften, wo die Frauen uns mit zu verlaufendem feinem Mehl, Gemüse und fetten Hühnern Meilen weit folgten und die Knaben zu einer kleinen Arbeit stets bereit waren — sowie die drückende Stille lagen schwer auf unseren Gemüthern. Die Portugiesen von Tette hatten unsere Arbeiter gehörig aus dem Wege geräumt. Nicht ein Loth frischer Lebensmittel war zu bekommen, außer was geschossen werden konnte, und selbst die Nahrung für unsere eingeborene Mannschaft mußte hundert und fünfzig Meilen weit vom Zambesi hergebracht werden.

Die aus eingesalzenen Lebensmitteln und eingelegten Fleischspeisen ohne Gemüse bestehende Kost nebst der Niedergeschlagenheit des Geistes, die dadurch verursacht wurde, daß wir sahen, wie wirksam einige erbärmliche Verbrecher, unterstützt durch das Einverständniß von Beamten, von denen man etwas Besseres hätte erwarten sollen, unsere besten Bestrebungen vereiteln und beabsichtigtes Gute zu gewissem Bösen wenden konnten, führte Ruhranfälle herbei, welche bei der Expedition die Runde machten — und da Dr. Kirk und Charles Livingstone am bedeutendsten gelitten hatten, so wurde es für rathsam gehalten, daß sie nach Hause gingen. Diese Maßregel war nothwendig, wenn auch zum großen Bedauern Aller — denn da sie so viel gethan hatten, so wären sie natürlich gern zugegen gewesen, als durch unsere Niederlassung auf dem See alle unsere Anstrengungen mit Erfolg gekrönt werden sollten. Nachdem es entschieden worden war, daß diese beiden Officiere und alle Weißen, die entbehrt werden konnten, nach dem Meere hinabgeschickt werden sollten, um nach Engsand zurückzufahren, wurde Dr. Livingstone im Mai von einem Ruhranfall ergriffen, der einen Monat lang fortdauerte und ihn zu einem Schatten herunterbrachte. Dr. Kirk war so freundlich, zu seiner Pflege zurückzubleiben, bis das Schlimmste vorüber war. Die Abreise fand am 19. Mai statt.

Wir hatten noch immer Hoffnung, daß man auf eine starke Vorstellung, die nach Lissabon geschickt wurde, gegen die portugiesischen Beamten in Tette, die sich an den Sclavenraubzügen betheiligten, zu Mitteln vorschreiten werde, um die Sclavenmacher in Zukunft zu verhindern, uns auf den Fersen zu folgen und unsere Bemühungen zu vereiteln. Die Berufung brachte jedoch, wie wir später ermittelten, nur einen Haufen Versprechungen von Seiten des portugiesischen Ministeriums hervor. An die Beamten sollten neue Befehle erlassen werden, uns jeden Beistand zu leisten, und über die geographischen Entdeckungen Dr. Livingstone's wurde zum besondern Gebrauch des Ministers der Marine und der Colonieen ein Bericht verlangt, obwohl es allgemein bekannt war, daß Se. Excellenz unsern früheren Bericht bei der Aufstellung einer Karte benutzt hatte, auf welcher er durch Aenderung der Orthographie nachzuweisen versuchte, daß Dr. Livingstone gar keine Entdeckungen gemacht habe. In der That war unser Zweck nicht sowohl Entdeckung, als der Wunsch, die Nation, welche Sr. Excellenz Landsleute so zu Sclaven gemacht und entwürdigt hatten, zu einem Zustand der Freiheit und Civilisation hinzuleiten. Wir bedauern, daß wir diese Bemerkung machen müssen — aber es war ein ungeheuerer Fehler, an die ....*) der Regierung von Portugal oder daran zu glauben, daß sie auch nur eine Spur von Verlangen trage, die Verbesserung Afrikas zu befördern. Man soll von Jedermann das Beste hoffen und ihm, wo möglich, gute Absichten zutrauen; aber, obwohl wir uns gegen einzelne Männer

---

*) Hier gebraucht der Verfasser einen Ausdruck, der nach deutschen Preßgesetzen nicht wiederzugeben ist.   Der Uebersetzer.

der Nation tief verpflichtet fühlen und gern die schon früher dargelegte Hochachtung von Neuem aussprechen, so müssen wir doch das Benehmen der portugiesischen Staatsmänner gegen Afrika schlechthin für ......*) erklären.

Nachdem einige Meilen der Straße vollendet und die Ochsen zum Zug abgerichtet waren, beschlossen wir, es auf einen Versuch ankommen zu lassen und uns hinsichtlich frischer Lebensmittel vom Süden dadurch unabhängig zu machen, daß wir in einem Boote den Schire oberhalb der Katarakten hinauf zu den Stämmen am unteren Ende des Nyassasees fuhren, die von dem Einfall der Ajawa noch unberührt waren. Zur Förderung dieses Planes entschlossen sich Dr. Livingstone und Herr Rae hinaufzugehen, um das Boot, welches zwei Jahre vorher, an dem Aste eines Baumes aufgehängt, zurückgelassen worden war, zu untersuchen und im Nothfall auszubessern, ehe wir ein anderes an den Katarakten vorbeizuschaffen versuchten. Der „Pioneer", der unter der Aufsicht unseres thätigen und höchst zuverlässigen Constablers, Hrn. Edward Young, von der königlichen Flotte, gelassen werden mußte, wurde ganz und gar mit Euphorbiazweigen und Gras überdacht, so daß seine Verdecke vollständig vor der Sonne geschützt waren; auch wurde er wie ein Kriegsschiff täglich gehörig geschrubbt und gewaschen und außerdem, daß wir Alles nach Schiffsart geordnet hatten, jeden Abend mitten in den Fluß hinausgeschwenkt, wegen der größeren Menge Luft, die dort circulirte. Außer ihren täglichen laufenden Geschäften im Schiffe wurden die drei Heizer, ein Matrose und ein Zimmermann — die jetzt unsere Ergänzung bildeten — angefeuert, nach Perlhühnern zu jagen, die im Juni, wo das binnenländische Wasser vertrocknet ist, in großen Flügen nach den Ufern des Flusses kommen und des Nachts auf den Bäumen sitzen. Alles, was gethan werden kann,

*) S. die Note auf Seite 170.

um Geist und Körper in Beschäftigung zu erhalten, dient dazu, dem Fieber vorzubeugen.

Während der Zeit der Genesung wurden Ausbesserungen an den Maschinen des „Pioneer" vorgenommen. Von zwei Zimmerleuten aus Senna wurden Bäume zu Planken gesägt, um Ruderflöße daraus zu machen — und für Gemüse wurde ein Garten hergestellt, der sich durch eine Pumpe vom Strome aus bewässern ließ; unser Grundstück wurde gedüngt — eine Art Landbau, die den Bewohnern dieser Gegend etwas Neues war, — der Weizen wurde im Mal gesät, wo die Witterung kalt und feucht war, und er wuchs schön; dies war interessant, da es zeigte, wie leicht eine Mission mit Getreide versehen werden konnte, wenn eine der zahlreichen Quellen, die zwischen den Hügeln laufen, abgeleitet wurde. Der gute Bischof Mackenzie war völlig davon überzeugt, säte aber selber sein Getreide zur unrechten Zeit des Jahres. Hätten wir fortfahren können, das unserige zu besorgen, so würden wir in einer Zeit von etwa vier Monaten eine Ernte gehabt haben; aber die Pflicht rief uns bald anderswohin.

Während wir mit diesen Arbeiten beschäftigt waren, pflegten manche der armen ausgehungerten Umwohner über den Fluß zu setzen und in den alten Gärten ihrer Landsleute den selbstgesäten Mapira abzuernten. Am Nachmittag des 9. kam ein Baumkahn leer herabgetrieben, und kurz darauf sahen wir an der andern Seite, die ungefähr zweihundert Yards von uns entfernt war, eine Frau schwimmen. Unsere eingeborene Schiffsmannschaft bemannte das Boot und rettete sie. Als sie an Bord gebracht wurde, fanden wir, daß sie eine acht bis zehn Zoll lange Pfeilspitze unterhalb der Rippen in ihrem Rücken hatte, die schief hinauf durch das Zwerchfell und die linke Lunge nach dem Herz hin ging — sie war von hinten geschossen worden, während sie sich bückte. Aus der Wunde kam Luft, und da von der mit

Widerhaken versehenen Pfeilspitze nur ein Zoll sichtbar war, so
hielten wir es für besser, um nicht Gefahr zu laufen, daß sie
über der zur Entfernung derselben nothwendigen Operation stürbe,
sie nach ihrer eigenen Hütte hinaufschaffen zu lassen. Einer
ihrer Verwandten war weniger bedenklich, denn er schnitt den
Pfeil und einen Theil der Lunge heraus. Herr Young schickte
ihr dann und wann Portionen einheimischen Getreides und —
es ist auffallend zu sagen — er fand, daß sie nicht nur gesund,
sondern auch stark wurde. Die Natur dieser Leute scheint eine
wunderbare Kraft zu besitzen, sich selbst wieder herzustellen, —
und es konnte kein unbedeutender Mangel gewesen sein, der die
vielen Tausende umgebracht hatte, welche wir todt um uns herum
liegen sahen.

Es that uns Leid, daß wir, weil Dr. Meller jetzt der einzige Arzt war, auf unserem beabsichtigten Ausfluge seine Gesellschaft
nicht haben konnten; aber er fand, als die jährliche ungesunde
Zeit des März, April und Mai vorüber und seine beständige
Anwesenheit auf dem Schiffe nicht so nöthig war, Beschäftigung
in der Botanik und Naturgeschichte. Später im Jahre, wo er
gut entbehrt werden konnte, ging er den Fluß hinab, um eine
Stelle anzunehmen, die ihm auf Madagascar angeboten worden
war, wurde aber unglücklicherweise, während er an der Küste aufgehalten wurde, so heftig von einer Krankheit angegriffen, daß er
fast zwei Jahre lang nicht im Stande war, dadurch, daß er nach
jener Insel ging, seine Fähigkeiten als Naturforscher zu verwerthen. Wir hegen keinen Zweifel, daß er sich dennoch auf jenem
unbetretenen Felde auszeichnen wird.

Dreiundzwanzigstes Capitel.

Am 16. Juni 1863 Aufbruch nach den oberen Katarakten. — Getreidebau. — Baumwolle. — Hütten, leer oder von Gerippen bewohnt. — Büffelvögel und Furcht vor dem vergifteten Pfeil. — Das angewandte Gift heißt Kombi und ist eine Strophantusart. — Das Ngagift. — Grüne Wurzungen. — Instinct beim Menschen. — Der Mukuru-Madse. — Sanu oder stachelsamiges Gras. — Sein Gebrauch. — Wege der Eingeborenen. — Perlhühner. — Baumwollenstücke. — Die Expedition wird zurückgerufen. — Da durch den portugiesischen Sclavenhandel alle Arbeitskräfte weggerafft waren, so stand uns kein anderer Weg offen. — Herr Waller ist Zeuge von einem kleinen Theil des Handels. — Freundlichkeit der Ajawa und Makololo gegen die Engländer. — Wir versuchen ein anderes Boot an den Katarakten vorbeizuschaffen. — Verlust des Bootes. — Reue derer, die es verloren. — Die Katarakten. — Ihre geologische Beschaffenheit.

Am 16. Juni brachen wir mit einem Maulesetkarren auf unserer Straße, die eine Meile westlich vom Flusse entfernt lag, nach den oberen Katarakten auf. Wir sahen viele von den verlassenen Wohnungen der Leute, welche ehedem zu uns kamen, und waren sehr erstaunt über den Umfang des unter Cultur befindlichen Landes, obgleich derselbe im Vergleich zu dem ganzen Lande sehr gering ist. Große Flecken Mapira wuchsen noch fort — wie er es drei Jahre lang aus den Wurzeln thun soll. Der Mapira war mit hohen Sträuchern der Congobohne, Ricinusölpflanzen und Baumwolle vermischt. An dem größten Stück dieser Art gingen wir hin und fanden, daß es auf einer Seite sechshundert und dreißig Schritte lang war — die übrigen umfaßten einen

bis drei Acker, und viele nicht mehr als einen Dritteladrer. Die
Baumwolle — von sehr vorzüglicher Qualität — fiel jetzt von
den Sträuchern herab, um der Fäulniß überlassen zu werden —
es gab Niemanden, der das eingesammelt hätte, was in Lancashire
von so großem Werthe gewesen sein würde. Die Hütten in den
verschiedenen Dörfern, welche wir betraten, standen ganz vollkommen da. Die Mörser zum Zerstoßen des Getreides — die Steine
zum Zerreiben desselben — die Wasser- und Biergefäße — die
leeren Getreidebehälter und Küchengeräthe waren alle unberührt,
und die meisten Thüren waren verschlossen, als ob die hungern-
den Eigenthümer ausgegangen wären, um im Walde Wurzeln
oder Früchte zu suchen, und nimmer zurückgekehrt wären. Beim
Oeffnen zeigten mehrere Hütten den gräßlichen Anblick menschlicher Gerippe. Manche sah man in so unnatürlichen Stellungen,
daß sie die Vorstellung erweckten, als hätten sie ihren Geist in
einer Ohnmacht aufgegeben, während sie irgend etwas zu erreichen
versuchten, um das Nagen des Hungers zu lindern.

Bis zum Mukuru-Mabse nahmen wir einige der Leute wegen
der Veränderung der Luft und zur Beschäftigung mit, zugleich
aber auch, um für die Schiffe einen Vorrath von Büffelfleisch
zu verschaffen — da man berichtete, daß diese Thiere an jenem
Strome in Ueberfluß vorhanden wären. Aber obgleich die Wahrheit des Berichts aus den Fährten erhellte, so war es doch unmöglich, die Büffel auch nur mit einem Blicke zu sehen. Denn
da das Gras höher war als wir und ziemlich dicht stand, so
merkten sie stets unsere Annäherung, ehe wir sie sehen konnten. Und die erste Andeutung, die wir von ihrer Nähe bekamen,
war das Geräusch, welches sie machten, wenn sie über die Steine
sprangen, die Zweige abbrachen und ihre Hörner gegen einander
stießen. Einmal, als wir bei Sonnenaufgang eine Furt für den
Karren suchten, sahen wir eine Heerde langsam vom Wasser an
der Hügelwand hinaufgehen. Indem wir nach einer Büchse schick-

ten und eine heftige Begierde nach einem fetten Beefsteak anstatt unserer gewöhnlichen Kost von eingesalzenen Lebensmitteln an uns heranschlich, kamen wir ihnen so nahe, daß wir hören konnten, wie die Bullen ihr heiseres tiefes Gebrüll ausstießen, aber sehen konnten wir nichts als die Masse des vor uns befindlichen gelben Grases; plötzlich ließen die Büffelvögel ihren Lärmpfiff ertönen; fort stürzte der Trupp, und wir bekamen weder Vögel noch Büffel zu sehen. Dies würde keine Gegend für einen eifrigen Jäger sein, ausgenommen, wenn das Gras kurz ist. Die Thiere sind vorsichtig in Folge der Furcht, welche sie vor den vergifteten Pfeilen haben. Diejenigen von den Eingeborenen, welche Jagd machen, sind vom Jagdeifer tief erfüllt und verfolgen das Wild mit einer ganz außerordentlich heimlichen Beharrlichkeit und List. Da der Pfeil kein Geräusch macht, so wird die Heerde verfolgt, bis das Gift wirkt und das verwundete Thier niederfällt. Dann wird es geduldig bewacht, bis es stirbt — ein Theil des Fleisches um die Wunde herum wird weggeschnitten und alles Übrige gegessen.

Die vergifteten Pfeile werden in zwei Stücken verfertigt. An dem einen Ende eines kleinen, zehn Zoll bis einen Fuß langen Holzstabes wird ein eiserner Widerhaken stark befestigt; das andere Ende des Stabes, welches in eine lange feine Spitze ausgeht, wird, obgleich sonst nicht weiter verwahrt, genau in die Höhlung des Rohres eingepaßt, welches den Schaft des Pfeiles bildet. Das unmittelbar unterhalb der eisernen Spitze befindliche Holz wird mit dem Gifte beschmiert. Wenn der Pfeil in ein Thier geschossen wird, so fällt das Rohr entweder sofort auf den Boden, oder es wird sehr bald an den Sträuchern abgestreift; aber der eiserne Widerhaken und der vergiftete obere Theil des Holzstabes bleiben in der Wunde. Wäre der Pfeil aus einem Stücke gemacht, so würde er oft, Spitze und Alles, herausgerissen werden, da der lange Schaft im Untergehölz hängen bleiben

Vergiftete Pfeile. — Das Kombi-Gift. 177

oder gegen Bäume schlagen würde. Das Gift, welches hier gebraucht und Kombi genannt wird, wird aus einer Strophantusart gewonnen und ist sehr stark. Dr. Kirk fand bei einem zufälligen Versuch an sich selbst, daß es wirkt, indem es den Puls sinken läßt. Als er seine Zahnbürste gebrauchte, welche in einer Tasche gewesen war, die ein wenig von dem Gifte enthielt, bemerkte er einen bittern Geschmack, schrieb ihn aber dem Umstande zu, daß er den Griff zuweilen benutzt hatte, wenn er Chinin einnahm. Obgleich die Quantität gering war, so zeigte es doch augenblicklich seine Wirkung, indem es seinen Puls sinken ließ, welcher damals in Folge einer Erkältung erhöht worden

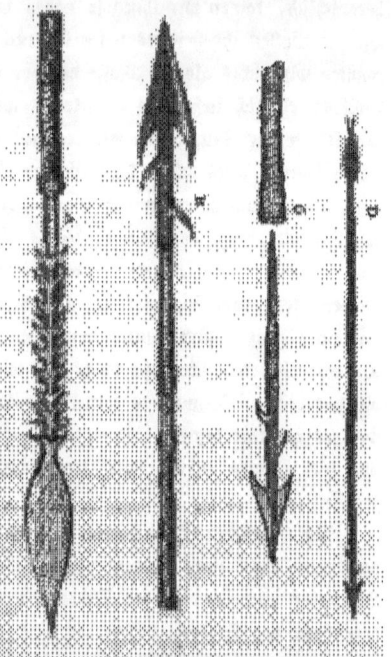

A. Gewöhnliche Form der eisernen Spitze eines Ajawapfeiles mit Widerhaken.
B. Gewöhnliche Form eines Manganjapfeiles, an Spitze, Widerhaken und Hals vergiftet.
C. Die Art, wie die Pfeilspitze in den Schaft eingefügt wird.
D. Ganzer Pfeil, fast vier Fuß lang und befiedert.

war, und am nächsten Tage war er vollkommen wiederhergestellt. Aus einem einzelnen Falle dieser Art kann man allerdings nicht viel schließen, aber es ist möglich, daß das Kombi sich als ein werth-

volles Heilmittel ausweisen mag, und da Professor Sharpey mit
dieser Substanz eine Reihe von Versuchen geleitet hat, so sehen
wir mit Interesse den Resultaten entgegen. Man hat daraus
ein dem Strychnin ähnliches Alkaloid gewonnen. Daran ist kein
Zweifel, daß alle Arten wilder Thiere an den Wirkungen vergif-
teter Pfeile sterben, ausgenommen der Elephant und das Flußpferd. Da die Menge des Giftes, welche diese kleine Waffe in
ihr Inneres hineinbringen kann, zu gering ist, um diese gewaltigen Thiere zu tödten, so nehmen die Jäger ihre Zuflucht zu
dem als Falle dienenden Ballen.

Am Nyassasee traf man eine andere Art Gift an, von der
man sagte, daß sie ausschließlich zur Tödtung von Menschen gebraucht werde. Es wurde an kleine hölzerne Pfeilspitzen gebracht
und sorgfältig durch ein Stück Maisblatt geschützt, welches darum
gebunden wurde. Es verursachte Erstarrung der Zunge, wenn
man nur das kleinste Theilchen davon kostete. Die Buschmänner
des nördlichen Theiles der Kalahari sah man die Eingeweide einer
kleinen Raupe, welche sie 'Ngā nannten, zu ihren Pfeilen anwenden. Man erklärte, daß dieses Gift in Erzeugung von Delirium
so gewaltig wirke, daß ein im Sterben liegender Mann in der
Einbildung zu einem Zustande der Kindheit zurückkehre und nach
der Brust seiner Mutter rufen wolle. Wenn Löwen damit geschossen werden, sollen sie unter Todeskämpfen verenden. Der
giftige Bestandtheil mag in diesem Falle von der Pflanze her-
stammen, von welcher die Raupe lebt. Es ist schwer zu begreifen, durch welche Art von Versuchen die Eigenschaften dieser Gifte,
die seit Menschenaltern bekannt sind, nachgewiesen wurden. Wahrscheinlich waren die thierischen Instincte, welche durch die Civilisation so stumpf geworden sind, daß Kinder in England ohne
Argwohn die Beeren des tödtlichen Nachtschattens (Atropa bella-
donna) essen, in dem frühen, uncivilisirten Zustande viel schärfer.
In manchen Punkten hat sich der Instinct unter den Wilden noch

immer erhalten. Es wird erzählt, daß auf der berühmten Reise des französischen Seefahrers Bougainville eine junge Dame, welche männliche Kleidung angenommen hatte, alle harten Pflichten, die zu dem Beruf eines gewöhnlichen Matrosen gehören, verrichtete, und selbst als Diener des Geologen einen Sack mit Steinen und Proben ohne Klage und ohne daß ihr Geschlecht von ihren Gefährten beargwöhnt wurde, über Hügel und Thäler trug, aber als sie unter den Wilden einer der Südsee-Inseln landete, augenblicklich als ein Frauenzimmer erkannt wurde. Sie begannen ihre Eindrücke in einer Weise darzulegen, daß sie sich genöthigt sah, ihr Geschlecht zu bekennen und sich dem Schutze des Commandanten anzuvertrauen, welcher natürlich gewährt wurde. In ähnlicher Weise mögen die früheren Theile der menschlichen Familie höher entwickelte Instincte im Betreff der Pflanzen gehabt haben als irgend einer ihrer Nachkommen — wenn nicht in der That eine viel höhere Erkenntniß, als wir gewöhnlich voraussetzen, die Wirkung einer directen Offenbarung von oben war.

Der Muturu-Mabse hat ein tiefes felsiges Bett. Das Wasser ist im Allgemeinen gegen vier Fuß tief und fünfzehn bis zwanzig Yards breit. Bevor wir ihn erreichten, passirten wir fünf bis sechs Rinnen; aber jenseits desselben war die Gegend zwei bis drei Meilen weit vom Flusse aus vergleichungsweise eben. Das lange Gras überwuchert alle Wege der Eingeborenen, und eine Species (Sanu), welche einen mit scharfen Widerhaken versehenen, einen Viertelzoll langen Samen hat, bringt in jede Pore wollener Kleidung ein und reizt die Haut in hohem Grade. Von seiner harten, scharfen Spitze aus legen sich eine Reihe winzig kleiner Widerhaken zurück und geben dem Samen überall, wo er eindringt, einen Halt: die unbedeutendste Berührung versetzt ihn in eine eindringende Bewegung, und die kleinen Haken verhindern ihn wieder herauszugehen. Diese Samen sind an manchen Stellen in solcher Menge vorhanden, daß die Innenseite des Strumpfes schlechter wird als das rauheste härene Hemd. Es fäl sich indessen vortrefflich von selbst und giebt ein gutes Futter; es wird so hoch, wie das gewöhnliche Rispengras in England und würde eine Hauptpflanze zur Verbreitung über eine andere Gegend sein, welche nicht so reichlich mit Gräsern versehen ist, wie diese.

Wir haben zuweilen bemerkt, daß zwei bis drei Blätter zusammen von diesem Samen durchbohrt und auf diese Weise gleichsam zu Flügeln gemacht waren, um sie nach einem Boden zu tragen, der für ihr Wachsthum geeignet ist.

Wir folgen stets den Wegen der Eingeborenen, obgleich sie im Allgemeinen nicht mehr als fünfzehn Zoll breit sind und so oft tiefe kleine Löcher haben, die in der Absicht gemacht sind, um für kleine Thiere Fallen aufzustellen, und durch das lange Gras so sehr verdunkelt werden, daß man seine Augen mehr am Boden halten muß, als angenehm ist. Trotz aller Mängel indeß ist es weit bequemer, auf diesen Pfaden zu reisen, als geradeswegs über uncultivirten Boden oder durch noch unbetretenen Wald zu gehen. Ein Weg führt gewöhnlich nach irgend einem Dorfe, wenn er sich auch zuweilen als eine bloße Wildbahn ausweist, die nirgends hinführt.

Indem wir nach Norden gingen, kamen wir in eine Gegend, Namens Mpemba, wo Chibisa als Häuptling anerkannt wurde; aber die Leute wußten nicht, daß er von dem Portugiesen Terera ermordet worden war. Rings um die Hütte, in der wir die Nacht zubrachten, lag viel Getreide. Auf den langstengeligen Mapira-Aehren schmausten ungestört sehr große Schaaren von Turteltauben, und wir verschafften uns leicht eine Menge schöner fetter Perlhühner — die sich jetzt gemächlich in den verlassenen Gärten nähren durften. Der Grund, der für alle diese gleichgültige Unvorsichtigkeit angegeben wurde, war: „Es giebt keine Frauen, um das Getreide zu mahlen — sie sind alle todt."

Die Baumwollenstücke schienen in allen Fällen früher so gut

gepflegt und so frei von Unkraut gehalten worden zu sein, daß, obgleich sich jetzt Niemand um sie bekümmerte, doch nur wenig Unkraut aufgeschossen war, und die Sträucher wurden auf diese Weise bei den jährlichen Grasbränden gerettet. Einige Affenbrodbäume wuchsen an verschiedenen Stellen, und die wenigen Leute, die man sah, benutzten das weiße Mark, welches sich zwischen dem Samen befindet, zur Bereitung eines angenehmen säuerlichen Getränkes.

Als wir durch Malango, in der Nähe des obersten Kataraktes, zogen, war keine Seele zu sehen; aber als wir einer schönen, mit Bäumen bedeckten Insel gegenüber rasteten, drangen die munteren Stimmen spielender Kinder zu unseren Ohren – die Eltern waren dorthin geflohen zum Schutz vor den sclavenjagenden Ajawa, die noch immer durch die gelegentlichen Besuche der portugiesischen Agenten aus Tette bestürmt wurden. Anstatt unterhalb der Katarakten hinzuziehen, wichen uns die Ajawa jetzt aus, und setzten in der Nähe des Baumes, an welchen wir unser Boot gehängt hatten, nach der Ostseite über. Diejenigen der Manganja, welchen wir uns bekannt machen konnten, kamen bereitwillig zu uns; aber die Mehrzahl hatte alles Vertrauen zu sich selbst, zu einander und zu jedem Andern verloren. Das Boot war vor ungefähr drei Monaten verbrannt worden, und die Manganja gaben sich viele Mühe, uns glauben zu machen, dies sei die That der Ajawa gewesen; aber als wir die Stelle untersuchten, sahen wir, daß es wahrscheinlicher war, daß es bei dem in der Gegend stattgehabten Grasbrande Feuer gefangen hatte. Hätten wir beabsichtigt, die Rückkehr zu demselben so lange hinauszuschieben, so würden wir es mit dem Boden nach oben aufgezogen haben; denn, wie es war, ist es wahrscheinlich, daß eine Menge dürres Laub darin lag und ein Funke das Ganze entzündete. Alle Bäume innerhalb fünfzig Yards waren versengt und abgestorben, und die Nägel, das Eisen und die Kupferbeschläge lagen alle ungestört unten. Hätten die Ajawa die That vollbracht, so würden sie das Kupfer und Eisen mitgenommen haben.

Da unsere Hoffnungen, uns vermittelst dieses Bootes in Betreff der Lebensmittel vom Süden unabhängig zu machen, auf diese Weise vereitelt waren, kehrten wir mit der Absicht zurück, ein anderes nach derselben Stelle hinauszuschaffen; und um dazu ebenen Boden zu finden, gingen wir bei Malango vom Schire nach dem oberen Theile des Flusses Lesungwe hinüber. Ein hübscher thätiger, verständiger Bursche, Namens Pekila, führte uns, und war merkwürdig beinahe der einzige der Bevölkerung, der etwas Lebensfeuer und Geist behalten hatte. Die niederdrückende Wirkung, welche die Geißel der Sclavenjagd auf das Gemüth der Eingeborenen hat, ist, obwohl wenig zu verwundern, doch traurig, sehr traurig mit anzusehen. Musikalische Instrumente, Matten, Kopfkissen, Mörser zum Mehlstoßen lagen unbenutzt umher und wurden die Beute der weißen Ameisen. Mit der Zerstörung aller ihrer kleinen Bequemlichkeiten wurden die Ueberlebenden immer weiter in den Barbarismus zurückgeworfen.

Es ist vielleicht, außer für Reisende, von geringer Bedeutung, zu bemerken, daß, wenn man eines Nachts eine gut gebaute Hütte einnimmt, welche eine Zeit lang verschlossen gewesen war, die darin befindliche Luft uns sofort in einen Frostschauer und einen Fieberanfall versetzt, welches beides verschwindet, wenn der Ort vermittelst eines Feuers gut gelüftet ward. Wir haben häufig bemerkt, daß, wenn man, selbst in der heißesten Zeit des Jahres, an dem frühen Morgen ein Feuer anzündet, dies dem ganzen Hause Frische verleiht und jenes Gefühl der Eingeschlossenheit und Abgespanntheit entfernt, das ein heißes Klima herbeiführt.

In der Nacht des 1. Juli 1863 weckten uns mehrere Donnerschläge auf; der Mond schien hell und nicht eine Wolke war zu sehen. Alle Eingeborenen machten über die damalige Klarheit

Zurückberufung der Expedition.

des Himmels ihre Bemerkungen und sagten am nächsten Morgen: „Wir dachten, es wäre Gott" (Morungo).

Als wir am 2. Juli bei dem Schiffe ankamen, fanden wir eine Depesche vom Earl Russell, welche Instructionen in Betreff der Zurückziehung der Expedition enthielt. Die durch die Sclavenjagd und Hungersnoth verursachte Verwüstung lag ringsum. Die Arbeitskräfte waren aus dem großen Schirethale eben so vollständig hinweggerafft worden, wie vom Zambesi, wohin nur irgend portugiesische Räuke oder Gewalt sich erstreckten. Die fortwährenden Raubzüge Mariano's hatten Verderben und Verödung südöstlich von uns bis zum Berg Clarendon hin verbreitet.

Während dies in unserem Rücken vorging, hatten die Letteschen Sclavenjäger die Ajawa angestachelt, alle Manganja von den östlich von uns liegenden Hügeln zu vertreiben, und Sclaven machende Streifcorps zogen zu diesem Zwecke noch immer oberhalb der Katarakten am Schire hin. Wenn wir das Geständniß des Gouverneurs von Tette hinzunahmen, daß er in Uebereinstimmung mit dem Rathe seines älteren Bruders zu Mosambik beabsichtige, mit der Sclavenmacherei fortzufahren, so hatten wir Grund zu glauben, daß die Sclaverei unter dem Auge Sr. Excellenz des General-Gouverneurs selbst vor sich ging; und dies wurde später bestätigt, als wir in Mosambik zwei Frauen wiedererkannten, welche innerhalb hundert Yards von der Missionsstation zu Magomero gelebt hatten. Sie waren unseren Begleitern wohl bekannt und hatten einen Theil eines Zuges von mehreren Hunderten gebildet, die zu der nämlichen Zeit, wo Se. Excellenz englische Officiere mit gegen die Sclaverei gerichtetem Geschwätz unterhielt, von den Ajawa nach Mosambik geschafft worden waren. Für Jeden, der versteht, wie äußerst gering die Kenntniß ist, welche portugiesische Gouverneure vermittelst ihrer eigenen Sclaven und durch klatschende Händler besitzen, die sich bei ihnen einzuschmeicheln suchen, ist es fruchtlos, zu behaupten, daß diese ganze Sclavenwirthschaft ohne ihre Genehmigung und Nachsicht vor sich gehe.

Wenn mehr an dem Beweise der Hoffnungslosigkeit gefehlt hätte, irgend eine Aenderung in dem System herbeizuführen, welches geherrscht hat, seitdem unsere Bundesgenossen, die Portugiesen, das Land betraten, so hätten wir es in der Straflosigkeit gehabt, mit welcher der Freibeuter Terera, der Chibisa ermordet hatte, seine Raubzüge fortsetzen durfte. Belchior, ein anderer Räuber, war eingeschränkt worden, durfte aber immer noch stets Krieg führen, wie sie die Sclavenjagd nennen.

Herr Horace Waller lebte etwa fünf Monate lang auf dem Morambalaberge, eine Lage, von welcher aus man den ganzen Verlauf des Sclavenhandels und der Entvölkerung des ringsum liegenden Landes gut beobachten konnte. Der Berg überblickt den Schire, dessen schöne Windungen man an hellen Tagen dreißig Meilen weit deutlich sieht. Man nahm eine Zeit lang an, daß dieser Fluß gegen Mariano, der blos der Form halber als Rebell gegen die portugiesische Flagge erklärt wurde, verschlossen werde. Als es jedoch nicht länger möglich war, die Täuschung aufrecht zu erhalten, wurde ihm der Fluß geöffnet, und Herr Waller hat an einem einzigen Tage fünfzehn bis zwanzig mit Sclaven beladene Baumkähne von verschiedener Größe aus dem sogenannten Rebellenlager nach den portugiesischen Niederlassungen hinabfahren sehen. Diese Ladungen bestanden ganz aus Frauen und Kindern. Drei Monate lang ging dieser Handel unaufhörlich fort, und endlich wurde die Maske so vollständig abgeworfen, daß einer der Beamten kam, um dem Bischof Tozer auf einer andern Seite desselben Berges einen Besuch abzustatten, und, indem er das Geschäft mit dem Vergnügen verband, eine Zahlung für einige Baumkahnarbeit einzog, die für die Missionsgesellschaft verrichtet worden war, und damit von den Rebellen, welche er blos von dem Ufer des Flusses aus anzurufen brauchte, Sclaven einlaufte. Als er den Handel abgeschlossen hatte, trabte er in Herrn Waller's Gegenwart an den Sclaven hin, um sie zu besichtigen. Dieser Beamte, Senhor Mesquita, war der einzige Officier, der gezwungen werden konnte, am Kongone zu leben. In Folge gewisser Umstände in seinem Leben war er in die Gewalt des Ortsgouverneurs gerathen; alle anderen Zollhausofficiere weigerten sich, nach dem Kongone zu gehen, daher mußte der arme Mesquita hier von einem elenden kleinen Einkommen leben — er mußte leben, und vielleicht Sclaven machen ganz gegen seinen Willen. Sein Name wird nicht in der Absicht hervorgehoben, um etwas Gehässiges auf seinen Charakter zu werfen. Die uneigennützige Freundschleit, welche er dem Dr. Meller und Anderen bewies, verbieten uns, seiner mit irgend etwas, das nach Lieblosigkeit aussieht, zu gedenken.

Andere Streifcorps waren nach Südosten von Senna gegangen und machten Sclaven, die von Inhambane aus verschifft werden sollten. Während wir in Schupanga waren, wurde eine Gesandtschaft zu uns geschickt, die uns Elfenbein und das ganz nicht von den Zulus besetzte Land anbot, wenn wir einige Leute senden wollten, um die Sennaer Sclavenjäger aus der Nachbarschaft zu vertreiben. Hier, wie bei dem, was man die auswandernden Boers von dem Inneren des Vorgebirges der guten Hoffnung nennt, ist das Geheimniß der Macht der Besitz von Schießpulver; Bogenschützen können dem Angriff mit Musketen nicht Stand halten, und Jeder, der Zutritt zu einem Seehafen besitzt, hat die Macht, bis zu einem gewissen Umfang Sclavenmacherei zu betreiben; denn an der Ostküste giebt es in Betreff der Einführung von Waffen und Kriegsvorrath keine Beschränkung. Die Gesetze sind gegen diese Artikel gerade so bündig, wie am Vorgebirge der guten Hoffnung; aber es steht damit wie mit den Gesetzen für die Abschaffung der Sclaverei, Niemand gehorcht ihnen — sie sind nur da, um sie in Europa anzuführen und sich selbst durch sie zu verherrlichen.

In Erwägung aller dieser Umstände, nebst der Thatsache, daß wir den Rovuma zur Zeit unseres Besuches für die Schifffahrt nicht so günstig gefunden hatten, als wir erwarteten, war es unmöglich, mit der Weisheit unserer Zurückberufung nicht übereinzustimmen; aber wir bedauerten tief, daß wir der portugiesischen Regierung in Betreff eines Verlangens, die Lage der afrikanischen Race zu verbessern, jemals Glauben geschenkt hatten; denn an jeder andern Stelle hätten wir mit halb so viel Anstrengung und Kosten ein unvertilgbares Zeichen hinterlassen, daß es auf einem Theile des Continents besser geworden sei. Wenn man die portugiesischen Staatsmänner im Lichte der Gesetze, die sie zur Unterdrückung der Sclaverei und des Sclavenhandels erlassen haben, und nach der Richtschnur des hohen Charakters unserer eigenen Staatsmänner betrachtet, so kann man es nicht als Schwachheit ansehen, daß wir an die Aufrichtigkeit der von dem Lissaboner Ministerium erklärten Bereitwilligkeit zur Unterstützung unseres Unternehmens geglaubt haben.

Wir hofften durch Einführung des Freihandels und des Christenthums sowohl den Portugiesen als den Afrikanern zu nützen. Leider können unsere Verbündeten nicht den geringsten Nutzen in irgend einer Maßregel erblicken, die nicht ihre eigene Emporhebung durch Niederstoßung Anderer in sich schließt. Die officielle*)

---

*) Die portugiesische Regierung stellte unlängst einen Herrn, Romans Lacerba, an, eine Reihe von Artikeln in ihr officielles Journal, den „Diario de Lisboa," zu schreiben, um zu beweisen, daß Dr. Livingstone einen großen Fehler gemacht habe, indem er Speke's und Grant's Entdeckung dessen, was die Hauptquelle des Nils zu sein scheine, irgend ein Verdienst zuschrieb. Die ehemaligen portugiesischen Missionare Jeronymo Lobo und João dos Santos und Andere seien, wie es scheine, unseren Landsleuten vorangegangen. In der That, dieser gewandte Schreiber beweist zu seiner eigenen Genugthuung, daß die Engländer in Afrika fast gar nichts entdeckt haben. Da außerhalb

Zeitung der Lissaboner Regierung hat uns seitdem wissen lassen, „daß ihre Politik darauf gerichtet wurde, die anmaßenden Absich...

Portugal Niemand eine Widerlegung dieser seichten Behauptungen verlangt, so wenden wir uns zu einer wichtigeren Frage. Gedenkt das portugiesische Ministerium durch Anwendung des Verfahrens jener Artikel die Thaten seiner Beamten in Afrika zu den seinigen zu machen? Dazu haben wir es nicht für fähig gehalten; aber es führt eine Privatbemerkung von dem Reverend Henry Rowley, welche derselbe nie zu einer Veröffentlichung bestimmt, mit solcher Begierde an, daß wir die Ansicht unseres Freundes in Betreff der Hauptursache des Unglücks, welches die Mission traf, deren Mitglied er war, mittheilen müssen. Bei dem Verkehr zwischen der Mission und Expedition kam in unserem freundschaftlichen Umgange und Wohlwollen keine einzige Unterbrechung vor.

„Bath, den 22. Februar 1865.
„Lieber Dr. Livingstone!

„Waller hat an mich über den Gegenstand meines an Herrn Glover gerichteten Briefes geschrieben und erzählt mir, daß eine gewisse portugiesische Publication, indem sie, wie sie erklärt, eine Stelle aus diesem Briefe anführt, im Wesentlichen sagt:

„„Der Reverend Herr Rowley giebt an, daß der von Dr. Livingstone auf die Ajawa gemachte Angriff die Ursache des schließlichen Fehlschlagens der Mission war.““

„Das habe ich nie gesagt; noch habe ich zu irgend einer Zeit irgend Etwas gesagt, woraus eine solche Angabe mit Recht gefolgert werden könnte.

„Das Unglück der Mission rührte von dem Verluste der Vorräthe, von der Hungersnoth und vor Allem von den bösen Künsten der Portugiesen her, welche zwischen den Stämmen Kriege entzündeten und unterhielten, um die Gefangenen als Sclaven ankaufen zu können.

„Die Portugiesen waren in unserer Stunde der Noth sehr gefällig gegen uns, indem sie uns mit Lebensmitteln versorgten. Persönlich waren wir Missionare ihnen dafür vielen Dank schuldig; aber ihr Betragen gegen die Eingeborenen ist unbeschreiblich schlecht, und ich stimme ganz mit Ihnen überein, wenn Sie ein solches Betragen öffentlich rügen.

„Ich habe stets gesagt und gedacht, daß Sie recht handelten, indem Sie Sclaven befreiten und gegen die Ajawa in der Vorstellung vorgingen, daß sie eine reine Sclavenmacherhorde wären. Mein Brief an Herrn Glover wurde nicht geschrieben, um Sie um deswillen, was Sie gethan hatten, zu tadeln, noch um die Verantwortlichkeit für unsere Handlungen auf Sie zu werfen, sondern um unsere Freunde am Vorgebirge der guten Hoffnung davon zu unterrichten, daß Sie gethan hatten, was wir gethan hätten, und daß Sie der Erste waren, der es thun konnte.

„Wären Sie zu jener Zeit über unsern Angriff auf die Ajawa derselben ten der britischen Regierung auf die Herrschaft von Ostafrika zu vereiteln." Wir, die wir an Ort und Stelle waren und hinter den Coulissen standen, wußten, daß Gefühle des Privatwohlwollens den Hauptantheil an den Operationen hatten, welche unternommen wurden, um die Herrschaft des Friedens und der gegenseitigen Zuneigung an den Seen und in den Centralgegenden einzuführen, die Jahrhunderte lang der Schauplatz der Gewalt und des Blutvergießens gewesen waren. Aber jene große Veränderung war nicht durchzuführen. Die Engherzigen wollten Alles, was versucht wurde, dem anmaßenden Hange der Engländer zuschreiben. Aber die Beweggründe, welche Viele in England sowohl im öffentlichen als im Privatleben antreiben, sind bei Weitem edler, als ihnen die Welt zutraut.

Da wir also sahen, daß wir noch nicht zu der „guten Zeit, die da kommen sollte," angelangt waren, und daß es ganz unmöglich war, den „Pioneer" nach dem Meere hinabzubringen, bis die Hochwasser des December eintraten, so trafen wir Anstalten, die „Lady Nyassa" zusammenzuschrauben, und, um die dazwischenliegende Zeit zu benutzen, beschlossen wir, zum zweiten Male ein Boot an den Katarakten vorbeizuschaffen, längs dem östlichen Ufer des Sees hin und um das nördliche Ende herumzusegeln, so wie auch Thatsachen zu sammeln, durch welche die von Oberst Rigby eingezogene Kunde bestätigt werden konnte, daß die 19,000 Sclaven, welche jährlich durch das Zollhaus von Zanzibar gehen, hauptsächlich vom Nyassasee und aus dem Thale des Schire fortgeschleppt werden.

Meinung gewesen, der Sie waren, als Sie an Sir Culling Cardley schrieben, so würde mein Brief nie geschrieben worden sein; und da ich sehe, welche üble Wirkung er hervorgebracht zu haben scheint, so thut es mir sehr leid, daß er je geschrieben worden ist.

„Ich hoffe, was ich gesagt habe, wird mit Ihren Wünschen zusammentreffen.

„Ihr ergebenster Henry Rowley."

Die Freundschaft der Ajawa und Makololo.

Die Leute, welche vom Bischof Mackenzie für die Mission gewonnen worden waren, bildeten jetzt eine kleine freie Gemeinde zu der Nähe von Chibisa's Dorfe und nährten sich durch den Anbau des Bodens. Sie ahmen in dieser Hinsicht die Makololo nach, welche sehr ausgedehnte Gärten angelegt hatten und jetzt im Stande waren, Getreide und Gemüse an die Expedition zu verkaufen. Die freundschaftlichen Gefühle dieser beiden Stämme gegen die Engländer waren unverkennbar. Zum Beweis dafür mag ein Beispiel angeführt werden. Das Makololodorf war ungefähr eine Viertelmeile von den Missionshütten entfernt, deren eine von dem Eigenthümer zufällig in Brand gesteckt worden war; einige darin liegende geladene Gewehre gingen, als das Feuer das Pulver erreichte, los, und sowie die Makololo den am Abend ungewohnten Knall von Gewehren hörten, ergriffen sie ihre Waffen und stürzten in der Voraussetzung, daß die Engländer von einem Feind mit Feuerwaffen angegriffen würden, herbei, um dieselben zu befreien.

Ungeachtet ihrer Weigerung, mit Arznei für ihren Häuptling zurückzukehren, und trotz mehrerer Anklagen, welche von den schwarzen Männern vom Vorgebirge der guten Hoffnung gegen sie erhoben wurden, aber nach einer langen sorgfältigen Untersuchung nicht bewiesen werden konnten, erinnerten wir uns an ihr edles Betragen, das sie an den Tag legten, als sie uns im Flusse bei Karibua das Leben retteten, und wählten mit Hinzunahme dieses neuen Beweises ihrer Bereitwilligkeit, für unsere Landsleute ihr Leben zu wagen, fünf der besten Ruderer unter ihnen in dem Glauben aus, daß diese fünf für die Beschiffung des Sees so wie für jede Schwierigkeit, die sich im Verlauf unserer Reise nach Norden darbieten möchte, eben so viel werth wären als fünfzig aus irgend einem andern Stamme. Unsere Gesellschaft bestand aus zwanzig Eingeborenen, deren einige Johanneser waren und für fähig gehalten wurden, die sechs Ochsen zu lenken, welche den kleinen Wagen zogen, auf dem das Boot lag. Ein Gespann von zwölf Ochsen vom Vorgebirge der guten Hoffnung mit einem hottentotten'schen Fuhrmann und Führer würde den Wagen mit der größten Leichtigkeit über das Land hin gezogen haben, durch welches wir passiren mußten; aber sobald wir über den Theil der Straße, der bereits fertig war, hinaus waren, begegneten unsere Fuhrleute Hindernissen, die durch Bäume und Rinnen bereitet wurden, und deren Ueberwindung durch Holzfällen und Herausziehen des Wagens vermittelst Blockrollen und Hebewerkzeugen eine Zeitverschwendung gewesen sein würde. Wir ließen deshalb die Ajawa und Manganja holen, die sich in Chibisa's Dorfe niedergelassen hatten; sie nahmen das Boot auf ihre Schultern und trugen es flink in wenigen Tagen an allen Katarakten, bis auf einen, vorbei; da sie hier an eine vergleichungsweise ruhige Strecke des Flusses kamen, so machten sie sich dieselbe zu Nutze, um es ein paar Meilen weit hinauf zu ziehen. Die Makololo hatten es dann ganz unter ihrer Aufsicht; denn da sie in ihrem eigenen Lande an Stromschnellen gewöhnt waren, so konnten wir uns keine besseren Bootsleute wünschen. Der Fluß ist hier sehr schmal, und selbst an den Stellen, die man ruhige nennt, ist die Strömung sehr stark und nöthigte sie oft, das Boot neben dem an den Ufern stehenden Schilfrohr hinzuziehen oder ein Schlepptau an's Ufer zu reichen. Das Rohr ist voller Kratzbohnen (Dolichos pruriens), deren Schoten mit etwas bedeckt sind, das wie ein feiner sammetartiger Flaum aussieht, das aber in Wirklichkeit eine Menge feine Stacheln sind, welche in die Million gehen und an den nackten Körpern derjenigen, welche das Schlepptau zogen, ein Jucken und Stechen verursachten, in Folge dessen sie sich krümmten und wanden, als ob sie von einem ganzen Lager Nesseln gestochen würden. Diejenigen am Bord mußten nothwendig Leute sein, welche mit Rudern und Kahnstangen geschickt umzugehen wußten, und solche waren sie. Aber nichtsdestoweniger fanden sie nach einem Versuche, an einem Felsen vorüberzufahren, um welches das Wasser in Wirbeln herumstürzte, daß es klüger sein werde, das Boot an's Land zu setzen und es an dem letzten Katarakt vorbei zu tragen. Als dies gemeldet ward, wurden die Träger von den verschiedenen schattigen Bäumen hergerufen, unter welche sie ihre Zuflucht vor der Sonne genommen hatten. Es war mitten im Winter, aber die Sonne ist hier bei Tage stets heiß, wenn auch die Nächte kalt sind. Fünf Zaubersmänner, die ihr ganzes Leben lang an große schwere Baumlähne gewöhnt worden waren, deren Hauptempfehlung darin bestehen soll, daß sie mit der vollen Kraft der Strömung ohne Beschädigung gegen einen Felsen rennen können — waren sehr begierig, zu zeigen, wie viel besser sie mit unserem Boot umgehen könnten als die Mololo; als wir den Rücken wendeten, sprangen drei in dasselbe hinein und zwei schleppten es ein kleines Stück Weges hinauf; die Fluth ergriff seinen Bug, wir hörten einen Angstschrei, das Tau war in einem Augenblick aus ihren Händen, und dort lag es, der Boden nach oben; in einem Wirbel drehte es sich ein- oder zweimal um, und fort schoß es, wie ein Pfeil, die Katarakten hinab. Einer von den Leuten rettete, indem er an's Ufer schwamm, eine Büchse. Die ganze Gesellschaft rannte mit aller Macht am Ufer hin, aber wir sahen unser Boot nie wieder.

Die fünf, welche in dieser Katastrophe spielten, nahten mit reuevollen Blicken. Weder sie, noch wir konnten ein Wort sprechen. Sie beugten sich langsam nieder und berührten mit beiden Händen unsere Füße. „Ku kuata moendo" — „den Fuß anfassen" — ist ihre Art, um Verzeihung zu bitten. Es war dem, was wir ein kleines Kind haben thun sehen — das ungeheißen seinem Papa eine Tasse zu bringen versucht, und indem es sie fallen läßt, in ein Angstgeschrei ausbricht — so ähnlich, daß sie nur dazu verurtheilt wurden, zu dem Schiffe zurückzugehen, sich Lebensmittel zu verschaffen, auf der folgenden Fußreise so viel zu tragen als sie konnten, und auf diese Weise den Verlust des Bootes zu ersetzen.

Es war ungeheuer ärgerlich, diese ganze Habe zu verlieren und der Mittel beraubt zu werden, um das beabsichtigte Werk im Osten und Norden des Sees auszuführen, aber es würde gerade so gewesen sein, als wollte man über verschüttete Milch schreien, wenn wir jetzt etwas Anderes gethan hätten, als den möglichst besten Gebrauch von unseren Beinen zu machen. Die Leute wurden zum Schiffe zurückgeschickt, um Lebensmittel, Kattun und Perlen zu holen, und während sie fort sind, können wir ein wenig von den Katarakten sprechen, welche sich für unsern Plan, im Boote zu fahren, so verhängnißvoll erwiesen.

Sie beginnen unter 15° 20' und enden unter 15° 55' südlicher Breite; der Unterschied der Breite beträgt also 35'. Der Fluß läuft in diesem Raume fast von Norden nach Süden, bis wir an Malango vorbeikommen; die ganze Strecke beträgt daher weniger als 40 Meilen. Der Hauptkatarakten sind an Zahl fünf und sie heißen Pamosunda oder Pamozima, Morewa, Panoreba oder Tebzane, Pampatamanga und Papekira. Außer diesen können noch drei bis vier kleinere erwähnt werden, wie zum Beispiel der Mamvira, wo wir bei unserem Hinauffahren zuerst das gebrochene Wasser antrafen und jenes Stromrauschen hörten, von dem wir bei den endlosen Krümmungen von einigen 200 Meilen, die der Fluß unterhalb der Katarakten macht, niemals geglaubt hätten, daß der ruhige Schire es hervorbringen könnte. Während diese kleineren Katarakten unter einem Winkel von kaum 20° herabgleiten, fallen die größeren 100 Fuß auf 100 Yards unter einem Winkel von ungefähr 45°, und einer unter einem Winkel von 70°. Ein Theil des Pamozima ist senkrecht und verursacht, wenn der Fluß Hochwasser hat, daß eine Dunstwolke aufsteigt, welche wir auf unserer Reise nach dem Schirwasee in einer Entfernung von wenigstens acht Meilen sahen. Der ganze Fall vom

Ober- bis zum Unterschire beträgt 1200 Fuß. Auf dieser ganzen Strecke ist die Strömung nur an einer Stelle gemäßigt — nämlich oberhalb des Tetzane. Sonst ist sie überall ganz reißend, und da ein großer Theil jener Strecke nur fünfzig bis achtzig Yards breit ist und wie ein Mühlgerinne dahinstürzt, macht der Fluß den Eindruck, als ob eine Wasserkraft, die hinreichend wäre, um alle Mühlen in Manchester zu treiben, allmälig verschwände. Der Pamosunda oder Pamozima hat einen dunkeln schattigen Hain auf seinem rechten Ufer. Als wir allein durch seinen finstern Schatten gingen, wurden wir durch einen widerlichen, dem eines Sectionssaals ähnlichen Geruch erschreckt, und als wir emporblickten, sahen wir todte Körper in Matten an den Aesten der Bäume aufgehängt, eine Art von Begräbniß, die derjenigen einigermaßen ähnlich war, welche wir später von den Parsen in ihren „Thürmen der Ruhe" zu Poonah in der Nähe von Bombay angewandt sahen. Der Name Pamozima bedeutet „die abgeschiedenen Geister oder Götter" — ein passender Name für einen Ort, über welchem nach dem Volksglauben die entkörperten Seelen beständig schweben.

Das der Reihenfolge nach am tiefsten unten liegende Gestein ist dunkelröthlich-grauer Syenit. Dieser scheint ein Erhebungsmittel gewesen zu sein, denn die über ihm liegenden Glimmerschiefer sind sehr gestört. An manchen Stellen sind dunkele Trappgesteine voller Hornblende durch diese Schiefer hindurchgesprengt und erscheinen an der Oberfläche als Knötchen. Das höchste Gestein, das man sieht, ist ein feiner Sandstein von festerem Korn als derjenige bei Tette, und wo er mit den unter ihm liegenden vulkanischen Gesteinen in Berührung kommt, ganz metamorphosirt. Zuweilen macht er dem Quarz und röthlichen Thonschiefern Platz, die von der Hitze sehr gebrannt sind. Das ist die gewöhnliche geologische Beschaffenheit am rechten Ufer der Kataralten. Auf der andern Seite gehen wir über Massen von Porphyrtrapp, die mit demselben Glimmerschiefer in Berührung stehen, und diese verleihen wahrscheinlich dem Boden die große Fruchtbarkeit, die wir beobachteten. Der Hauptbestandtheil der Gebirge ist Syenit. In den Fluß ist so viel Glimmer hineingespült, daß man, wenn man aufmerksam auf den Strom blickt, Myriaden von Stückchen dahinschwimmen und in der Sonne funkeln sieht, und dies auch sogar bei niedrigem Wasserstande.

Vierundzwanzigstes Kapitel.

Reisegetränk. — Gutes Betragen der englischen Matrosen. — Motola-Insel. — Noth der Eingeborenen bei Hungersnoth. — Eine neue Richtung des Marsches. — Der Rivi-rivi. — Ein Land, nachdem die Geißel des Kriegs über dasselbe hingezogen ist. — Wir verirren uns. — Gastfreundschaft des Volkes. — Süß's Kette. — Goa- oder Govalhal. — Das Zerfallen der Felsen in einem heißen Klima. — Unsere Reisegesellschaft wird für Sclavenhändler angesehen. — Matunda. — Wir erreichen den Absah des Apassater's. — Katola's Dorf. — Wanderungen der Ajawa. — Landwirthschaft der Eingeborenen. — Bischof Mackenzie's Vorstellung von der Landwirthschaft der Eingeborenen. — Baumwolle. — Chinsamba. — Die astrische Geschichtsschreibung ist der echte Negertypus. — Die Babisa. — Das Lachen der eingebornen Frauen. — Das Schreien der Kinder. — Wir gehen nordöstlich nach den Usern des Molambala's. — Das Fischnetz am Chia. — Baden. — Wilde hätten nicht fortleben können, wären sie ohne alle Belehrung gewesen. — Sie bedurften eines übermenschlichen Lehrers.

Ehe die Leute, von Herrn Rae und dem Proviantmeister des „Pioneer" begleitet, vom Schiffe zurückkehrten, kam der 15. August heran. Sie brachten zwei Ochsen, deren einer sogleich geschlachtet wurde, um allen Herzen Muth einzuflößen, und einige Flaschen Wein, ein Geschenk von Waller und Alington. Wir führten vorher nie Wein bei uns, aber dieser war kostbar als ein Ausdruck des guten Herzens von Seiten der Geber. Wenn man entweder Wein oder Spirituosen als Getränk bei sich führen wollte, so müßte man einen ganzen Trupp Gefolge nur für sie haben. Unser größter Luxus beim Reisen war Thee oder Kaffee. Wir hatten nicht einmal Zucker genug bei uns, um für eine Reise auszureichen, aber Kaffee ist stets gut, während Thee ohne Zucker nur erträglich ist, wegen des unerträglich nagenden Gefühls eines Mangels und Hinsinkens, welches eintritt, wenn wir am Morgen ohne etwas Warmes im Magen zu reisen anfangen. Unser Trank war in der Regel Wasser; und wenn es kühl ist, kann ihm in einem heißen Klima nichts gleich kommen. Gewöhnlich führten wir eine Flasche Cognac bei uns, die in unsere Bettdecken ein gewickelt war, aber er wurde nur als Arzenei benutzt; ehe wir zu Bett gingen, wurde ein Löffel voll in heißem Wasser genommen, um Erkältung und Fieber abzuwehren. Wenn das Fieber wirklich eingetreten ist, thun geistige Getränke stets Schaden, und es ist wahrscheinlich, daß Cognac- und -Wasser eine ziemliche Anzahl der in Afrika vorkommenden Todesfälle zu verantworten hat.

Herr Rae hatte im Zusammenschrauben der „Lady Nyassa" erfreuliche Fortschritte gemacht. Er hatte die eifrige Mitwirkung dreier ebenso vortrefflich fester Arbeiter als stets geübter Werkzeuge, und da sie edle Muster englischer Matrosen waren, so nennen wir mit Freuden die Namen der Männer, die der britischen Flotte zur Ehre gereichen — John Reid, John Pennell und Richard Wilson. Der Leser wird entschuldigen, daß wir es thun, aber wir wünschen dem Andenken zu überliefern, wie hoch sie geschätzt wurden, und wie dankbar wir ihr gutes Betragen anerkannten. Die Witterung war köstlich kühl, und in vollem Vertrauen auf diejenigen, welche zurückgelassen wurden, wendeten wir mit leichtem Herzen unser Antlitz nach Norden. Herr Rae begleitete uns eine Tagereise weit, und da unsere ganze Gesellschaft ernstlich gerathen hatte, daß wenigstens zwei Europäer auf der Reise beisammen sein sollten, so wurde im letzten Augenblick der Proviantmeister mitgenommen. Herr Rae kehrte zurück, um die „Lady Nyassa" segelfertig zu machen und sie, da sie nicht so tief im Wasser ging, als der „Pioneer," im October nach dem Ocean hinabzubringen. Ein Grund, warum wir den Proviantmeister mitnahmen, ist der Erwähnung werth. Er sowohl, als ein Mann

Namens Ring*), der, obwohl bei der Flotte nur ein Oberheizer, ein hoffnungsvoller Student auf der Universität Aberdeen gewesen war, waren in jenen schwachen, blutlos aussehenden Zustand gerathen, den ein Aufenthalt in den Niederungen, ohne viel zu thun oder nachzudenken, oft herbeiführt. Das beste Mittel dafür ist Veränderung und ein thätiges Leben. Ein Marsch von ein paar Tagen blos bis zum Mukuru-Madse flößte Ring so viel Lebenskraft ein, daß er munter zurückwandern konnte. Die Rücksicht auf die Gesundheit des Proviantmeisters bestimmte uns, ihn für diese nördliche Reise auszuwählen, und die Maßregel war von so vollkommen glücklichem Erfolge, daß es auf dem harten Marsche oft bereut wurde, daß Ring nicht auch mitgenommen worden war. Eine Ortsveränderung von nur hundert Yards ist bisweilen so wohlthätig, daß sie bei schweren Fällen niemals unterlassen werden sollte.

Am 19. August befanden wir uns vollständig auf dem Marsche. Die Insel Molola, bei welcher das Boot aufgehängt worden war, wurde bald erreicht. Auf einem der Wege, die sich zwischen den Bäumen und Büschen hindurchschlängelten, gingen zwei Männer hin. Das Rauschen des Katarakts auf der andern Seite ihrer heimathlichen Insel verhinderte sie, das Geräusch unserer Fußstapfen zu hören, bis wir auf einen Yard an sie heran waren. Ein Satz — die Bündel Wurzeln, die sie trugen, fielen auf die Erde, und sie machten sich davon, als ob sie in den Fluß springen wollten; aber wir blieben bei den Wurzeln stehen und riefen, sie möchten zurückkommen und ihre Nahrung mitnehmen. Sie dachten, wir wären Ajawa, aber ein einziger Blick versicherte ihnen das Gegentheil, und wir freuten uns, als wir sagten, wer wir wären, an ihrem vertrauensvollen Auge den weitverbreiteten Einfluß des englischen Namens zu sehen. Die Wurzeln hatten ungefähr die Größe ge-

---

*) Wie wir glauben, der Bruder eines Mannes, der Burke und Willis auf der berühmten, aber unglücklichen Expedition nach Australien begleitete.

wohlschmacker Rüben und wurden Malapa genannt. Die Eingeborenen sagten, ein Mensch, der nicht wüßte, wie man sie kochen müßte, würde sich durch den Gebrauch derselben als Nahrungsmittel selbst tödten. Das ist wahrscheinlich; denn man muß sie in einer starken Lauge von Holzasche kochen, diese weggießen, und sie in einer frischen Mischung derselben Art zum zweiten und dritten Mal kochen, ehe sie eßbar werden. Die Tamarinden dieser Gegend waren jetzt reif, und die Bewohner sammelten sie und nahmen ihnen ihre übermäßige Säure dadurch, daß sie die Hülsen mit der Asche des Pockenholzbaumes kochten, welche schön weiß ist und bisweilen zusammenbäckt, als wenn sie eine große Menge Alkali enthielte. Dieselbe Asche wird auch als Tünche benutzt. Wenn wir Leute wie diese armen Flüchtlinge trafen, wurden sie zum Tragen unseres Gepäcks verwendet und für ihre Arbeit bezahlt. Dies schien mehr Vertrauen einzuflößen, als wenn wir ihnen ein Geschenk gegeben hätten.

Unser Zweck war jetzt, nach Nord-Nord-West zu gehen, parallel mit dem Nyassasee, aber in beträchtlicher Entfernung westlich von demselben vorzudringen und auf diese Weise an den Mazitu oder Zulus in der Nähe seines nördlichen Endes vorbeizuziehen, ohne mit ihnen in Berührung zu kommen — zu ermitteln, ob irgend ein großer Fluß sich von Westen her in den See ergösse — wenn die Zeit es erlaubte, den Moelosee zu besuchen und uns Kunde zu verschaffen über den Handel auf der großen Sclavenstraße, welche den See an seinem südlichen Ende, sowie bei Tsenga und Kota-kota durchkreuzt. Die Malololo wollten gern schnell reisen, weil sie bei Zeiten wieder zurück zu sein wünschten, um ihre Felder zu hacken, ehe die Regen eintraten, und weil sie auch nach ihren Weibern sehen mußten. Masiko war in der That schon genöthigt worden, zurückzugehen und einen Zwiespalt beizulegen, von welchem ihm die Nachricht durch andere Weiber gebracht wurde, die ihren Männern ungefähr zwanzig Meilen weit mit trefflichen

Vorräthen an Bier und Mehl folgten. Masilo ging in Wuth fort; nichts weniger als das Wegbrennen der Häuser der Verbrecher werde ihm Genugthuung gewähren; aber ein Scherz über das unvermeidliche Schicksal der Polygamisten und unsere Unfähigkeit, mehr als eine Frau zu regieren, und bisweilen nicht einmal sie, nebst einem Spaziergang von mehreren hundert Meilen in der heißen Sonne besänftigte ihn dermaßen, daß er eine Woche darauf nachfolgte und uns einholte, ohne eine gefährlichere Waffe gebraucht zu haben, als seine Zunge.

Indem wir zuerst vom obersten Katarakt aus nordöstlich gingen, folgten wir einigermaßen der großen Biegung des Flusses nach dem Fuße des Zombaberges hin. Hier hatten wir eine Ansicht von seiner imposantesten Seite, der westlichen, mit dem etwa 8000 Fuß hohen Plateau, das sich nach dem Süden des Flusses hin erstreckt, und den Bergen Chirabzuru und Motschiru, die sich hoch zum Himmel aufthürmen. Von diesem herrlichen Hochlande aus hoffte einst der edle Bischof Mackenzie, der wegen seiner Herzensgröße und liebreichen Gesinnung in Wahrheit der „Bischof von Centralafrika" genannt zu werden verdient, daß Licht und Freiheit sich über das ganze Innere verbreiten werde. Wir glauben noch immer, daß es ein Mittelpunkt für civilisirende Einflüsse werden kann; denn wer von diesen kühlen Höhen herabsteigt und auf dem Oberschire in ein Boot tritt, kann ohne Hemmung dreihundert Meilen weit in's Herz von Afrika fahren.

Wir zogen durch einen mit Mopanebäumen bedeckten Landstrich, wo der hart gebrannte Boden sich weigerte, die gewöhnlichen dichten Graserndten wachsen zu lassen, und hier kamen wir auf sehr viele Bahnen von Büffeln, Elephanten, Antilopen und auf die Spur eines Löwen. Ein Ochse, den wir als Proviant für die Reise bei uns her trieben, wurde arg von der Tsetse gebissen. Die Wirkung des Bisses zeigte sich, wie gewöhnlich, zwei Tage darauf ganz deutlich an der allgemeinen Schlaffheit der Muskeln.

den hängenden Ohren und Krankheit verrathenden Blicken. Es erregte immer unsere Verwunderung, daß uns, die wir häufig ebenfalls viel von denselben Insecten gebissen wurden, ihre Angriffe nichts schadeten. Der Mensch theilt das Vorrecht der wilden Thiere.

Obgleich dies die trockene oder vielmehr heiße Jahreszeit war, so blühten doch an unserem Wege hin viele Blumen. Die Euphorbien, Affenbrod- und Kapernbäume standen im vollen Flor. Eine Anzahl großer Hornvögel zog unsere Aufmerksamkeit auf sich, und Masiko, der sich der Wurzel eines Baumes näherte, um sicher auf die Vögel zielen zu können, bemerkte nicht, daß nur wenige Yards von demselben Baume zwei Elephanten im kühlen Schatten standen, die sich mit ihren ungeheuern Ohren Kühlung fächelten. Dr. Livingstone feuerte auf dreißig Schritt Entfernung eine Kugel in das Ohr des einen der Thiere; aber es ging nur fort und schüttelte den Kopf, und Masiko bemerkte seine Gefahr erst, wie das Thier anfing, durch das Gebüsch hinwegzurasen. Als wir in einen Hain von hohen Bäumen eintraten, in deren tiefem Schatten die Trümmer eines großen Dorfes standen, zogen wir an vielen Manganjagerippen vorüber. Was noch kürzlich die Wohnstätten von Menschen gewesen waren, die in Frieden und Ueberfluß lebten, davon hatten jetzt wilde Thiere Besitz genommen.

Am Abend des 20. August fanden wir einige Bewohner, die mit Tamarinden und Mäusen ein jämmerliches Dasein fristeten, und erfuhren von ihnen, daß keine Hoffnung vorhanden sei, irgendwo Lebensmittel zu kaufen, ehe wir den kleinen See Pamalombe erreichten, wo jetzt der Ajawa-Häuptling Kainka lebte, daß aber bei der Marawi-Häuptlingin Nyango Nahrung vollauf zu finden sei. Wir wendeten uns nordwestwärts und kamen an den Strom Riweribwe oder Rivi-rivi, der in der Marawikette entspringt und sich in den Schire ergießt. Hier war, ausgenommen unter seinem sandigen Bette, der Fluß ohne alles Wasser, aber höher hinauf hat er in Zwischenräumen Teiche und dazwischenliegende trockene Strecken, und noch weiter westlich wird er ein schnell fließender Strom von vierzig Fuß Breite und einem bis zwei Fuß Tiefe. Sein Name deutet an, daß er Kataraften enthält, und der Sanjika geht in demselben hinauf, um zu laichen; aber in der heißen Jahreszeit ist die Verdunstung so stark, daß er, ehe er den Schirr erreicht, ganz trocken ist.

Das hiesige Land ist in Districte eingetheilt worden; der im Süden des Rivi-rivi liegende heißt Nhwest und der im Norden Banda. Die beiden Districte erstrecken sich längs dem Grenzstrome hin von seiner Quelle bis zu seiner Einmündung. Dies ist interessant, da es eine Abschätzung des Landes nach seinem Werthe andeutet. In vielen Gegenden hat der Gedanke nicht Wurzel gefaßt, und Jeder kann einen Garten anlegen, wo es ihm gefällt. Der Garten wird Eigenthum, das unbebaute Land beansprucht Niemand. Die Dörfer, von deren Anzahl wir vorher nicht die geringste Vorstellung hatten, da unser Weg längs dem Flusse hingegangen war, scheinen stets in Absicht auf Schatten ausgewählt worden zu sein — sie waren jetzt alle verlassen. Ringsherum stehen die hohen Sterculien, mit Stämmen von fünfzig Fuß Länge ohne einen Ast, von gelblich-grüner Farbe, und viele der Hütten sind von sich weit ausbreitenden wilden Felgenbäumen überschattet gewesen, von denen sich jetzt ungestört die Elephanten nähren. Der Boden war mit Aesten bestreut, die sie abgebrochen hatten. Eine Sterculiaspecies hat rundliche Samenkapseln von der Größe einer Faust, mit Samen, die mit kanarienfarbigem Fleisch bedeckt sind, welches eine Menge feines Oel liefert. Auch die Motsikirtbäume sind wegen des Fettes und Oeles geschätzt worden, das sich aus ihren Samen gewinnen läßt.

Da der Rivi-Rivi von Nordwesten kam, so reisten wir an seinen Ufern fort, bis wir zu Bewohnern gelangten, die sich erfolgreich gegen die Horden der Ajawa vertheidigt hatten. Indem wir die Männer des einen Dorfes veranlaßten, nach dem nächsten Dorfe vorauszugehen und zu erklären, wer wir wären, verhinderten wir die erschrockenen Einwohner, uns als eine frische Schaar von Ajawa oder von portugiesischen Sclavenagenten zu betrachten. Hier hatten sie Mais angebaut und waren gern bereit, uns welchen zu verkaufen, aber sie ließen sich durch keine Ueberredung dazu bringen, uns bis zur Häuptlingin Nyango Führer zu geben. Sie meinten offenbar, daß uns nicht zu trauen sei, obgleich unsere Gefährten, als wir unsern Charakter bescheinigen mußten, nicht verfehlten, „in unser Horn zu blasen," und zwar mit Stößen, bei denen von Bescheidenheit gar keine Rede war. Um den Argwohn zu mildern, mußten wir uns endlich enthalten, den Namen der Dame zu erwähnen.

Es würde langweilig sein, die Namen der Dörfer aufzuzählen, die wir auf unserem Wege nach Nordwesten passirten. Eins war das größte, das wir je in Afrika sahen; es war ganz verlassen, mit der gewöhnlichen traurigen Erscheinung vieler umherliegender Gerippe. Ein anderes hieß Tette. Wir kennen drei Orte dieses Namens, woraus hervorgeht, daß es ein einheimisches Wort ist; es scheint einen Ort zu bedeuten, wo das Wasser über Felsen stürzt. Ein drittes Dorf hieß Chipanga (ein großes Werk), ein Name, der mit dem Schupanga der Portugiesen identisch ist. Diese Wiederholung der Namen mag andeuten, daß dasselbe Volk auf seinem in der Sage überlieferten Zuge von Norden nach Süden jene Bezeichnungen zuerst mitnahm. Die Gegend war im Allgemeinen mit offenem Wald von üppigem Wachsthum bedeckt, und sehr große Bäume besäumten die Wasserströme. Einer, ein Feigenbaum mit eigenthümlichem Laub, war vom Blitz getroffen worden. Auf den Linien, welche das elektrische Fluidum gemacht hatte, als es am Stamme herabgeströmt war, schossen Massen neuen Wachsthums hervor, um den Schaden zu ersetzen, und es war vieles Gummi ausgeschwitzt, von einer Art, die wir noch nie an einem Baume beobachtet hatten. Ueber das Dorf Tette hinaus war nach Westen hin die Geißel des Sclavenkriegs nicht gegangen, und als wir jetzt zu menschlichen Wohnungen kamen, bewillkommneten uns die Bewohner mit Worten, deren volle Bedeutung wir, deren glückliches Land nie von einem feindlichen Einfall gelitten hat, uns kaum vorstellen können. „Wir sind froh, daß Ihr nicht Krieg bringt, sondern Frieden."

In dieser Zeit des Jahres sind die Nächte noch immer kalt, und da die Leute keine Ernte haben, die ihre Aufmerksamkeit in Anspruch nehmen könnte, so stehen sie nicht eher auf, als bis die Sonne lange aufgegangen ist. Zu anderen Zeiten sind sie fort auf ihre Felder, ehe der Tag graut, und der erste Ton, den man hört, ist das laute Schwatzen von Männern und Frauen, in welchem sie sich gewöhnlich in der Dunkelheit ergehen, um durch den Klang der menschlichen Stimme die Thiere zu verscheuchen. Wenn es nichts zu arbeiten giebt, ist die erste Mahnung, daß der Tag naht, der laut erschallende Husten des Hanfrauchers.

Als wir eines Morgens durch eine Unterhandlung über Führer aufgehalten worden waren, die wir hauptsächlich benutzten, um uns anderen Dörfern vorzustellen, liefen wir zwei Weißen eine kleine Strecke voraus, indem wir der Richtung des Stromes nachgingen. Da die Mannschaft unsern Weg immer durch die Abdrücke unserer Schuhe hatte herausfinden können, so gingen wir etliche Meilen weit fort. Diesmal jedoch verloren sie unsere Spur und folgten uns nicht nach. Der Pfad war durch Elephanten, Hyänen, Pallahs und Zebras gut bezeichnet, aber ein menschlicher Fuß hatte ihn viele Tage lang nicht betreten. Als die Sonne unterging, erreichten wir einen verlassenen Weiler, wo wir uns behagliche Betten von Gras machten. Das gewöhnliche Mittel, die Aufmerksamkeit derer, die sich verirrt haben, auf sich zu ziehen, ist in solchen Fällen das Abfeuern von Musketen. Bei dieser Gelegenheit diente der Knall von Feuerwaffen dazu, uns irre zu führen; denn als wir am nächsten Morgen Schüsse hörten, führte uns ein langer ermüdender Marsch nur zu einigen eingeborenen Jägern, die so eben Büffel geschossen hatten. Wir gingen nach einem kleinen Dorfe zurück und trafen dort einige Leute, die sich erinnerten, daß wir im Boote den See hinaufgefahren waren; sie waren so freundlich, als sie nur sein konnten. Die einzige Nahrung, die sie besaßen, waren mit Asche zubereitete Tamarinden und ein wenig Kratzbohnenmehl. Die Kratzbohne hat, wie schon erwähnt, einen sammetartigen braunen Ueberzug von kleinen Stacheln, die, wenn sie berührt werden, in die Poren der Haut eindringen und ein schmerzhaftes Jucken verursachen. Die Frauen sammeln in Zeiten des Mangels die Hülsen, zünden ein Grasfeuer über denselben an, um die Stacheln zu zerstören, quellen dann die Bohnen ein, bis sie anfangen zu keimen, waschen sie in reinem Wasser ab und kochen sie entweder oder zerstoßen sie zu Mehl, welches unserem Bohnenmehl gleicht. Diese Pflanze schlingt sich an dem langen Grase empor und kommt in allen Schilfrohrgegenden in Masse vor; obgleich sie für den Reisenden, der ihre Hülsen berührt, eine Plage ist, so leistet sie doch in Zeiten der Hungersnoth gute Dienste, indem sie manches Leben vom Hungertode rettet. Ihr hiesiger Name ist Kitedzi.

Da wir an jenem Tage wenigstens zwanzig Meilen gereist waren, um unsere Gesellschaft zu suchen, so war unsere Ruhe auf einer Matte in der besten Hütte des Dorfes sehr süß. Wir hatten den Abend zuvor Jeder eine Taube verspeist und diesen Nachmittag nur eine Handvoll Kitedzisuppe gegessen. Die Hausfrau des Dorfes nahm ein wenig Getreide, welches sie zu Samen aufgehoben hatte, mahlte es nach Eintritt der Dunkelheit und bereitete eine Suppe daraus; diese und eine Tasse wildwachsender Gemüse von süßlichem Geschmack zur Zukost brachte ein kleiner Knabe herein und stellte sie hin, wobei er nach der Sitte, die für höflich gehalten und die allen Kindern genau eingeschärft wird, mehrmals lebhaft in die Hände klatschte. Die Mahlzeit war so knapp, daß selbst der weniger Ausgehungerte von uns Beiden, der munter war, glaubte, es wäre Alles für ihn, und sich sofort darüber machte, während sein Leidensgefährte, vom Schlaf überwältigt, eben einen angenehmen Traum begonnen hatte, daß er bei einem großen Gastmahl sei. Er wachte gerade zur rechten Zeit auf, um wenigstens noch ein Bruchstück des winzigkleinen Mahls zu retten, und wurde damit unterhalten, daß er die Entschuldigungen anhören mußte, welche der unbarmherzige Verschlinger vorbrachte, und welche sein Gefährte, da er denselben starken Appetit fühlte, vollkommen verstand.

Am dritten Tage der Trennung führte uns Alosanjere, der Ortsvorsteher dieses Dorfes, vorwärts zu unserer Gesellschaft, die bis nach Njeje, einem nach Westen hin liegenden District, fortgegangen war. Wir erwähnen diesen Umstand, nicht als ob er, abgesehen von der Vorstellung, die er uns von den Bewohnern giebt, irgend etwas Interessantes besäße. Wir waren fast drei Tage lang von unserer Mannschaft vollständig getrennt und hatten nichts, wofür wir uns hätten Lebensmittel kaufen können. Die Bewohner waren durch Hungersnoth und Krieg schwer bedrängt, und ihre Gastfreundschaft, so ärmlich sie auch war, machte ihnen große Ehre und war uns höchst angenehm. Unsere Leute waren in Verwirrung gerathen und umhergeirrt, hatten aber ihr Aeußerstes gethan, um uns zu finden; bei unserer Wiedervereinigung mit ihnen wurde der Ochse erschlagen, und alle freuten sich an diesem „Schlachttage," da alle bei knapper Kost gewesen waren. Alosanjere wurde natürlich zu seines Herzens Zufriedenheit belohnt.

Am 26. August verließen wir das Dorf Chasunda, wo die Gesellschaft sich wieder vereinigt hatte, und setzten über mehrere laufende Ströme von schönem kalten Wasser. Wir hatten jetzt eine beträchtliche Höhe erreicht, wie aus dem Wechsel hervorging, der sich in der Vegetation zeigte; – der Majukobaum mit seinen großen harten Blättern, den man in den Niederungen nie antrifft, war hier mit unreifen Früchten bedeckt, — schöne Alpenrosen (Rhododendron), — die mit gefiederten Blättern versehenen Bäume (Caesalpineae), aus welchem das Baumrindengewebe gefertigt wird, — der Molompi (ein Pterocarpus), der, wenn er verwundet wird, große Quantitäten eines rothen Saftes ausschwitzt, welcher so abstringirend ist, daß er den Zwecken des Kino entsprechen könnte, und der ein Holz liefert, welches so elastisch und leicht wie Esche ist, und aus welchem die Ruder der Eingeborenen verfertigt werden. Diese mit immerwährenden, wie Maßlieben gestalteten, Blüthen versehenen Bäume nebst Farnkräutern bezeichneten einen hohen Standort, und der Siedepunkt des Wassers zeigte, daß die Höhe, auf der wir uns befanden, 2500 Fuß über dem Meere lag.

Als wir unsern Weg fortsetzten, kamen wir dicht an eine Gebirgskette hinan, deren hervorragendste Spitze Moai heißt. Dies ist ein großer, nackter, abgerundeter Granitblock, der von der übrigen Kette emporschießt. Er und mehrere andere Felsmassen haben eine hellgraue Farbe mit weißen Flecken, als ob sie mit Flechten überzogen wären. Die Seiten und Gipfel sind in der Regel dünn mit ziemlich verkrüppelten Bäumen bedeckt. Es giebt noch mehrere andere hervorragende Spitzen — eine zum Beispiel liegt noch weiter nördlich und heißt Chirobve. Jede hat einen Namen, aber wir konnten nie ermitteln, daß es eine Benennung gebe, die sich auf die ganze Kette anwenden ließ. Dieser Umstand und unser Wunsch, den Namen Dr. Kirk's zu verewigen, bewog uns später, als wir keine besondere Spitze entdecken konnten, die uns früher als Molomo-ao-kolu oder Hahnsschnabel (Cock's-bill) erwähnt worden war, die ganze Kette von der Westseite der Katarakten an bis zum nördlichen Ende des Sees hinauf „Kirk's Kette" zu nennen. Die am Moai liegende Gegend, wo wir übernachteten, wurde Paubio genannt und war offenbar eine Fortsetzung des Districtes einer unserer Stationen am Schire, an welcher wir früher Längenbeobachtungen aufgenommen hatten.

Als wir Paubio verließen, hatten wir Kirk's Kette dicht an unserer Linken und wenigstens 3000 Fuß über uns und wahrscheinlich nicht weniger als 5000 Fuß über dem Meere. Zu unserer Rechten erstreckte sich weit hin eine mit langem grünen Wald bedeckte Gegend, die allmälig zu einem mit mehreren isolirten Bergen geschmückten Rücken emporstieg, welcher das Schirethal begrenzte. Vor uns nach Norden hin lag ein Thal, so fruchtbar und lieblich, als wir es nur irgendwo sahen, das an den Bergen aufhörte, die sich einige dreißig Meilen weit über unsern Gesichtskreis hinaus erstreckten und am Cap Maclear endeten. Die Baumgruppen waren nie der Kunst des Landschaftsgärtners unterworfen, sondern schonungslos so niedergehauen worden, wie es eben der Bequemlichkeit des Anbauers paßte; dennoch bildeten die mannichfachen Combinationen von offenem Forst, waldigen Abhängen, freien Grasplätzen und dichten Massen dunkelgrünen Laubwerks längs den rinnenden Wassern hin eine eben so schöne Landschaft, wie man sie an der Themse sieht. Dieses Thal wird Göa oder Gova genannt, und als wir durch dasselbe hinzogen, fanden wir, daß das, was für das Auge glatt und eben, bedeutend von rinnenden Wassern durchfurcht war, die sich um zahllose kleine Hügel herumschlängelten. Jene kleinen Bächlein kamen von der zu unserer Linken liegenden Bergkette herab, und das Wasser war köstlich kühl.

In Gova waren die Ajawa unter Kaiñka, der jetzt an dem kleinen See Pamalombe lebte, und eine Schaar Babisa eingefallen, beide eifrige Sclavenhändler. Die Folge dieser Heimsuchung war, daß an den Stellen, wo Frauen sich zu ihren früheren Gärten zurückgewagt hatten, unsere Erscheinung das Signal zur augenblicklichen Flucht war. Einst war ein sehr großer Theil des Landes angebaut gewesen, aber jetzt wurde es Büffeln und

Elephanten preisgegeben. Um die Weiler herum standen die tiefdunkeln Euphorbiaheden, und schattige Bäume warfen eine angenehme Kühle über den ebenen Boalo, wo früher Korbmachen, Spinnen und Weben, oder Tanzen, Trinken und Schwatzen von statten ging. Für das Auge war Alles schön; aber Bewohner waren nicht zu sehen — außer hier und da einige niedergeschlagen aussehende Männer. Nahrungsmittel ließen sich nicht kaufen, und als das gewohnte Anerbieten für Fremde wurde nur ein jämmerlich kleines Geschenk von wildwachsenden Früchten gebracht. Wir versuchten deshalb, einige der Dorfbewohner, die wir antrafen, zu bewegen, uns über die zu unserer Linken liegende Bergkette zu bringen; aber obgleich wir wußten, daß die Maravi auf der Westseite derselben lebten, so behaupteten sie doch steif und fest, daß es innerhalb zweier Tagereisen von ihr keine gäbe. Mehrere der Gebirgswände in dieser Gegend sind außerordentlich steil und die auf ihnen liegenden losen Blöcke scharfkantig und eckig, ohne eine Spur der Verwitterung. Eine Zeit lang betrachteten wir die eckige Beschaffenheit der Bruchstücke als Beweis, daß der Continent einer vergleichungsweise neuen Formation angehöre, aber später hörten wir die Operation, durch welche die Geschiebe in diese scharfkantigen Bruchstücke zerspalten werden, wirklich vor sich gehen. Die Felsen werden durch die brennende Sonne während des Tages bis zu einem solchen Grade erhitzt, daß man bisweilen, wenn man sich nach Eintritt der Abenddämmerung auf dieselben niedersetzt, erschrickt, weil man sie für das nur durch dünne Beinkleider geschützte Fleisch viel zu heiß findet, um es aushalten zu können. Der auf sie gestellte Thermometer steigt in der Sonne bis auf 137°. Diese erhitzten Oberflächen ziehen sich, indem sie sich durch die Abendluft von außen abkühlen, auswendig mehr zusammen als inwendig, und das nicht nachgebende Innere sprengt die äußeren Theile ab und treibt sie einen bis zwei Fuß weit fort. Wer an einer felsigen Stelle die Bruchstücke beobachtet, die auf diese Weise abgesprengt worden sind, wird in der Nähe Stücke finden, die von wenigen Lothen bis zu ein- oder zweihundert Pfund wiegen, und die auf die neue Oberfläche des ursprünglichen Blockes genau passen, und an den Abenden kann er zwischen den Hügeln, wo der Schall gern hin und her wandert, das wiederhallende Echo des Knalles hören, den die Eingeborenen den bösen Geistern und die Aufgeklärteren diesen natürlichen Ursachen zuschreiben.

Es würde keine große Kunst gewesen sein, diese Berge ohne einen Weg zu ersteigen, der uns geführt hätte; aber wir hatten keine Lust, die Zeit zu vergeuden, die zu einem langhingezogenen Hinaufsteigen nothwendig war. Unsere Lebensmittel waren fast verbraucht, und wir eilten daher nach Norden vorwärts, in der Hoffnung, dort zu finden, was wir brauchten.

Später entdeckten wir, daß die armen Leute guten Grund hatten, Fremde, die sie nicht kannten, nicht zu den Getreidevorräthen zu führen, welche sie nach dem feindlichen Einfall sich genöthigt gesehen hatten zwischen den Felsen der Hügel zu verbergen.

Als wir der Spitze Chirobve gegenüber kamen, wollten uns die Bewohner nicht länger Führer mitgeben. Sie fürchteten sich vor ihren Feinden, deren Wohnsitze wir jetzt an unserer Ostseite hatten, und indem wir ohne irgend Jemanden, der uns geführt oder den Einwohnern vorgestellt hätte, weiter zogen, wurden wir durch alle die Wege in Verlegenheit gebracht, die, anstatt das Thal entlang, im Zickzack kreuz und quer liefen. Sie waren von den Dorfbewohnern gemacht worden, die von den auf den Abhängen stehenden Weilern nach ihren Gärten auf den unten liegenden Wiesen gingen. Um unsere Verlegenheit zu vermehren, hatten die Flüßchen und Gebirgsgießbäche dreißig bis vierzig Fuß tiefe Rinnen ausgewaschen, mit steilen Seiten, die nur an gewissen Punkten erklettert werden konnten. Die noch übrigen Einwohner auf der Flanke der Bergkette erhoben, als sie sahen, wie Fremde sich von einer Seite zur andern wandten und oft an unmöglichen Stellen über jene Gießbachbetten zu setzen versuchten, ihr gellendes Kriegsgeschrei und machten mit ihren Aufrufen das Thal wiederhallen. Es war Krieg, und nur Krieg, und wir waren zu tief unten im Thale, als daß unsere zur Verständigung erhobenen Stimmen gehört werden konnten. Zum Glück hatten sie in einem großen Umkreise das lange Gras weggebrannt. Nur hier und da verbarg es sie vor uns. Wir wählten einen freien Platz aus und verbrachten eine Nacht, in der wir von Allen, die um uns waren, als Sclavenjäger angesehen wurden; aber wir blieben ungestört, obgleich die gewöhnliche Art, wie man in diesem Theile des Landes einen Feind behandelt, ein nächtlicher Angriff ist.

Die Nächte waren bei der hohen Lage des Thales kühl; die niedrigste Temperatur betrug 37°; um 9 Uhr Vormittags und 9 Uhr Nachmittags war sie 58°, ungefähr die mittlere Temperatur des Tages, am Mittag 82°, bei Sonnenuntergang 70°. Unser Marsch wurde bedeutend gehemmt durch die unvollständig verbrannten Getreide- und Grashalme, die quer über die Wege gefallen waren. Einem Leser in England wird dies als ein sehr geringes Hinderniß erscheinen. Aber er muß sich die Grasstengel so dick wie sein kleiner Finger vorstellen, und die Getreidehalme wie eben so viele Spazierstöcke, die in einer Richtung liegen und einander so unterstützen, daß man die Füße aufheben muß, wie wenn man durch sehr hohe Haide watet. Die Grashalme zeigten die Ursachen gewisser Explosionen, die so laut wie Pistolenschüsse sind, und die man hört, wenn die jährlichen Feuer über das Land hin toben. Die inwendig befindliche erhitzte Luft zersprengt bei ihrer Ausdehnung den Halm mit einem lauten Knall und streut die Bruchstücke auf dem Boden umher.

Es war hier viel einheimisches Getreide gebaut worden, und wir sahen in den verlassenen Gärten Büffel weiden, und einige Frauen, die viel schneller davon liefen, als die Thiere.

Als wir am 29. einige Leute unter einem Baume bei einem Dorfe stehen sahen, setzten wir uns nieder und schickten Masego, einen von unserer Reisegesellschaft, hin, um mit ihnen zu sprechen. Der Ortsvorsteher Matunda kam mit ihm zurück und brachte eine Kürbisflasche mit Wasser für uns. Er sagte, die sämmtlichen Bewohner wären vor den Ajawa geflohen, die eben erst aufgehört hätten, zu plündern, nachdem ihnen fünf Personen für eine Beleidigung entrichtet worden wären, um deren willen sie den Einfall gemacht hatten. Matunda hatte Getreide vollauf zu verkaufen, und die Frauen waren bald sämmtlich beschäftigt, es zu Mehl zu mahlen. Wir versahen uns mit einem reichlichen Vorrath und mit vier Milchziegen. Die Manganjaziege ist von einer viel besseren Race als die gewöhnliche afrikanische; sie hat kurze Beine und einen schön gestalteten breiten Körper. Indem wir den Malololo versprachen, daß sie, wenn wir die Milch nicht mehr brauchten, die Ziegen bekommen sollten, um die Race ihrer eigenen, die sie zu Hause hatten, zu verbessern, wurden sie bewogen, sowohl für die alten als für die jungen Ziegen beim Treiben und Bleiben die größtmöglichste Sorge zu tragen.

Nachdem wir Matunda verlassen hatten, kamen wir an das Ende des Gebirgsthales, und ehe wir einen jähen Abhang von tausend Fuß nach der Gegend hinabstiegen, welche der Absatz des Sees genannt werden kann, hatten wir die kühnen Berge des Cap Maclear mit dem blauen Wasser an ihrem Fuße zu unserer Rechten, die Hügel von Tsenga in der Ferne vor uns, und Kirk's Kette, die sich noch weiter nach Norden hin erstreckte und scheinbar niedriger wurde, zu unserer Linken. Als wir ein schönes, reiches, wellenförmiges Thal hinabkamen, setzten wir über viele, das ganze Jahr hindurch fließende Wasser, die von den Hügeln zu unserer Linken nach Osten liefen, während alle diejenigen, welche sich hinter uns auf dem höheren Terrain befanden, sich in einen

14*

einzigen Fluß, Namens Lefue, zu vereinigen schienen, der sich in den See ergoß.

Nach einem langen Tagemarsche im Thale des Sees, wo die Temperatur bedeutend höher war als in demjenigen, welches wir eben verlassen hatten, zogen wir in Katosa's Dorf ein, das auf dem Ufer eines Flusses zwischen riesenhaften, zu Bauholz tauglichen Bäumen liegt, und fanden dort eine große Schaar Ajawa — Waiau, wie sie sich selbst nannten — die sämmtlich mit Musketen bewaffnet waren. Wir setzten uns unter sie und wurden bald an den Hof des Häuptlings gerufen und mit einem reichlichen Gericht Suppe, Büffelfleisch und Bier beschenkt. Katosa war offenherziger als alle Manganja-Häuptlinge, die wir getroffen hatten, und machte uns ein Compliment, indem er sagte, „wir müßten seine „Bazimo" (die guten Geister seiner Ahnen) sein; denn als er am Pamalombe gelebt hätte, wären wir von oben auf ihn herabgestiegen — wir wären Männer, deren Gleichen er noch nie gesehen hätte, und kämen, er wüßte nicht woher." Er gab uns eine seiner eigenen großen und reinlichen Hütten, um darin zu schlafen, und wir ergriffen diese Gelegenheit, um zu sagen, daß der Eindruck, den wir auf unserer ersten Reise auf den Hügeln in den Dörfern Chinsunsé's von dem übertriebenen Schmutz der Manganja empfangen hatten, irrig war. Dieser Zug beschränkte sich auf die kühlen Hochlande. Hier sah man Haufen Männer und Frauen sich täglich in dem Flusse waschen, der an ihren Dörfern vorbeilief, und dies war, wie wir noch anderwärts beobachtet haben, sowohl bei den Manganja als bei den Ajawa eine allgemeine Sitte.

Ehe wir am Morgen des 1. September aufbrachen, schickte Katosa eine ungeheuere Kürbisflasche Bier, die wenigstens drei Gallonen enthielt, und kam dann selbst und wünschte, „daß wir einen Tag bei ihm bleiben und mit ihm essen möchten." Als wir ihm die Gründe auseinandersetzten, warum wir eilen müßten, sagte er, obgleich er an dem Wege wohne, den Reisende gewöhnlich passirten, so hielte er sie doch nie auf ihren Reisen auf, aber er möchte uns gern einen Tag bei sich haben. Nachdem wir ihm versprochen hatten, auf unserer Rückkehr ein wenig bei ihm zu bleiben, gab er uns ungefähr zwei Viertelbushel Reis und drei Führer, um uns zu einer untergeordneten Häuptlingin, Nkwinda, zu geleiten, die an den Gestaden des vor uns liegenden Sees lebte.

Die Ajawa wußten, weil sie Sclaven nach Quillimane und Mosambik hinabgebracht hatten, mehr von uns als Katosa. Ihre Musketen waren sorgfältig geputzt und kamen keinen Augenblick aus den Häuten dieser Sclavenmacher, obgleich sie vor dem Häuptling waren. Wir hegten die natürliche Besorgniß, daß wir Katosa nie wieder sehen würden. In die Ajawastämme schien ein Wandertrieb gekommen zu sein. Zuerst sollen sie Kriege unter sich selbst in Bewegung gesetzt haben, um dem Sclavenhandel der Küste Zufuhr zu liefern. Die gewöhnliche Art, wie sie unter den Manganja eingerückt sind, ist Sclavenhandel auf freundschaftlichem Wege gewesen. Sodann, als sie erklärten, sie wünschten als Unterthanen zu leben, sind sie als Gäste willkommen aufgenommen worden, und die Manganja, die große Landwirthe sind, haben eine Zeit lang beträchtliche Massen dieser Besucher ernähren können. Als die Lebensmittel spärlich wurden, fingen die Gäste an, auf den Feldern zu stehlen; in Folge dessen entstanden Streitigkeiten, und da die Ajawa Feuerwaffen hatten, kamen ihre Wirthe am schlechtesten dabei weg, wurden aus einem Dorfe nach dem andern und aus ihrem eigenen Lande vertrieben. In Betreff des Sclavenhandels waren die Manganja genau eben so schlecht wie die Ajawa, hatten aber weniger Unternehmungsgeist und liebten mehr die häuslichen Geschäfte des Spinnens, Webens, Eisenschmelzens und Landbaues, als das Reisen in's Ausland. Die Ajawa hatten zu Handwerken wenig Neigung und zum Landbau keine große Liebe, waren aber sehr eifrige Handelsleute und Reisende. Jene Schaar schien uns im ersten oder freundschaftlichen Stadium des Verkehrs mit Kalosa zu stehen, und er lebte, wie wir später fanden, ganz in der Gefahr.

Wir richteten unsern Weg nach Nordwesten und durchwanderten einen großen, fruchtbaren Strich reichen Bodens, der in umfassender Weise angebaut, aber mit vielen riesenhaften dornigen Akazien besetzt war, welche sich für die kleinen Aexte der Anbauer als zu groß erwiesen. Nachdem wir Mkwinba verlassen hatten, war das erste Dorf, in welchem wir im District Ngabi eine Nacht zubrachten, dasjenige Chembi's; es hatte eine Pallisade ringsum. Westlich von uns sollten die Azitu oder Mazitu eben das Land verheeren, und Niemand war sicher, ausgenommen in einer Pallisade. Wir haben beim Reisen so oft von Krieg gehört, der vor uns sein sollte, daß wir Chembi's Behauptung, das ganze Land nach Nordwesten sei vor diesen Mazitu, die unter einem Häuptling mit dem furchtbaren Namen Mowhiriwhiri ständen, auf der Flucht, wenig beachteten; wir entschlossen uns daher, nach Chinsamba's Dorf zu gehen, das noch weiter in derselben Richtung lag, und zu hören, was er darüber sage.

Indem wir über fruchtbare Ebenen derselben Art marschirten, gab es Weniges, was den Geist interessiren konnte. Die Luft war sehr schwül, denn dies ist die „heiße Zeit" des Jahres. Ein dichter Nebel beschränkte unsere Aussicht nach allen Seiten hin auf wenige Meilen. Der blendende Glanz der brennenden Sonne auf diesem Nebel macht auf Einen, der an den feinen Nebel gewöhnt ist, wie er anderwärts vorkommt, den Eindruck, als wäre er in einen heißen Dunst eingehüllt. Der Feldbau war sehr umfangreich und zog natürlich unsere Gedanken auf die Landwirthschaft der Afrikaner. Auf einem Theile dieser Ebene hatten die Bewohner Maisfelder, deren Pflanzen sich hoch über unsere Köpfe erhoben. In einer sandigen Delle, durch welche ein nie vertrocknender Strom floß, waren eine Reihe drei Fuß tiefer und vier Fuß weiter Löcher gemacht werden. Der in den Boden dieser Löcher gesäte Mais genoß die Wohlthat der Feuchtigkeit, welche vom Strome aus durch den Sand sickerte, und das Ergebniß war eine blühende Ernte zu einer Zeit des Jahres, wo die ganze übrige Gegend versengt und staubig war. Als wir die in einem großen Maiskolben oder Aehre befindlichen Körner zählten, fanden wir, daß er deren 360 enthielt, und da ein einziger Stengel zuweilen zwei bis drei Kolben hat, so kann man sagen, daß er drei- bis vierhundertfältig trägt.

Während man sich in der trockenen Jahreszeit die feuchte Schicht in diesen Löchern zu Nutze macht, werden Getreide, Bohnen und Kürbisse, die man nur in der Regenzeit des Jahres erbaut, auf einen Fuß hohe Furchenrücken gepflanzt, welche die überflüssige Feuchtigkeit ablaufen lassen. Eine andere Art, auf welche die Eingeborenen ihre Fertigkeit in der Landwirthschaft

Hadende Frauenzimmer.

zeigen, besteht darin, daß sie alles Unkraut und Gras auf Haufen sammeln, mit Erde bedecken und dann in Brand stecken. Es verbrennt langsam, und die ganze Asche nebst einem großen Theil des Rauches bleibt in der darüberliegenden Erde zurück. Die so gebildeten Dämme tragen, wenn man darauf sät, reichlich. Das einzige Werkzeug der hiesigen Landwirthschaft ist die kurzstielige Hacke, und um Tette herum wird die Arbeit der Bestellung des Bodens, wie sie auf dem Holzschnitt dargestellt ist, ganz von Sclavinnen ausgeführt. Auf der Westküste wird eine zweistielige Hacke angewandt. Hier sieht man die kleine Hacke in den Händen sowohl von Männern als von Frauen. In anderen Gegenden Afrikas wird eine Hacke mit einem vier Fuß langen Stiel benutzt, aber der Pflug ist ganz unbekannt.

Zur Erläuterung der Art und Weise, wie die Kenntniß der Eingeborenen in der Landwirthschaft einem redlichen und verständigen Beobachter vorkommt, mag erwähnt werden, daß der biedere Bischof Mackenzie, sobald er sah, wie gut die Felder der Manganja auf den Hügeln bestellt waren, gegen Dr. Livingstone, der damals sein Reisegefährte war, bemerkte: „Als ich den Leuten in England sagte, welches die Zwecke meiner Reise nach Afrika wären, gab ich an, daß ich unter Anderem diesen Leuten die Landwirthschaft zu lehren gedächte; aber jetzt sehe ich, daß sie weit mehr davon verstehen als ich." Dies war nach unserem Dafürhalten ein redliches und aufrichtiges Zeugniß, und wir glauben, daß jeder vorurtheilsfreie Zeuge, der Gelegenheit hat, sich über Afrikaner, die noch nicht durch Sclaverei verschlechtert worden sind, ein Urtheil zu bilden, sie auf eine viel höhere Stufe der Intelligenz, Industrie und Männlichkeit stellen wird, als Andere, die sie nur in einem entwürdigten Zustande kennen.

Auf zwei Tagemärschen zählten wir vierundzwanzig Baumwollenstücke, deren jedes wenigstens einen Viertelacker umfaßte. Sie alle waren, wie schon bemerkt, von Unkraut so rein gehalten worden, daß die Feuer bei den regelmäßigen Grasbränden an den Baumwollensträuchern vorübergingen, ohne sie zu berühren.

Männer und Frauen sah man ihr Getreide aus den Dörfern nach den Pallisaden schaffen; vieles längs dem Wege hin verstreutes bewies die Eile, mit welcher es nach den Sicherheitsplätzen getragen worden war. Manche hieben die großen alten Euphorbiabäume und einen Doldenbaum nieder, welche die Dörfer umringten, um eine freie Aussicht auf den herannahenden Feind zu bekommen. Bald lag ein todter Körper auf unserem Wege mit einer Wunde im Rücken, bald ein zweiter, und noch einer; sie lagen in den Stellungen da, die sie im Todeskampf angenommen hatten und die kein Maler wiederzugeben im Stande ist. Als wir in die Nähe von Chinsamba's zwei Pallisaden an den Ufern des Lintipe kamen, sagte man uns, die Mazitu wären den Tag zuvor dort zurückgeschlagen worden, und den Beweis für die Wahrheit des Berichtes über den Angriff hatten wir in dem traurigen Anblick der Körper der Erschlagenen. Die Zulus hatten viele mit Getreide beladene Frauen mit fortgenommen, und als sie zurückgetrieben wurden, hatten sie einem männlichen Gefangenen, als eine Art Beglaubigung, daß er bei den Mazitu gewesen sei, die Ohren abgeschnitten und ihn mit grimmigem Humor an Chinsamba geschickt, um ihm zu sagen, „er solle das Getreide in den Pallisaden gut in Acht nehmen, denn sie gedächten in einem oder zwei Monaten zurückzukehren, um es zu holen."

Bei unserer Ankunft trommelten Chinsamba's Leute aus Leibeskräften, um ihre Freude über ihre Befreiung von den Mazitu auszudrücken. Die Trommel ist bei den Manganja das musikalische Hauptinstrument, und mit ihr legen sie sowohl ihre Freude als ihr Leid an den Tag. Sie zeichnen sich im Tactschlagen aus. Chinsamba rief uns in eine sehr große Hütte und beschenkte uns mit einem ungeheuern Korb Bier. Der Glanz des Sonnenlichtes, aus dem wir gekommen waren, setzte ihn in den Stand, uns

nach Diplomatenart genau in Augenschein zu nehmen, ehe unsere
Augen sich hinlänglich an die darin herrschende Dunkelheit ge-
wöhnten, um ihn zu sehen. Er hat etwas Jüdisches in seinem
Gesicht, oder vielmehr das altassyrische Gesicht, wie man es in
den Denkmälern sieht, die von Herrn Layard in das Britische
Museum gebracht worden sind. Diese Gesichtsbildung ist in jenem Lande sehr gewöhnlich und führt zu dem Glauben, daß der
wahre Typus des Negers nicht derjenige ist, den man auf der
Westküste antrifft, und von welchem die meisten Leute ihre Vorstellungen von den Afrikanern hergeleitet haben. Die Mehrzahl
der hiesigen Köpfe sind ebenso wohlgestaltet wie diejenigen, welche
in den alten assyrischen und ägyptischen Denkmälern abgemalt
sind. Die Lippen gleichen denen der Europäer mehr, als denen
der Neger auf der Westküste. Man kann sie zwar als voll, aber
nicht als unangenehm voll beschreiben, und man kann mehr Köpfe
beobachten, die etwas nach hinten und nach oben verlängert sind,
wie derjenige Julius Cäsar's, als unter uns selbst. Ein großer
Ring in dem einen Ohre erinnert uns an die ägyptischen Denkmäler, und ebenso manche Moden der Haarfrisur. Die Beine
zeigen, als Regel genommen, nicht die hohen Waden, von denen
man annimmt, daß sie die afrikanische Race unterscheiden; auch
begegnen wir dem, was man Lerchensporn (lark-heel) nennt, hier
nicht öfter als unter den civilisirten Racen Europas. In mehreren Fällen haben wir eine eigenthümliche Länge des Schenkel-
beins bemerkt, aber keine Gelegenheit gehabt, zu ermitteln, ob sie
so gewöhnlich ist wie die langen Arme, welche ehedem beim
Gebrauch des Haudegens unter uns selbst so vielen Vortheil
gewährten.

Chinsamba hatte in seiner Pallisade viele Abisa oder Babisa,
und hauptsächlich mit Hülfe ihrer Musketen hatte er die Mazitu
zurückgeschlagen. Diese Babisa sind große Reisende und Handelsleute und nehmen in der That in ihrem Lande ziemlich die-

selbe Stellung ein, wie die Griechen in der Levante. Fast die
ersten Worte, die sie an uns richteten, waren: „Ich habe das
Meer gesehen; ich bin in Ibo, Mosambik, Quillimane gewesen;
ich kenne Schiffe, Dampfer, Engländer; ich bin ein großer Handelsmann." Auf diese Kenntniß wurde ein Anspruch auf Ver-
traulichkeit gegründet, wie sie wahrscheinlich von halbkastischen
Händlern an der Küste gestattet wird. Während die Manganja
uns mit Ehrfurcht betrachteten, als allen Leuten, die sie je zuvor
gesehen hatten, ganz und gar unähnlich, traten die Babisa in unsere Hütten ein und setzten sich nieder mit der Miene von Männern, die an gute Gesellschaft gewöhnt sind. Indem wir gegen
die Eindringlinge höflich sein wollten, machten wir ihnen ein
Compliment wegen ihrer weiten Reisen und ihres ausgedehnten
Handels und sprachen die Hoffnung aus, daß sie, da sie so viel
gelernt hätten und so reich geworden wären, gegen die müden,
hungrigen und durstigen Fremdlinge großmüthiger sein würden
als gewöhnlich; aber dies hatte keine Wirkung. Wir empfingen
weder hier noch anderwärts von den Babisa je das geringste Geschenk. Die Matololo faßten gewöhnlich die Sache ziemlich stark
an, indem sie den zudringlichen Besuchern dieses Stammes sagten, „daraus, daß sie sich herausnähmen, sich neben die Engländer zu setzen, ginge deutlich hervor, daß sie noch nie einen gesehen
hätten, — daß ihre Reisen vom Anfang bis zu Ende Lügen
wären, — daß sie den wirklichen Engländern des Meeres nie
hätten begegnen können, sondern nur Bastardgeschöpfen mit Haaren wie diese" (wobei sie auf ihre eigenen Köpfe zeigten). Ohne
grob zu sein, erreichten wir gewöhnlich nur gerade so viel von ihrer
Gesellschaft, als wir verlangten, und fanden, daß sie vom Innern
mehr Kenntniß besaßen als von der Meeresküste.

Mit Chinsamba waren wir sehr zufrieden und fanden, daß
er dem Vorhaben, unser Leben auf's Spiel zu setzen, indem wir
noch weiter nach Nordwesten gingen, durchaus entgegen war.

Man glaubte, daß die Majitu alle in jener Richtung liegenden Hügel besetzt hätten, und wir brachten daher den 4. September bei ihm zu. Dieser District, Mosapo genannt, ist wellenförmig mit einigen kegelförmigen Hügeln, aber der dicke Nebel gestattete uns nur kurze Strecken weit zu sehen. Das Gras war jetzt alles gelb, und einige schwarze Flecken zeigten, wo es weggebrannt worden war. Die hohen Bäume waren entblößt, ausgenommen an den Ufern des Lintipe, der hier in einem tiefen felsigen Fluthbett läuft. Wo wir früher über denselben gegangen waren, am See, war er ruhig und tief, und ein Flußpferd spielte in einer seiner Stromstrecken. An der Pallisade, in welcher wir lebten, stand ein dichter Hain, und unsere Leute schossen in demselben viele Perlhühner. Die Frauen und Kinder sah man sich beständig im Strome baden, und die Männer näherten sich nicht eher, als bis sie gebeten hatten, sie vorbeigehen zu lassen. Wir haben häufig bemerkt, daß die Manganjerinnen sehr eigen darin sind, jede Stelle zu vermeiden, wo sie vermuthen, daß Männer sich waschen, und nur der Fall, wo sie zum ersten Male die weiße Haut erblicken, läßt sie zuweilen ihre guten Sitten vergessen. Das Lachen der Frauen ist ganz voller Fröhlichkeit. Es ist kein dummgeziertes Lächeln, noch ein sinnloses lautes Gelächter, sondern ein rein schallendes Lachen, dessen Ton unserem Herzen wohlthut. Man beginnt mit Hä, Héé, dann kommt der Chor, in welchem sich Alle vereinigen, Häéé! und sie hören damit auf, daß sie zusammen in die Hände klatschen, was dem Zuschauer die Vorstellung großer Innigkeit giebt. Wenn wir zum ersten Mal einem Häuptling vorgestellt wurden und ein freudiges Blinzeln des Auges bemerkten, das sein Lachen begleitete, so haben wir ihn stets für einen muntern Gesellschafter gehalten und haben uns später nie in ihm getäuscht gesehen.

Es ist etwas ziemlich Unbedeutendes und wird nur von denjenigen verstanden werden, welche selbst Kinder haben, wenn wir erwähnen, daß das Schreien der Kleinen in ihren kindlichen Leiden hier dem Tone nach in verschiedenen Lebensaltern dasselbe ist, wie in der ganzen Welt. Wir sind durch die Jammertöne, welche einst den väterlichen Ohren und Herzen vertraut waren, stets an Heimath und Familie erinnert worden und fühlten uns dankerfüllt, daß unsere Kinder zu den Leiden der Kindheit niemals noch die herzzerreißenden Wehen des Sclavenhandels hinzugefügt haben.

Indem wir Chinsamba's Rath annahmen, die Mazitu bei ihrer Plünderung zu vermeiden, brachen wir am 5. September nach Nordosten auf und passirten eine Meile einheimischer Getreidefelder nach der andern, mit einem gelegentlichen Baumwollenstück. Viele der dicken Getreidehalme waren bei der Eile der Schnitter abgebrochen worden und lagen zu unserer großen Unbequemlichkeit im Gehen quer über die Wege. Männer und Frauen ernteten eifrig die noch übrigen Aehren ab und schafften sie in Eile nach den Pallisaden, die mit Getreide vollgestopft waren und deren jede drei- bis viertausend Seelen enthielt. Manche hielten uns für Mazitu und flohen bestürzt, kehrten aber zurück, als von unseren Führern versichert wurde, daß wir die Engländer wären, die den See hinaufgesegelt seien. Längs den Wegen hin war von den Mazitu und den Flüchtlingen in ihrer Eile so viel Getreide verstreut worden, daß manche Frauen es sammelten und aus dem Sande herauswarfen. Drei todte Körper und mehrere verbrannte Dörfer zeigten, daß wir den Eindringlingen dicht auf den Fersen waren, und daß das System der Verschaffung „freundlicher Herren" in den Händen der Zulus ein hinlänglich trauriges System ist. Alles, was zu seinen Gunsten angeführt werden kann, ist, daß es einen viel geringeren Lebensverlust herbeiführt als dasjenige, welches weit weniger Ueberlebenden „freundliche Herren" über dem Ocean verschafft.

Nach einem langen Marsche durch Getreidefelder zogen wir

über eine wasserlose Ebene¹, ungefähr nordnordwestlich von den Hügeln von Tsenga, nach einem Dorfe am See und von da an seinen Küsten nach Chitanda hinauf. Die Ufer des Sees waren jetzt mit Flüchtlingen überfüllt, die sich dort des ärmlichen Schutzes halber gesammelt hatten, welchen das Schilfrohr gewährte. Meilen weit am Rande des Wassers hin war ein einziges ununterbrochenes Dorf von zeitweiligen Hütten. Die Bewohner hatten ein wenig Getreide mitgebracht; aber sie sagten: „Was sollen wir essen, wenn das zu Ende ist? Wenn wir Getreide anpflanzen, kommen die wilden Thiere (Zinyama, wie sie die Mazitu nennen) und nehmen es. Pflanzen wir Maniok an, so thun sie dasselbe. Wie sollen wir leben?" Eine arme alte Frau, die dachte, wir wären Mazitu, stürzte mit ausgestreckten Armen vor uns fort, indem sie die Füße hoch aufhob, wie diejenigen, welche ihr Gesicht verloren haben, zu thun pflegen, und sprang, um sich zu retten, in das Schilfrohr eines Flusses.

Auf unserem Wege längs den Gestaden hin setzten wir über mehrere laufende Flüßchen mit hellem kaltem Wasser, die, weil sie an ihren Einmündungsstellen Schilfrohr haben, bei unserer vorigen Erforschung im Boote nicht bemerkt worden waren. Eins derselben hieß Mokola, und ein anderes hatte einen starken Geruch nach Schwefelwasserstoffgas. Am 8. September erreichten wir Molamba und fanden unsern alten Bekannten Nkomo noch dort. Einer der Vortheile, den wir davon hatten, daß wir längs den Ufern des Sees hin reisten, bestand darin, daß wir uns überall in seinem klaren frischen Wasser baden konnten. Uns, die wir so oft genöthigt gewesen waren, im Zambesi und Shire unsere Neigung aus Furcht vor Krokodilen zu bezähmen, war dies über die Maßen angenehm. Das Wasser hatte jetzt dieselbe Temperatur wie bei unserem früheren Besuch, oder 72° Fahrenh. Die ungeheure Tiefe des Sees verhindert die Strahlen der Sonne, die Temperatur so hoch steigen zu lassen wie die des Schire und Zambesi, und die Krokodile, die im See stets klares Wasser und Fische im Ueberfluß haben, greifen selten Menschen an; viele dieser Reptilien konnte man auf den Felsen sich sonnen sehen.

Ein Tagemarsch über Molamba hinaus brachte uns zu dem kleinen See Chia, der mit dem Nyassa parallel liegt. Er ist drei bis vier Meilen lang und eine bis anderthalb Meilen breit und steht mit dem Nyassa durch einen Arm von beträchtlicher Tiefe in Verbindung, in welchem sich aber einige Felsen befinden. Als wir zwischen dem Nyassa und dem östlichen Ufer dieses kleinen Sees hinaufzogen, sahen wir keine Flüsse, die sich in denselben ergossen hätten. Es ist ganz merkwürdig wegen des Reichthums an Fischen, und wir sahen über fünfzig große Baumkähne mit der Fischerei beschäftigt, welche vermittelst Handnetzen mit etwa sieben Fuß langen Stangen als Seitenrahmen betrieben wird. Diese Netze sind fast genau so wie diejenigen, welche jetzt in der Normandie im Gebrauch sind — der Unterschied liegt darin, daß das afrikanische Netz ein Stück Stock hat, das quer über die Griff-Enden der

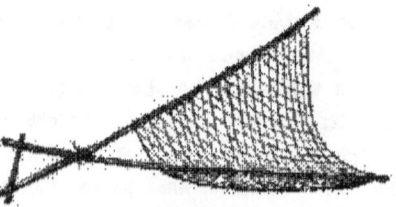

Handnetz am Chia.

Seitenstangen gebunden ist, um dieselben fest zu halten, was eine große Verbesserung ist. Die Fische müssen in sehr großer Zahl vorhanden sein, um in solchen Quantitäten, wie wir sie sahen, und von so vielen Baumkähnen aus dem Wasser geschaufelt zu werden. Es giebt hier einen völligen Handel in getrockneten Fischen.

Das umliegende Land ist hoch, wellenförmig und in sehr umfangreicher Weise mit Maniok bepflanzt. Die gebräuchliche

Hacke hat einen vier Fuß langen Stiel, und der eiserne Theil hat genau dieselbe Gestalt wie diejenige im Lande der Betschuanas. Die hiesigen Körbe, die so dicht zusammengeflochten sind, daß sie Bier halten, sind dieselben wie diejenigen, welche man in dem — tausend Meilen entfernten — Kafferlande anwendet, um Milch zu halten.

Das Marschiren zu Fuße ist dem Nachdenken besonders zuträglich — man freut sich über jeden Gegenstand, der den Geist beschäftigen und die Eintönigkeit des ermüdenden, tretmühlenähnlichen Dahinrollens unterbrechen kann. Das Chianetz erinnerte uns daran, daß der Blasebalg des Schmiedes, der hier aus einem ziegenledernen Sack, mit Stöcken an den offenen Enden, besteht, derselbe ist wie der weit nach Südwesten hin im Betschuanalande gebräuchliche. Dieser Blasebalg, nebst der langstieligen Hacke, kann nur darauf hinweisen, daß eine Horde nach der andern, die von Norden nach Süden zog, Erfindungen aus derselben Urquelle mit sich nahm. Wo diese Quelle gewesen sein mag, wird wahrscheinlich durch ein anderes Paar Blasebälge angezeigt, die wir unterhalb der Victoriafälle beobachteten, und die man in Centralindien und unter den Zigeunern Europa's findet.

In fernen Zeiten mögen die Menschen höher entwickelte Naturtriebe besessen haben, welche sie in den Stand setzten, Gifte zu vermeiden oder zu benutzen; aber der selige Erzbischof Whately hat nachgewiesen, daß ganz ununterrichtete Wilde nie etwas erfinden oder auch nur überhaupt ihr Leben erhalten konnten. Eine reiche Bestärkung seiner Beweisgründe trifft man in diesem Lande an, wo die Eingeborenen hinsichtlich der Kleidung nur wenig bedürfen und merkwürdig abgehärtete Magen haben. Obgleich sie von allen im Lande vorkommenden eßbaren Wurzeln und Früchten Kenntniß besitzen, Hacken haben, um damit zu graben, und Speere, Bogen und Pfeile, um das Wild zu erlegen — so haben wir doch gesehen, daß sie, ungeachtet aller dieser Hülfsmittel und Werkzeuge noch obendrein, durch unbedingten Hungertod umkamen.

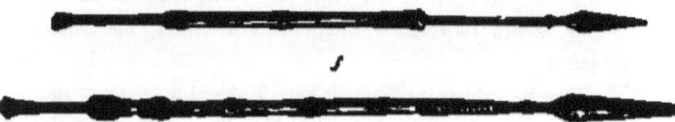

Manganjalpeere mit eisernen Schaufeln oder Spaten an den Enden der Griffe und mit eisernen Ringen beschwert.

Man trifft drei Arten wildwachsender Gräser an, deren Samen als Nahrungsmittel benutzt werden können — eine derselben, Noanje genannt, ist cultivirt worden, und wenn die Körner von den Hülsen getrennt und gekocht werden, liefern sie eine erträgliche Speise; aber ohne die Kunst, diese Körner zu zerstoßen und die Hülsen abzusondern, könnten die Magen auch der niedrigsten Wilden die scharfen Schalen nicht vertragen, welche wenigstens die Hälfte des Korns ausmachen. Von Aegypten bis zur Südspitze des Continents trifft man dieselbe Form der Keule und des Mörsers an; das Dasein derselben scheint zu zeigen, daß von der Zeit der frühesten Wanderungen der Afrikaner an dasselbe Bedürfniß gefühlt und für dasselbe gesorgt worden ist.

Da wir finden, daß Menschen, die schon eine Kenntniß der Künste besitzen, deren auch die niedrigsten Wilden bedürfen, von der Erde hinweggerafft werden, wenn sie sich wieder in einen Zustand zurückversetzt sehen, wo sie nur von wildwachsenden Wurzeln und Früchten abhängen, so ist es fast gewiß, daß sie, wenn sie je in der Lage gewesen wären, die man den Naturzustand nennt, da sie bedeutend weniger geeignet sind, sich selbst zu erhalten und für sich zu sorgen, als die Thiere, nicht lange genug hätten leben können, um auch nur den gewöhnlichen Zustand der Wilden zu erreichen. Sie hätten nicht einen Zeitraum überleben können, der hinlänglich war, etwas zu erfinden, das, wie wir, die wir keine Wilden sind und wissen, wie man kann das Ei auf seiner Spitze stehen lassen, uns denken, wir r leicht hätten erfinden können. Das Dasein der mannichfachen Werkzeuge, die unter den Afrikanern und anderen theilweise civilisirten Völkern in Gebrauch sind, weist deshalb auf die Mittheilung eines Unterrichts hin, die zu irgend einer Zeit von irgend einem über dem Menschen selbst stehenden Wesen ausging.

Die Kunst, Feuer zu machen, ist in Indien dieselbe wie in Afrika. Die Schmelzöfen zur Gewinnung von Eisen und Kupfer aus den Erzen sind ebenfalls ähnlich. Gelber Blutstein, der weder an Farbe noch Gewicht auch nur die geringste Aehnlichkeit mit dem Metall hat, wird in der Nähe von Kolobeng zur Erzeugung von Eisen angewandt. Vom Malachit, dem kostbaren grünen Steine, der im civilisirten Leben zu Vasen benutzt wird, würden die Ununterrichteten nie vermuthet haben, daß er ein reiches Kupfererz sei, und doch wird er im Herzen von Afrika in umfangreicher Weise zu Ringen und anderen Schmucksachen geschmolzen. In Chinsamba's Pallisade wurde uns eine vier Fuß lange Kupferbarre von eingeborener Fabrikation zum Verkauf angeboten. Diese Künste sind Denkmäler, welche die Thatsache bezeugen, daß dem Menschengeschlecht zu der einen oder andern Zeit irgend eine Unterweisung von Oben zu Theil geworden sein muß, und, wie der Erzbischof Whately sagt, „der wahrscheinlichste Schluß ist, daß der Mensch, als er geschaffen ward, oder doch sehr kurz darauf, vom Schöpfer selbst zu einem Zustand befördert wurde, der über demjenigen eines reinen Wilden lag."

Der Beweisgrund für eine ursprüngliche Offenbarung an den Menschen, obgleich er von der biblischen Geschichte ganz unabhängig ist, dient dazu, diese Geschichte zu bestätigen. Er ist von derselben Beschaffenheit wie derjenige, daß der Mensch sich nicht selbst hätte machen können und deshalb einen göttlichen Schöpfer gehabt haben muß. Das Menschengeschlecht hätte zum ersten Male sich nicht selbst civilisiren können und muß deshalb einen übermenschlichen Lehrer gehabt haben.

In Verbindung mit diesem Gegenstande ist es merkwürdig, daß durch aufeinanderfolgende Generationen hindurch keine Veränderung in der Gestalt der mannichfachen Erfindungen stattgefunden hat. Hämmer, Zangen, Hacken, Aexte, Beile, Stiele an denselben; Nadeln, Bogen und Pfeile, nebst der Art, die letzteren zu fiedern; Speere zum Erlegen des Wildes, nebst Speerspitzen, die auf beiden Seiten das haben, was man „Schüssel" (dish) nennt, um ihnen, wenn sie geworfen werden, die rotirende Bewegung der Büchsenkugeln zu geben; die Künste des Spinnens und Webens, nebst derjenigen des Stoßens und Einweichens der inneren Rinde eines Baumes, bis sie als Kleidung dient; Mühlsteine, um das Getreide zu Mehl zu mahlen; die Fabrikation derselben Art Töpfe oder Tschatties (chatties) wie in Indien; die Kunst des Kochens, Bierbrauens und Durchseihens desselben, wie es im alten Aegypten gemacht wurde; Fischangeln, Fisch- und Jagdnetze, Fischkörbe und Reusen, dieselben wie in den Hochlanden von Schottland; Fallen zum Fangen der Thiere u. s. w., u. s. w. — haben sich alle von einem Menschenalter zum andern so dauernd erhalten und manche derselben von identischen Mustern haben sich so weit über den Erdball verbreitet, daß sie es wahrscheinlich machen, daß sie alle, wenigstens in gewissem Grade, aus einer einzigen Quelle hergeleitet wurden. Die afrikanischen Ueberlieferungen, welche dieselbe Unveränderlichkeit zu besitzen scheinen wie die Künste, auf welche sie sich beziehen, führen gleich denjenigen aller anderen Nationen ihren Ursprung auf ein höheres Wesen zurück. Und es ist viel vernünftiger, die Winke hinzu-

nehmen, welche im erſten Buch Moſis in Betreff einer unmittel=
bar von Gott ausgehenden Unterweiſung unſerer erſten Eltern
oder ihrer Kinder in religiöſer und ſittlicher Pflicht und wahr=
ſcheinlich in der Kenntniß der Künſte des Lebens*) gegeben ſind,
als der Theorie Glauben zu ſchenken, daß der ununterrichtete
wilde Menſch in einem Zuſtande lebte, der ſich allen ſeinen Nach=
kommen verhängnißvoll erweiſen würde, und daß er in einem
ſolchen hülfloſen Zuſtande viele Erfindungen machte, welche die
meiſten ſeiner Abkömmlinge drei Jahrtauſende hindurch beibehiel=
ten, aber niemals verbeſſerten.

Wir ſetzten in Baumkähnen über den Arm des Sees, wel=
cher den Chia mit dem Nyaſſa verbindet, und verbrachten die
Nacht an ſeinem nördlichen Ufer. Das ganze an dem See an=
liegende Land von dieſem Punkte an bis zur Kota=kota=Bai hin=
auf iſt dicht bevölkert von Tauſenden, welche vor den Raubzügen
der Mazitu in der Hoffnung geflohen ſind, bei den Arabern,
welche dort leben, Schutz zu finden. In drei laufenden Flüßchen
ſahen wir die Schuare=Palme und eine Oelpalme, die tief
unter derjenigen an der Weſtküſte ſteht. Obgleich ſie ihr dem
Anſehen nach etwas ähnlich iſt, ſo iſt doch die Frucht nicht viel
größer als Haſelnüſſe, und die Bewohner benutzen ſie nicht, wegen
der geringen Quantität Oel, die ſie liefert.

Der Gedanke, Oel zum Licht zu benutzen, ſcheint den Afri=
kanern nie in den Sinn gekommen zu ſein. Hier wird ein Bün=
del geſpaltenes und getrocknetes Bambusrohr, der mit Schling=
pflanzen zuſammengebunden wird, ſo dick wie der Leib eines
Mannes und ungefähr zwanzig Fuß lang iſt, in den Baumkäh=

---

*) Die Worte 1. Buch Moſis Kap. III, Vers 21 und 23: „Gott der
Herr machte Adam und ſeinem Weibe Röcke von Fellen und zog ſie ihnen
an" — „ſtieß ihn aus dem Garten Eden, daß er das Feld bauete" ſchließen
Unterricht in ſich. S. Erzbiſchof Whately's „History of Religious Worship."
John W. Parker, West Strand, London, 1849.

nen als Fackel angewandt, um des Nachts die Fische anzulocken. Das Oel, das sie aus der Ricinusölbohne und andern Samen, sowie auch aus gewissen Fischen gewinnen, zu verbrennen oder überhaupt etwas Anderes damit zu machen als ihre Köpfe und Körper einzuölen, würde als ein Stück der übertriebensten und sinnlosesten Verschwendung betrachtet werden.

Fünfundzwanzigstes Kapitel.

Kota-kota-Bai. — Araber, die eine Dhow bauen. — Eingeborene versammeln sich an einem gewissen Punkte, welcher Hoffnung auf Schutz vor Krieg gewährt. — Verbreitet sich der Muhamedanismus in Afrika? — Die heidnischen Afrikaner stehen in der Sittlichkeit höher als die Anhänger des falschen Propheten. — Wir ziehen nach Westen. — Besteigung des Plateaus. — Einweihungsfeierlichkeit der Eingebornen. — Sclavenstraße. — Die Wirkungen verdünnter Luft. — Die afrikanische Urreligion schärft Demuth ein. — Sie ist dem Mahomedanismus unähnlich. — Grausame Religionsgebräuche sind auf den kleinen District Dahomey beschränkt. — Hexerei oder Einfluß der Pflanzen. — Götzendienst giebt es nicht. — Feuchtes Klima. — Der Loangwa des Sees und der Loangwa der Maravi. — Die Matumbola. — Das Abfeilen der Zähne und das Tättowiren. — Schießpulver ist die Quelle der Macht des Sclavenhändlers. — Des Sclavenjägers Art, angegriffen. — Muazi in Kosanga. — Ursachen der Ueberschwemmungen. — Regen. — Das Klima hängt von den herrschenden Winden ab. — Die Wasserscheide. — Geographie der Eingebornen. — Vergleichung zwischen Afrika und Indien. — Fossilien. — Das eiserne Zeitalter. — In's Steinliche gehende Topographie. — Die Sprache der Eingebornen.

Am Nachmittag des 10. September 1863 kamen wir an der Kota-kota-Bai an und setzten uns unter einen prächtigen wilden Feigenbaum mit zehn Zoll langen und fünf Zoll breiten Blättern, ungefähr eine Viertelmeile von dem Dorfe Juma ben Saidi's und Jakobe ben Arame's, welche wir bei unserer ersten Erforschung des Sees am Flusse Kaombe, etwas nördlich von demselben, getroffen hatten. Wir hatten blos eine kurze Zeit ausgeruht, als Juma, welcher offenbar hier die Hauptperson ist, von

ungefähr fünfzig Leuten begleitet, kam, um uns zu begrüßen und
uns einzuladen, unser Quartier in seinem Dorfe zu nehmen.
Die Hütte, welche uns aus Versehen angeboten wurde, war so
klein und schmutzig, daß wir es vorzogen, an einer freien Stelle
einige hundert Yards davon zu schlafen.

Juma entschuldigte sich später wegen des Versehens und beschenkte uns mit Reis, Mehl, Zuckerrohr und einem Stück Malachit. Am folgenden Tage erwiderten wir seinen Besuch und
fanden ihn mit dem Bau einer Dhow oder eines arabischen
Fahrzeuges beschäftigt, um eins zu ersetzen, welches, wie er sagte,
Schiffbruch gelitten hatte. Dies neue war fünfzig Fuß lang,
zwölf Fuß breit und fünf Fuß tief. Die Bohlen waren aus
einem dem Thelabaume ähnlichen Holze, welches hier Timbati
genannt wird, und das Rippenwerk aus einem dichter geaderten
Holze, Msoro genannt. Der Anblick dieser Dhow gab uns einen
Wink, welcher, wenn wir ihn vorher erhalten hätten, unseren
Versuch, ein eisernes Fahrzeug an den Katarakten vorbei zu schaffen, verhütet haben würde. Die Bäume rings um Katosa's Dorf
waren Timbati, und sie würden fünfzig Fuß lange und dreißig
Zoll breite Bohlen geliefert haben. Mit Hülfe einiger eingeborenen
Zimmerleute hätte ein gutes Fahrzeug am See fast ebenso schnell
gebaut werden können, als eins an den Katarakten vorbeigeschafft
werden konnte, und mit bedeutend geringeren Kosten. Juma
sagte, daß keine Geldsumme ihn vermögen könne, sich von dieser
Dhow zu trennen. Er war eifrig beschäftigt, vermittelst zweier
Boote, welche wir am Nachmittage von einer Fahrt zurückkehren
sahen, Sclaven quer über den See zu bringen. Da er von
unserer Absicht, ihn zu besuchen, nichts wußte, so überraschten wir
mehrere Trupps rüstiger junger Sclaven, deren jeder am Hals
an eine gemeinschaftliche Kette geschlossen war und welche auf
die Ausfuhr warteten; auch waren noch mehrere in Sclavenstöcken.
Alle diese wurden höflich entfernt, bevor unsere Unterredung zu

Ende war, weil Juma wußte, daß wir an dem Anblick keinen Geschmack fanden.

Als wir dieselben Araber im Jahre 1861 trafen, hatten sie nur wenig Gefolge; nach ihrem eigenen Bericht hatten sie jetzt in dem Dorfe und der umliegenden Gegend 1500 Seelen. Es ist gewiß, daß Zehn von Tausend zu ihnen geströmt waren, um Schutz zu suchen, und ihre ganze Macht und ihr Einfluß mußte dem Besitze von Feuergewehren und Schießpulver zugeschrieben werden. Dieses Zusammendrängen von Flüchtigen nach einem Punkte, wo sie Sicherheit des Lebens und Eigenthums hoffen können, ist in dieser Gegend sehr gewöhnlich, und die Kenntniß davon ließ unsere Hoffnungen auf den glücklichen Erfolg einer friedlichen Mission an den Küsten des Sees hoch schlagen. Nichtsdestoweniger wird, wie wir befürchten, die Art und Weise, nach welcher das Volk bei der nächsten Hungersnoth umkommen oder von Juma und Anderen fortgeschafft werden wird, diese Gegenden, welche wir eben als mit Leuten überfüllt geschildert haben, entvölkern. Der Hunger wird sie bald genug zwingen, sich einander zu verkaufen. Ein verständiger Mann beklagte sich bei uns, daß die Araber öfters ohne die Förmlichkeit des Kaufes Sclaven hinwegnehmen, an welchen sie Gefallen finden; aber der Preis ist so niedrig — zwei bis vier Yards Calico — daß man dieses Wegnehmen und Fortschaffen ohne Zahlung kaum für der Mühe werth halten kann. Die Boote waren in beständiger Beschäftigung und, seltsam genug, Ben Habib, welchen wir im Jahre 1855 in Linyanti trafen, war den Tag vor unserer Ankunft an dieser Bai auf seinem Wege von Sescheke nach Kilwa mit über den See genommen worden, und wir wurden mit einem eingeborenen Diener der Araber, Namens Selele Saiballah, bekannt, welcher die Makolosprache ziemlich fertig sprechen konnte, weil er einst einige Monate im Barotsethale zugebracht hatte.

Wir sind von Kindheit auf daran gewöhnt worden, von Zeit

zu Zeit in Reisebeschreibungen von den großen Fortschritten zu lesen, welche der Muhamedanismus jährlich in Afrika macht. Die Art und Weise, in welcher diese Religion sich ausbreitet, hieß es, wäre so reißend schnell, daß wir in der Folgezeit auf unseren eigenen ziemlich ausgedehnten Reisen beständig auf das Vorrücken der Wege von Norden nach Süden Acht gegeben haben, welche, wie prophezeit wurde, bald den ganzen Continent dem Glauben des falschen Propheten zuführen sollte. Der einzige Grund, welchen wir für die eben angeführten Behauptungen und für andere aus neuerer Zeit entdecken können, ist die Thatsache, daß in einem entfernten Winkel des nordwestlichen Afrika die Fuhlas und Mandingoes und, wie Dr. Barth erwähnt, einige Andere im nördlichen Afrika Eroberungen an Gebiet gemacht haben; aber selbst sie bekümmern sich so wenig um die Ausbreitung ihres Glaubens, daß sie sich nach der Eroberung keinerlei Mühe geben, die Erwachsenen des Stammes zu unterrichten. Dies stimmt genau mit dem Eindruck überein, welchen wir von unserem Verkehr mit Muhamedanern und Christen empfangen haben. Nur die Nachfolger Christi sind eifrig bemüht, ihren Glauben auszubreiten. Ein Scheinphilanthrop würde gewiß niemals nöthig haben, den Anhängern des Islam, welche wir gefunden haben, zu empfehlen, ihre Freigebigkeit im Zaum zu halten, indem er predigt, „die Nächstenliebe solle zu Hause beginnen."

Obgleich Selele und seine Gefährten durch häusliche Bande an ihre Herren gebunden waren, so war doch die einzige neue Vorstellung, welche sie vom Muhamedanismus eingesogen hatten, die, daß es unrecht wäre, Fleisch zu essen, welches von anderen Leuten getödtet wurde. Sie dachten, es würde „unglückbringend" sein. Gerade so enthielten sich die Einwohner von Kolobeng, ehe sie von den Anforderungen des Christenthums unterrichtet waren, an Sonntagen des Umhackens ihrer Gärten, damit sie nicht eine unglückbringende Ernte einsammeln möchten. So viel wir erfahren konnten, hatte man sich nicht bemüht, die Eingeborenen zu belehren, obgleich diese zwei Araber und ungefähr ein Dutzend Halbkasten viele Jahre lang im Lande gewesen waren, und nach unserer Erfahrung zu urtheilen, die wir mit einem Dutzend Muhamedaner gemacht haben, welche wir sechzehn Monate lang um hohen Lohn in unserem Dienste hatten, würden die Afrikaner um so bessere Menschen sein, je mehr sie ihren einheimischen Glauben beibehielten. Dies mag blos als ein hartes Urtheil erscheinen, das aus einem mit christlichen Vorurtheilen erfüllten Gemüth hervorgeht; aber ohne irgend einen Anspruch auf jene Unparteilichkeit zu machen, die es zweifelhaft läßt, nach welcher Seite sich die Gefühle neigen, mag doch von Einem, der alle Muhamedaner und Afrikaner mit dem aufrichtigsten Wohlwollen betrachtete, die Wahrheit redlich ausgesagt werden.

Unsere zwölf Muhamedaner von Johanna waren von allen Mitgliedern unserer Reisegesellschaft am wenigsten dem Eindruck der Freundlichkeit offen. In dem allgemeinen Betragen war ein ausgeprägter Unterschied bemerkbar. Die Makololo und andere Eingeborene des Landes, welche wir bei uns hatten, theilten unveränderlich mit einander die Speise, die sie gekocht hatten, aber die Johannenser genossen ihre Mahlzeiten in einer gewissen Entfernung. Dies schrieben wir anfangs ihren muselmännischen Vorurtheilen zu; aber wenn sie bei den anderen den Vorgang der Zubereitung fast vollendet sahen, kamen sie, setzten sich neben sie und aßen die angebotene Portion, ohne je daran zu denken, die Häßlichkeit zu erwidern, wenn die Reihe an sie kam, freigebig zu sein. Die Makololo und die anderen murrten über ihre Gefräßigkeit, befolgten aber doch immer die allgemeine Gewohnheit der Afrikaner, ihre Speise mit Allen zu theilen, die rings um sie sitzen. Was uns bei den Johannensern am meisten ärgerte, war ihre Gleichgültigkeit in Betreff ihrer eigenen gegenseitigen Wohlfahrt. Einst, als sie alle nach dem Schiffe kamen, nachdem sie

am Ufer geschlossen hatten, ging einer von ihnen in's Wasser mit
der Absicht, nach dem Boote zu schwimmen, und während er erst
kaum bis an die Knie darin war, wurde er von einem schrecklichen Krokodil ergriffen und unter das Wasser geschleppt; der
arme Kerl stieß einen Schrei aus und hielt seine Hand nach Hülfe
empor, aber keiner von seinen Landsleuten regte sich, um ihm
beizustehen, und er ward nie wieder gesehen. Als wir seinen
Schwager fragten, warum er ihm nicht geholfen habe, erwiderte
er: „Es ist ihm schon recht; es hat ihm Niemand geheißen, in's
Wasser zu gehen. Es war seine eigene Schuld, daß er getödtet
wurde." Die Makololo andererseits retteten bei Senna eine Frau,
indem sie in's Wasser gingen und sie dem Krokodil aus dem Rachen nahmen.

Es wird nicht angenommen, daß ihre Religion viel mit der
Sache zu thun hatte. Viele Muhamedaner möchten gegen gleichgültige Christen einen günstigen Gegensatz bilden; aber, so weit
unsere Erfahrung in Ostafrika geht, ist die sittliche Tonart des
Anhängers Muhameb's auf einen tieferen Ton gestimmt, als die
des ungebildeten Afrikaners. Der alte Eifer, die Lehren des Koran weiter zu verbreiten, ist verraucht und durch die stärkste Selbstsucht und größte Sinnlichkeit ersetzt. Die einzigen bekannten Anstrengungen, welche von den Muhamedanern gemacht worden sind,
nämlich diejenigen im Nordwesten und Norden des Continents,
sind so sehr mit der Erwerbung von Macht und Beute verknüpft,
daß sie den Namen eines religiösen Propagandismus nicht verdienen, und die einzige Religion, welche jetzt Proselyten macht,
ist diejenige Jesu Christi! Für solche, welche fähig sind, diesen
Gegenstand in gedrängter Weise zu überblicken, kann nichts von
sprechenderer Deutlichkeit angeführt werden, als die wohlbezeugte
Thatsache, daß, während die Muhamedaner, Julahs und Andere
nach Centralafrika hin durch ein Verfahren, welches ihre eigene
Habsucht befriedigt, wenige Proselyten machen, drei kleine Abthei-

lnngen der zum Christenthum Bekehrten, die Afrikaner im Süden, in Westindien und auf der Westküste von Afrika gegenwärtig zur Erhaltung und Ausbreitung ihrer Religion jährlich mehr als 15,000 Pfund Sterling beitragen.*) Diejenige Religion, welche die Selbstsucht des menschlichen Herzens in solchem Grade überwindet, muß eine göttliche sein.

Indem wir die Kota-kota-Bai verließen, wendeten wir uns gerade nach Westen auf der großen Sclavenstraße nach Kalanga's und Kazembe's Land in Londa. Juma ließ uns seinen Diener Erkele, um uns die erste Tagereise zu führen. Er sagte, die Handelsleute von Kilwa und Iba. setzten über den See entweder an dieser Bai, oder bei Tsenga, oder am südlichen Ende des Sees, und sie alle, wo sie auch über den See setzen möchten, gingen auf diesem Wege nach dem Inneren. Sie haben Sclaven bei sich, um ihre Waaren zu tragen, und wenn sie einen Platz erreichen, wo sie andere kaufen können, lassen sie sich nieder, und beginnen den Handel und cultiviren zugleich Getreide. Es liegt so viel Land öde, daß nie ein Einwand gegen Jemanden gemacht wird, der so viel in Besitz nimmt, als er braucht; ein Feld Maniok zu ihren augenblicklichen Bedürfnissen können sie für ein sehr Geringes kaufen; sie setzen ihren Handel im Lande zwei bis drei Jahre lang fort und geben so viel, als ihre Musketen wiegen, dem Häuptling, welcher höchst freigebig gegen sie ist.

Die erste Tagereise führte uns über eine reiche, gut bebaute Ebene. Auf diese folgten wellenförmige, steinige und mit verkrüppelten Bäumen bedeckte Hochlande. Es zeigen sich viele Bänke

---

*) „Im Jahre 1854 übernahm es die einheimische Kirche in Sierra-Leone für ihre Elementarschulen zu bezahlen, und bewirkte dadurch der anglikanischen Missionsgesellschaft eine jährliche Ersparniß von 800 Pfund Sterling. Im Jahre 1861 hatten die Beiträge dieser einen Abtheilung eingeborener Christen die Summe von 10,000 Pfund Sterling überstiegen." (Manual of Church Missionary Society's African Missions.)

von gut abgerundetem Gerölle. Das Zerfallen der Felsen, welches noch jetzt vor sich geht, rundet die Winkel nicht ab; durch die Hitze und Kälte werden sie in eckige Bruchstücke zerspalten. Auf diesen hochgelegenen Dünen setzten wir über den Fluß Kaombe; jenseits desselben kamen wir unter die Hochlandsvegetation — Alpenrosen (Rhododendron), Proteen, die Masuko und Molompi. Am Fuße des Hügels Kasuko-suko fanden wir den Fluß Bua, der nach Norden fließt, um sich mit dem Kaombe zu vereinigen. Um eine Furt zu finden, mußten wir eine Meile von unserem Wege abgehen. Der Strom ist stellenweise für Flußpferde tief genug. Die verschiedenen früher nicht erwähnten Flüsse, über die wir auf dieser Reise setzten, haben uns vor derselben, unabhängig von dem Zeugniß der Eingeborenen, zu dem Schluß geführt, daß sich in das nördliche Ende des Sees kein großer Strom ergöße. Es bedurfte keines solchen Zuflusses, um das beständige Fließen des Schire zu erklären.

Indem wir vorwärts blickten, schienen wir den langen Abhang einer Gebirgskette hinauf zu steigen; aber was wir mehr in der Nähe sahen, bestand aus einer fortlaufenden Reihe schöner, mit Bäumen bedeckter, abgerundeter Hügel; die schmalen Fußwege führten fortwährend steile Anhöhen hinauf und Abhänge hinab zu rinnenden Bächen, deren Ufer mit schönen, großen, immergrünen Bäumen besetzt waren. Die einjährigen Bäume, welche ihre Blätter verloren hatten, genossen jetzt, obgleich nur zwölf Grad vom Aequator entfernt, die Ruhe des Winters. Die Leute in den Dörfern, in welche wir eintraten, waren in der Regel mit der Anfertigung sehr hübscher Fisch- und anderer Körbe aus gespaltenem Bambusrohr oder mit dem Schlagen von Baumrinde zu Kleiderstoff beschäftigt. Das Rindenzeug, welches im Norden dieses Districtes gemacht wird, ist von einer Art des Feigenbaumes. Der Maniok ist das Hauptnahrungsmittel, das auf den Höhen angebaut wird; die Ricinusölpflanze wird gleichfalls in umfangreicher Weise gezogen und aus den Samen Oel gewonnen, um den Körper und besonders das Haar glatt zu machen, das sehr lang getragen wird. In Folge der Sorgfalt, mit welcher Viele ihr Haar zu verschieden gestalteten Massen ausziehen, hat es weniger wollenförmige Locken als die Wolle eines langwolligen Schafes — das Oel scheint es gerade zu erhalten.

In einem Dorfe fanden wir alle Frauen beschäftigt, für zwei Mädchen von zwölf bis vierzehn Jahren mit Tanz und Gesang eine Feierlichkeit zu begehen, die dem Boguera ähnlich ist, welches bei den Betschuana und Makololo die jungen Männer auf Lebenszeit zu Banden oder Regimentern bildet. Wenn die Novizen Mädchen sind, nennen es die Betschuana Boyale,' und hier wird die Feierlichkeit Moari genannt, offenbar ein verwandtes Wort. Diese Mädchen waren mit einem Ueberfluß von Perlen geschmückt und auf dem Kopfe und Gesichte mit Pfeifenthon bemalt, was ihnen das Aussehen gab, als trügen sie einen alten Helm mit Kinnriemen. Die Frauen waren so eifrig im Tanz und in der Belehrung ihrer jungen Schützlinge, ihre Rolle dabei richtig zu spielen, daß sie den Bitten der Männer, zu gehen und Mehl zu mahlen, und sich mit dem Kattun zu kleiden, welchen die Fremden mitgebracht hätten, keine Aufmerksamkeit schenkten. Woher diese Gebräuche und von wem eine Anzahl Gesetze, welche Tausende von Meilen weit anerkannt sind, stammen, kann Niemand sagen. Sie scheinen auf das Gemüth der Eingebornen einen unvertilgbaren Eindruck gemacht zu haben und bleiben in ihm unverändert von Menschenalter zu Menschenalter. Das Boguera hat etwas von der jüdischen Einweihungsfeierlichkeit, aber es ist keine religiöse, sondern eine politische Einrichtung. Auf arabischen Ursprung läßt es sich nicht zurückführen, und von denjenigen, welche sich ihm unterzogen haben, wird leise und mit einer Umschreibung von ihm gesprochen, welche zeigt, daß sie es in einem sehr ernsten Lichte betrachten.

Am 15. September erreichten wir den Gipfel der Anhöhe, die wegen ihrer vielen Auf und Nieder uns oft schnauben und keuchen ließ, als ob wir kurzathmig wären. Das Wasser der Ströme, über welche wir gingen, war reizend kalt, und jetzt, da wir die Spitze bei Rbonda erreicht hatten, wo der Siedepunkt des Wassers eine Höhe von 3440 Fuß über dem Meere anzeigte, war die Luft köstlich. Indem wir zurücksahen, hatten wir eine prachtvolle Aussicht auf den See, aber der dicke Nebel verhinderte uns, über den Seehorizont hinaus zu sehen. Die Scene war schön, aber es war unmöglich, die reizende Landschaft, deren Hügel und Thäler unsere Beine und Lungen so arg auf die Probe gestellt hatten, von der traurigen Thatsache zu trennen, daß dies ein Theil der großen Sclavenstraße war, die jetzt wirklich im Gebrauch ist. Auf dieser Straße haben hier viele „Zehntausende" „das Meer", „das Meer" gesehen, aber mit sinkendem Herzen; denn in den Schaaren der Gefangenen herrscht die allgemeine Vorstellung, daß sie auf dem Wege sind, um von den Weißen gemästet und gegessen zu werden. Sie können natürlich nicht so ergriffen sein, wie wir es sein würden — ihre Empfindlichkeit ist keineswegs fein, ihre Gefühle sind stumpfer als die unserigen — in der That, „die Aale sind daran gewöhnt, daß man ihnen lebendig die Haut abzieht," vielleicht haben sie besondern Gefallen daran. Wir, die wir nicht philosophisch sind, priesen die Vorsehung, welche bei Thermopylä in alten Zeiten die Fluth der östlichen Eroberung vom Westen zurückwälzte und den Lauf der Ereignisse so führte, daß Licht und Freiheit und die Wahrheit des Evangeliums sich nach unserer entfernten Insel verbreiteten, und indem sie unsern Stamm emancipirte, ihn von der Furcht befreite, jemals wieder in einem Sclaventrupp ermüdende Anhöhen ersteigern und in beschwerliche Tiefen herabsteigen zu müssen, wie er nach unserer Vermuthung thun würde, wenn die hübschen englischen Jünglinge in Rom zum Verkauf ausgestellt würden.

Indem wir nach Westen schauten, bemerkten wir, daß das, was von unten wie Gebirge aussah, nur die Kante einer Hochebene war, die, wenn auch anfangs wellenförmig, bald eben wurde und sich nach dem Mittelpunkt des Landes hin neigte. Nach Süden verlieh ein hervorragender Berg, Chipata genannt, und nach Südwesten ein zweiter, Ngalla mit Namen, an welchem der Bua entspringen soll, der Landschaft Charakter. Im Norden verhinderten uns Massen von Hügeln, weiter als acht bis zehn Meilen zu sehen.

Die Luft, die für Europäer so erheiternd war, hatte auf fünf Leute, die in der Sumpfluft (malaria) des Zambesideltas geboren und erzogen waren, die entgegengesetzte Wirkung. Sie hatten kaum die Kante des Plateaus in Nbonda erreicht, so lagen sie hingestreckt und klagten über Schmerzen am ganzen Leibe. Die Temperatur war nicht viel niedriger als an den Gestaden des unten liegenden Sees, da während vierundzwanzig Stunden 76° die mittlere Temperatur des Tages, 52° die niedrigste und 82° die höchste war; am See war sie ungefähr 10° höher. Aus den Symptomen, über die sie klagten — allenthalben Schmerzen — ließ sich nichts machen. Und doch war es einleuchtend, daß sie guten Grund hatten, zu sagen, sie wären krank. Als eine Abhülfe gewährende Maßregel schröpften sie jeden Theil ihres Körpers; Arzeneien, die auf die Vermuthung hin dargereicht wurden, daß ihre Krankheit die Folge einer plötzlichen Erkältung sei, hatten keine Wirkung, und in zwei Tagen starb einer von ihnen wirklich, so weit wir urtheilen können, in Folge eines Ueberganges aus einer Sumpfluft zu einer reineren und verdünnteren Atmosphäre.

Sowie wir auf der Sclavenstraße waren, fanden wir die Leute karger als gewöhnlich. Als wir es ihnen vorhielten, entgegneten sie: „Wir sind durch diejenigen, welche kommen, um Sclaven zu kaufen, klug gemacht worden." Der Todesfall, der unsere Reisegesellschaft betroffen hatte, schien indeß ihr Mit-

gefühl zu erwecken. Sie zeigten ihren gewöhnlichen Begräbniß-
platz, liehen uns Hacken und halfen uns das Grab machen. Als
wir uns erboten, alle Kosten zu bezahlen, zeigten sie, daß sie diese
Freundschaftsdienste nicht gethan hatten, ohne ihren Werth vollkommen zu würdigen; denn sie rechneten die Benutzung der Hütte,
die Matte, auf welcher der Entschlafene gelegen hatte, die Hacken,
die Arbeit und die Medicin her, welche sie über den Platz gestreut
hatten, um ihm Ruhe in Frieden zu verschaffen.

Daß man gewissen Arzeneien, die aus nur den Eingeweih-
ten bekannten Pflanzen bereitet werden, eine besondere Kraft zu-
schreibt, ist der hervorragendste Zug in der Religion der Afrikaner.
Nach ihrem Glauben giebt es nicht nur ein specifisches Mittel
für jedes Uebel, zu welchem das Fleisch Erbe ist, sondern auch
für jedes Leiden des verwundeten Geistes. Die guten Geister
der Abgeschiedenen, Azimo oder Bazimo, können durch Arzeneien
versöhnt oder durch Opfer von Bier und Mehl oder sonst etwas,
das sie, während sie im Leibe waren, liebten, geehrt werden, und
die bösen Geister, „Mtschesi", von denen wir nur in Tette gehört haben und daher nicht sicher sein können, daß sie zu dem
reinen Glauben der Eingeborenen gehörten, kann man durch Arzenei
verhindern, Einfälle in die Gärten zu machen und dort Schaden
zu thun. Einen Mann, der Kopfweh hatte, hörten wir sagen:
„Mein verstorbener Vater zankt mich jetzt aus; ich fühle seine
Kraft in meinem Kopfe;" und dann bemerkten wir, daß er sich
von der Gesellschaft entfernte, ein wenig Speise auf einem Blatt
als Opfer darbrachte und betete, indem er aufwärts schaute nach
der Stelle hin, wo er annahm, daß seines Vaters Geist sei. In
ihren Gebeten sind sie nicht prahlerisch wie die Muhamedaner.
Von der Geisterwelt sprechen sie mit Ehrfurcht, und zu ihren
gottesdienstlichen Handlungen suchen sie einen schattigen und stillen Ort. Der Muhamedaner hat Recht, wenn er das große
Gepränge macht, wie er es thut, vor Allen sich zur Erde nieder-

beugt und die Wiederholungen benutzt, die zu seinem Glauben gehören, weil seine Religion große Schaustellung der Frömmigkeit verlangt und in dem selbstgefälligen Pharisäer die Vorstellung einer stolzen Ueberlegenheit über das ganze Menschengeschlecht nährt, während der Afrikaner sich vor dem Auge Anderer zurückzieht und darin einigermaßen dem Christen gleicht, der in sein Kämmerlein geht und, wenn er die Thür zugeschlossen hat, zu seinem Vater betet, der in das Verborgene sieht.

Der afrikanische Urglaube scheint der zu sein, daß es einen allmächtigen Schöpfer des Himmels und der Erde giebt; daß er dem Menschen die mannichfachen Pflanzen der Erde gegeben hat, um als Vermittler zwischen ihm und der Geisterwelt angewandt zu werden, wo Alle, die je geboren worden und gestorben sind, fortleben; daß es Sünde ist, seinen Mitmenschen Aergerniß zu geben, sei es hier oder unter den Abgeschiedenen, und daß der Tod oft eine Strafe des Verbrechens ist, wie zum Beispiel der Hexerei. Ihre Vorstellung vom sittlich Bösen unterscheidet sich in keiner Hinsicht von der unserigen, aber sie betrachten sich nur als niedrigeren Wesen verantwortlich, nicht dem Höchsten. Verleumdung — Lüge — Groll — Ungehorsam gegen die Eltern — Vernachlässigung derselben — sind, wie die Verständigen sagen, ebenso gut wie Diebstahl, Mord oder Ehebruch Allen als Sünde bekannt gewesen, ehe sie etwas von den Europäern oder ihrer Lehre wußten. Der einzige neue Zusatz zu ihrem sittlichen Gesetzbuch ist der, daß es unrecht ist, mehr als eine Frau zu haben. Dies kam ihnen bis zur Ankunft der Europäer niemals auch nur als Zweifel in den Sinn.

Alles, was man nicht durch gewöhnliche Ursachen erklären kann, wird, es mag gut oder böse sein, der Gottheit zugeschrieben. Die Menschen sind unzertrennlich mit den Geistern der Abgeschiedenen verbunden, und wenn Einer stirbt, so glaubt man, daß er zu den Schaaren seiner Ahnen gegangen sei. Alle Afrikaner, die wir getroffen haben, sind von ihrem zukünftigen Dasein ebenso fest überzeugt wie von ihrem gegenwärtigen Leben. Auch haben wir keinen gefunden, in welchem der Glaube an das höchste Wesen nicht eingewurzelt war. Man bezieht sich so unveränderlich auf dasselbe als den Urheber aller übernatürlichen Dinge, daß man, wenn man nicht ihrer Sprache unkundig ist, nicht ermangeln kann, diesen hervorragenden Zug ihres Glaubens zu bemerken. Wenn sie in die unsichtbare Welt übergehen, scheinen sie nicht mit Furcht vor Strafe erfüllt zu sein. Die auf das Grab gestellten Geräthe werden alle zerbrochen, um gleichsam anzudeuten, daß sie von dem Abgeschiedenen nie wieder werden benutzt werden. Der Körper wird in einer sitzenden Stellung in's Grab gelegt, und die Hände werden vorn gefaltet. In manchen Gegenden des Landes giebt es Sagen, die wir für matte Schimmer einer Auferstehung erklären könnten; ob aber diese Fabeln, die von Menschenalter zu Menschenalter überliefert werden, jene Bedeutung für die Eingeborenen selbst haben, können wir nicht sagen. Die wahre Tradition des Glaubens soll, wie man behauptet, sein: „obwohl ein Mensch stirbt, so wird er doch wieder leben," die falsche, „daß, wenn er stirbt, er für immer todt sei."

Wenn auch für einen Christen trostlos genug, ist die Religion des Afrikaners doch ihrem Charakter nach mild. In einem einzigen sehr entlegenen und kleinen Winkel des Landes, Dahomey genannt, ist sie in einen blutigen Aberglauben ausgeartet. Dort nimmt Menschenblut die Stelle der versöhnenden Pflanzen ein, die über neun Zehntel des Continents hin benutzt werden. Die von Speke und Grant erwähnte rücksichtslose Geringschätzung des menschlichen Lebens steht als eine völlige Ausnahme da. Wir haben von Eingeborenen gehört, daß ein früherer Besitzer von Katiambo's Häuptlingschaft Anfällen einer ähnlichen Blutdürstigkeit unterworfen gewesen sei, aber er war offenbar wahnsinnig, und nur die große Ehrfurcht vor der Königswürde, mit der die

Afrikaner erfüllt sind, rettete ihn und wahrscheinlich auch Spele's Häuptling, Mtesi, von der Enthauptung. An zwei oder drei anderen Orten werden ebenfalls Theile des menschlichen Körpers angewandt, um zwischen dem Menschen und der Geisterwelt die Vermittler zu machen; aber auf solche Gründe wie diese hin kann der afrikanischen Religion, als Ganzes genommen, ebenso wenig ein grausamer Charakter zugeschrieben werden, als der ganzen afrikanischen Familie Cannibalismus zugerechnet werden kann, weil an einem oder zwei Orten in Afrika Menschenfleisch gegessen wird.

Der Begriff der Hexerei geht naturgemäß aus ihrem religiösen Glauben hervor. Der Boshafte kann durch Kenntniß der Rinde und Wurzeln der Pflanzen Unglück verhängen. Bisweilen wird ein Horn oder ein rohes Bild als Mittel benutzt, um die Schutzarzeneien zu bewahren, und wird als Amulet getragen. Nachdem man gefunden, daß die Arzenei ihre Kraft verloren hat, werden diese Bilder, Hörner oder sonstigen Gegenstände, die man Greegrees oder Jeujeus nennt, keinen Augenblick mehr für heilig gehalten, und reinen Götzendienst, den sie anzudeuten scheinen, kennt man unter den Eingeborenen ebenso wenig, wie die Anbetung von Gemälden und Bildern, die, wie man behauptet, in den Kirchen der Aufgeklärteren vorkommt. Ein Greegree oder Fetisch wird als nutzlos weggeworfen, sobald man entdeckt, daß das weihende Geheimmittel zu dem Zweck, zu welchem es angeschafft wurde, unwirksam ist. Ueber diesen Gegenstand giebt Herr Wilson, den wir oben angeführt haben, viele Aufschlüsse, die, wie wir nach anderwärts gemachter Beobachtung gefunden haben, die Frucht einer genauen persönlichen Nachforschung sind.

Auf unserem Wege nach Westen zogen wir Anfangs über eine sanft wellenförmige Gegend mit einem röthlichen, thonigen Boden, der, wie aus dem schweren Getreide hervorging, sehr fruchtbar zu sein schien. Wir setzten über viele Flüßchen, von denen manche südwärts in den Kuo und andere nordwärts in den Loangwa liefen, einen Fluß, den wir früher sich in den See ergießen sahen. Noch weiter hin wurde das Wasser hauptsächlich in Teichen und Brunnen gefunden. Dann immer noch weiter in derselben Richtung sollen, wie man sagte, manche Flüsse sich in jenen selbigen „Loangwa des Sees" und andere in den Loangwa ergießen, der nach Südwesten fließt und bei Zumbo in den Zambesi eintritt, und der hier der „Loangwa der Maravi" genannt wird. Die Bäume waren, im Allgemeinen genommen, verkrüppelt und genau so, wie diejenigen in dem feuchten Klima der Küste, mit Flechten bedeckt, die der Färberflechte glichen. Der Mais, der einen etwas feuchten Boden liebt, war auf rückenartige Erhöhungen gepflanzt worden, um die überflüssige Feuchtigkeit ablaufen zu lassen. Alles deutete auf ein sehr feuchtes Klima hin, und die Bewohner gaben uns zu verstehen, daß wir, da die Regen nahe wären, wahrscheinlich an der Rückkehr verhindert werden würden, weil das Land überschwemmt und ungangbar werde.

Dörfer, wie gewöhnlich von Euphorbiahecken umgeben, waren zahlreich, und um dieselben herum war viel Getreide angebaut worden. Haushühner sah man in Fülle und Tauben mit Taubenschlägen wie die in Aegypten. Die Bewohner nennen sich selbst Matumbola, aber der einzige Unterschied zwischen ihnen und den Manganja besteht in der Art, wie sie das Gesicht tättowiren. Ihre Sprache ist dieselbe. Ihr unterscheidendes Merkmal besteht aus vier tättowirten Linien, die von dem Punkte zwischen den Augenbrauen aus, an welchem sich beim Runzeln der Stirn die Muskeln zu einer Furche gestalten, in divergirender Richtung verlaufen. Die anderen Tättowirungslinien verlaufen, wie bei allen Manganja, in langen Narben, die, indem sie einander unter gewissen Winkeln kreuzen, auf der Brust, dem Rücken, den Armen und Schenkeln eine große Anzahl dreieckiger Zwischenräume bilden. Das Oberhäutchen wird mit einem Messer zertheilt, und die Kanten des Einschnittes werden auf die Seite gezogen, bis die wirkliche Haut zum Vorschein kommt. Durch eine Wiederholung dieses Verfahrens werden Linien erhöhter Narben gebildet, von denen man glaubt, daß sie Schönheit verleihen, ohne daß etwas darauf ankommt, wie viel Schmerz die Mode verursacht.

Die Zähne werden hier, wie auch unter den Babisa, zu Spitzen abgefeilt; andere Manganja kerben jeden der oberen Vorderzähne vermittelst kleiner Quarzsteine; die Kerbe ist bei Manchen eckig, bei Anderen rund; die letztere Art giebt den Kanten der oberen Vorderzähne eine halbmondförmige Gestalt; andere Stämme machen zwischen den centralen Vorderzähnen eine Oeffnung von dreieckiger Gestalt. Es ist überraschend, daß das Abfeilen und Raspeln, welches die Zähne erleiden, damit der Besitzer die Mode mitmache, keine Zahnschmerzen erzeugt, wie es bei uns der Fall ist, wenn durch Zufall ein Stückchen abgebrochen wird. Aber die hiesigen Zähne sind massiver und nutzen sich bei alten Leuten oft bis auf's Zahnfleisch ab, ohne abzusterben, gleich denjenigen, welche man in ägyptischen Mumien findet. Eine Redensart, die man gebraucht, um eine hochbejahrte Person zu bezeichnen, ist die, „daß sie so lange gelebt habe, daß ihr Zahnfleisch und ihre Zähne gegen einander ganz glatt seien." Dessenungeachtet sind Fälle von Zahnweh durchaus nicht ungewöhnlich, wenn man sie auch wahrscheinlich nicht so häufig antrifft wie unter uns. Dieser Mißbrauch der schönen Zähne, welche sie von Natur besitzen, ist unter beiden Geschlechtern allgemein. Auch finden sie ihr Vergnügen daran, das Haar so zu tragen, daß es dem Kopfe das Ansehen giebt, als wäre er nach hinten und nach oben verlängert. Die Babisa haben eine besondere Vorliebe dafür, ihre Locken in die Gestalt eines Dragonerhelms zu bringen.

Es würde nicht der Mühe werth sein, die Aufmerksamkeit einen Augenblick auf die Reiseordnung oder auf die kleinen

Schwierigkeiten zu lenken, die Jeden umringen, der in ein neues Land einzubringen versucht, wenn es nicht geschähe, um die große Quelle der Macht nachzuweisen, welche die Sclavenhändler hier besitzen. Während unsere Leute krank waren, obwohl sie noch immer marschiren konnten, mußten wir helfen unsere Sachen tragen. Wenn wir Andere gedungen und schon mit ihnen wegen des Lohnes abgeschlossen hatten, wurde uns oft gesagt, daß die Menschenkrämer von einigen Besitz ergriffen und sie mit fortgenommen hätten. Andere Dinge bewogen uns, zu glauben, daß die Sclavenhändler die Sache mit Gewalt durchsetzen; und das ist kein Wunder, denn der Besitz von Schießpulver giebt ihnen fast unumschränkte Macht. Die Art, wie mit Bogen und Pfeilen bewaffnete Stämme Krieg führen oder sich vertheidigen, besteht in Hinterhalt. Sie kommen nie zum offenen Kampf heraus, sondern lauern, hinter Bäumen oder in dem langen Grase des Landes versteckt, dem Feind auf und schießen auf ihn, ohne daß er es vermuthet. Wenn daher Leute mit Feuerwaffen, wie es gewöhnlich geschieht, zu einer Zeit gegen sie kommen, wo das lange Gras alles weggebrannt ist, ist der angegriffene Stamm so hülflos wie ein hölzernes Schiff, das nur Signalkanonen besitzt, es vor einem in Eisen gehüllten Dampfer sein würde. Die zu dieser Art des Kriegführens gewählte Zeit des Jahres ist fast immer diejenige, in welcher das Gras wirklich weggebrannt oder so dürr ist, daß es leicht Feuer fängt. Das dürre Gras in Afrika sieht mehr dem reifen englischen Weizen im Spätherbst als irgend etwas Anderem ähnlich, womit wir es vergleichen könnten. Stellen wir uns vor, daß ein englisches Dorf in einem derartigen, nur vom Horizont begrenzten Felde steht, und Feinde eine Linie von einer bis zwei Meilen in Brand stecken, indem sie mit Bündeln brennenden Strohes längshin rennen und hier und da das entzündbare Material berühren — daß der Wind nach dem verurtheilten Dorfe hin weht — die Einwohner nur eine oder zwei alte Musketen, aber Zehn gegen

Einen lein Pulver haben — die lange Flammenlinie mit dichten Massen schwarzen Rauches dreißig Fuß in die Luft emporschleßt — und Stücke verkohlten Grases in Strömen herabfallen. Würde nicht der wackerste englische Dorfbewohner, gegen des Feindes Muskete nur mit dem Bogen und Pfeil bewaffnet, an dem Gedanken verzagen, jene Feuermauer zu durchbrechen? Als wir einst in einiger Entfernung eine Scene wie diese sahen und das verkohlte Gras buchstäblich so dicht wie schwarze Schneeflocken rings um uns fiel, da war es nicht schwer, das Geheimniß der Macht des Sclavenhändlers zu begreifen.

Am 21. September kamen wir im Dorfe des Häuptlings Muafi oder Muazi an; es ist ringsum mit einer Pallisade versehen und mit sehr hohen Euphorbiabäumen umgeben; ihre Höhe, dreißig bis vierzig Fuß, zeigt, daß es wenigstens eine Generation hindurch bewohnt gewesen ist. Eine Heimsuchung durch Krankheit oder Tod veranlaßt die Ortsvorsteher, die Lage ihrer Dörfer zu wechseln und neue Hecken anzupflanzen; aber obgleich Muazi von den Angriffen der Mazitu gelitten hat, so hat er sich doch augenfällig an seinen Geburtsort angeklammert. Das Dorf liegt ungefähr zwei Meilen südwestlich von einem hohen Hügel, Kasungu genannt, der einem sich bis zum Krangwa der Maravi erstreckenden District den Namen giebt. Auf der Ebene sind noch mehrere andere isolirte Granithügel emporgetrieben worden, und über dieselbe hin sind viele mit Pallisaden verschanzte Dörfer zerstreut, die sämmtlich Muazi lehenspflichtig sind.

Bei unserer Ankunft saß der Häuptling an dem ebenen schattigen Platze, Boalo genannt, wo jedes öffentliche Geschäft abgemacht wird, mit ungefähr zweihundert Männern und Knaben um sich herum. Wir bezahlten unsere Führer mit gehörigem Gepränge. Mafito, der längste von unserer Gesellschaft, maß den Faden Kattun ab, um den wir übereingekommen waren, und ließ ihn so lang als möglich erscheinen, indem er sich nach dem Volkshaufen hinwendete und einige Ellen mehr, als seine ausgestreckten Arme spannen konnten, abschnitt, um zu zeigen, daß keine Täuschung stattfinde. Dies diente als Bekanntmachung. Es ist den Leuten sehr angenehm, wenn sie einen langen Burschen haben, um den Kattun für sie abzumessen. Es gefällt ihnen sogar besser, als wenn man ihn nach einem Meßbande abschneidet — obgleich sehr wenige Männer von sechs Fuß Höhe mit ihren ausgestreckten Armen ihre eigene Länge abmessen können. Hier, wo arabische Handelsleute gewesen sind, fängt die Mokono oder Ellbogen genannte Elle an, die Stelle des weiter südlich gebräuchlichen Fadens einzunehmen. Das Maß wird von dem Punkte an, wo der Ellbogen sich biegt, bis zum Ende des Mittelfingers genommen.

Als wir Muazi am folgenden Tage besuchten, fanden wir, daß er so offenherzig und aufrichtig war, als man vernünftiger Weise erwarten konnte. Er wünschte nicht, daß wir nach Nordnordwesten gingen, weil er dort einen bedeutenden Handel in Elfenbein treibt. Wir wollten gern von der Sclavenstraße ab zu Bewohnern gehen, die noch nicht von Handelsleuten besucht worden waren; aber Muazi fürchtete natürlich, daß, wenn wir in die Gegend gingen, die, wie man sagte, viel Wasser hatte und reich an Elephanten war, wir ihn um das Elfenbein bringen könnten, das er jetzt um einen wohlfeilen Preis bekommt und an die Sclavenhändler verkauft, wenn sie durch Kasungu nach Osten ziehen; zuletzt war er jedoch damit einverstanden und benachrichtigte uns, daß „es sehr schwer halten werde, Lebensmittel zu bekommen — ein District sei durch Sclavenkriege entvölkert worden — und wir müßten in demselben eine oder zwei Nächte verbringen; aber er wolle uns gute Führer geben, die drei Tage mit uns gehen würden, ehe sie umkehrten, und wenn wir dann noch weiter gehen wollten, so müßten wir uns auf uns selbst verlassen." Da einige von unsern Leuten, seitdem wir diese

Hochebene erstiegen hatten, immer krank gewesen waren, so blieben wir zwei Tage bei Muazi.

Eine Heerde schönes Rindvieh zeigte, daß im Districte keine Tsetse vorhanden waren. Es hatte den indischen Buckel und war sehr fett und sehr zahm. Die Knaben ritten ohne Furcht sowohl auf Kühen als auf Bullen, und die Thiere waren so fett und träge, daß die alten nur einen schwachen Versuch machten, ihre jungen Quäler mit den Füßen zu stoßen. Muazi melkt die Kühe nie; er beklagte sich, daß, wenn nicht die Mazitu früher einige weggefangen hätten, er jetzt sehr viele haben würde. Sie schweifen frei im Lande umher und gedeihen unfehlbar.

Baumwollensträucher sieht man längs der Sclavenstraße hin selten, nicht weil der Boden oder das Klima für sie unlänglich ist, denn wir gingen an einigen Exemplaren vorbei, die gut gewachsen waren und Baumwolle von vorzüglicher Qualität lieferten, sondern weil die Bewohner, wenn die Sclavenhändler durchziehen, sich ihren Bedarf durch Umtausch von Getreide für ausländischen Calico verschaffen können. Viele dieser Hochländer tragen Ziegenfelle. Obwohl sie Nahrungsmittel vollauf haben, sind sie doch keine eifrigen Verkäufer. Sie sind an eifrige Abkäufer um sehr hohe Preise gewöhnt.

Nachdem wir Muazi's Dorf verlassen hatten, zogen wir über ein plattes Land, das mit zerstreut stehenden verkrüppelten Hochlandsbäumen bedeckt, aber mit dem Glanze vieler schöner Blumen geschmückt war. Das Gras war kurz, es reichte nicht weiter als bis an die Knie hinauf und wuchs in Büscheln mit dazwischen liegenden entblößten Räumen, obwohl die Bäume mit vielen und mannichfaltigen Flechten überzogen waren und auf ein feuchtes Klima hinwiesen. Ueber die Flächen hin wehte ein heftiger und scharfer Wind; seine schneidende Schärfe wurde nicht durch die niedrige Temperatur verursacht, denn der Barometer stand auf 80°.

Jetzt fingen wir an, einen sehr sonderbaren Umstand zu bemerken. Wo nur irgend ein Manganjadorf angebracht war, erschien sicher ein Babisadorf in der Nähe. Die Ersteren sind die Eigenthümer des Grundes und Bodens, aber die Letzteren schienen nicht als Eindringlinge betrachtet zu werden. Die unbebauten Strecken sind in der That so groß, daß es einem Volke, welches wenig oder kein Rindvieh oder Ziegen hat, kaum einfallen würde, um Land zu streiten, welches sie selbst nicht benutzen können. Die flachen Thäler, längs deren Seiten die Dörfer liegen, haben zu gewissen Zeiten des Jahres durch sie hin laufende Flüsse, welche jetzt nur eine Reihe von Teichen mit morastigen und binsenbesetzten Zwischenräumen bildeten. Wenn innerhalb der Wendekreise die Sonne auf ihrem Wege nach Süden scheitelrecht über einer Gegend steht, fangen die ersten Regen an zu fallen, und die Wirkung derselben, wenn sie auch reichlich herabströmen, besteht gewöhnlich nur darin, daß sie die Moräste und Teiche füllen. Wenn sie auf ihrem Wege nach Norden wieder über dieselbe Gegend kommt, haben wir die großen Regen des Jahres; die Teiche und Moräste, die bereits gefüllt sind, fließen über und erzeugen die großen Hochwasser, die den Zambesi auszeichnen und wahrscheinlich in derselben Weise die Ueberschwemmungen des Nils verursachen. Die üppige Vegetation, welche die theilweise Austrocknung vieler dieser Flüsse jährlich wachsen läßt, schützt ihre Gründe und Ufer vor Abreibung und hiervon kommt die verhältnißmäßige Klarheit ihres Wassers bei den größeren Fluthen. Wir waren jetzt an den Quellen des Loangwa der Maravi, der bei Zumbo in den Zambesi tritt, und es fiel uns die große Aehnlichkeit auf, welche die morastigen und binsenbesetzten hiesigen Ströme mit den Quellen des Leeba, eines früher in Londa beobachteten Zuflusses des Zambesi, und des Kasai zeigten, den Manche für den Hauptarm des Congo oder Zaire halten.

Die ersten oder kleineren Regen finden in dieser Gegend im November statt, wenn die Sonne auf ihrem Wege nach Süden scheitelrecht steht. Die größeren Regen fallen im Januar, Februar und März, wenn sie sich auf ihrem Rückwege nach dem Aequator befindet. Nehmen wir an, daß unsere Beobachtung der Ursache der überschwemmenden Hochwasser im südlichen zwischen den Wendekreisen gelegenen Afrika, sich auf den nördlichen zwischen den Wendekreisen gelegenen District anwenden läßt, so könnte man erwarten, daß die Teiche, Moräste und Flüsse sich füllen, wenn die Sonne auf ihrem Wege nach Süden in den Scheitelpunkt tritt, und bei ihrer Rückkehr überfließen. Aber dies muß an Ort und Stelle entschieden werden. Wir wissen aus den Beobachtungen, die vom seligen Edmund Gabriel eine Reihe von Jahren hindurch in Loando gemacht worden sind, daß dieselbe Regel in Betreff des Regenfalls, die wir vom 12° bis zum 20° südlicher Breite bemerkt haben, unter dem achten Grad vom Aequator paßt.

Die große Quelle, aus welcher Südafrika Feuchtigkeit zugeführt wird, ist ohne Zweifel der indische Ocean. Die herrschenden Winde sind von Osten oder Südosten. Mit Feuchtigkeit aus dem großen Wasserbehälter beladen, streicht die Luft längs der Küstengebirgsketten hinauf und schlägt, indem sie sich bei ihrem Zuge über die Höhen abkühlt, den Hauptheil ihres wässerigen Dunstes auf dieselben nieder. Westwärts ziehend ist sie jetzt die trockene Luft, welche den größten Theil des Jahres hindurch als ein Ost- oder Ostsüdostwind über der Kalahariwüste und anderen dürren Ebenen schwebt. Daß diese Ansicht richtig ist, geht deutlich aus den Thatsachen hervor, daß, wo keine Küstengebirgskette oder nur eine niedrige vorhanden, die Centralregion der Feuchtigkeit nicht so beraubt ist, wie da, wo, wie es beim Drakenberge der Fall ist, die Luft über eine Meile in senkrechter Höhe emporsteigen muß, ehe sie die jenseits liegenden Ebenen erreichen kann, und daß überall, wo Hügel im Inneren sich höher als die an der Küste erheben, ihre Gipfel mit einer Vegetation bedeckt sind, die sich von derjenigen auf den unter ihnen liegenden Ebenen unterscheidet und eine reiche Zuführung von Feuchtigkeit verlangt. Dies sieht man selbst auf den Hügeln dicht an der Kalahariwüste, und auf anderen Berggipfeln blühen viele Arten Farnkräuter und manche Pfefferstauden, die man bei niedrigeren Höhen nie antrifft.

Wenn wir uns mehr dem Aequator nähern, herrschen die vom atlantischen Ocean kommenden, durch die westlichen Abhänge ihrer Feuchtigkeit beraubten Südwestwinde eine gewisse Strecke in den Continent hinein vor und begegnen wahrscheinlich den vom indischen Ocean kommenden südöstlichen Brisen. Ob diese Begegnung, wie man behauptet hat, am Aequator einen stärkeren Regenfall herbeiführt als anderwärts, scheint der Bestätigung zu bedürfen. Theoretisch genommen, würde der Zusammenfluß trockener Winde unter dem Aequator eine aufsteigende und übergreifende Bewegung der Luftströme nach Norden oder Süden zur Folge haben. Aber ein heißer, trockener Nordwind ist auf der Kalahariwüste eine völlige Ausnahme und dauert gewöhnlich nur drei Tage. Die Hauptzufuhr für den südafrikanischen Regenfall kommt von dem nach Südosten gelegenen indischen Ocean her auf demselben Wege, auf welchem in einer späteren Zeit des Jahres der Südwestmonsun aus demselben großen Wasserbehälter erfrischende Regen mit nach den Ebenen Indiens nimmt.

Wir hatten uns Mühe gegeben, von den gereisten Babisa und Arabern so viel als möglich über das vor uns liegende Land zu ermitteln, von dem wir wegen Abnahme der Zeit, die uns zur Verfügung stand, fürchteten, daß wir es schwerlich erreichen würden, und hatten viel von einem kleinen See, Namens Bemba, gehört. Als wir nach Westen vordrangen, gingen wir über die Quellen nicht nur des Loangwa, sondern auch eines andern Flusses,

Moitawa oder Moitala genannt, der als der Hauptspeisungsfluß des Bembasees dargestellt wurde. Dies würde von geringer Bedeutung sein, wenn nicht der Umstand hinzukäme, daß der beträchtliche Fluß Luapula oder Loapula aus dem Bemba nach Westen hin flößen und sich dann zu einem zweiten, viel größeren See, Namens Moero oder Moelo, erweitern soll. Noch immer in derselben Richtung fließend, bildet der Loapula den See Mofue oder Mofu, und nach diesem soll er an der Stadt Cazembe's vorbeigehen, sich nach Norden biegen und in den See Tanganyika eintreten. Wohin das Wasser geht, nachdem es in diesen letzten See eingelaufen ist, darüber wollte Niemand eine Behauptung wagen. Daß aber der angedeutete Lauf die wirkliche Wasserscheide dieses Theiles des Landes ist, glauben wir wegen der unveränderlichen Ansicht der eingeborenen Reisenden. Es ließ sich nicht bezweifeln, daß unsere Berichterstatter in dem Lande jenseits Cazembe's Stadt gewesen waren, denn sie kannten und beschrieben Häuptlinge, die wir später gegen fünfunddreißig bis vierzig Meilen westlich von derselben antrafen. Der Lualaba soll sich in den Loapula ergießen — und als zur Prüfung der Richtigkeit dessen, was die Gereisten sagten, behauptet wurde, daß alles Wasser der um die Stadt Cazembe's herumliegenden Gegend in den Luambadzi oder Luambezi (Zambesi) flösse, bemerkten sie lächelnd: „Er sagt, daß der Loapula in den Zambesi fließe — hörtet Ihr je solchen Unsinn?" oder Worte, die dies bedeuteten. Wir sahen uns genöthigt, zuzugeben, daß nach den Berichten der Eingeborenen unsere vorläufige Ansicht, daß der Zambesi das Wasser des Landes um Cazembe's Stadt herum aufnehme, ein Irrthum gewesen war. Wir theilen ihre geographischen Ansichten jetzt nur mit, ohne einen weitern Commentar, als daß die von den Arabern und Anderen gegebene Reisekarte zeigt, daß der Loapula auf dem Wege nach Cazembe's Stadt zweimal überschritten wird, und wir können hinzufügen, daß wir durch die behauptete Unfähigkeit der Neger, zu sagen, welchen Weg ein Fluß läuft, niemals in Verlegenheit gekommen sind.

Der Siedepunkt des Wassers zeigte von der Kante des Plateaus bis zu unserem fernsten Punkt im Westen einen Fall von 170 Fuß; aber dies läßt sich nur als eine Annäherung betrachten, und man hätte kein Vertrauen darauf setzen können, wenn wir nicht den Lauf der Flüsse gehabt hätten, um diese ziemlich rohe Art der Höhenbestimmung zu bestätigen. Die Abdachung war, wie die Wasserscheide zeigte, nach dem „Loangwa der Maravi" und nach dem Moitala hin, oder südwestlich, westlich und nordwestlich. Nachdem wir die Speisungsflüsse des Nyaffafers verlassen haben, läuft das Wasser nach dem Mittelpunkt des Continents ab. Der Lauf des Kafai, eines Flusses, der während Dr. Livingstone's Reise nach der Westküste gesehen wurde, und seiner Speisungsflüsse war nach Nordosten oder ziemlich in derselben Richtung. Ob das auf diese Weise abgeleitete Wasser seinen Ausweg durch den Congo oder durch den Nil findet, ist noch nicht ermittelt worden. Von manchen Theilen des Continents hat man gesagt, daß sie einem umgekehrten gewöhnlichen Teller glichen. Dieser Theil scheint, wenn er irgend eine allgemeine Gestalt hat, mehr die eines breitrandigen Hutes mit einem etwas niedergedrückten Kopf zu haben. Die Höhe des Randes ist in manchen Theilen beträchtlich; in anderen, wie in Tette und am Grunde der Murchison'schen Katarakten, ist sie so gering, daß sie nur durch Elimination der täglichen Veränderungen des Barometerstandes, durch gleichzeitige Beobachtungen an der Küste und an Punkten, die etwa zwei- bis dreihundert Meilen landeinwärts liegen, ermittelt werden könnte. So lange die afrikanischen Flüsse in dem bleiben, was wir den Rand nennen können, bieten sie keine Hindernisse dar; sobald sie aber aus den höher gelegenen Ländern hervorkommen, wird ihre Nützlichkeit durch Katarakten beeinträchtigt. Der niedrig liegende Gürtel ist sehr unregelmäßig. Zuweilen geht er schräg hinauf, wie der Rand eines umgekehrten gewöhnlichen Tellers — während in anderen Fällen sich in der Nähe des Meeres ein hoher Bergrücken erhebt, auf welchen landeinwärts, ehe wir das Centralplateau erreichen, ein niedrigerer District folgt. Die Breite der niedrigen Länder beträgt zuweilen bis zu dreihundert Meilen, und diese Breite bestimmt die Grenzen der Schiffbarkeit vom Meere aus.

Die Steigung nach dem Maravilande und überall von der Westküste des Nyassasees aus wenigstens dreihundert Meilen weit auf demselben Längenmeridian ist, wie wir später fanden, einfach das, was die Indier einen Ghaut nennen, gleich demjenigen auf dem Wege von Bombay nach Poonah. Der afrikanische Ghaut von der Westküste des Nyassasees aus, der 1300 Fuß über dem Meere liegt, erhebt sich eben so hoch über unserm hiesigen Ausgangspunkt, wie der indische vom Niveau des Meeres in Bombay aus. Das afrikanische Decan ist ein wenig höher und kühler als das indische in Poonah. Die afrikanischen Hütten gleichen denen der eingeborenen Indier in der Nähe von Tapoore, sind aber viel besser gebaut; den Besitz des Pfluges haben die Indier vor den Afrikanern voraus, obgleich beide fast dasselbe Getreide bauen. Der Boden und die allgemeine Erscheinung des Landes, Bäume, Nullahs, Flüsse und wellenförmige Ebenen sind in beiden, dem afrikanischen und indischen Decan, merkwürdig ähnlich. Aber in Afrika sehen wir Stücke schöner langstapeliger Baumwolle, die fast der ägyptischen gleich kommt, anstatt des erbärmlichen Zeuges, das in Indien gebaut wird. Gleichwohl ist der Contrast zwischen den beiden Ländern sehr auffallend. In Indien sind allenthalben die Beweise menschlicher Arbeit sichtbar in Straßen, Brücken, steinernen Mauern, Ruinen von Tempeln und Palästen. In Afrika sieht das ganze Land hinsichtlich alles dessen, was der Mensch gethan hat, noch gerade so aus, wie es war, als es aus den Händen seines Schöpfers hervorging. Die einzigen Straßen sind Fußpfade, die durch die Füße der Eingeborenen zu wenige Zoll tiefen und ungefähr fünfzehn bis achtzehn Zoll breiten Hohlwegen abgenutzt sind und sich von Dorf zu Dorf winden, als ob sie von Leuten gemacht wären, die glaubten, daß die krumme Linie die der Schönheit sei, oder von solchen, die bereits jenen Zustand des Auskommens erreicht hatten, nach welchem wir Alle streben, wenn wir auf unseren kleinen gewundenen Spazirwegen ohne Hast herumschlendern können. Die hier gebauten Hütten haben keine Ruinen, außer wenn sie weggebrannt werden, und dann bleiben eine dünne Schicht rothen Thons, mit welcher sie überzogen sind, und die Eindrücke des Rohrs, welches die Wände bildete, mit der Farbe und Festigkeit weicher Backsteine übrig. Aber diese zerfallen bald in Staub. Die einzigen dauerhaften Denkmäler, die man antrifft, sind Mühlsteine, die in der Mitte ein paar Zoll oder noch tiefer abgenutzt sind, und Steinhaufen in den Gebirgspässen, deren die Tradition nicht gedenkt; aber der an sie gerichtete Gruß: „Heil! o Häuptling — laß es in dem Lande, nach dem wir gehen, gut mit uns stehen!" — mag bedeuten, daß man sie für die Ruheplätze verstorbener Häuptlinge hält.

Es ist sehr auffallend, daß, während man in vielen Gegenden der Welt die steinernen, ehernen und eisernen Werkzeuge der Menschen, die dahingegangen sind, gefunden hat, in Afrika, so weit wir nachkommen können, niemals kieselsteinerne Pfeilspitzen, Speere, Aexte oder andere Geräthe dieser Art entdeckt worden sind. Dr. Kirk kam, während er im Zambesidelta botanisirte, auf eine Schicht Kiessand, in welcher die fossilen Knochen fast aller der Thiere, welche jetzt im Lande leben, als Flußpferde, wilde Schweine, Büffel, Antilopen, Schildkröten, Krokodile und Hyänen, mit Töpfereiwaaren von derselben Beschaffenheit und denselben ornamentalen Zeichnungen wie diejenigen, welche jetzt noch bei den Einwohnern allgemein gebräuchlich sind, vereinigt waren. Aehnliche thierische Ueberreste wurden im Jahre 1856 in einer Schicht

Riesfand im Zambesi beobachtet, und jetzt, im Jahre 1863, wurden in dem Sande an den Ufern des Nyassasees Töpfereiwaaren mit Büffel- und anderen großen Knochen gefunden; aber in keinem Falle haben wir ein Exemplar der Waffen entdeckt, mit welchen diese Thiere mögen erlegt worden sein, um menschliche Nahrung zu liefern.

Bei dem Versuch, das Zeugniß der Felsen im Nyassasee und in anderen Gegenden von Südafrika zu entziffern, war es stets ein schweres Räthsel gewesen, daß sich wenige oder keine der regelmäßigen geologischen Reihen, wie sie in Büchern beschrieben werden, herausbringen ließen. Die Abwesenheit des Meerkalksteins und der Beweise für die Oscillationen von Land und Meer, die in anderen Gegenden so gewöhnlich sind, vereitelten unsere ununterstützten Untersuchungen. Kreide oder Feuersteine wurden nie angetroffen. Das nächste Ebenbild der kreideartigen Schichten waren ungeheuere platte Massen Kalktuff, und dieser war, nach den Abdrücken des Rohres und der Blätter derselben Art, wie diejenigen, welche jetzt noch in der Nähe wachsen, offenbar ein Niederschlag aus Laubquellen, welche früher viel reichlicher flossen als in der gegenwärtigen Zeit. In Verbindung mit diesen tuffartigen Niederschlägen wurden eisenhaltige Massen mit eingebettetem Kiessand beobachtet, welche alle das Ansehen desselben Ursprungs wie der Tuff hatten. Steinkohle wurde in Sandstein entdeckt, und dieser war nur durch die wellenförmigen Bewegungen örtlicher vulkanischer Ausbrüche gestört worden. Erst als unser weitsehender und scharfsinniger Landsmann Sir Roderick J. Murchison alle Lichtstrahlen, die aus mannichfachen Quellen auf den Gegenstand fielen, im Brennpunkt seines Geistes sammelte, wurde das, was wir vorher nur dunkel geahnt hatten, deutlich sichtbar. Jene großen unterseeischen Senkungen und Erhebungen, die während der secundären, tertiären und quasimodernen Periode Europa, Asien und Amerika in so vollem Maße betroffen haben, haben

Afrika unberührt gelassen. In der That, Afrika ist der älteste Continent in der Welt. „Es ist unstreitig ein großartiger Charakter einer Gegend, wenn sie, unberührt von allen Veränderungen, außer denjenigen, welche von atmosphärischen und meteorischen Einflüssen abhängig sind, ihre alten terrestrischen Verhältnisse eine sehr lange Periode hindurch beibehalten hat."*)

Nach dem gegenwärtigen Stande unserer Kenntniß hatten die Afrikaner nie eine steinerne Periode. Der Beweis dafür ist rein negativ, aber von derselben Beschaffenheit wie derjenige, daß, so lange die steinerne Periode dauerte, keine ehernen Geräthe im Gebrauch waren. Und es scheint eine beachtenswerthe Einwendung zu sein, daß, während man annimmt, in alten Zeiten sei lange Perioden hindurch nur Stein im Gebrauch gewesen, wir das Zeugniß des seligen Admiral Fitzroy haben (dessen kürzlich erfolgten Tod — die Folge übermäßiger Anstrengung bei der Verfolgung seiner werthvollen Untersuchungen — Alle so tief betrauern), daß die gegenwärtige Zeit in Tierra del Fuego und einigen Ländern, deren Einwohner unseren fernen Voreltern gleichen, die steinerne Periode — und in anderen Gegenden das Zeitalter des Eisens ist.

Es ist vielleicht nur eine Schaustellung der Unwissenheit, aber wir hoffen, daß man sich nicht einbilden werde, es sei ein Beweis von Eigendünkel, wenn manche der Gedanken, die unsere ermüdenden Märsche verkürzten, als Stoffe zum Nachdenken für jüngere Geister mitgetheilt werden. Hier sehen wir in jedem dritten oder vierten Dorfe einen, wie ein Brennofen aussehenden, etwa sechs Fuß hohen und drittehalb bis drei Fuß im Durchmesser haltenden Bau. Es ist ein thönerner, feuerfester Ofen zum Eisenschmelzen. Ein Flußmittel wird nicht benutzt, es mag Eisenglanz,

---

*) Address to the Royal Geographical Society of London, at the anniversary meeting, 23rd May, 1864.

gelber Blutstein oder Magneteisenstein geschmolzen werden, und doch wird ein vorzügliches Metall erzeugt. Das einheimische verarbeitete Eisen ist so gut, daß die Eingeborenen behaupten, das englische Eisen sei im Vergleich damit „weich", und Proben afrikanischer Hacken wurden in Birmingham für fast dem besten schwedischen Eisen gleichkommend erklärt. Als wir dahinzogen, kamen Männer bisweilen von den Feldern gelaufen, in denen sie arbeiteten, und boten neue Hacken, Aexte und Speere eigener Arbeit zum Verkauf an. Es ist hier sicherlich das eiserne Zeitalter. Kupfer läßt sich nach den Begriffen der Eingeborenen, die es aus Malachit schmelzen, viel schwerer behandeln als das Metall aus Eisenstein, das keines Flußmittels bedarf, und bis jetzt ist, so viel wir erfahren können, in dieser Gegend niemals weder Zinn noch Zink benutzt worden, um mit Kupfer ein Amalgam zu bilden, so daß wir erwarten können, daß das eherne Zeitalter in umgekehrter Ordnung kommt. Am feuersteinernen Zeitalter, als auf Afrika angewandt, müssen wir zweifeln, weil, mit Ausnahme einiger kleinen Achate, Feuersteine in den südlichen Theilen des Continents, die wir untersucht haben, nicht zu finden sind. Eine steinerne Periode konnte ihren Verlauf ohne Feuersteine haben, da andere Felsen hätten benutzt werden können, aber der Beweis muß ganz unter der Erde liegen.

Jenseits Muazi's Dorf machten wir drei lange Märsche in nordwestlicher Richtung. Die Bewohner waren höflich genug, weigerten sich aber, uns irgend welche Nahrungsmittel zu verkaufen. Wir reisten zu schnell, sagten sie; in der That, sie wurden übertrumpelt, und ehe sie sich von ihrer Bestürzung erholten, sahen wir uns genöthigt abzureisen. Wir vermutheten, daß Muazi ihnen Befehle zugeschickt habe, uns Nahrungsmittel zu verweigern, damit wir auf diese Weise verhindert werden möchten, in den entvölkerten District zu gehen. Dies kann aber ein bloßer Wahn, die Folge unserer eigenen unbarmherzigen Gefühle gewesen sein.

Wir verbrachten eine Nacht in Matschambwe's und eine zweite in Chimbuzi's Dorfe. Es kommt selten vor, daß wir sogleich beim Eintritt in ein Dorf den Ortsvorsteher finden können. Er macht sich auf die Seite, bis er Alles über die Fremden gehört hat, oder er ist wirklich draußen auf den Feldern und sieht nach seinen Gütern. Wir glaubten einmal, als der Ortsvorsteher mit seinem Speer, Bogen und Pfeilen von einem Inspectionsbesuch hereinkam, er hätte alle seine Waffen unserthalben ergriffen und sich die ganze Zeit in irgend einer Hütte verborgen gehalten, schlau wartend, bis er hörte, daß man den Fremden trauen könne; als wir aber auf die umständlichen Erzählungen horchten, welche diese Leute von dem Aussehen des im Felde stehenden Getreides in verschiedenen Gegenden gaben, und die erstaunliche, in's Kleinliche gehende Genauigkeit der Topographie des Sprechers hörten, überzeugten wir uns, daß wir in manchen Fällen Unrecht hatten, und fühlten uns etwas gedemüthigt. Jede kleine Anhöhe, jeder Hügel, jeder Berg und jede Spitze auf einer Bergkette hat einen Namen, und ebenso jeder Bach, jedes Thälchen und jede Ebene. In der That, jeder Zug und jeder Theil des Landes wird so umständlich genau durch eigene Namen unterschieden, daß es eine Lebenszeit in Anspruch nehmen würde, um ihre Bedeutung zu entziffern. Nicht der Mangel, sondern der große Ueberfluß an Namen ist es, der Reisende irre führt, und die gebrauchten Ausdrücke sind so mannichfaltig, daß gute Gelehrte zuweilen kaum mehr kennen werden als den Gegenstand der Unterhaltung. Obwohl es von dem Thema der Aufmerksamkeit, welche die Ortsvorsteher der Landwirthschaft widmen, etwas abweicht, so mag doch hier, wo wir von dem Reichthum der Sprache sprechen, erwähnt werden, daß wir gegen zwanzig Wörter gehört haben, um verschiedene Abarten des Spazierganges anzubeuten — man spaziert, sich vorwärts oder rückwärts neigend, von einer Seite zur andern schwankend, träge oder munter, prahlerisch, die

Arme oder nur einen Arm schwingend, den Kopf auf oder nieder oder sonstwie haltend; jede dieser Arten des Spazierens wurde durch ein besonderes Zeitwort ausgedrückt, und um die verschiedenen Abarten der Narren zu bezeichnen, wurden mehr Wörter benutzt, als wir jemals zu zählen versuchten.

Herr Moffat hat die ganze Bibel in die Sprache der Betschuana übersetzt und hat die letzten vierundvierzig Jahre hindurch diese Sprache sorgfältig studirt; obgleich er vielmehr von derselben versteht als irgend einer der Eingeborenen, die auf der Missionsstation Kuruman erzogen worden sind, macht er doch noch jetzt keinen Anspruch darauf, daß er ihrer vollkommen mächtig sei. So reich sie indeß an Ausdrücken sein mag, deren Bedürfniß wir nicht fühlen, so arm ist sie an anderen, zum Beispiel abstracten Ausdrücken und Wörtern, die man braucht, um Geistesthätigkeiten zu beschreiben.

Unser dritter Tagemarsch endete am Nachmittag des 27. September 1863 im Dorfe Chinanga's an den Ufern eines Armes des Loangwa. Wenige Meilen davon steht auf der Ebene eine große, tausend Fuß hohe, abgerundete Granitmasse, Rombe rume genannt. Sie ist deshalb ganz merkwürdig, weil sie so wenig Vegetation auf sich hat. In der Nähe derselben stehen noch mehrere andere Granithügel, die, wie die meisten Höhen dieser Gegend, mit Bäumen geschmückt sind, und weit im Norden kommt ein Haufen blauer Berge zum Vorschein.

Sechsundzwanzigstes Capitel.

Die Gründe zur Rückkehr. — Depesche von Ihrer Majestät Regierung. — Ein Dieb. — Die afrikanischen Frauen reden selten Fremde an. — Beschäftigungen der Frauen. — Getreidemahlen. — Bierbrauen. — Trinkgelage.

Die Leute waren die Wirkung der scharfen Winde auf sie nie los geworden. Mehrere waren, seitdem wir die Hochlande erstiegen hatten, nie im Stande gewesen, eine Last zu tragen. Einen hatten wir verloren, und ein anderer armer Bursche war so krank, daß er uns große Sorge machte. Indem wir in diesem Dorfe, welches so alt war, daß es voll Ungeziefer stak, warteten, wurden Alle noch kränker. Unsere europäischen Nahrungsmittel waren gänzlich aufgezehrt, und das Mehl der Eingeborenen hat, wenn es auch fein gemahlen ist, so viele scharfeckige Stückchen, daß es die Ruhr wiederbrachte, von der wir im Mai so viel gelitten hatten. Wir konnten kaum Nahrung für die Mannschaft bekommen. Der Ortsvorsteher des Dorfes, Chinanga, war fort auf einen Raubzug gegen irgend ein weiter nördlich wohnendes Volk, um den auf der Sclavenstraße, welche wir eben verlassen hatten, erwarteten Händlern Sclaven zu verschaffen, und man sagte, daß er, nachdem er die Einwohner vertrieben habe, in ihrer Pallisade lebe und ihr Getreide verschlinge. Der besiegte Stamm hatte das, was ein Friede genannt wurde, dadurch erkauft, daß er den Sieger mit drei Frauen beschenkte.

Dieser Stand der Dinge gewährte uns nur geringe Aussicht, in jener Richtung mehr Lebensmittel zu finden, als wir mit großer Schwierigkeit und um ungeheure Preise hier bekommen konnten. Aber weder Mangel an Nahrung, noch Ruhr, noch Sclavenkriege würden uns verhindert haben, unsern Weg um den See herum in irgend einer andern Richtung durchzusetzen, wenn wir Zeit gehabt hätten; wir hatten vom auswärtigen Amte (Foreign Office) Befehle erhalten, den „Pioneer" im vorhergehenden April nach dem Meere hinabzubringen. Die Besoldungen der ganzen auf demselben befindlichen Mannschaft sollten bestimmt „in jedem Falle mit dem 31. December aufhören." Die Depesche vom auswärtigen Amte (Foreign Office), die offen an den Gouverneur des Vorgebirges der guten Hoffnung geschickt worden war, scheint in derselben freien und bequemen Weise an den Ort ihrer Bestimmung befördert worden zu sein; denn der Capellan des neuen Bischofs hatte in Cuillimane frei vor einer Anzahl Portugiesen, Dr. Kirk und Herrn Charles Livingstone über ihre verschiedenen Paragraphen und ganz besonders über die Weglassung jeder Bemerkung über die „Lady Nyassa" Auslegungen gemacht. Als sein Diener sie zum „Pioneer" hinaufbrachte, begrüßte er die Schiffsmannschaft im derben Surrey-Dialekt mit den Worten: „Ich sage, nicht mehr bezahlen für Euch Kerle nach dem December. Ich bringe das Schreiben, das es sagt." Wenn wir auch nie einen einzigen Augenblick den Gedanken gehegt haben, daß diese höchst geringschätzige Art der Behandlung einer Depesche von Ihrer Majestät Hauptstaatssecretär für auswärtige Angelegenheiten etwas mehr war als die Folge eines Mangels an Weltkenntniß von Seiten derjenigen, die wahrscheinlich in ihrem Leben noch nie eine Regierungsdepesche gesehen hatten, so hatte doch die Ueberzeugung, daß die ganze Mannschaft des „Pioneer" wußte, es werde ihr, wenn wir nach dem December noch auf dem Flusse wären, kein Sold bevorstehen, einigen Ein-

fluß auf ein Gemüth, das durch die höchst niederschlagende
Wirkung von Krankheiten, namentlich der Ruhr, herabgedrückt
war. Man sagte uns, wir wären nur zehn Tagereisen vom
Bembasee entfernt. Wir konnten auf ein spätes Steigen des
Flusses speculiren. Vier bis sechs Wochen Zeit hätte eine geographische Heldenthat gesichert; aber die Regen waren nahe. Wir
waren von verschiedenen Leuten aufmerksam gemacht worden, daß
die Regen dicht bei der Hand wären, und daß wir dann von
Morästen umringt und nicht im Stande sein würden, zu reisen.
Das Hochwasser im Flusse konnte ein frühzeitiges oder so unbedeutend sein, daß es für den „Pioneer" nur eine einzige Möglichkeit darbot, nach dem Meer hinabzufahren. Auch die Malololo wurden durch Krankheit und Mangel an Nahrung entmuthigt
und sehnten sich natürlich, zur rechten Zeit zu ihren Feldern
zurück zu sein, um säen zu können. Aber zu allen diesen und
anderen Dingen kam noch hinzu, daß wir fühlten, wir würden
nicht ehrlich mit der Regierung verfahren, wenn wir um eines
kleinen Aufsehens willen es wagen wollten, den „Pioneer" noch
ein Jahr lang auf dem Flusse aufzuhalten; wir entschlossen uns
daher, zurückzukehren, und wenn wir auch später die Kränkung
hatten, daß wir zwei volle Monate beim Schiffe aufgehalten
wurden, um auf das Hochwasser zu warten, das wir unmittelbar
nach unserer Ankunft daselbst erwartet hatten, so wurde doch der
Aerger durch das Bewußtsein verringert, daß wir in jeder Hinsicht ehrlich, redlich, frei und offen gehandelt hatten.

In der Nacht des 29. September kam ein Dieb nach der
Schlafstelle unserer Mannschaft und stahl eine Ziegenkeule. Als
wir uns bei dem stellvertretenden Ortsvorsteher beschwerten, sagte
er, der Dieb sei geflohen, aber man werde ihn einfangen. Er
schlug eine Strafe vor und bot eine Henne und ihre Eier an;
da wir aber wünschten, daß der Dieb allein bestraft werde, riethen wir, daß er aufgesucht und mit Strafe belegt werden solle.

Die Makololo hielten es für das Beste, die Henne zu nehmen, als ein Mittel, die Bestrafung gewiß zu machen. Nachdem wir am letzten Tage des September diese Sache beigelegt hatten, traten wir unsere Rückreise an. Um nach dem Schiffe zurückzugehen, hatten wir gerade dieselbe Zeit, die wir gebraucht hatten, um an diesen Punkt zu kommen, und wenn man zum zweiten Male über dasselbe Terrain marschirt, so giebt es nicht viel, was Einen interessiren kann.

Auf unserer Reise nach Nordwesten trafen wir eine muntere alte Frau, die, als wir vorübergingen, wacker in ihrem Garten arbeitete. Sie war einst schön gewesen, aber ihr weißes Haar bildete jetzt mit ihrer dunkeln Gesichtsfarbe einen starken Gegensatz. Sie schien ein frisches und gesundes Greisenalter zu genießen. Sie grüßte uns mit dem, was man anderwärts einen guten Anstand nennen würde, und offenbar in dem Bewußtsein, daß sie das Beiwort „schwarz, aber lieblich" verdiente, antwortete Jeder von uns mit einem offenherzigen „Ja, mein Kind." Eine andere mütterlich aussehende Frau, die an einem Brunnen saß, begann die Unterhaltung mit den Worten: „Ihr wollt eben Muazi besuchen, und Ihr seid weit hergekommen, nicht wahr?" Aber im Allgemeinen sprechen Frauen Fremde nie an, wenn sie nicht angesprochen werden; daher erregt Alles, was von ihnen gesagt wird, Aufmerksamkeit. Muazi beschenkte uns einst mit einem Korb Getreide. Als wir ihm einen Wink gaben, daß wir kein Weib hätten, um unser Getreide zu mahlen, fiel seine schelmische Gattin mit schalkhafter Freude ein und sagte: „Ich will es Euch mahlen und Muazi verlassen, um Euch zu begleiten und in dem Lande, wo die Sonne untergeht, für Euch zu kochen." Als Regel genommen, sind die Frauen bescheiden und in ihrem Benehmen zurückhaltend und zeigen, ohne mit Arbeit überhäuft zu sein, viel Fleiß. Das im Felde stehende Getreide bedarf einer achtmonatlichen Aufmerksamkeit. Wenn dann die Ernte herein ist, giebt es viel Arbeit, um es als Suppe oder Bier in Nahrungsmittel zu verwandeln. Das Getreide wird mit einer sechs Fuß langen und ungefähr vier Zoll dicken Keule in einem großen hölzernen Mörser zerstoßen, der dem altägyptischen gleich ist. Das Zerstoßen wird von zwei oder sogar drei Frauen in einem einzigen Mörser vollzogen. Jede giebt, ehe sie einen Schlag thut, dem Körper einen Schupp nach oben, um Kraft in den Stoß zu legen, und sie halten genau Tact, so daß nie zwei Keulen in demselben Augenblick im Mörser sind. Das gemessene thud, thud, thud, und die bei ihrer lebhaften Arbeit stehenden Frauen sind von einem gedeihlichen afrikanischen Dorfe unzertrennliche Verbindungen. Mit Hülfe von ein wenig Wasser wird durch die Wirkung des Stoßens die harte äußere Schale oder Hülse des Getreides entfernt und das Korn für den Mühlstein bereit gemacht. Wenn es nicht von der Hülse gereinigt ist, reizt das Mehl den Magen; wenn die Arbeiterin nicht bedeutende Kraft besitzt, klebt die Hülse fest an's Korn an. Salomo glaubte, daß noch mehr Kraft, als erforderlich ist, um die harte Hülse oder Kleie vom Weizen zu trennen, nicht hinreichen würde, um „einen Narren von seiner Narrheit" zu trennen. „Wenn du den Narren im Mörser zerstießest unter Grütze mit der Keule, so wird doch seine Narrheit nicht von ihm weichen." Der Regenbogen wird in manchen Gegenden die „Mörserkeule der Barimo" oder Götter genannt. Knaben und Mädchen sind durch beständige Uebung mit der Mörserkeule im Stande, durch eine etwas ähnliche Thätigkeit bei Errichtung einer Hütte Pfähle so geschickt in die Erde zu pflanzen, daß sie nie das erste gemachte Loch verfehlen.

Lassen wir Jemanden versuchen, indem er mit seiner ganzen Kraft wiederholt einen Pfahl einsticht, ein tiefes Loch in die Erde zu machen, und er wird begreifen, wie schwer es ist, immer auf dieselbe Stelle zu treffen.

Als wir eine Nacht außerhalb einer Hütte schliefen, aber

nahe genug, um zu hören, was darin vorging, fing eine eifrige Mutter gegen zwei Uhr Morgens an, ihr Getreide zu mahlen. „Ma," fragte ein kleines Mädchen, „warum mahlst Du in der Dunkelheit?" Mamma rieth ihrem Liebling, zu schlafen, und gab ihr Stoff zu einem süßen Traume, indem sie sagte: „Ich mahle Mehl, um von den Fremden ein Kleid zu kaufen, in welchem Du wie eine kleine Dame aussehen wirst." Wer diese Urvölker beobachtet, stößt fortwährend auf solche kleine alltägliche Züge der ächten Menschennatur.

Die Mühle besteht aus einem fünfzehn bis achtzehn Zoll im Quadrat haltenden und fünf bis sechs Zoll dicken Granit-, Syenit- oder auch Glimmerschieferblock nebst einem Stück Quarz oder anderm harten Felsen, etwa von der Größe eines halben Backsteins, dessen eine Seite eine convexe Oberfläche hat und in eine in dem größeren und stillstehenden Steine befindliche concave Vertiefung paßt. Die knieende Arbeiterin faßt diesen oberen Mühlstein mit beiden Händen und wirft ihn in der Vertiefung des unteren Mühlsteins rückwärts und vorwärts, in der-

Eine mahlende Frau.

selben Weise, wie ein Bäcker seinen Teig wirkt, wenn er ihn drückt und von sich schiebt. Das Gewicht der Person wird benutzt, um auf den beweglichen Stein zu drücken, und während er gedrückt und vor- und rückwärts geschoben wird, schafft die eine

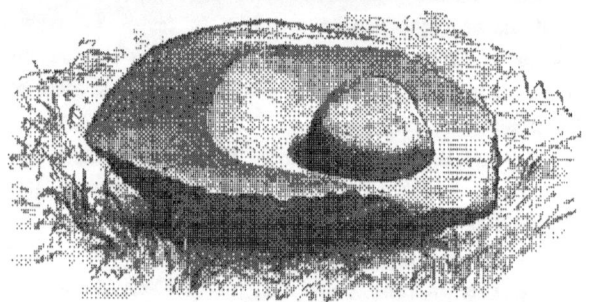

Mühle der Eingeborenen zum Getreidemahlen.

Hand immer dann und wann ein wenig Getreide herbei, um auf diese Weise zuerst zerquetscht und dann auf dem unteren Stein gemahlen zu werden. Dieser wird schräg gestellt, so daß das Mehl, wenn es gemahlen ist, auf ein zu diesem Zwecke hingebreitetes Fell oder Matte fällt. Dies ist vielleicht die ursprünglichste Gestalt der Mühle; sie ist älter als die in morgenländischen Gegenden gebräuchliche, wo zwei Frauen auf einer Mühle mahlen, und mag diejenige gewesen sein, welche Sarah vor Alters benutzte, als sie die Engel bewirthete.

Ein anderer Theil der Frauenarbeit besteht in der Bierbereitung. Das gemalzte Getreide wird an der Sonne gedörrt und zu Mehl zerstoßen, dann gekocht oder gebraut. Eine Lustbarkeit schließt oft in sich, daß Alle, die kommen, um sich zu belustigen, ihre Hacken mitbringen und die Aufregung, welche das Getränk verursacht, durch ein tüchtiges Tagehacken vertreiben. Zu anderen Zeiten schließen sich ein Paar in ihre Hütten ein unter dem

Vorgeben, sie seien krank, und trinken das ganze Gebräude selbst. Eine gewöhnlichere Art aber ist die, daß man alle Freunde und Verwandte der Frau, deren Bier getrunken werden soll, einladet; sie erfreuen sich an der Unterhaltung und loben das Ael der Hausfrau als so gut, daß „der Geschmack gerade hinter bis zum Rücken des Nackens reicht," oder erklären in der eigenen Redensart des eingeborenen Gourmand das Fest für so ausgesucht, daß jeder Schritt, den sie heimwärts thun, ihre Magen veranlassen werde, zu sagen: „Tobu, tobu, tobu." Nur ein Flegel würde ihnen dies mißgönnen, was den, wenn auch ärmlichen, Genuß ihres Lebens bildet. Der Himmel segne ihre Herzen! Laßt sie sich freuen an der Frucht ihrer Arbeit! Wir gestehen indeß, daß wir die Fülle, welche ihr Land liefert, nie angesehen haben, ohne uns im Geiste nach den Straßen und Gäßchen unserer großen Städte hinzuwenden und zu beklagen, daß die schmutzige und verkümmerte Nachkommenschaft der Armuth und Sünde in dieser Welt, wo es so Vieles und zu Entbehrendes giebt, kein angenehmeres Leben hat.

Siebenundzwanzigstes Kapitel.

Urbar gemachte Ländereien in Wäldern. — Aehnlichkeit der Jäger mit alt-egyptischen Figuren. — Muasi. — Verlegenheit um Führer. — Babisa übernehmen es, uns nach Chinsamba's Dorf zu führen. — Babisa- und Manganjaköpfe. — Verschiedene Charakterzüge. — Die Dialekte sind verschieden, jedoch verwandt. — Kloma. — Der Bua. — Wir werden für Mazitu gehalten, und demgemäß behandelt. — Ein halsstarriger Ortsvorsteher. — Ein gut dressirter Ehrmann. — Drückende Stille des verlassenen Landes. — Bangwé. — Wir begegnen den Mazitu. — Wir zeigen eine kühne Stirn mit glücklichem Erfolg. — Zachariah beschleunigt seinen Schritt. — Wir werden für eine Kriegsschaar gehalten. — Am 8. October erreichen wir Molamba am Nyassasee. — Der unbezahlte Führer und sein Betragen. — Bielmiberri. — Der Loapula und Tanganyika. — Die Kenntniß des Babisa vom Inneren wird geprüft. — Falscher Lärm über Mazitu. — Herrschende Richtung des Windes im Osten. — Ufer des Sees. — Flüchtlinge und ihre Noth. — Tabakhändler werden von Mazitu angegriffen. — Gewehre gegen Bogen. — Mosapo. — Chinsamba's Dorf. — Die in's Kleinliche gehende Kenntniß eines Häuptlings. — Die Afrikaner sind nicht so entwürdigt, wie sie geschildert werden. — Geschenke. — Führer. — Lebhafter Sclavenhandel. — Traurige Gedanken. — Den 15. October, Kotosa's Dorf. — Seine Schilderung des Betragens der Ajawa. — Ihre Vorliebe für rothes Haar. — Zuckerrohr ist wahrscheinlich einheimisch. — Bambus. — Kotola wird mit einem Officierrock und Epauletten bekleidet. — Ein gegenwärtiges Dorf und ein früheres. — Am 20. October kommen wir in Motanda's Dorfe an. — Verborgene Vorräthe von Lebensmitteln. — Labembe und Ryango. — Das Göa- oder Govathal. — Der Lesungwe. — Freundlichkeit eingeborner Frauen. — Am 31. October erreichen wir den Mukuru-Madse. — Donner und Regen. — Nasse Kleider und Fieber.

Wir passirten mehrere urbar gemachte Länderelen, deren jede eine Quadratmeile oder noch mehr umfaßte. Die Bäume waren alle niedergehauen worden und die Stumpfe nur zwei bis drei Fuß hoch gelassen. Das gefällte Holz wurde auf ungefähr fünfzig Yards lange und dreißig Yards breite Haufen zusammengebracht und, wenn es dürr war, verbrannt. Die Asche wurde auf diese urbar gemachten Stellen gestreut, und eine Art Hirse gebaut, M a e r e genannt, den die Eingeborenen sehr gern zu essen scheinen, dessen Mehl jedoch für unsere Magen gerade so unverdaulich war, wie eben so viel grober Sand. Auf die eine Seite dieser urbar gemachten Zwischenräume stellen die Jäger große, starke, aus Baobabrinde gefertigte Netze, in welche sie das Wild treiben. Wir sahen auf diesen Hochlauben ungefähr ein Dutzend Hartebeeste, die von geringer Größe waren, und einige Zebras. Wir waren ganz erstaunt über die Aehnlichkeit, welche die Männer, wenn sie ihre Jagdnetze trugen, mit Figuren auf altägyptischen Grabmälern hatten, aber im Verhältniß zur Bevölkerung war die Zahl dieser Jäger sehr gering. Die hiesigen Afrikaner gehören in der Regel der Ackerbauklasse an, und wenn sie Aussicht haben, ihr Getreide in Frieden einzuernten, müssen sie ein ziemlich bequemes Leben genießen.

Am 2. October suchten wir bei Muazi am Führer nach, um uns geraden Weges nach Chinsamba's Dorfe bei Mosapo hinabzubringen und auf diese Weise einen Winkel abzuschneiden, den wir machen mußten, wenn wir nach der Loia-loia-Bai zurückgingen. Er antwortete, seine Leute wüßten den kurzen Weg nach Chinsamba's Dorfe, den wir zu gehen wünschten, aber sie fürchteten sich alle, sich dorthin zu wagen, wegen der Zulus oder Mazitu. Wir traten deshalb die Rückreise auf unserem alten Wege an und fanden nach dreistündigem Marsche in einem Dorfe einige Babisa, welche versprachen, uns zu Chinsamba zu führen.

Diese eifrigen Handelsleute treffen wir allenthalben an. Man erkennt sie leicht an einer Reihe horizontaler Narben, deren jede einen halben Zoll lang ist, mitten auf der Stirn und den

Kinn herab. Sie tragen oft das Haar so, daß es auf dem
oberen und hinteren Theile des Kopfes in einer Masse gesammelt,
während es an der Stirn und den Schläfen ganz abrasirt ist.
Die Babisa- und Waiau- oder Ajawa-Köpfe haben mehr von
der runden Kugelgestalt als diejenigen der Manganja, was einen
markirten Unterschied im Charakter anzeigt, indem die Ersteren
große Handelsleute und Reisende sind, die Letzteren an der Heimath und am Aderbau hängen. Die Manganja vertrauen gewöhnlich ihr Elfenbein den Babisa an, um es an der Küste zu
verkaufen, und beklagen sich, daß die gemachten Retouren sich nie
den hohen Preisen nähern, von denen sie, ehe es abgeschickt wird,
so viel hören. In der That, bis dahin, wo die Babisa zurückkehren, fressen die Kosten der Reise, auf welcher sie oft ein bis
zwei Monate an einem Orte verbringen, wo es reichliche Nahrungsmittel giebt, gewöhnlich den ganzen Gewinn auf.

Die Babisa haben einen von dem der Manganja verschiedenen Dialekt, sie unterhalten sich aber ganz bequem mit einander. Wenn man unter die verschiedenen Stämme reist, ist es
blos nothwendig, einen Dialekt gut zu verstehen, dann finden
sich leicht Dolmetscher. Masilo, einer der Makololo, hatte sich
schon eine hübsche Kenntniß des Manganja-Dialektes erworben
und erwies sich als ein guter Vermittler des Verkehrs. Unseren
Ohren schien die Sprache der Matumbola vollkommener entwickelt zu sein als diejenige desselben Stammes, Manganja oder
Wanyassa, weiter südlich. Das Zeitwort zum Beispiel zeigt hier
die passiven und vergangenen Tempora, während man unter Stämmen am Zambesi, die mit Ausländern in Berührung stehen, diese
Unterscheidungen selten bemerkt. Unsere neuen Gefährten trieben
Handel mit Tabak und hatten Quantitäten der runden Bälle,
etwa von der Größe einer Neunpfünderkugel, gesammelt, in welche
er geformt wird. Einer von ihnen besaß eine Frau, deren Kind
jenen Morgen für Tabak verkauft worden war. Die Mutter

folgte ihm, stillschweigend weinend, Stunden lang auf dem Wege, den wir gingen. Sie schien wohlbekannt zu sein, denn in mehreren Weilern sprachen sie die Frauen mit augenscheinlichem Mitgefühl an. Wir konnten nichts thun, um ihren Kummer zu lindern — man werde das Kind behalten, bis einige Sclavenhändler vorübergingen, und dann für Calico verkaufen. Die verschiedenen Fälle von Sclavenhandel, die wir beobachtet haben, werden erwähnt, um einen deutlichen Begriff von seinen Einzelheiten zu geben.

Die erste Nacht, nachdem wir die Sclavenstraße verlassen hatten, verbrachten wir im Dorfe Ntoma's, unter einer Abtheilung Manganja, Matschewa oder Matscheba genannt, deren District sich bis zum Bua erstreckt. Ntoma könnte man einen ackerbautreibenden Schmied nennen, denn er hatte einen Schmelzofen und viel Getreide und Ziegen, mit denen er eine viel größere Freigebigkeit zeigte, als wir auf der Sclavenstraße angetroffen hatten. Am 5. October kamen wir an den Bua, der hier ein völlig eben so felsiges Bett hat, wie an der Stelle, wo wir ihn weiter unten überschritten. Zu unserer Rechten hatten wir den Ngallaberg und zu unserer Linken mehrere Hügel. Die Gegend ist im Allgemeinen wellenförmig und mit verkrüppelten Bäumen bedeckt, von denen viele gekappt erschienen, weil sie abgehauen worden waren, um Lichtungen zum Jagen zu machen. Ueberall trafen wir Leute in ihren Gärten an, die sich emsig auf die nahenden Regen vorbereiteten. Die Männer waren auf den Bäumen und hieben die Aeste ab, um vorzubeugen, daß der Schatten das darunter stehende Getreide beschädige, oder entfernten von früher abgehauenen Stumpfen die Schößlinge. Bisweilen sieht man eine Frau allein hacken, oder sie hat ein paar Knaben bei sich, welche das Unkraut und Gras auf Bündel sammeln, um es zu verbrennen. Andere Male arbeitet die ganze Familie wacker, oder es werden die ganzen Nachbarn versammelt, um für eine Quantität Bier ein Tagehacken zu geben. Unsere Führer fragten diese

Versammlungen immer, „ob das Bier alles getrunken wäre."
Manche Frauen begossen ihre Mais- und Kürbisschößlinge aus den
laufenden Flüssen mit Kürbisflaschen und Töpfen. Gegen das
Ende der heißen, trockenen Jahreszeit machen sie Löcher um die Gärten herum, säen Mais hinein und begießen denselben, bis die
Regen beginnen. Dieses Verfahren giebt dem Mais und den
Kürbissen einen Anlauf im Wettrennen zur Ernte hin. Die Folge
ist, daß die Besitzer gegen sechs Wochen nach dem Beginn der
regelmäßigen Regengüsse frischen grünen Mais zu essen haben.

Das nächste Dorf, in welchem wir übernachteten, war ebenfalls das eines Manganjaschmiedes. Es war ein schöner, von
hohen Euphorbiabäumen beschatteter Ort. Die Bewohner flohen
anfangs, kehrten aber nach kurzer Zeit zurück und befahlen uns,
nach einer etwa eine Meile entfernten Babisapallisade zu gehen.
Wir zogen es vor, auf dem ebenen, schattigen Platze außerhalb
des Weilers zu bleiben, anstatt uns in eine baumlose Pallisade
einpferchen zu lassen. Plötzlich rückten zwanzig bis dreißig Männer an, alle vollständig mit Bogen und Pfeilen bewaffnet; einige
von ihnen waren wenigstens sechs Fuß vier Zoll hoch, und doch
schämten sich diese Riesen nicht, zu sagen: „Wir dachten, Ihr
wäret Majitu, und da wir uns fürchteten, liefen wir davon."
Ihre Befehle an uns waren offenbar vom Schrecken eingegeben,
und das mußte auch die Weigerung des Ortsvorstehers, ein Kleid
anzunehmen oder uns eine Hütte zu leihen, gewesen sein; da wir
aber nie Gelegenheit hatten, uns vorzustellen, was für Gefühle
ein erfolgreicher Ueberfall hervorbringen könne, so wußten wir
nicht, ob wir sie tadeln sollten oder nicht. Der Ortsvorsteher,
ein schlanker alter Schmied, mit einem ungeheuern, gut gearbeite-
ten Messer eigener Fabrikation, besann sich in der Stille anders,
änderte, indem er das Schutzdach in Augenschein nahm, welches,
da es sehr viel langes Gras und Büsche in der Nähe gab, unsere
Leute in einer halben Stunde für uns aufgeschlagen hatten, all-

mälig seine Tactik, beschenkte uns am Abend mit einem gewaltigen Topf Suppe und einem köstlich gekochten Huhn, entschuldigte sich, daß er gegen Fremde so roh gewesen sei, und bedauerte, daß er die Thorheit begangen habe, das schöne Kleid zurückzuweisen, das wir ihm angeboten hatten. Es wurde ihm natürlich ein anderes Kleid geschenkt, und wir hatten das Vergnügen, am nächsten Tage als gute Freunde zu scheiden.

Wir waren nicht immer so glücklich. Einst suchten wir nach einem langen, ermüdenden Marsche eine passende Stelle, um an derselben die Nacht zuzubringen. Der Weg führte durch ein Dorf, aber der Ortsvorsteher suchte unsern Eintritt in dasselbe zu verhindern. Ohne seinem Geschrei die geringste Aufmerksamkeit zu schenken, gingen wir weiter, und hatten mit der Absicht, anderswo zu schlafen, die andere Seite seines Weilers erreicht, als etwas, das er sagte, uns bewog, umzukehren und uns auf dem freien Raume im Mittelpunkte seiner Burgen niederzusetzen. Er lief fort, und wir bemühten uns, obwohl wir zwei Nächte dort verbrachten, vergebens, ihn mit uns auszusöhnen. Während der ersten Nacht versuchte er von einem der Schläfer eine Bettdecke wegzustehlen und warf ein Horn unter uns, das Hexerei-Arzenei enthielt; in der nächsten Nacht schleuderte er ein mächtigeres Wurfgeschoß, in der Gestalt eines großen Steins, in unsere Mitte. Seine Nachbarn, mit denen wir über sein Betragen sprachen, schienen wenig von demselben zu halten. „Es sah dem Manne ähnlich, und es hatte nichts zu bedeuten."

Unser Führer, dem die Pallisade gehörte, in deren Nähe wir geschlafen hatten, lehnte es ab, sich weiter zu wagen, als seine Heimath ging. Während wir warteten, um einen andern zu dingen, versuchte Masilo eine Ziege zu kaufen, und hatte den Handel fast abgeschlossen, als das Weib dessen, der sie verkaufen wollte, auftrat und zu ihrem Gatten sagte: „Ihr thut, als ob Ihr unverheirathet wäret; Ihr wollt eine Ziege verkaufen, ohne Euer Weib zu fragen; welch eine Beschimpfung für eine Frau! Was seid Ihr für ein Mann?" Masilo drängte den Mann, indem er sagte: „Laßt uns den Handel abschließen und uns nicht um sie bekümmern;" aber er, der besser instruirt war, entgegnete: „Nein, ich habe schon ein Kriegsheer gegen mich aufgewiegelt," und verweigerte den Abschluß. Wenn dies ein schönes Beispiel eines häuslichen Lebens war, so haben die hiesigen Frauen denselben Einfluß, den sie in Londa, weiter westlich, und in vielen nördlich vom Zambesi gelegenen Gegenden haben, wo wir eine Frau kennen lernten, die ihrem Gatten befahl, ein Huhn nicht zu verkaufen, blos, wie wir annahmen, um uns Fremden zu zeigen, daß sie die Oberhand hatte. Wir vermutheten, daß den Frauen hier gemeiniglich Achtung erwiesen werde, weil, wie im Westen, der am gewöhnlichsten gebrauchte Ausruf war: „O meine Mutter!" Wir hörten ihn häufig einige dreißig Meilen östlich von dieser Gegend, wenn die Einwohner uns für die Mazitu hielten. Südlich vom Zambesi ist der am öftesten gehörte Ausruf: „Mein Vater!"

Wir drangen jetzt nach Osten vor, um zu den Ufern des Sees und in Gegenden hinabzukommen, wo wir bekannt waren. Das Land war schön, waldreich und wellenförmig, aber die Dörfer waren alle verlassen, und die Flucht der Bewohner hatte ganz kürzlich stattgefunden, denn das Getreide stand unberührt in den Kornbehältern. Der Tabak, obwohl reif, blieb ungeschnitten in den Gärten, und über dem ganzen Lande lag eine peinliche Ruhe: die drückende Stille wurde nicht im mindesten durch den Gesang der Vögel oder die gellenden Rufe ihr Getreide hütender Frauen unterbrochen.

Wir passirten ein schönes Dorf, Bangwë genannt, das von schattigen Bäumen umringt und in ein Thal zwischen Berge gestellt war, und bewunderten eben die Schönheit der Lage, als einige der vielgefürchteten Mazitu mit ihren Schilden aus dem Weiler liefen, von dem wir eine Meile entfernt waren. Sie begannen nach ihren Gefährten zu schreien, um Jagd auf uns zu machen. Ohne unsern Schritt zu beschleunigen, wanderten wir fort und waren bald in einem Walde, durch welchen der Fußweg führte, dem wir folgten. Die erste Andeutung, die wir von der Annäherung der Mazitu erhielten, wurde durch den Johannenser Zachariah gegeben, der immer zurückblieb, jetzt aber drauf los lief, als ob es sich um sein Leben handelte. Die Bündel wurden alle auf einen zu vertheidigenden Platz gelegt, und Masiko und Dr. Livingstone gingen einige Schritte zurück, dem kommenden Feinde entgegen. Masiko kniete, begierig zu feuern, nieder, erhielt aber den Befehl, es nicht zu thun. Eine bis zwei Secunden lang erschienen düstere Gestalten zwischen den Bäumen, und die Mazitu wurden in ihrer eigenen Sprache gefragt: „Was wollt Ihr?" wozu Masiko noch fügte: „Was sagt Ihr?" Es wurde keine Antwort gegeben, aber der dunkle Schatten im Walde verschwand. Sie hatten uns offenbar für Eingeborene gehalten, und der Anblick eines weißen Mannes war hinreichend, sie in die Flucht zu schlagen. Wären wir näher an der Küste gewesen, wo die Bewohner an den Sclavenhandel gewöhnt sind, so würde sich diese Sache nicht so leicht haben abmachen lassen; aber die Bewohner des Inneren haben in der Regel einen milderen Charakter, als diejenigen an den Grenzen der Civilisation.

Das obige sehr kleine Abenteuer war die ganze Gefahr, die wir auf dieser Reise zu bestehen hatten; aber von den portugiesischen Dörfern am Zambesi aus war eine Nachricht verbreitet worden, die verschiedenen Gerüchten ähnlich war, welche man schon vorher in Umlauf gesetzt hatte, daß Dr. Livingstone von den Makololo ermordet worden sei, und zum großen Unglück gelangte die Nachricht nach England, ehe sie widerlegt werden konnte.

Ein Vortheil entsprang aus dem Mazitu-Abenteuer. Zachariah und Andere, die nur zu oft getadelt worden waren, weil sie immer zurückbleiben, nahmen jetzt ihre Plätze im Vordergliede ein, und wir hatten keine Schwierigkeit, mehrere Tage hindurch sehr lange Märsche zu machen, weil Alle glaubten, die Mazitu würden uns auf den Fersen folgen und uns, während wir schliefen, angreifen.

Ehe wir das wirkliche Hinabsteigen nach dem Thale des Sees begannen, zogen wir durch einen sehr hügeligen District, der von vielen Rinnen durchschnitten und mit Bäumen bedeckt war. Mehrmals, wenn wir in ein tiefes Thal eintraten, oder einen steilen Hügel erkletterten, wurden unsere Ohren durch den Schrei: „Ntondo! Ntondo!" (Krieg! Krieg!) und mit der gellenden Wehklage der Frauen: „O Mae!" (O Mutter!) begrüßt. Die Einwohner beantworteten unsere Erkundigungen nach den von den Höhen führenden Wegen, aber keiner kam uns nahe. Der Weg, auf dem wir endlich hinabstiegen, war sehr gut gewählt; er lief längs den Gebirgsausläufern hin, die sich von verschiedenen Punkten der Seite des großen Thales aus erheben, und war dreißig Meilen weit vergleichungsweise eben. Die Entfernung vom Gipfel des Plateaus bis zum unten liegenden Thale betrug ungefähr fünfzig Meilen, und wenn wir Bewohnern begegneten, die von den Ebenen herkamen, um in den Wäldern wilde Früchte zu sammeln, hielten sie es für eine große Neuigkeit, daß wir wirklich lebendige Mazitu gesehen hatten. Der District, in welchen wir hinabstiegen, wurde noch immer Bango genannt, und ein schöner Strom, Namens Jurisa, floß durch denselben in den See. Hier hatten die Bewohner große Felder in Aehren stehenden Mais, der in der trockenen Jahreszeit mit Hülfe des Wassers, welches vom Jurisa aus durch den Sand sickert, in Löchern gezogen worden war.

Am 8. October kamen wir in Molamba an den Ufern des Sees an und hatten ein köstliches Bad. Wir waren begierig, Ntomo, den Ortsvorsteher, wieder zu sehen, weil ein Führer, den er uns gegeben hatte, nicht bezahlt worden war. Dann und wann sind wir übel bedient und bisweilen von den Leuten, die wir angenommen haben, im Stich gelassen worden. In der That, wenn man über die Widerwärtigkeiten, die Einem auf der Reise begegnen, klagen wollte, so würden die Verlegenheiten hinsichtlich der Führer einen bedeutenden Posten ausmachen. Sie finden nicht viel Geschmack an dem Geschäft, Landläufer zu bedienen; wir würden es auch nicht. In diesem Falle jedoch waren wir die Uebelthäter gewesen. Nachdem der Mann fünfzehn Meilen mitgegangen war, blieb er plötzlich auf dem Marsche stehen und sagte, er wolle uns verlassen. Wir sagten ihm, er solle noch bis zum nächsten Dorfe mitkommen, dort würden wir rasten und ihm seinen Lohn bezahlen. Wir sahen ihn nie wieder. Als wir dies Nkomo sagten, erfuhren wir, daß wir, indem wir besonders diesen Führer mitnahmen, unbewußter Weise zwei Weibern des Ortsvorstehers zum Entlaufen behülflich gewesen waren. Während er mit uns dahinmarschirte, hatte er den hinten befindlichen Damen telegraphirt, und schien, als er den Vorschlag machte, uns zu verlassen, das Signal erhalten zu haben, daß er sich von unserem Wege ab nach Westen wenden solle. Nach den zahlreichen Beispielen der Leiden eines Polygamisten, die wir beobachtet haben, sollten wir vermuthen, daß er nur wenige Freuden haben könne; aber doch läßt sich, wie wir glauben, auf beiden Seiten etwas sagen. Sicherlich ist die Vielweiberei eine Ursache von allerhand Widerwärtigkeiten für die Kinder, die an allen den Eifersüchteleien, dem Haß und den Zänkereien der verschiedenen Mütter theilnehmen.

Während wir in Molamba waren, kam eine Schaar Babisa'scher Tabakshändler von Nordwesten dort an. Einer von ihnen behauptete mehrere Male, daß der Loapula, nachdem er aus dem Moelo herausgetreten sei, den Lulua aufnähme, dann in den See Mofu und von da in den Tanganyika flösse; aus dem letztgenannten See ergösse er sich in's Meer. Dies ist die Vorstel-

lung der Eingeborenen von der Geographie des Inneren, und um
die allgemeine Kenntniß unseres Berichterstatters zu prüfen, fragten
wir ihn nach unseren Bekannten in Lonbo, als Meene, Katema,
Schinde oder Schinte, welche südwestlich von den erwähnten Flüssen
leben, und fanden, daß unsere dortigen Freunde ihm und anderen
dieser gereisten Eingeborenen vollkommen gut bekannt waren. Am
Abend langten zwei Babisa an und erzählten, daß die Mazitu
uns bis zu dem, Chigaragara genannten Dorfe, bei welchem wir
auf dem Boden des Abhangs schliefen, verfolgt hätten. Die ganze
Gesellschaft der Händler machte sich, obgleich die Sonne untergegangen war, sofort auf den Weg. Zur Entstehung jenes Gerüchts
hatten wir selbst Anlaß gegeben, denn die Frauen von Chigaragara, die uns in der Ferne für Mazitu hielten, flohen mit allen
ihren Wirthschaftsgeräthen auf den Köpfen und hatten später keine
Gelegenheit, ihren Irrthum zu entdecken. Wir übernachteten, wo
wir waren, und schlugen am nächsten Morgen, indem wir Ntomo's
Bitte, auf die Jagd zu gehen und Elephanten zu erlegen, ablehnten, unsern Weg längs den Ufern des Sees hin nach
Süden ein.

Wir sind nur in einer einzigen Zeit des Jahres am
See gewesen. Damals wehte der Wind stark von Osten, und dies
ist in der That seine herrschende Richtung von hier nach dem
Orangefluß. Ein Nord- oder ein Südwind ist selten und dauert
gewöhnlich nicht länger als drei Tage. Da der Wind jetzt über
eine große Wassermasse nach uns zu wehte, so war er höchst angenehm; als er uns aber auf der Hochebene entgegenkam, war er
so stark, daß er uns wesentlich im Gehen hinderte und die Anstrengung der Reise bedeutend vermehrte. Hier brachte er große
Quantitäten der Pflanze (aus der Familie der Vallisnerieen), aus
welcher die Eingeborenen durch Verbrennung Salz gewinnen, und
die, wenn man sie kaut, sofort ihren Salzgehalt durch den Geschmack zeigt. Auf dem See trieben Wolken der Kungo oder

eßbaren Mücken, und viele ruhten auf den am Lande stehenden Büschen.

Das Rohr längs der Ufer des Sees war noch immer gedrängt voll Flüchtlinge, und es mußte seitdem ein großer Lebensverlust stattgefunden haben; denn nachdem das Getreide, das sie mitgebracht hatten, aufgezehrt war, trat Hungersnoth ein. Eben jetzt gingen wir an vielen Frauen und Kindern vorüber, welche die etwa erbsengroßen Wurzeln eines aromatischen Grases ausgruben, und ihre abgezehrten Gestalten zeigten, daß diese ärmliche, harte Kost wo möglich die Qualen des Hungers lindern sollte. Die Säuglinge an der Brust lächelten uns freudig an, als wir vorüberzogen, während ihre Mütter knieten und nach den Wurzeln gruben. Die armen kleinen Dinge, die noch immer Nahrung aus der natürlichen Quelle zogen, wußten nichts von jenem Sinken des Herzens, das ihre Eltern gefühlt haben mußten, als sie erkannten, daß der Proviant für die Kleinen bald fehlen müsse. Niemand wollte uns einen Bissen Nahrung verkaufen. Selbst Fischer wollten den Ertrag ihrer Netze nicht losschlagen, ausgenommen gegen Nahrungsmittel irgend einer andern Art. Eine Menge neugemachter Gräber zeigte, daß Viele bereits umgekommen waren, und Hunderte waren so abgemagert, daß sie wie menschliche Gerippe aussahen, die in braunes und gerunzeltes Leder eingewickelt waren. Wenn man eine Meile nach der andern passirt, die mit diesen traurigen Beweisen gezeichnet ist, daß „des Menschen Unmenschlichkeit gegen den Menschen zahllose Tausende in Trauer versetzt," überkommt Einen ein überwältigendes Gefühl des Unvermögens, menschliches Leiden zu lindern, und man richtet ein stilles Gebet zum Allmächtigen, daß er die gute Zeit, die da kommen soll, „wo Mensch und Mensch über die Welt hin trotz alle dem Brüder werden," beschleunigen möge. Eine schwach aussöhnende Erwägung bei all' diesem Elend konnte man nicht unterdrücken; diese Uebel wurden von heidnischen Mazitu verhängt, und nicht von denen oder um beter willen, die zu Ihm, der höher ist als der Höchste, sagen: „Wir glauben, daß Du kommen wirst, unser Richter zu sein."

Wir setzten über den Mokole, rasteten in Chitanda, verließen dann den See und wendeten uns nordwestlich ab nach Chinsamba's Dorfe. Unsere Gefährten, welche durch die verdünnte Luft der Hochebene so sehr betrübt wurden, trugen, obwohl jetzt nur 1300 Fuß über dem Meere, noch immer Zeichen der Erschöpfung und bekamen nicht eher wieder Fleisch und Lebensgeister, als bis wir wieder in das Unterschirethal eintraten, welches eine so geringe Höhe hat, daß ohne gleichzeitige Barometerbeobachtungen dort und an der Meeresküste der Unterschied nicht zu bestimmen sein würde.

Auf einer großen Ebene, auf welcher wir eine Nacht verbrachten, hatten wir die Gesellschaft von achtzig Tabakshändlern auf ihrem Wege von Kasungu nach Chinsamba's Dorfe. In der Nähe der Stelle, wo die Zulus vor uns flohen, ohne unsere Fragen zu beantworten, hatten die Mazitu sie angegriffen und zwei von ihnen getödtet. Die Händler waren jetzt so in Furcht gesetzt, daß sie, anstatt mit uns einen geraden Weg zu machen, bei Nacht aufbrachen, um den Ufern des Sees nach Tsenga zu folgen und sich dann nach Westen zu wenden. Schon der Anblick von Schilden oder Feuergewehren stößt Schrecken ein. Die Bogenschützen fühlen sich vollkommen hülflos, wenn der Feind auch nur mit dem geringen Schutze kommt, den der lederne Schild gewährt, oder sie im freien Felde mit Feuergewehren angreift. Sie können einige Pfeile abschießen, aber sie sind so ärmliche Schützen, daß man Zehn gegen Eins setzen kann, wenn sie treffen. Das Einzige, was den Pfeil furchtbar macht, ist das Gift; denn wenn der vergiftete Widerhaken eingeht, kann nichts den Verwundeten retten. Am unteren Ende des Nyassasees, aber gewöhnlicher im Maravilande, ist ein sechs bis acht Zoll breiter Bogen gebräuchlich, der bestimmt ist, sowohl als Schild wie als Bogen benutzt zu werden;

eßbaren Mücken, und viele ruhten auf den am Lande stehenden Büschen.

Das Rohr längs der Ufer des Sees war noch immer gedrängt voll Flüchtlinge, und es mußte seitdem ein großer Lebensverlust stattgefunden haben; denn nachdem das Getreide, das sie mitgebracht hatten, aufgezehrt war, trat Hungersnoth ein. Eben jetzt gingen wir an vielen Frauen und Kindern vorüber, welche die etwa erbsengroßen Wurzeln eines aromatischen Grases ausgruben, und ihre abgezehrten Gestalten zeigten, daß diese ärmliche, harte Kost wo möglich die Qualen des Hungers lindern sollte. Die Säuglinge an der Brust lächelten uns freudig an, als wir vorüberzogen, während ihre Mütter knieten und nach den Wurzeln gruben. Die armen kleinen Dinge, die noch immer Nahrung aus der natürlichen Quelle zogen, wußten nichts von jenem Sinken des Herzens, das ihre Eltern gefühlt haben mußten, als sie erkannten, daß der Proviant für die Kleinen bald fehlen müsse. Niemand wollte uns einen Bissen Nahrung verkaufen. Selbst Fischer wollten den Ertrag ihrer Netze nicht losschlagen, ausgenommen gegen Nahrungsmittel irgend einer andern Art. Eine Menge neugemachter Gräber zeigte, daß Viele bereits umgekommen waren, und Hunderte waren so abgemagert, daß sie wie menschliche Gerippe aussahen, die in braunes und gerunzeltes Leder eingewickelt waren. Wenn man eine Meile nach der andern passirt, die mit diesen traurigen Beweisen gezeichnet ist, daß „des Menschen Unmenschlichkeit gegen den Menschen zahllose Tausende in Trauer versetzt," überkommt Einen ein überwältigendes Gefühl des Unvermögens, menschliches Leiden zu lindern, und man richtet ein stilles Gebet zum Allmächtigen, daß er die gute Zeit, die da kommen soll, „wo Mensch und Mensch über die Welt hin trotz alle dem Brüder werden," beschleunigen möge. Eine schwach aussöhnende Erwägung bei all' diesem Elend konnte man nicht unterdrücken; diese Uebel wurden von heidnischen Maziku verhängt, und nicht von denen oder um derer willen, die zu Ihm, der höher ist als der Höchste, sagen: „Wir glauben, daß Du kommen wirst, unser Richter zu sein."

Wir setzten über den Mokole, rasteten in Chitanda, verließen dann den See und wendeten uns nordwestlich ab nach Chinsamba's Dorfe. Unsere Gefährten, welche durch die verdünnte Luft der Hochebene so sehr bedrückt wurden, trugen, obwohl jetzt nur 1300 Fuß über dem Meere, noch immer Zeichen der Erschöpfung und bekamen nicht eher wieder Fleisch und Lebensgeister, als bis wir wieder in das Unterschirethal eintraten, welches eine so geringe Höhe hat, daß ohne gleichzeitige Barometerbeobachtungen dort und an der Meereskülte der Unterschied nicht zu bestimmen sein würde.

Auf einer großen Ebene, auf welcher wir eine Nacht verbrachten, hatten wir die Gesellschaft von achtzig Tabakshändlern auf ihrem Wege von Kasungu nach Chinsamba's Dorfe. In der Nähe der Stelle, wo die Zulus vor uns flohen, ohne unsere Fragen zu beantworten, hatten die Mazitu sie angegriffen und zwei von ihnen getödtet. Die Händler waren jetzt so in Furcht gesetzt, daß sie, anstatt mit uns einen geraden Weg zu machen, bei Nacht aufbrachen, um den Ufern des Sees nach Tsenga zu folgen und sich dann nach Westen zu wenden. Schon der Anblick von Schilden oder Feuergewehren stößt Schrecken ein. Die Bogenschützen fühlen sich vollkommen hülflos, wenn der Feind auch nur mit dem geringen Schutze kommt, den der lederne Schild gewährt, oder sie im freien Felde mit Feuergewehren angreift. Sie können einige Pfeile abschießen, aber sie sind so ärmliche Schützen, daß man Zehn gegen Eins setzen kann, wenn sie treffen. Das Einzige, was den Pfeil furchtbar macht, ist das Gift; denn wenn der vergiftete Widerhaken eingeht, kann nichts den Verwundeten retten. Am unteren Ende des Nyassasees, aber gewöhnlicher im Marabilande, ist ein sechs bis acht Zoll breiter Bogen gebräuchlich, der bestimmt ist, sowohl als Schild wie als Bogen benutzt zu werden;

aber wir sahen nie einen, der die Spur eines feindlichen Pfeiles an sich trug. Dem Zuluschilde, der zwischen vier und fünf Fuß lang, von ovaler Gestalt und gegen zwei Fuß breit ist, kommt er sicherlich nicht gleich. Der Schrecken, den dieser Schild einflößt,

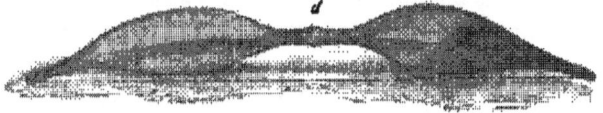

Maravibogen.

ist so groß, daß wir bisweilen zweifelten, ob die hiesigen Mazitu überhaupt Zulus seien, und vermutheten, daß die Bewohner des Landes sich diese Furcht zu Nutze machten und, indem sie Schilde annähmen, vorgäben, daß sie zu jener Nation gehörten.

Am 11. October kamen wir in der Pallisade Chinsamba's in Mosapo an und hatten Grund, mit seiner Freundlichkeit sehr wohl zufrieden zu sein. Eine Paraffinkerze war in seinen Augen der höchste Luxus, und die Fähigkeit, mit einem Streichhölzchen augenblicklich Licht zu machen, ein Wunder, das ihn in Staunen setzte. Er brachte alle seine Verwandten in verschiedenen Gruppen, um die fremden Gesichter — das augenblickliche Feuermachen und ein Licht ohne die Belästigung zu sehen, Feuer und Rauch mitten in der Hausflur zu haben. Wenn sie im Dunkeln etwas suchen wollen, wird ein Wisch von dürrem Gras angezündet. Auch unsere Bücher waren Gegenstände der Bewunderung. Die Vorstellung, welche sie sich davon machen, ist die, daß Bücher unsere Weissagungswerkzeuge sind. Die ihrigen sind Stückchen Holz, Horn und Knöchelbeine von verschiedenen Thieren, nebst den Schuppen des Schuppenthiers, die nach der Art, wie sie fallen, wenn sie auf die Erde geworfen werden, anzeigen, auf welche Weise der Wahrsager die Fragen zu beantworten hat, die an ihn gestellt worden sind. Ueber den Sextanten und künstlichen Horizont —

die Schwere des Quecksilbers — das unsere Leute „ausländisches Wasser" nannten, über das Alles wurde mit einem Interesse derselben Art nachgegrübelt, das wir in der ersten Zeit an irgend einem neuen und wunderbaren Dinge nehmen würden. In vielen hundert Fällen, in denen wir mit einer Laterne da saßen und nach den Sternen sahen, erregten wir, so viel wir wissen, nicht ein einziges Mal den Verdacht, daß wir mit der Ausübung der Hexerei beschäftigt wären. Da wir von dem allgemeinen Glauben an Zauberer und Hexen vollkommen unterrichtet waren, so hat es uns oft gewundert, daß nie eine Anklage zu unseren Ohren gelangte, daß dieses „ausländische Wasser" zu etwas Anderem benutzt werden müsse, als um Entfernungen zu messen und beim Aufzeichnen der Wege des neuen Landes zu helfen. Der einzige Grund, den wir uns für unsere Bevorzugung denken können, ist die Thatsache, daß wir unveränderlich von dem, was wir thaten, eine wahrhafte Erklärung zu geben suchten. In dem, in einem früheren Theile dieses Werkes erwähnten Falle Sequascha's vermuthen wir, daß er den Leuten sagte, die Uhren, um deren willen er gestraft wurde, wären seine Fetische oder Zaubermittel.

Chinsamba ließ uns während unserer Besuche seine Gesellschaft viel zu Theil werden. Wie wir oft in anderen Fällen bemerkt haben, hat ein Häuptling viel mit der Leitung der Angelegenheiten seines Volkes zu thun. Er wird bei allen Gelegenheiten befragt und ertheilt seinen Rath in einem Strome von Worten, die eine sehr vertraute Bekanntschaft mit der Topographie seines Districtes zeigen; er kennt jede angebaute Ruthe, jeden in den Fluß gestellten Fischkorb, jedes Jagdnetz, jeden Webstuhl, jede Speise und jedes Kind seines Stammes. Jedes, das zur Zahl der letzteren neu hinzukommt, wird ihm angemeldet, und er sendet den Eltern Danksagungen und Glückwünsche.

Nach vielem Verkehr mit verschiedenen Herrschern sind wir nicht im Stande gewesen, die Gründe zu entdecken, auf welche hin

„Sensationsschriftsteller" afrikanische Häuptlinge mit einem Schein des Lächerlichen umhüllt haben. Da die Ortsvorsteher und auch das Volk immer schlechter werden, je mehr wir uns den Grenzen der Civilisation nähern, so ist es wahrscheinlich, daß die von den erwähnten Schriftstellern beschriebene stupide Bestialität an der Westküste ein Reflex von den gemeinen Handelscharakteren ist, mit welchen viele der dortigen Häuptlinge ihren einzigen Verkehr gehabt haben. Wenn ein Häuptling sich bei uns nach irgend Etwas erkundigte, haben wir gefunden, daß wir in unseren Antworten meist befriedigten, wenn wir uns selbst in die Lage der Fragenden und ihn in die eines armen, ungebildeten Landsmannes in England zu denken suchten. Die feine, ehrerbietige Art der Sprache und des Benehmens dessen, den wir einen „durch und durch feinen und gebildeten Mann" nennen, sichert fast immer die Freundschaft und das Wohlwollen der Afrikaner.

Die Geschenke, welche wir nach der Sitte des Landes jedem Ortsvorsteher, wo wir entweder eine Nacht oder eine längere Zeit zubrachten, gaben, änderten sich von vier bis acht Yards Calico. Wir hatten einige Manchesterkleider, welche den von den Eingeborenen gefertigten Oberröcken der Westküste nachgemacht und deren jedes fünf bis sechs Schillinge werth war. Den bedeutenderen Häuptlingen gaben wir anstatt Calico einen dieser festen bunten Anzüge, eiserne Löffel, ein Messer, Nadeln, eine zinnerne Schüssel oder ein Pfännchen, und fanden, daß diese Geschenke höher geschätzt wurden, als ihr dreifacher Werth in Kattun. Ein Werth von acht bis zehn Schillingen befriedigte den Habgierigsten in reichem Maße; aber dies ist als der Fabrikpreis dieser Artikel zu verstehen; ein Händler würde eine ähnliche Freigebigkeit bisweilen auf 30 bis 50 Pfund Sterling geschätzt haben. In manchen Fällen überstiegen die Geschenke, die wir gaben, den Werth dessen, was wir dagegen erhielten, in anderen war der Ueberstieg der Freigebigkeit auf Seiten der Eingeborenen.

Wir baten nie um Erlaubniß, durch ein Land zu ziehen; wir sagten einfach, wohin wir gehen wollten, und baten um Führer; wenn sie verweigert wurden, oder wenn sie Vorausbezahlung verlangten, ersuchten wir sie, uns auf den Anfang des Weges zu bringen, und sagten, es thäte uns leid, daß wir nicht über die Führer hätten einig werden können, und gewöhnlich brachen sie und wir zusammen auf. Größere Mühe würde es machen, wenn man das Mazitu- oder Zululand beträte, weil dort die Regierung sich über sehr große Districte erstreckt, während unter den Manganja jeder kleine District von jedem andern unabhängig ist. Die hiesigen Bewohner haben das Erpressungssystem der Banyai oder des Volkes, dessen Land Spele und Grant durchreisten, nicht angenommen.

Auf unserem Rückwege von Chinsamba's nach Chembi's Dorfe, von dessen Dorfe nach Nkwinba's und von da nach Katosa's Residenz sahen wir nur die Bewohner in ihren Gärten in der Nähe der Pallisaden arbeiten. Diese Festungen wurden mit Akazienzweigen verstärkt, die mit starken haligen Dornen bedeckt sind, und waren alle mit Menschen überfüllt. Die Luft war jetzt reiner als damals, wo wir nach Norden gingen, und wir konnten die Hügel von Kirk's Kette sehen, die fünf bis sechs Meilen westlich von unserem Wege lag. Die Sonne brannte sehr heiß, und die Mannschaft fühlte sie am meisten an ihren Füßen. Jeder, der ein Stückchen Ziegenfell bekommen konnte, machte sich ein Paar Sandalen daraus.

Während wir in Nkwinba's Dorfe saßen, sagte ein Mann hinter der Heckenwand der Residenz mit offenbar großer Freude, auf der andern Seite der Vereinigungsstelle des Schire und Sees sei eine Schaar arabischer Sclavenmacher, „die bereitwillig für einen Knaben zwei und für ein Mädchen drittthalb Faden Calico gäben; er habe nie so schnell handeln sehen, Knicken gäbe es gar nicht." Diese Schaar kaufte für den Sclavenhandel zur

See ein. Eines der Uebel dieses Handels besteht darin, daß er durch jedes Unglück, welches in einem Lande sich ereignet, gewinnt. Der Sclavenhändler zieht natürlich aus jeder Verwirrung Vortheil, und wenn er auch im gegenwärtigen Falle einige Leben gerettet haben mag, die sonst umgekommen sein würden, so verstärkt er doch den Haß und verschlimmert die Kriege zwischen den Stämmen, weil, je mehr sie einander bekämpfen und besiegen, desto reicher seine Ernte sein wird. Wo Sclavenmacherei und Viehzucht unbekannt sind, lebt das Volk in Frieden. Als wir gegen jene Hecke gelehnt da saßen und die Rede des Sclavenhändleragenten mit anhörten, durchflog unsern Geist der Gedanke, daß dies eine schreckliche Welt sei, da der Beste in ihr wegen bewußter Unvollkommenheiten nicht im Stande sei, zu dem Schlechtesten zu sagen: „Mach' Platz! denn ich bin heiliger als Du." Der Sclavenhändler, der ohne Zweifel mit gewissen milden Gefühlen erfüllt ist, aber doch einem Beruf nachgeht, welcher ihn zu einem schönen Muster eines menschlichen Teufels macht, steht mit denjenigen, von welchen die Sclavenhändler angewendet werden, sowie mit allen Urhebern von Sünde und Elend in höher begünstigten Ländern zu einem für das allsehende Auge schrecklichen Gemälde gruppirt.

Am 15. October kamen wir in Katosa's Dorfe an und fanden gegen dreißig junge Männer und Knaben in Sclavenstöcken. Sie waren von andern Agenten der arabischen Sclavenmacher, die noch immer auf der Ostseite des Schire standen, gekauft worden. Sie rasteten eben im Dorfe, und ihre Eigenthümer schafften sie bald fort. Die Schwere des Sclavenstocks zeigte sich, wenn sie zu schlafen versuchten, sehr belästigend. Dieses zähmende Werkzeug wird so lange beibehalten, bis die Schaar mehrere Flüsse überschritten hat und aus der Seele des Gefangenen alle Hoffnung auf Entrinnen verschwunden ist.

Als wir Katosa auseinandersetzten, welches Unrecht er thäte, indem er sein Volk als Sclaven verkaufte, versicherte er uns, daß diejenigen, welche wir gesehen hätten, den Arabern gehörten, und fügte hinzu, daß er schon viel zu wenig Volk habe. Er sagte, er hätte am kleinen See Pamalombe in Frieden gelebt; die Ajawa oder Matschinga unter Kainka und Karamba und ein Haufen Babisa unter Maonga hätten ihn bewogen, sie über den Schire zu fahren; sie hätten eine beträchtliche Zeit hindurch auf seine Kosten gelebt und zuletzt seine Schafe gestohlen, was ihn veranlaßt habe, sich nach dem Orte zu flüchten, wo er jetzt lebte, und auf dieser Flucht hätte er viele von seinen Leuten verloren. Dieser Bericht über das gewöhnliche Betragen der Ajawa stimmt ganz mit dem überein, was diese Leute selbst erzählt haben, und giebt von ihrem sittlichen Zustand nur einen niedrigen Begriff. Sie haben wiederholt alle Gesetze der Gastfreundschaft gebrochen, indem sie Monate lang von der Güte der Mangania lebten und dann durch eine plötzliche Erhebung ihre Wirthe überwältigten und tödteten oder aus ihren ererbten Besitzungen verjagten. Das Geheimniß ihres glücklichen Erfolges ist der Besitz von Feuerwaffen. Es waren wieder mehrere dieser Ajawa hier, und bei unserer Ankunft stellten sie Katosa vor, daß sie sich entfernen würden; aber er entgegnete, sie brauchten sich vor uns nicht zu fürchten. Sie hatten auf ihren Haaren rothe Perlen so dicht an einander gereiht, daß es in geringer Entfernung schien, als hätte sie rothe Mützen auf. Es ist sonderbar, daß der Geschmack für rothes Haar unter den hiesigen und weiter nördlich wohnenden Afrikanern so allgemein sein soll; im Süden wird schwarzer Glimmer, Sebilo genannt, und sogar Ruß benutzt, um die Farbe des Haares dunkler zu machen; hier beschmieren Viele den Kopf mit Rotheisenocher, Andere flechten die rothfarbige Rinde eines Baumes in's Haar; auch wird ein rothes Pulver mit dem Namen Mukuru angewandt, von welchem Einige sagen, daß es aus der Erde, und Andere, daß es aus den Wurzeln eines Baumes gewonnen werde.

Da man bezweifelt hat, ob Zuckerrohr in diesem Lande einheimisch ist oder nicht, so veranlaßten wir Katosa, uns die beiden gewöhnlich angebauten Varietäten zu verschaffen, in der Absicht, dieselben nach Johanna zu bringen. Die eine ist gelb und die andere gleich derjenigen, welche wir im Barotsethal beobachteten, mit dunkelrothen und gelben Flecken gesprenkelt oder ganz roth. Wir haben dieselbe „pfeilen" oder blühen sehen. Auch Bambus schießt in Samen, und die Bewohner sollen den Samen als Nahrungsmittel benutzen. Das Zuckerrohr hat einheimische Namen, die uns bestimmen möchten, zu glauben, daß es selbst einheimisch ist. Hier wird es Zimbi, weiter südlich Mesari und im Mittelpunkt des Landes Meschuati genannt. Was in der Neuzeit eingeführt worden ist, wie Mais, feine Baumwolle oder Maniok, hat einen Namen, der seinen ausländischen Ursprung in sich schließt.

Da Katosa sehr gütig war und, weil er Dr. Livingstone seinen guten Geist nannte, uns sein Vertrauen geschenkt zu haben schien, so wurde ihm ein Seeofficiersrock nebst Epauletten zum Geschenk gemacht, welcher von den Officieren von Ihrer Majestät Schiff „Lyra", unter Capitän Oldfield, für den Häuptling geschickt worden war, der die Mörder des seligen Dr. Roscher ergriffen und der Gerechtigkeit überliefert hatte. Wir nahmen ihn mit den Rovuma hinauf, in der Absicht, ihn jenem Häuptling zu schenken, wenn wir das Glück haben würden, ihn zu treffen; aber an der Stelle, wo wir uns genöthigt sahen, umzukehren, konnten wir nichts von ihm hören. Dr. Roscher, der mit einer Gesellschaft Araber gegangen, war unter den Bewohnern nicht als ein Europäer erkannt worden, und wir fanden es etwas ungeschickt, uns nach Einem zu erkundigen, der ermordet worden war. Diejenigen, welche etwas von der Sache wußten, hegten

natürlich den Argwohn, daß unsere Erkundigungen Blutsverwandt-
schaft und als ihren Begleiter Blutfehde in sich schlössen; daher
nahmen wir nach vergeblichem Suchen das Geschenk mit hierher,
und da es unwahrscheinlich war, daß wir bald nach der Ostseite
des Sees gehen würden, gaben wir es nach vollständiger Aus-
einandersetzung der Gründe, warum wir dasselbe mitbrächten,
Katosa, und glauben, daß, wenn irgend ein zukünftiger Reisender
seine Hülfe in Anspruch nehmen sollte, er sie mit Freuden nach
seinem äußersten Vermögen leisten wird.

Katosa's Dorf lag zwischen riesenhaften Bäumen, die schönes
Bauholz lieferten. In der Nähe wuchsen mehrere Coffeaceen-
sträucher mit Bohnen, die genau denen des gewöhnlichen Kaffees
glichen, aber es war nie Gebrauch von denselben gemacht worden.
Auch verschiedene Cinchonaceenbäume giebt es in diesem Lande,
und manche der wildwachsenden Früchte sind so gut, daß sie ein
Gefühl des Bedauerns erzeugen, daß sie nicht durch Anbau, oder
was sonst die unsrigen zu ihrer gegenwärtigen Vollkommenheit
gebracht hat, verbessert worden sind. Katosa beklagte sich, daß diese
Oertlichkeit seinem früheren Orte am Pamalombe so sehr nach-
stand; dort hatte er das ganze Jahr hindurch Mais auf den verschiedenen Stufen des Wachsthums. Uns jedoch schien es, daß, wenn er
Löcher gegraben und sich die unten befindliche Feuchtigkeit zu
Nutzen gemacht hätte, es ihm recht gut gelungen sein würde, in
dieser trockensten Zeit des Jahres Getreide in die Höhe zu bringen.
Die Malololo machten die Bemerkung, daß „hier der Mais keine
Jahreszeit habe," womit sie meinten, daß das ganze Jahr zu seinem Wachsthum und Reifen geeignet sei. Durch Bewässerung
kann überall in der südlichen zwischen den Wendekreisen liegenden Gegend von Afrika eine auf einander folgende Reihe von Ge-
treideernten gezogen werden.

Als wir am 20. October bei Motunba waren, sagte er uns
frei und offen, daß alle Lebensmittel der Eingeborenen in Kirk's

Kette verborgen wären, und da sein Dorf der letzte Ort war, wo, ehe wir das Schiff erreichten, Getreide gekauft werden konnte, so warteten wir, bis er zu seinen verborgenen Vorräthen geschickt hatte. Das hoch gelegene Land jenseits der Berge, die jetzt auf unserer Rechten standen, wird Deza genannt und ist von Maravi bewohnt, die nur ein anderer Stamm der Manganja sind. Der Oberhäuptling heißt Kabambe, und er lebt, da er nie von Krieg heimgesucht worden ist, in Frieden und Fülle. Ziegen und Schafe gedeihen, und Nyango, die weiter nach Süden wohnende Häuptlingin, hat Heerden Hornvieh. Das Land, das hoch liegt, soll kalt sein, und es giebt auf demselben große grasreiche Ebenen, die von Bäumen entblößt sind. Die Maravi sollen tapfer und gute Bogenschützen sein; aber durch das ganze Land hin, das wir durchreisten, setzen Gewehre die handeltreibenden Stämme in den Stand, die ackerbau- und gewerbtreibenden Klassen zu überwältigen.

Indem wir das Göa- oder Govalhal hinaufmarschirten, hatte sich der dicke Nebel verzogen, und die Berge waren alle ganz deutlich zu sehen. In den Reihen dunkelgrüner dichter Bäume längs den Flüssen hin sangen Schwärme Cicaden mit zischendem Chor, der stellenweise dem Geräusch von fünfzig in lebhafter Thätigkeit befindlichen Bratpfannen glich. Ein heftiger Regenguß, der einige Zeit vorher gefallen war, hatte die Atmosphäre gereinigt und Insectenleben hervorgerufen.

Als wir am Ende des Thales gerade dem Mvaiberge gegenüber hinaufstiegen, schauten wir einen Augenblick zurück, um die Schönheiten des großartigen Thales in unser Gedächtniß einzuprägen. Die Hitze der Sonne war jetzt übertrieben, und Masilo, der glaubte, sie wäre überwältigend, schlug vor, zum Schiffe zu schicken und ein Hängebett holen zu lassen, um Jeden, der etwa zusammenbrechen würde, in demselben zu tragen. Er war wirklich gut und bedachtsam. Als Dr. Livingstone nach einem ermüdenden Marsche eingeschlafen war, ließ ein Loch in dem Dache der Hütte, in welcher er war, die Sonne auf seinen Kopf scheinen und verursachte gewaltiges Kopfweh und Taubheit; während er fast empfindungslos war, fühlte er Masito wiederholt seinen Rücken auf das Bett hinaufheben, von welchem er herabgerollt war, und ihn zudecken.

Am 24. waren wir wieder in Banda, im Dorfe Chasundu's, und konnten jetzt das heiße Thal, in welchem der Schire fließt, und die jenseits desselben südöstlich von uns liegenden Berge der Manganja deutlich sehen. Anstatt der Straße zu folgen, auf der wir gekommen waren, entschlossen wir uns, südlich längs dem Lesungwe zu gehen, der am Zunje entspringt, einer Spitze auf demselben Rücken, auf welchem der Mvai liegt, und welcher einen Theil von Kirk's Kette bildet, die das Land der westlich von uns wohnenden Maravi begrenzt. Dies ist ungefähr die Grenze des Reviers der portugiesischen eingeborenen Handelsleute, und sie sind erst neuerlich, indem sie unseren Fußstapfen folgten, so weit gekommen. Es ist nicht wahrscheinlich, daß ihr Unternehmungsgeist sie weiter nach Norden führen wird, denn Chasundu benachrichtigte uns, daß die Babisa wohlfeiler verkaufen als die Agenten aus Tette. Er hatte versucht, mit den letzteren zu handeln, als sie zum ersten Male kamen; aber sie boten nur zehn Faden Calico für einen Stoßzahn, für welchen die Babisa ihm zwanzig Faden und etwas Pulver gaben. Es wurde uns immer wieder Elfenbein zum Verkauf gebracht, und so weit wir urtheilen konnten, würde der erwartete Preis ungefähr einen Yard Calico für das Pfund oder vielleicht mehr betragen, denn es giebt dort keinen Maßstab von bekannten Preisen. Es scheint Regel zu sein, daß Käufer und Verkäufer eine lange Zeit auf den Versuch verwenden, einander zu betrügen, ehe sie über einen Handel zum Abschluß kommen.

Wir fanden, daß der Lesungwe in der Nähe seiner Quelle ein stattlicher Fluß, und als er den Lekubzi, der vom Maravisante herabkommt, aufgenommen hatte, ungefähr vierzig Fuß breit und knietief war. Die Ufer und Abhänge nach dem Flusse herab sind dürr und hart. Der Boden ist stark mit zerfallenem Gneiß und Glimmerschiefer gemischt und nicht so fruchtbar wie gewöhnlich in dieser Gegend. Dem Gneiß und Glimmerschiefer ist ihre gegenwärtige Neigung von der Kette hinweg oder nach Osten hin durch die Granitmassen gegeben worden, welche Kirk's Kette bilden. Das Volk war der Sclavenhandelsgeißel der Ajawa und leitsschen Händler unterworfen worden. Eine Schaar der Letzteren, von einem weißen Portugiesen — wahrscheinlich einem der Verbrechersoldaten des Gouverneurs — angeführt, war wirklich zu der nämlichen Zeit am Lesungwe.

Perlhühner waren in Menge vorhanden, aber Getreide konnte nicht eingekauft werden, denn die Bewohner hatten nur die längs den Ufern hin liegenden Holme mit Mais und Kürbissen angebaut. Seit dem Einfall der Sclavenhändler und der Vernichtung ihrer Vorräthe war für sie nicht Zeit genug verflossen, um auf den anliegenden Ländereien eine Getreideernte in die Höhe zu bringen. Mit ihnen um einige Maisköpfe handeln, war gerade so, als wenn der Hungrige mit dem Verhungerten handelt; wir eilten daher weiter nach Süden zu, so schnell als die übertriebene Hitze uns gestatten wollte. In der Mitte des Tages zu marschiren, war unmöglich, so unerträglich war die Hitze, und bei Nacht konnten wir nicht reisen, weil wir, wenn wir zufällig einem der Einwohner begegnet wären, für Plünderer würden gehalten worden sein. Als wir eines Tages in Gesellschaft mit Masego einen Umweg machten, um Büffel oder Perlhühner zu suchen, stießen wir auf einige Frauen, die in ihren Maisgärten arbeiteten. Während wir unter einem Baume saßen, schöpften sie Wasser für uns und sprachen fröhlich mit uns. Bald kam einer ihrer Ehemänner in Lärmgeschrei dahergelaufen und zeigte große Lust zum Kampfe. Es war ergötzlich, die Wirkung von Masego's ruhiger

Ansprache auf unsern kampfluftigen Besucher mit anzusehen, der, während wir im Schatten ausruhten, auf einem etwa fünfzig Yards davon liegenden Abhange eine zu vertheidigende Stellung einnahm. „Die Frauen," sagte Mafego, „hätten unsere höfliche Bitte um Wasser vollkommen verstanden; sie zeigten keine Furcht vor friedlichen Männern; wir hätten sie um Wasser gebeten, weil wir kein Gefäß gehabt hätten, um mit demselben zu schöpfen, und weil sie eins gehabt hätten; wenn er aber auf Kampf bestände, so thäte er besser, er riefe alle seine Freunde und rückte heran; es sei lichter Tag, und Alle würden sehen, wer der Feigling wäre und wer nicht." Zuerst wurde der Pfeil von der Bogensehne genommen und neben den Bogen gebracht, dann wurde er in den Köcher gesteckt, und obwohl er fortwährend schwatzte und sein Lärmgeschrei rechtfertigte, hörte er doch zu, setzte sich nieder, folgte uns eine Strecke und erwies sich unaufgefordert am Ende sehr nützlich als Führer. Er setzte später auseinander, daß er eben Hanf geraucht hätte und zu dieser tollen Art von Betragen sehr aufgeregt worden sei.

Wir hatten jetzt jeden Nachmittag Donner; während aber in verschiedenen Gegenden von Zeit zu Zeit Regengüsse zu fallen schienen, fiel auf uns keiner. Die Luft war köstlich rein und enthüllte die ganze, überall mit Wald bedeckte und von schönen Bergen begrenzte Landschaft. Am 31. October erreichten wir den Muturu-Mabse, nachdem wir in gerader Linie 660 Seemeilen oder 760 englische Meilen zurückgelegt hatten. Dies wurde in fünfundfünfzig Reisetagen vollendet, so daß im Durchschnitt auf den Tag zwölf Meilen kamen. Hätten auch die zahlreichen Biegungen und Windungen und Auf und Nieder der Wege gemessen werden können, so würde die täglich zurückgelegte Strecke wenigstens fünfzehn Meilen betragen haben. Ein Schrittmesser zeigte mehr, aber wir fanden, als wir von einem kurzen Ausfluge zurückkamen, daß das Instrument so sehr abwich, daß wir es nicht wieder benutzten. Ein sehr guter Chronometer wurde angewandt, um die Längenunterschiede zu messen. Er wurde in einer Tuchschachtel auf dem Kopfe eines Mannes getragen, der einen sichern und stetigen Gang hatte. Um sich zu sichern, daß ein Chronometer von Nutzen ist, darf man, wenn er stillsteht, auf seinen Maßstab kein Vertrauen setzen. Man muß die Richtigkeit seines Reisemaßstabes dadurch sicher stellen, daß man auf der Hinreise an verschiedenen Stellen eine Reihe von Sonnen- oder Sternhöhen mißt, und auf der Rückreise muß man auf denselben Stationen eine zweite Reihe von Beobachtungen machen. Hierdurch läßt sich der genaue Reisemaßstab finden. Dasselbe Verfahren sollte man in einem Boote befolgen; denn wenn diese oder irgend eine ähnliche Vorsichtsmaßregel nicht ergriffen wird, so ist ein Chronometer, wenn man ihn trägt, beim Messen von Entfernungen von geringem Werthe. Dies wird einleuchten, wenn wir erwähnen, daß der Chronometer, den wir benutzten, wenn er auf dem Schiffe war, täglich den Maßstab − 11″, beim Reisen + 1″ hatte, was einen täglichen Irrthum von drei Meilen betragen würde.

Die Nacht schliefen wir am Mukuru-Marse. Es donnerte stark; da dies aber jeden Nachmittag der Fall gewesen und kein Regen gefolgt war, so errichteten wir kein Schutzdach; während dieser Nacht jedoch brach ein strömender Regen herein. Wenn man sehr müde ist, fühlt man sich entschlossen, trotz Allem zu schlafen, und der Ton von triefendem Wasser soll dem Schlummer sehr förderlich sein; aber dies läßt sich nicht auf ein afrikanisches Gewitter beziehen. Wenn man trotz eines heftigen Regengusses auf den Rücken des Kopfes halb eingeschlafen ist, und sich, ohne es zu wissen, auf die Seite wendet, versetzen Einem die von den Zweigen fallenden Tropfen so fürchterliche Schläge in's Ohr, daß Einem das Gehirn wiederhallt.

Am nächsten Morgen, den 11. November, machten wir uns fort, sobald der Tag graute. Während wir sieben Meilen weit

bis zum Schiffe spazierten, wurden unsere Kleider von der heißen
Sonne durch und durch getrocknet, und es folgte ein Fieberanfall.
Wir erzählen diesen kleinen Umstand, um darauf hinzuweisen,
welches die fast gewisse Folge ist, wenn man in diesem Klima naß
wird und die Kleider am Leibe trocknen läßt. Selbst wenn wir
am Morgen gehen, wo der Thau auf dem Grase liegt, und nur
unsere Füße und Beine naß werden, folgt ein sehr unbehagliches
Gefühl und theilweises Fieber mit Schmerzen in den Gliedern,
und dauert fort, bis der Weitermarsch sie in Schweiß badet. Hätte
Bischof Mackenzie diesen Umstand beachtet, der, ehe Erfahrung
allein uns belehrte, Vielen eine ernste Lehre ertheilte, so wissen
wir keinen irdischen Grund, warum sein kostbares Leben nicht
hätte erhalten werden können. Der Unterschied zwischen dem
Durchnäßtwerden der Kleider in England und in Afrika ist dieser:
in dem kalten Klima wird der Patient durch Mißbehagen gezwungen,
oder jedenfalls gewarnt, sofort zu einem Wechsel der Kleidung zu
schreiten, während es in Afrika kühlend und ziemlich angenehm
ist, die Kleider am Leibe trocknen zu lassen. Ein Missionar wird
in dem Verhältniß, als er außer seinen sonstigen Fähigkeiten einen
athletischen, durch männliche Leibesübungen abgehärteten Körper-
bau besitzt, denjenigen übertreffen, der nicht mit solchen leiblichen
Gaben begünstigt ist; aber in einem heißen Klima hängt Kraft
hauptsächlich davon ab, daß man mit den Hülfsquellen haushäl-
terisch umgeht. Er darf nie vergessen, daß er unter den Wendekreisen eine ausländische Pflanze ist.

Achtundzwanzigstes Kapitel.

Erfreuliches Vertrauen der Ajawa. — Jährliche Ruhe der tropischen Bäume. — Das Steigen im Schire ist ungenügend. — Bischof Mackenzie's Nachfolger. — Unerfüllte Hoffnungen. — Was ein Missionar sein muß. — Das Aufgeben der Mission war unnöthig. — Der glückliche Erfolg der Westküstenmissionen. — Am 19. Januar hat der Schire Hochwasser. — Wir verlassen Chibisa's Dorf. — Werften aufgehalten. — Erreichen am 2. Februar den Morambala. — Ausdünstung vom Wasser. — Ihre Wirkungen. — Wir nehmen Wittwen und Waisen an Bord. — Der Zambesi hat Hochwasser. — Inseln im Zambesi. — Tettababung. — Mariano's Tod. — Sehr mäßige Ausfuhr. — Wir werden in's Schlepptau genommen. — Ein heftiger Sturm. — Das Verhalten der „Dame des Sees." — Schnelligkeit und Gewandtheit des Capitän Chapman von Ihrer Majestät Schiff „Ariel." — Dichte Packung lebendiger Schiffsladungen ist vielleicht nothwendig. — Der „Pioneer" nimmt befreite Wittwen und Waisen nebst Herrn Waller mit nach dem Vorgebirge der guten Hoffnung. — Cabocaira. — Herr Soares — Neuer Gouverneur von Mosambil. — Eine neue Pedalia-Art. — Am 16. April erreichen wir Zanzibar. — Gastfreundschaft der Ausländer und unserer eigenen Landsleute. — Am 30. April verlassen wir Zanzibar am Bord der „Lady Nyassa," um nach Bombay zu fahren. — Afrikanische Matrosen. — Ankunft in Bombay.

Wir waren erfreut und dankerfüllt, daß wir alle diejenigen, welche wir beim Schiffe gelassen hatten, in guter Gesundheit fanden, und daß sie in Folge der Beschäftigungen, durch welche sie in Thätigkeit erhalten worden waren, weniger am Fieber gelitten hatten, als gewöhnlich während unserer Abwesenheit. Der Proviantmeister traf, nachdem er seine Rolle auf dem Marsche recht brav gespielt hatte, bei seinen Kameraden stärker wieder ein, als er je zuvor gewesen war.

Ein Ajawa-Häuptling, Namens Kapeni, hatte so viel Vertrauen zu dem englischen Namen, daß er mit dem größten Theil seiner Leute das Schiff besuchte, und er versicherte, daß nichts seinen Landsleuten größeres Vergnügen machen würde, als die Amtsgenossen des Bischofs Mackenzie zu ihren Lehrern zu bekommen. Diese Erklärung, verbunden mit dem späteren Betragen der Ajawa, war sehr erfreulich, da sie deutlich zeigte, daß in dem Stoße, welchen der Bischof ihrer Sclavenmacherei versetzt hatte, keine Beleidigung gefunden worden war; ihr Gewissen hatte ihnen gesagt, daß der Weg, den er eingeschlagen hatte, der richtige war.

Als wir zurückkehrten, war zwischen der Vegetation um Muazi's Dorf herum und derjenigen in der Nähe des Schiffes ein sehr auffallender Contrast. Wir waren so rasch herabgekommen, daß, während auf dem Plateau unter 12° südlicher Breite die jungen Blätter in vielen Fällen von der blaßrothen oder sonstigen Farbe, die sie beim ersten Ausschlagen haben, zu dem hellen frischen Grün übergegangen waren, das auf dieselbe folgt, hier, an den Grenzen des 16° südlicher Breite, oder 150 bis 180 Meilen entfernt, die Bäume noch immer kahl waren, indem die graue Färbung der Rinde vor jeder andern Farbe vorherrschte. Die Bäume unter den Wendekreisen hier haben eine sehr markirte jährliche Ruhe. Selbst am Rovuma, der nur ungefähr zehn Grad vom Aequator entfernt ist, hatten im September die vom Flusse aus sich erhebenden Abhänge etliche sechzig Meilen landeinwärts eine hell-aschgraue Farbe, und als wir an denselben hinaufstiegen, fanden wir, daß die Mehrzahl der Bäume ohne Blätter war; sogar die des Bambusrohres lagen kraus und krumpelig am Boden. Da die Sonne, selbst im Winter, bei Tage gewöhnlich heiß ist, so mag dieser Vermellungsproceß von den kühlen Nächten herrühren. Darin unterscheidet sich Afrika so sehr von Centralindien, daß in Afrika, so heiß auch der Tag sein mag, in den frühen Morgenstunden die Luft sich in der Regel hinlänglich abkühlt, um eine Decke, selbst eine wollene Bettdecke angenehm zu machen.

Die ersten vierzehn Tage nach unserer Rückkehr zum Schiffe wurden auf den wonnevollen Proceß des Anruhens verwendet, den man nur schätzen kann, wenn man große Anstrengungen durchgemacht hat. In unserem Falle waren die Muskeln der Glieder so hart wie Bretter, und in keinem Theile des Körpers war auch nur eine Unze Fett vorhanden. Wir hatten jetzt häufige Regengüsse; da dies aber nur die frühzeitigeren Regen waren, so betrug der Einfluß auf das Steigen des Flusses nur wenige Zoll. Die Wirkung dieser Regen auf die umgebende Landschaft war im höchsten Grade schön. Von der dürren Jahreszeit war bald jede Spur verwischt, und Hügel und Berge waren vom Fuß bis zur Spitze mit einem Mantel von lebendigem Grün bedeckt. Die Sonne ging auf ihrem Wege nach Süden an uns vorüber, ohne ein Hochwasser zu verursachen; daher wurden alle unsere Hoffnungen einer Entlassung auf ihre Rückkehr nach dem Aequator hin concentrirt, wo in der Regel die Ueberschwemmungswasser zum Fließen gebracht werden. Bis zu dieser Zeit fielen die Regen nur herab, um die Erde zu bewässern, die Teiche zu füllen und für die große Ueberschwemmung bereit zu machen, auf welche wir noch sechs Wochen warten mußten. Es hilft nichts, wenn wir es verheimlichen, daß wir mit vielem Aerger warteten; denn wären wir nicht gezwungen worden, von den westlich dem Nyassa gelegenen Hochlanten zurückzukehren, so hätten wir den Bembasee besuchen können; aber unnütze Reue ist eine schlechte Beschäftigung für den Geist, daher verbannten wir sie, so gut wir es vermochten.

Um die Mitte des December 1863 wurden wir benachrichtigt, daß Bischof Mackenzie's Nachfolger, nachdem er einige Monate auf dem Gipfel eines Berges, der ungefähr so hoch wie der Ben Nevis in Schottland ist, an der Mündung des Schire zugebracht hatte, wo es wenig oder keine zu unterrichtenden Leute gab, beschlossen habe, das Land zu verlassen. Diese unglückliche Entscheidung wurde uns zu derselben Zeit mitgetheilt, wo sechs der vom Bischof Mackenzie erzogenen Knaben in's Heidenthum zurückgeschickt wurden. Die Knaben wurden nach einem etwa sechs Meilen vom Schiffe liegenden Orte gebracht, fanden aber sofort ihren Weg bis zu uns und beklagten, daß sie jenen Bischof nicht länger gehabt hätten, der ein Herz gehabt habe, und der für sie mehr als ein Vater gewesen sei. Wir sagten ihnen, daß sie, wenn sie im Lande zu bleiben wünschten, besser thäten, wenn sie dazu sofort Anstalt machten, denn wir müßten bald abreisen. Die Folge wird zeigen, was sie wählten.

Sobald der Tod des Bischofs Mackenzie am Vorgebirge der guten Hoffnung bekannt wurde, ging Dr. Gray, der vortreffliche dortige Bischof, sofort nach England, in der Absicht, eine frühzeitige Bestimmung eines andern Hauptes für die Mission herbeizuführen, die bei ihrem Entstehen keinem Eifer für die Ausbreitung des Evangeliums unter den Heiden so viel verdankte, und deren Interessen ihm beständig am Herzen gelegen hatten. Um die Mitte des Jahres 1862 hörten wir, daß Dr. Gray's Bemühungen Erfolg gehabt hätten, und daß ein anderer Geistlicher bald die Stelle unseres entschlafenen Freundes einnehmen werde. Diese angenehme Nachricht war für die Missionare außerordentlich ermunternd und auch für die Mitglieder der Expedition erfreulich. Um den Anfang des Jahres 1863 kam der neue Bischof an der Mündung des Flusses in einem Kriegsschiffe an und ging nach einigem Verzug weiter landeinwärts. Der Bischof vom Vorgebirge der guten Hoffnung war zu bedeutender Unbequemlichkeit für ihn selbst in die Heimath gereist, zu dem einzigen Zweck, diese Mission zu den Heiden zu befördern; man erwartete daher, daß der Mann, den er besorgen würde, ein Abbild von ihm selbst sein werde, und wir müssen sagen, daß wir, was auch Andere nach den Darstellungen, die ruchbar geworden sind, von seinem Charakter denken mögen, in Dr. Gray unveränderlich einen aufrichtigen, warmherzigen Beförderer der Wohlfahrt seiner Mitmenschen gefunden haben, einen Mann, dessen Muth und Eifer sehr Viele zu guten Wirken angeregt hat.

Man hoffte, daß die Gegenwart eines neuen Hauptes für die Mission der kleinen Schaar der Missionare, deren Reihen durch den Tod gelichtet worden waren, und die, wenn auch entmuthigt durch die Unfälle, welche Sclavenkrieg und Hungersnoth herbeigeführt hatten, und auch niedergeschlagen durch die deprimirenden Einflüsse einer tiefen und ungesunden Lage in dem sumpfigen Schirethale, dennoch tapfer aushielten, bis die vielbenöthigte moralische und materielle Unterstützung ankommen sollte, neue Kraft und neues Leben einflößen werde.

Diese Erwartungen wurden — es thut uns leid, daß wir es sagen müssen — nicht erfüllt. Wir möchten hier als nur eine allgemeine Ansicht aussprechend verstanden werden. Die bei einem Missionsführer erforderlichen Eigenschaften sind nicht von der gewöhnlichen Art. Er muß physischen und moralischen Muth des höchsten Ranges und eine bedeutende, durch geduldige Entschließung im Gleichgewicht erhaltene Bildung und Energie besitzen, und vor allen diesen Eigenschaften sind ein ruhiger christlicher Eifer und Sorge für die geistigen Hauptresultate des Werkes vonnöthen. Wir sagen es nochmals, daß wir nicht eine Ansicht über die Befähigung irgend eines Einzelnen aussprechen; aber wir behaupten, daß nicht Jeder diese seltene Verbindung von Kraft besitzt, und daß ein Mann, der in einem gewöhnlichen Kreise ruhiger Pflichten als der Pfarrer einer Stadt- oder Landgemeinde in England ganz in seiner natürlichen Sphäre sein mag, sich als ein Missionar in Centralafrika weit außerhalb derselben befinden kann.

Wir glauben, daß wir die Empfindungen vieler frommen Mitglieder verschiedener Abtheilungen von Christen aussprechen, wenn

Missionen auf der Westküste.

wir sagen, es war Schade, daß die Mission der Universitäten aufgegeben wurde. Der Boden war im wahrsten Sinne des Wortes geweiht worden durch die Leben jener tapferen Männer, die ihn zuerst eingenommen hatten. Aus reiner Gerechtigkeit gegen Bischof Mackenzie, welcher der Erste war, der fiel, muß man sagen, daß der Verwerfung alles dessen, was er gethan, und dem plötzlichen Aufgeben alles dessen, was zu erlangen so viel Leben und Geld gekostet hatte, die Weihe zu geben, für einen in Missionsunternehmungen so unbewanderten Mann, wie sein Nachfolger, ein ernstes Verfahren war. Es wäre nicht mehr als billig gewesen, daß Bischof Tozer, ehe er die Angelegenheiten der Mission abwickelte, wirklich die Hochlande des Oberschire geprüft hätte, er würde damit den Amtsgenossen seines Vorgängers, die glaubten, daß die Hochlande nie eine unparteiische Untersuchung erfahren hätten, einen Gefallen gethan und durch persönliche Beobachtung eine genauere Kenntniß des Landes und des Volkes gewonnen haben, als er vielleicht durch Erkundigung erlangt haben konnte, die er hauptsächlich an der Küste einzog. Mit dieser Prüfung würden wir uns viel mehr befriedigt gefühlt haben, als mit einem wenige Monate langen Aufenthalt auf dem feuchten, triefenden Gipfel des nebeligen Morambala.

Für diejenigen, welche den Arbeiten verschiedener christlicher Vereine nicht viel Aufmerksamkeit gewidmet haben, mag erwähnt werden, daß, ehe an den Missionsstationen auf der Westküste Erfolg sich zeigte, mehr als vierzig Missionare dem Klima erlegen waren. Mag man sagen, wenn man will, daß die Gesellschaften eben so unweise waren wie die Männer, so viel werthvolles Leben zu opfern. Dies mögen für Manche Beweise der Thorheit sein, für Andere aber sind sie ein sprechendes Zeugniß, daß unsere Religion nichts von ihrer ursprünglichen Macht verloren hat. Nach unserer Ansicht fehlt nichts, um den Rechtsgrund dieser jener Männer zu vervollständigen, mit den Heiligen und Märihrern der Urzeiten in eine Reihe gestellt zu werden. Mehr Erfahrung über das Klima hat seitdem die Sterblichkeit bedeutend vermindert, und im Jahre 1861 gab es auf der Westküste einhundertundzehn Hauptmissionsstationen, dreizehntausend Schüler in den Schulen und neunzehntausend Mitglieder in den Kirchen.

Bischof Mackenzie hatte in kurzer Zeit die erste Stufe erreicht, er hatte das Vertrauen des Volkes gewonnen. Diese Stufe zu erlangen, kostet oft mehrere Jahre, und wir können nur bedauern, daß später die Mission der Universitäten, wenn man sie anderen gegenüberstellt, so sehr im Nachtheil stehen soll. In der That, wenn auch die Mission alles das darstellt, was in den Hauptsitzen englischer Gelehrsamkeit brav, gut und männlich ist, als sie vom Morambala nach einer Insel im indischen Ocean floh, handelte sie, wie der heilige Augustin gethan haben würde, wenn er, als er gesendet wurde, um die Eingeborenen von Centralenglaud zum Christenthum zu bekehren, sich auf eine der Kanalinseln gestellt hätte. Dies ist, wie wir glauben, der erste Fall, wo eine protestantische Mission aufgegeben worden ist, ohne daß sie vertrieben wurde.

Im Januar 1864 behaupteten die Eingeborenen alle zuversichtlich, daß im nächsten Vollmond der Fluß sein großes und anhaltendes Hochwasser haben werde. Er war mehrmals so viel wie einen Fuß gestiegen, fiel aber eben so plötzlich wieder. Es war sonderbar, daß ihre Beobachtung genau mit der unserigen übereinstimmte, daß das Ueberschwemmungshochwasser eintritt, wenn die Sonne auf ihrem Rückwege nach dem Aequator in den Scheitelpunkt kommt. Wir erwähnen dies umständlicher, weil wir nach mehrjährigen Beobachtungen glauben, daß auf diese Weise die Ueberschwemmung des Nils zu erklären ist. Am 19. stieg der Schire plötzlich mehrere Fuß, und wir brachen sofort auf. In Chibisa's Dorfe hielten wir nur kurze Zeit an, um von den Ajawa und Makololo, die uns kürzlich äußerst nützlich gewesen waren, indem sie uns Mais und frische Lebensmittel lieferten, Abschied zu nehmen, und eilten dann auf unserem Wege nach dem Ocean weiter. Um auf dem „Pioneer" das Kielwasser zu behalten, mußten wir schneller fahren, als der Fluß lief, und verloren unglücklicher Weise, als wir um eine Bank herumfuhren, sein Steuerruder. Die zu den Ausbesserungen erforderliche Zeit verhinderte uns, den Morambala vor dem 2. Februar zu erreichen.

Einige Meilen oberhalb des Berges lief das Fluthwasser in einen Sumpf und wurde so schwarz wie Tinte. Als es zum Flusse zurückkehrte, strömte es eine so starke Ausdünstung von Schwefelwasserstoffgas aus, daß man keinen Augenblick vergessen konnte, daß die Luft höchst schädlich sei. Die Eingeborenen sagten, dieser Gestank erzeuge keine Krankheit. Wir verbrachten eine Nacht in demselben und erlitten keine üblen Folgen, obwohl wir auf einen Fieberanfall völlig gefaßt waren. Am nächsten Morgen war jedes Theilchen weißer Farbe an beiden Schiffen so tief geschwärzt, daß sie durch Schrubben mit Seife und Wasser nicht gereinigt werden konnten. Das ganze Messing war in eine Bronzefarbe verwandelt, und selbst das Eisen und das Tauwerk hatte eine neue Färbung angenommen. Dies ist wieder ein Beweis, daß schädliche Ausdünstungen nicht immer die Begleiter der Sumpfluft (malaria) sind. In den Manglebaumsümpfen, wo wir so viel schweren Sumpfgeruch einathmeten, daß er am Geruch unserer Hemden und Flanelljacken zu unterscheiden war, litten wir nicht mehr am Fieber als anderwärts.

Wir warteten in den aus dem Sumpfe aufsteigenden faulen und schwärzenden Ausströmungen, weil wir uns dazu verstanden hatten, gegen dreißig arme verwaiste Knaben und Mädchen und einige hülflose Wittwen, welche Bischof Mackenzie an seine Mission geknüpft hatte, an Bord aufzunehmen. Alle diejenigen, welche im Stande waren, sich selbst zu erhalten, waren von den Missionaren ermuthigt worden, es zu thun, indem sie den Boden bebauten, und sie bildeten jetzt eine kleine freie Gemeinde. Aber die Knaben und Mädchen, die nur sieben bis zwölf Jahre alt und Waisen waren, ohne irgend Jemanden, der ihnen geholfen hätte, konnten nicht preisgegeben werden, ohne den englischen Namen mit Haß zu beladen. Das Geschrei, welches von einigen Leuten in England erhoben wurde, die nichts von den Umständen wußten, in welche Bischof Mackenzie versetzt ward, und die sicherlich ihr eigenes Recht, an das Schwert der Obrigkeit zu appelliren, nicht aufgegeben hatten, hatte die Wirkung, daß das neue Haupt der Mission in der, derjenigen seines Vorgängers entgegengesetzten, Richtung zu Extremen geschritten war, indem er nicht einmal gegen das eine ungeheuere Uebel des Landes, den Sclavenhandel, protestirte. Der herzloseste Grundsatz, der je aus dem Munde eines Missionars kam: „Ein schwarzes Gesicht ist mir so gut wie das andere," wurde von Mackenzie nie ausgesprochen; er fand auch in ächt englischen Herzen keinen Anklang. Wir glaubten, daß wir den englischen Namen unter den Eingeborenen in demselben guten Rufe lassen müßten, in welchem wir ihn gefunden hatten, und indem wir die armen Wesen, die mit Mackenzie wie Kinder mit einem Vater gelebt hatten, nach einem Lande versetzten, wo die Erziehung, die er begonnen, vollendet werden konnte, hatten wir den Beistand und die Sympathie der besten unter den Portugiesen und der ganzen eingeborenen Bevölkerung für uns. Der Unterschied zwischen der Einschiffung von Sclaven und der Aufnahme dieser freien Waisen war uns, als sie an Bord kamen, auffallend. Sobald die Erlaubniß zum Einsteigen gegeben war, machte das Hineinstürzen in's Boot dasselbe fast sinken — ihre Begierde, auf dem Verdeck des „Pioneer" sicher zu sein, mußte zurückgedrängt werden.

Als wir diese Leute und die letzten der Missionare der Univerfüllten an Bord nahmen und nach dem Zambesi fuhren, war Bischof Tozer bereits nach Quillimane abgereist. Der Zambesi hatte großes Hochwasser. Wir haben immer so vom Flusse gesprochen, wie er ist, wenn er sich auf seinem niedrigsten Stande befindet, aus Furcht, wir möchten einen übertriebenen Eindruck von seinen Fähigkeiten für Schifffahrt hervorbringen. Anstatt fünf bis fünfzehn Fuß, war er jetzt fünfzehn bis dreißig Fuß oder noch tiefer. Alle Sandbänke und viele der Inseln waren verschwunden, und vor uns hin wälzte sich ein Fluß, der, wie einer unserer im Seewesen erfahrenen Freunde glaubte, fähig war, ein Kanonenboot zu tragen. Manche der sandigen Inseln werden jährlich weggerissen, und die Massen Sand, die hinabgeführt werden, sind ungeheuer.

Den Vorgang, durch welchen ein Delta gebildet worden ist, das sich vom Meere aus achtzig bis hundert Meilen weit erstreckt, kann man noch heutiges Tages fortdauern sehen — die gröberen Theilchen des Sandes werden in den Ocean hinausgetrieben, genau in derselben Weise, wie wir sehen, daß sie in den Betten der Gießbäche über Bänke hinausgetrieben werden. Die feineren Theile werden von der zurückkehrenden Gezeit ergriffen und, indem sie sich durch auf einander folgende Ebben und Fluthen anhäusen, nebst der absterbenden Vegetation durch die Wurzeln der Manglebäume festgehalten. Der Einfluß der Gezeit bei der Zurückbringung der feineren Theilchen giebt dem Meere in der Nähe der Mündung des Zambesi einen reinen und sandigen Grund. Dieser Vorgang hat Jahrtausende lang fortgedauert, und wie das Delta sich nach Osten hin vergrößert hat, hat der Fluß immer einen Kanal für sich zurückbehalten. Wo wir eine Insel sehen, die ganz aus Sand besteht oder nur eine einzige Schicht Schlamm enthält, da wissen wir, daß sie in der Neuzeit gebildet worden ist, und daß sie irgend einmal durch ein Hochwasser hinweggerissen werden kann, während diejenigen Inseln, welche ganz aus Schlamm bestehen, die älteren und seit der Zeit, wo die Gezeiten der Ebbe und Fluth sie ursprünglich als Theile des Delta bildeten, immer vorhanden gewesen sind. Dieser Schlamm widersteht der Wirkung des Flusses auf erstaunliche Weise. Er ist eine Art Thon, auf welchen die abnagende Gewalt des Wassers wenig Einfluß hat. Würden Karten gemacht, die zeigen, welche Bänke und welche Inseln der Abnagung unterworfen sind, so würde man ziemlich sicher bestimmen können, wo der jährliche Wechsel des Fahrwassers stattfinden werde; und würden alle Jahre einige Pfähle eingetrieben, um das Wasser auf seinen Weg zu leiten, so könnte der Fluß in den Händen einer energischen europäischen Nation einen bedeutenden commerciellen Werth bekommen. Man würde für diesen Theil Afrikas nie an einen Kanal oder eine Eisenbahn denken. Wenige Verbesserungen würden den Zambesi zu einem bequemen Durchgangsweg für den ganzen Handel machen, der sich mit einer durch portugiesische Sclavenmacherei verdünnten Bevölkerung je in unserer Zeit entwickeln wird. Wir brauchen hier nicht daran zu erinnern, daß die Eingeborenen in Tausenden zu der Colonie strömen würden, wie sie es in Natal und sogar zu den Arabern am Nyassasee thaten. Unterbleibt dies, so ist es nicht wahrscheinlich, daß in portugiesischen Händen der Zambesi jemals einen höheren Werth für die Welt bekommen wird, als er bis jetzt gehabt hat.

Während wir den Schire herabkamen, starb Mariano an den Folgen eines ausschweifenden Lebens. Seine traurige Laufbahn liefert ein neues Bild von jenem System, welches, sei es in Händen von Afrikanern oder von Halbeuropäern, das Gedeihen dieses Landes verhindert. Wir müssen sagen, daß ungeachtet aller schlechten Verwaltung und Ungerechtigkeit, welche den Franzosen und Engländern in ihrer Behandlung der Barbaren zum Vorwurf gemacht werden, die commerciellen Resultate ihrer Unternehmungen gewöhnlich schätzbar sind, während die ganze Ausfuhr aus dem

Hafen von Quillimane, welcher der Handelsableiter des Zambesi ist, ein jährliches Einkommen liefert, welches ungefähr die Hälfte der Besoldung des Gouverneurs beträgt!

Nach einem eiligen Besuch in Senna, um uns mit Major Sicard und Senhor Ferrão wegen Proviantlieferungen, die wir nach der Entvölkerung des Schire von dort bezogen hatten, aus einander zu setzen, fuhren wir nach der Mündung des Zambesi hinab und waren so glücklich, am 13. Februar Ihrer Majestät Schiff „Orestes" zu treffen. Am nächsten Tage stieß noch Ihrer Majestät Schiff „Ariel" hinzu. Der „Orestes" nahm den „Pioneer" und der „Ariel" die „Lady Nyassa" in's Schlepptau, um nach Mosambik zu fahren. Am 16. erprobte ein Wirbelsturm die Eigenschaften der „Dame des Sees" („Lady of the Lake") zur Befahrung des Meeres; denn an diesem Tage traf ein Sturmwirbel den „Ariel" und trieb ihn sechs Knoten weit fast rücklings. Das Bugsirtau wand sich um seine Schraube und stopfte seine Maschinen. Kaum hatte er sich von diesem Stoße erholt, als er wieder auf der andern Seite rückwärts geführt und mit dem Vordertheil auf die breite Seite der „Lady Nyassa" getrieben wurde. Wir, die am Bord des kleinen Fahrzeugs waren, sahen keine Möglichkeit, zu entkommen, im Fall die Mannschaft des „Ariel" nicht daran denken sollte, Taue auszuwerfen, wenn das große Schiff über uns ging; aber es glitt an unserem Buge hin, und wir athmeten wieder frei. Wir hatten jetzt eine günstige Gelegenheit, von der Kriegsschiffsseefahrerkunst Zeuge zu sein. Capitän Chapman dachte, obgleich seine Maschinen untauglich gemacht waren, nicht daran, uns in dem heftigen Sturme preiszugeben, sondern fuhr einmal über das andere über die Buge der „Lady Nyassa" hin, indem er ein Faß mit einer Leine herabfallen ließ, um uns dadurch ein anderes Schlepptau zu geben. Wir hätten es nie auffangen können, wäre nicht ein Kroomann über Bord gesprungen und hätte eine zweite Leine an das Faß befestigt; dann zogen wir das Seil an Bord und waren wieder im Schlepptau. Während der ganzen Zeit des Wirbelsturmes verhielt sich das kleine Fahrzeug vortrefflich und bekam nie eine einzige Sturzsee an Bord. Wenn der „Ariel" sich vorwärts legte, konnten wir einen großen Theil seines Bodens sehen, und wenn das Hintertheil niederging, konnten wir sein ganzes Verdeck sehen. Einem Boote, das an seinen Hinterpenterballen hing, wurde durch die Wogen der Boden eingeschlagen. Die Offiziere am Bord des „Ariel" glaubten, es wäre gänzlich um uns geschehen; wir bildeten uns ein, sie litten noch mehr als wir. Seeleute mögen annehmen, dies sei nur für Leute des festen Landes ein ernster Sturm gewesen; aber der „Orestes", der während desselben Sturmes einmal in Sicht und ein anderes Mal vierzig Meilen fort war, zerriß achtzehn Segel, und der „Pioneer" mußte von Theilen einer Zuckermühle gelichtet werden, die er trug; sein Wachhaus wurde weggespült, und die Kajüte stand oft knietief im Wasser. Als der „Orestes" neun Tage nach unserer Ankunft daselbst in den Hafen von Mosambik einlief, führte unser Fahrzeug, da es nicht dicht am „Ariel" geankert war, weil wir unter der dem Winde gegenüber liegenden Seite des Forts eingelaufen waren, am Bord des „Orestes" zu der Vermuthung, daß wir auf den Grund gegangen wären. Capitän Chapman und seine Officiere erklärten die „Lady Nyassa" für das schönste kleine Seeboot, das sie je gesehen hätten. Sie war sicherlich ein Contrast zur „Ma Robert" und machte ihren Erbauern, Tod und Macgregor in Glasgow, große Ehre. Wir können nur bedauern, daß sie nicht auf dem See angewandt wurde, nach welchem wir sie benannten, und für den sie bestimmt war und so gut paßte.

Was uns während der Fahrt vom Zambesi nach Mosambik am meisten auffiel, war die bewundernswürdige Art, wie Capitän Chapman in der schweren See des Wirbelsturms den „Ariel" führte, die Schnelligkeit und Gewandtheil, mit welcher uns, als wir drei Schlepptaue zerrissen hatten, durch die raschen Schwenkungen eines großen Schiffes um ein Kleines herum andere zugebracht wurden, und die geschickte Anwendung von Mitteln, die er beim Abschneiden des Schlepptaues von der neun Fuß unter Wasser befindlichen Schraube mit langen, zu dem Zwecke gemachten Meiseln zeigte: eine Arbeit, deren Ausführung drei Tage in Anspruch nahm. Capitän Chapman war so freundlich, uns an Bord des „Ariel" einzuladen, und wir nahmen, nachdem der Sturm nachgelassen hatte, seine Gastfreundschaft an.

Das kleine Fahrzeug wurde mit solcher Kraft durch und gegen die ungeheuern Wellen gezogen, daß zwei Schlepptaue, deren jedes elf Zoll im Umfang maß, zerrissen. Viele der Schläge, die wir von den Wogen erhielten, machten jede Platte vom Vorder- bis zum Hintertheil zittern, und die Bewegung war so schnell, daß wir uns fortwährend anhalten mußten, um nicht von einer Seite zur andern oder in's Meer geschleudert zu werden. Zehn von des seligen Bischofs Heerde, die wir an Bord hatten, wurden so krank und hülflos, daß sie, wenn wir auch thaten, was wir konnten, um ihnen zu helfen, doch so sehr im Wege waren, daß uns der Gedanke überlief, das dichte Packen, zu welchem die Sclavenschiffe ihre Zuflucht nehmen, sei eine der Nothwendigkeiten des Handels. Wenn dem so ist, würde es die Thatsache erklären, daß selbst damals, wo der Handel gesetzlich war, dieselbe schimpfliche Sitte gewöhnlich, wo nicht allgemein war. Wenn wir anstatt zehn solcher Passagiere zweihundert gefahren hätten, während der Wind uns den Regen und das Flugwasser, wie es bei Nacht der Fall war, fast so hart wie Hagel in's Gesicht trieb, und gegen den Wind hin durchaus nichts als von Zeit zu Zeit der Schimmer des Kammes einer Woge zu sehen und außer dem Pfeifen des Sturmes durch das Takelwerk kein Ton zu hören war, würde es zur Führung des Schiffes und zur Sicherheit des Ganzen unbedingt nothwendig gewesen sein, die ganze lebendige Ladung unten hinabzupacken, hätten die Folgen sein mögen, welche sie wollten.

Nachdem wir den „Pioneer" den Flottenofficieren übergeben hatten, wurde er vom Capitän Forsyth vom „Valorous" nach dem Vorgebirge der guten Hoffnung hinabgeschleppt und nach Untersuchung desselben erklärt, daß er mittelst Ausbesserungen bis zum Betrage von 300 Pfund Sterling so brauchbar sein werde wie je. Denjenigen von der Heerde des Bischofs, die wir am Bord hatten, wurde freundlichst eine Fahrt nach dem Vorgebirge der guten Hoffnung bewilligt. Die Knaben gingen in den „Crestes," und wir ergreifen mit Freuden die Gelegenheit, den Capitänen Forsyth, Gardner und Chapman unsern herzlichen Dank auszusprechen, daß sie uns zu verschiedenen Zeiten jeden in ihrer Macht stehenden Beistand geleistet haben. Herr Waller ging in den „Pioneer" und erwies Allen, die mit der Mission in Verbindung standen, mochten es Weiße oder Schwarze sein, seine edelmüthigen Dienste noch fort, bis sie derselben nicht mehr bedurften, und wir müssen sagen, daß sein Benehmen gegen sie durch und durch wahrhaft edel und des höchsten Lobes werth war.

Nachdem wir die „Lady Nyassa" in Caboçeira dem Hause eines allen Engländern wohlbekannten portugiesischen Herrn, Joāo da Costa Soares, gegenüber an's Ufer gezogen hatten, setzten wir Salzhühne (brine cocks) ein, reinigten ihren Boden und strichen ihn an. Herr Soares schien uns in einer vor einigen Jahren in England erschienenen Schrift sehr herabgesetzt worden zu sein; unsere Erfahrung erwies ihn als einen äußerst freundlichen und zuvorkommenden Mann. Alle Mitglieder der Expedition, die Mosambil passirten, priesen einstimmig seine Großmuth, und nach dem zu seinem Gunsten lautenden allgemeinen Zeugnisse englischer Besucher bedauern wir sehr, daß sein Charakter in so kränkender Weise verdreht worden ist. Auch den Behörden in Mosambil gebührt unser Dank für zuvorkommende Aushülfe, und wenn wir auch in Betreff des Lichtes, in welchem wir den Sclavenhandel betrachten, uns von den portugiesischen Beamten gänzlich unterscheiden, so hoffen wir doch, daß man unsere Bloßstellung des Systems, in welches sie leider verwickelt sind, nicht so verstehen werde, als zeige es einen Mangel an freundlichem Gefühl und Wohlwollen gegen sie persönlich an. Senhor Canto e Castro, der zwei Tage nach unserer Abfahrt in Mosambik ankam, um das Amt eines General-Gouverneurs zu übernehmen, war uns in Angola wohlbekannt. Als er Commandant von Golungo Alto war, lebten wir zwei Monate in seinem Hause, und wir glauben, indem wir ihn durch und durch kennen, daß kein besserer Mann für das Amt hätte gewählt werden können. Wir hoffen, daß seine guten Grundsätze ihn in den Stand setzen werden, den Versuchungen seiner Stellung zu widerstehen; aber wir hätten nicht gern in einem Sclavenhändlerneste mit dem erbärmlichen Bischen, das er zu seinem Unterhalte bekommt, die unserigen auf die Probe stellen mögen.

Während wir in Mosambik waren, wurde uns eine Pedalia-Art gezeigt, die von Herrn Soares „Dabeleira" und von den Eingeborenen — wegen ihrer Aehnlichkeit mit Gerzilin oder Sesam — „wilder Sesam" genannt wurde, und gesagt, daß sie unter den eingeborenen Ammen als ein sehr gelindes und geschmackloses Abführungsmittel für Kinder wohlbekannt sei. Einige Blätter derselben werden acht bis neun Secunden lang in einer Tasse kalten Wassers umgerührt und von der Flüssigkeit ein paar Theelöffel voll als eine Dosis gegeben. Bei längerem Umrühren bilden die Blätter im Wasser eine Art Schleim, der außerdem harntreibende Eigenschaften haben soll.

Am 16. April dampften wir von Mosambik ab und erreichten, da die Strömungen zu unsern Gunsten waren, in einer Woche Zanzibar. Hier ward uns von unseren Landsleuten und besonders von Dr. Seward, damals amtführendem Consul und politischem Geschäftsträger für Oberst Playfair, viel Gastfreundschaft zu Theil. Eine Eigenthümlichkeit bei allen unseren Landsleuten, die wir im Auslande getroffen haben, ist die Aufmerksamkeit, welche sie der Labung des Fremden widmen. Wir können bei anderen Nationen nicht über Mangel an Gastfreundschaft klagen, aber wir müssen warten, bis die gewöhnliche Eßzeit wiederkehrt, und in der Zwischenzeit pflegten unsere holländischen und anderweitigen Freunde eine Reihe Fragen zu stellen: „Woher kommen Sie? Wohin wollen Sie? Was haben Sie vor? Sind Sie verheirathet? Wenn nicht, warum nicht?" und noch viele andere derselben Art; die ersten Fragen des Engländers aber waren, so weit unsere Erfahrung reicht: „Haben Sie gefrühstückt? Was wollen Sie genießen? Wünschen Sie etwas Kaltes?" Alle waren freundlich; da wir aber selbst Engländer sind, zogen wir die Art unserer eigenen Landsleute, Gastfreundschaft zu erweisen, vor.

Dr. Seward zweifelte sehr, ob wir Bombay erreichen könnten, ehe das, was das Ausbrechen des Monsuns genannt wird, stattfand. Dieses Ausbrechen tritt gewöhnlich zwischen dem Ende des Mai und dem 12. Juni ein. Der Wind weht noch immer von Afrika nach Indien, aber mit solcher Heftigkeit und mit einer so trüben Atmosphäre, daß wenig oder keine Lagenbeobachtungen aufgenommen werden können. Wir waren jedoch zu der Zeit sehr begierig, die „Lady Nyassa" unterzubringen, und da der einzige Markt, den wir erreichen konnten, Bombay war, so entschlossen wir uns zu dem Wagniß, dorthin zu gelangen, ehe die stürmische Periode begann, und brachen, nachdem wir vierzehn Tonnen Steinkohle an Bord genommen hatten, am 30. April von Zanzibar auf.

Unsere ganze Mannschaft bestand aus sieben eingeborenen Zambesianern, zwei Knaben und vier Europäern, nämlich einem Heizer, einem Matrosen, einem Zimmermann, deren Namen bereits erwähnt worden sind, und Dr. Livingstone als Steuermann. Die „Lady Nyassa" hatte sich als ein gutes Seeboot gezeigt. Die

Eingeborenen hatten sich als Hauptmatrosen erwiesen, obgleich kein einziger von ihnen, ehe sie als Freiwillige eintraten, je das Meer gesehen hatte. Sie waren keine auserlesenen Leute, sondern wurden, als wir ein Dutzend bezahlten, die wir fünfzehn Monate lang in unserem Dienste hatten, aus mehreren Hunderten, die sich erboten, uns zu begleiten, auf's Gerathewohl herausgenommen. Ihr Sold betrug monatlich zehn Schillinge, und es war sonderbar, zu beobachten, daß sie so eifrig waren, ihre Schuldigkeit zu thun, daß während der ganzen Reise sich nur ein einziger wegen Seekrankheit niederlegte. Sie nahmen in kurzer Zeit Segel sehr gewandt ein und setzten sie sehr geschickt aus, und kletterten an einer Segelstange hinaus, scheerten ein Tau durch den Block und kamen mit dem Tau in ihren Zähnen zurück, wenn auch der, welcher es ausführte, bei jedem Schlingern in's Meer getaucht wurde. Der Matrose und Zimmermann waren, obgleich sie gern ihr Möglichstes thaten, jeder eine Woche lang sehr krank und dienstunfähig.

Das Rad eine oder zwei Stunden oder auch eine Wache (4 Stunden) hindurch zu übernehmen, ist ziemlich angenehm, wenn es aber alle vier Stunden wiederkehrt, ist es äußerst langweilig. Wir stellten unsere schwarzen Männer an's Steuer, indem wir ihnen zeigten, welcher Arm der Compaßnadel nach dem Vordertheil des Schiffs hin gehalten werden müsse, und bald konnten drei von ihnen sehr gut dirigiren und bedurften nur der Ueberwachung. Während wir an der Ostküste hinauffuhren, um uns die Strömung von täglich hundert Meilen zu Nutze zu machen, wären wir gern in den Dschuba- oder Webbefluß hineingefahren, dessen Mündung nur 15′ südlich vom Aequator liegt, aber wir waren zu sehr beeilt. Wir fuhren bis ungefähr zehn Grad nördlich vom Aequator hinauf und dampften dann von der Küste ab. Hier zeigte Maury's Windkarte, daß wir lange über den Windstillengürtel hinaus waren, aber wir befanden uns noch immer in demselben, und anstatt einer Strömung, die nach Norden führte, hatten wir eine entgegengesetzte Strömung, die uns jeden Tag vier Meilen nach Süden trug. Wir dampften so weit, als wir, da wir mußten, daß wir an der Küste Indiens die Maschinen gebrauchen mußten, durften.

Nachdem wir viele Tage verloren hatten, wo wir uns, mit unzähligen Delphinen, fliegenden Fischen und Haien um uns herum, auf der stillen See umhertrieben, hatten wir sechs Tage starke Brisen, dann stellten wieder Windstillen unsere Geduld auf die Probe, und das nähere Heranrücken jener Periode, „das Ausbrechen des Monsuns," in welcher, wie man glaubte, kein Boot aushalten konnte, ließ uns bisweilen denken, daß unsere Grabschrift lauten werde: „Verließen Zanzibar am 30. April 1864, und wurde nie wieder etwas von ihnen gehört." Zu Anfang des Juni endlich zeigten die Chronometer, daß wir uns in der Nähe der indischen Küste befänden. Die schwarzen Männer glaubten, daß es wahr sei, weil wir ihnen sagten, es sei so, fingen aber erst an, vor Freuden zu tanzen, als sie Meergras und Schlangen vorbeischwimmen sahen. Diese Schlangen sind jenen Gegenden eigenthümlich und werden in den Segelanweisungen als giftig erwähnt. Wir wagten vorherzusagen, daß wir am nächsten Morgen Land sehen würden, und am Mittag wurde die hohe Küste sichtbar, Afrika wunderbar ähnlich, ehe die Regen beginnen. Dann bedeckte ein dicker Nebel das ganze Land, und ein heftiges Meereswogen schlug an dasselbe. Man sah einen Felsen, und die Breite zeigte, daß es der Choulefelsen war. Indem wir denselben zu einem frischen Auslaufspunkte machten, fanden wir bald das Leuchtschiff und dann den Wald von Masten, der sich durch den Nebel im Hafen von Bombay zeigte. Wir hatten über 2500 Meilen durchsegelt. Das Fahrzeug war so klein, daß Niemand unsere Ankunft bemerkte.

Neunundzwanzigstes Capitel.

Inhalt.

Recapitulation der Resultate der Expedition. — Entdeckung eines Hafens und eines Durchgangs nach den gesunden Hochlanden. — Fruchtbarkeit des Bodens. — Indigo. — Baumwolle. — Klima und Boden sind vortrefflich zu ihrem Anbau geeignet. — Große Baumwollensträucher des Innern. — Tabak und Ricinusölpflanzen nebst Zuckerrohr. — Gräser. — Ununterbrochene Gräser. — Fettes Rindvieh. — Dürrungen. — Harte Hölzer sind gewöhnlich. — Bauholz ist selten. — Sarsaparille. — Calumbawurzel. — Harzige und Oel liefernde Bäume und Pflanzen. — Mangel an Muth, in Afrika gemachte Entdeckungen zu beschreiben. — Düsterer Schatten des Sclavenhandels. — Verschiedene Arten, auf die er betrieben wird. — Directe europäische Vermittelung beim Handel. — Napoleon III. — „Anwerbungssystem." — Der Sclavenhandel ist eine Schranke für jeden Fortschritt. — Seine Einwirkungen auf das Land der Sclavenbesitzer. — Ursache des Krieges in Amerika. — Aehnliche Wirkung einer Jahrhunderte langen Barbarei auf afrikanische und andere Nationen. — Der Afrikaner physisch betrachtet; sein Frohsinn. — Tauglichkeit zur Dienstbarkeit ist nicht dem Klima zuzuschreiben. — Patriarchalische Regierungsform. — Der Stillstand der Afrikaner geht aus derselben Ursache hervor wie derjenige anderer Nationen. — Der Mensch wirkt mit. — Er wird mit Weisheit geleitet, die nicht sein eigen ist. — Ist die aus der Wissenschaft herzuleitende größte Macht den Christen vorbehalten? — Die Befähigung des Afrikaners für das Christenthum. — Freundlichkeit ist der beste Weg zum Herzen. — Missionen in Sierra Leone. — Der Sonntag in Sierra Leone. — Die Behauptung des Capitän Burton. — Statistik von Sierra Leone. — Die Fortdauer von Lord Palmerston's Politik ist nothwendig. — Handelsberichte. — Oberst Ord's Bericht. — Einflüsse der Niederlassungen. — Sterblichkeit am Bord des Westküstengeschwaders. — Behandlung des Fiebers. — Missionsgesellschaften auf der Westküste. — Unsere amerikanischen Missionsbrüder. — Winke zu einer Lösung unserer Verbrecherfrage. — Oberst Ord's Ansicht über Niederlassungen.

Es mag von Nutzen sein, die wichtigeren Resultate, die auf den vorhergehenden Seiten aufgezählt worden sind, noch einmal

zu überblicken. Unter den erſten ſteht die Entdeckung eines Ha⸗
fens, der für Handelszwecke leicht nützlich gemacht werden könnte,
und des genauen Werthes des Zambeſi als eines Durchgangs⸗
weges nach dem Inneren von Hochlanden, die aller Wahrſchein⸗
lichkeit nach einſt der Kreis europäiſcher Unternehmung werden.
Die Beſchaffenheit, welche der Fluß bei ſeinem niedrigſten Waſſer⸗
ſtande haben wird, iſt ſorgfältig ermittelt und auf dieſelbe Weiſe
feſtgeſtellt worden, wie die Tiefe der Hafen es gewöhnlich wird,
nämlich bei niedrigem Waſſer. Um wie viel höher man auch die
Waſſer des Zambeſi und Schire mehrere Monate des Jahres
hindurch finden mag, niedriger, als wir ſie angegeben haben, wird
man ſie nie finden.

Die Fruchtbarkeit des Bodens iſt ausführlich durch ſeine
Erzeugniſſe nachgewieſen worden. Indigo zum Beiſpiel haben wir
über große Strecken Landes hin wild wachſend gefunden, und er
erreicht oft die Höhe eines Mannes. Er iſt wahrſcheinlich aus
Indien eingeführt worden, aber am Nyaſſaſee wurde eine Art ge⸗
funden, die eben ſo hoch war, obgleich ſie ſich von demjenigen am
Zambeſi darin unterſcheidet, daß ſie, anſtatt gekrümmte, gerade
Hülſen hat. Um in Betreff des Werthes der letzteren Art jeden
Zweifel zu beſeitigen, zog Dr. Kirk aus dem in Schupanga wild
wachſenden Indigo einigen Farbſtoff aus, und er zeigte, wenn
eine Ritze auf denſelben gemacht wurde, den eigenthümlichen
kupferigen Strich, der ein charakteriſtiſches Kennzeichen der beſten
Waare des Handels iſt.

Die aus ſehr vielen Diſtricten des Landes geſammelte Baum⸗
wolle wurde als eine ſehr vorzügliche Qualität befunden. Große
Strecken ſind ſo ſtark mit Salz geſchwängert, daß über die ganze
Oberfläche hin ein Beſchlag desſelben erſcheint. Auf dieſen Strecken
gedeiht bei ſehr geringer Pflege vorzügliche Baumwolle. Wir ſahen
einige Männer, die angeſtellt waren, um Baumkähne nach der
Küſte hinab zu bringen, auf einem Boden wie dieſer am Ufer

Der Boden eignet sich gut für Baumwolle.   319

sitzen, ihre Baumwolle reinigen und spinnen. Als wir zwölf Monate später zurückkehrten, hatten die weggeworfenen Samen gekeimt, geblüht und eine Baumwolle geliefert, die, als sie nach Manchester geschickt wurde, an Qualität für um zwei englische Pfennige per Pfund besser erklärt ward, als gewöhnliche New-Orleans-Wolle; und die erzeugte Baumwolle ist nicht nur von guter Qualität, sondern auch im Boden in einem Umfange dauernd, der in Amerika völlig unbekannt ist. Wir haben stark tragende Baumwollensträucher in Gegenden beobachtet, wo sie nicht nur gegen Gras, das sich über ihre Spitzen aufthürmte, um ihre Existenz zu kämpfen hatten, sondern auch wenigstens zehn Jahre lang gegen die Feuer Stand halten mußten, welche sie und das Gras zugleich jährlich niederbrannten.

Während Dr. Livingstone's Reise von Loanda an der Westküste nach Quillimane an der Ostküste wurde der Pflanze keine besondere Aufmerksamkeit geschenkt, weil damals die Frage nach Baumwollenlieferung nur wenig in Betracht kam. Die hierauf in England abgegebenen Berichte stellen nur die Resultate zufälliger Beobachtungen zusammen, aber sie führten zu einer officiellen Anfrage bei der portugiesischen Regierung, und Dr. Welwitch, ein in Folge seiner allgemeinen Geistesgaben und eines langen Aufenthaltes in Angola dazu wohl befähigter Botaniker, leitete die Untersuchung. Dr. Livingstone's Ansichten, daß Angola sich für das Wachsthum der Baumwolle eigne, wurden durch den Bericht jenes Ehrenmannes vollkommen unterstützt.

Unsere letzten Nachforschungen beweisen, daß die früheren Behauptungen in Betreff der Angemessenheit des Klimas und Bodens nördlich vom 15° oder 16° südlicher Breite ganz richtig waren. In der That, die angegebene Gegend ist ein vorzügliches Baumwollenfeld, da die Ernten nie Gefahr laufen, durch Frost zerstört zu werden. Die Eingeborenen haben dem Anbau der Pflanze viel Aufmerksamkeit geschenkt und finden, daß die beste erst in drei Jahren einmal erneuert zu werden braucht.

Während Dr. Livingstone's Reise quer über Afrika wurden in der Mitte des Landes keine Baumwollenpflanzen beobachtet, seitdem aber war unsere Aufmerksamkeit so sorgfältig auf den Gegenstand gerichtet, daß nie ein einziger Baumwollenstrauch der Beobachtung entging. Wir fanden, daß die Pflanze nicht nur den Bewohnern des Inneren wohl bekannt war, sondern daß auch eine Varietät, die wir an keiner der beiden Küsten angetroffen hatten, landeinwärts angebaut wurde. So hatten zum Beispiel die Bazizulu, die in der Nähe des Kafue leben, eine Varietät, welche Baumwolle von sehr feiner Qualität und langem Stapel lieferte, und welche nur als zur Pernambukart gehörig beschrieben werden kann, und in Seschele hatte der Stamm eines Baumes dieser Species einen Durchmesser von acht Zoll erreicht und war so hoch, daß Dr. Kirk, um Proben zu bekommen, wie man auf einen Apfelbaum steigt, hinaufklettern mußte.

Zwei andere Varietäten fanden wir über große Strecken Landes hin angebaut. Die einheimische Art war durch eine sehr vorzügliche Sorte, die man „ausländische Baumwolle" nannte, fast bei Seite geschoben worden. Diese war durch die Eingeborenen selbst eingeführt, und der im Schirethal und den am Nyassasee anliegenden Gestaden eingeschlossene District, in welchem sie vorkommt, ist ungefähr 400 Meilen lang und kann dreist als eines der schönsten Baumwollenfelder in der Welt bezeichnet werden. Die dort bereits cultivirte Baumwolle steht über der gewöhnlichen amerikanischen und kommt fast der ägyptischen gleich. Der günstige Boden und das angemessene Klima machen es wahrscheinlich, daß Geschicklichkeit im Anbau es dahin bringen kann, daß dieses Land sich vor vielen anderen auszeichnet.

Bei noch weiterer Beleuchtung der Fruchtbarkeit des Bodens fanden wir, daß diejenigen Pflanzen, welche beim Anbau in anderen

Ländern viel Pflege verlangen, hier so gut wie Baumwolle wild wachsen. Tabak, obwohl eine zarte Pflanze, wuchs häufig aus ausgefallenen Samen. Der Ricinus communis oder die Ricinusölpflanze wurde allenthalben unter ähnlichen Umständen angetroffen. Der Indigo wird in manchen Gegenden wegen seiner Gewohnheit, überall aufzuschließen, wo er Gelegenheit hat, der „Besitzergreifer verlassener Gärten" genannt. Zuckerrohr pflanzt sich nicht selbst, aber es blüht, und zwar, wenn es angebaut in fettem Lehm wächst, ohne Dünger, so groß wie dasjenige, welches auf Mauritius und Bourbon nur mit Hülfe von Guano gezogen werden kann, und scheint, da auf den Schnittflächen sofort Krystalle zum Vorschein kommen, viel Zucker zu enthalten.

Außer diesen Beweisen für die Ergiebigkeit des Bodens sehen wir das Land in den Niederungen mit riesenhaften Gräsern bedeckt. Sie thürmen sich über die Köpfe der Menschen empor und machen Jagd völlig unmöglich. Die Einwohner von Natal und der Capcolonie werden uns vollkommen verstehen, wenn wir sagen, daß der an die Ostküste angrenzende, ein- bis dreihundert Meilen breite, niedrige Gürtel „zour velt" ist und sich gut für Rindvieh eignet. In der That, der einzige Fehler, den man am Boden finden kann, ist seine übermäßige Ueppigkeit, und wenn auch Speke und Grant einen sehr fruchtbaren Gürtel in der Nähe des Aequators erwähnen, so können wir uns doch nicht denken, daß er größere Fruchtbarkeit darlegt, als die Districte zwischen 10° und 15° südlicher Breite, sonst würde er vollkommen unzugänglich sein. Auf den im Schire gelegenen Inseln wird ohne alle Rücksicht auf die Jahreszeit ununterbrochen Getreide und während der vier kälteren Monate durch Bewässerung Weizen gebaut. Europäer können stets jährlich eine Ernte europäischen Getreides und zwei oder drei Maisernten einbringen.

Auf den Hochlanden sind die wildwachsenden Gräser nicht so üppig, aber die durchschnittliche Ernte ist so schwer, wie sie von fettem Wiesenland in England erreicht werden kann. Dieses sich selbst ansäende Weidefutter, das sich über Hunderte von Meilen grasreichen Thales und offenen Waldlandes erstreckt, ist das beste in Afrika. Dies zeigte sich dadurch, daß die Rinder, welche man fast in einem wilden Zustande ließ, so fett und träge wurden, daß Bullen die Knaben mit sich spielen und auf ihre Rücken springen ließen. Wir haben Kühe gesehen, die sich nur von Gras nährten und so schwer wie die Thiere einer Preisausstellung wurden.

Im Allgemeinen findet man auf dem Hochlande keine Tsetse, die dem Rindvieh schaden, noch Moskitos, die den Menschen belästigen könnten.

Es würde nicht ehrlich sein, wenn wir, während wir die Resultate unserer Untersuchungen darlegen, eine ernste Schattenseite unberücksichtigt lassen wollten, die, wie wir glauben, ein charakteristisches Zeichen jeder Gegend von Centralafrika ist. Man muß periodische Dürrungen erwarten. Wenn unter dem Aequator eine Regenzone existirt, so ist dies die einzige bekannte Ausnahme. Diese Dürrungen sind immer partiell, können aber über Flächen von ein- bis dreihundert Meilen an Ausdehnung herrschen. Unsere Untersuchungen führten uns zu dem Glauben, daß man sie vom 10° bis zum 15° südl. Breite alle zehn bis fünfzehn Jahre und vom 15° bis zum 20° alle fünf Jahre einmal erwarten kann. Was ihre Ursache ist, können wir nicht sagen; aber Mangel an Vegetation kann weder für ihr Vorkommen überhaupt, noch dafür, daß sie jetzt häufiger eintreten als in irgend einer früheren Periode, als Grund angegeben werden. Die Hügel sind bis zu ihren Spitzen mit Bäumen und Gras bedeckt. Die Thäler sind oft mit übermäßiger Vegetation überladen — aber plötzlich und ohne jedes vorherige Anzeichen folgt auf die Jahre der Fülle ein solches, in welchem es weder Bestellung noch Ernte giebt. Auf einer Stelle von der Größe einer Quadratmeile ist ein Regenguß gefallen; dort ist das Gras aufgeschossen, aber wieder abgestorben. Das übrige Land ist versengt und verbrannt, das Gras des vorhergehenden Jahres, welches etwa den jährlichen Feuern entgangen ist, ist entfärbt und zerbröckelt in der Hand zu Staub, und die Blätter der wenn auch noch lebenden Bäume sehen verwelkt aus. Wer die Landschaft in ihrer ganzen Frische und Grüne nach Regen gesehen hatte, konnte kaum glauben, daß die vor ihm liegende braune und staubige Welt jemals grün gewesen sei.

Obgleich das Land gut mit Bäumen versehen ist, so ist doch wirklich großes Bauholz nur in beschränkten Districten zu bekommen. Der Gumba ist wegen seiner Dauerhaftigkeit und Größe werthvoll und wird zu Baumkähnen ausgehöhlt, deren jeder eine Tragkraft von zwei bis drei Tonnen hat. Auch der Mosokoso und Mukundu-kundu sind gute Bauholzbäume. Das Pockenholz erreicht hier eine bedeutendere Größe als irgendwo anders. Wir haben Exemplare gemessen, die vier Fuß im Durchmesser hatten; aber obgleich das Holz dem Ansehen nach dem Pockenholz anderer Länder genau gleich ist, so soll es demselben an Zähigkeit nachstehen. Afrika ist wegen seines Reichthums an harten Hölzern merkwürdiger, als wegen seines Bauholzes. Das afrikanische Ebenholz oder schwarze Holz, obwohl in botanischer Hinsicht nicht dasselbe wie das Ebenholz des Handels, erreicht eine bedeutende Größe und hat ein tieferes Schwarz. Es kommt am Rovuma bis acht Meilen vom Meere in Masse vor, und ebenso finden sich dort andere werthvolle Hölzer, wie zum Beispiel das Gelbholz, welches eine dauerhafte gelbe Farbe liefert. Der Molompi ist weithin vertheilt und scheint mit dem Pterocarpus erinaceus identisch zu sein, der auf der Westküste das afrikanische Kino erzeugt; denn wenn er verwundet wird, schwitzt er große Quantitäten Gummi aus, welches dieser Drogue gleicht. Das Holz eignet sich wegen seiner Zähigkeit und Leichtigkeit vortrefflich zu Schaufeln und Rudern. Außer diesen haben wir das Mopane-

oder Eisenholz und die Manglebäume, die als Sparren sehr geschätzt sind.

Eine Art Sarsaparille, wahrscheinlich Smilax Krausiana, kommt zahlreich auf den Hochlanden, Calumbawurzel auf den Ebenen vor; die Buaze, mit einer Faser, die fester und feiner als Flachs ist, und die faserige Sansaviern oder Ife sind beide gemein. Die Buaze, der Motsikiri, der Boma — eine der Sterculien und eine Species Mahagoni — liefern alle Oel oder eine Art öligen Stoff. Das Oel der Buaze hat schöne trocknende Eigenschaften.

Außer diesen wildwachsenden Producten haben wir den Sesam, der weithin und in umfangreicher Weise angebaut wird. Aus seinen Samen, die jetzt ein Ausfuhrartikel sind, und Erdnüssen wird der größte Theil des in England benutzten Salatöles gepreßt. Eine große Art Gurke, Malala genannt, wird sowohl als ein Nahrungsmittel als auch wegen ihres feinen Oeles von den Eingeborenen vielfach cultivirt.

Wir gestehen, daß wir nicht versuchen, die Erzeugnisse des Landes mit jener Vollständigkeit, die sie verdienen, noch mit jener Innigkeit, die wir einst empfanden zu beschreiben. Auch die Entdeckungen der Seen Schirwa und Nyassa, oder die geduldige Untersuchung des Zambesi bis zu einem Punkte jenseits der Victoriafälle, oder andere wichtige geographische Erforschungen führen wir nicht mit dem geringsten Stolze an. Diese gingen alle neben unserer Hauptabsicht her. Was wir vom Sclavenhandel gesehen haben, hat über Alles einen düstern Schatten geworfen. Unsere Bemerkungen erzählen von einem Lande, das von allen uns vorher von Afrika gemachten Vorstellungen gänzlich verschieden ist; und wenn auch in dem behaglichen Zimmer, welches wir durch Gunst in Newstead Abbey bewohnen, das Auge auf den ganz mit Schnee bedeckten Platz fällt, so ist es doch keine schwere Aufgabe, uns an die funkelnd heiße Gluth zu erinnern, die von ostafrikanischen Ghauts zurückgestrahlt wird. Wir können uns leicht die von mit Bäumen besetzten Thälern durchfurchten Abhänge mit einer hier und da vorspringenden Felsenspitze vorstellen. Oder wir können die fetten, mit Gras bedeckten offenen Prairien gleichen, oder mit Gruppen von Laubwerk besetzten und durch zahlreiche Ströme bewässerten, alle in einer Fluth von Sonnenlicht gebadeten Hochebenen in unser Gedächtniß zurückführen; aber jener traurige Sclavenhandel hängt wie ein Leichentuch über dem Ganzen. Die malerischen wellenförmigen Strecken, die tiefen Schluchten und Risse, die von den Kanten der Tafellande hinabführten zu den tieferen Ebenen, wo der Schire in grünen Wiesen wie ein Silberfaden sich schlängelt, oder der breite See mit seinen Gebirgsmassen im Rücken können alle dem Auge des Geistes vorgemalt werden; aber ihre Naturschönheiten sind jetzt unzertrennlich mit menschlichem Leiden und Kummer verbunden.

Wir haben im Texte sorgfältig die verschiedenen Arten erwähnt, auf welche der Sclavenhandel betrieben wird, weil wir glauben, daß, wenn auch dieser abscheuliche Handel viele unserer Bemühungen, die Lage der Eingeborenen zu verbessern, vereitelte, doch unsere Expedition die erste ist, welche je Sclaverei an ihrem Urquell und in allen ihren Phasen sah. Wir haben, weil Niemand in der Lage war, es zu leugnen, die Behauptung gewagt, daß der Sclavenhandel wie jeder andere Handelszweig dem Gesetz des Vorrathes und Bedarfs unterworfen sei, und daß er deshalb frei sein müsse. Nach dem, was wir gesehen haben, schließt er so viel Mord als einen wesentlichen Bestandtheil in sich, daß man ihm kaum mehr gestatten kann, im Handelskatalog zu bleiben, als der Garottung*), dem Thaggi und der Seeräuberei.

Wir haben das Verfahren, welches demjenigen eines Ge-

---

*) Eine Art Straßenraub.
Anmerkung des Uebersetzers.

nichts am nächsten kommt, in der That das einzige, welches sich der Gerechtigkeit nähert, wo der Verbrecher für seine Verbrechen verkauft wird. Sodann wird beim Hexenproceß als Strafe, oder auch um eine Schuld zu bezahlen, den Eltern der ärmeren Klassen das Kind genommen und an einen reisenden eingeborenen Sclavenhändler verkauft. Ferner werden Kinder gestohlen, entweder von einem einzigen Räuber, oder von einem Trupp, der von seiner eigenen Stadt nach benachbarten Weilern geht, um die Kinder zu entwenden, die draußen sind, am Wasser zu schöpfen oder Holz zu lesen. Wir haben Orte gesehen, wo jedes Haus eine Pallisade und doch die Bewohner nicht sicher waren. Nächstdem kommt das Verfahren der Wiedervergeltung eines Weilers gegen einen andern, um Repressalien zu machen, und dasselbe im größeren Maßstabe zwischen Stämmen; der Theil des Stammes, welcher flieht, treibt sich dann umher und bewaffnet sich unter Umständen mit Musketen, dem Ertrag vorhergegangener Sclavenmacherei, greift friedliche Stämme an und entvölkert das Land, um dem Sclavenhandel zur See Zufuhr zu liefern. Ferner haben wir die von der Küste herkommenden Sclavenhändler, die entweder Araber oder halbkastische Portugiesen sein können. Für sie werden von den Eingeborenen, welche die meiste Neigung zum Handel besitzen, an den besuchtesten Straßen Sclaven gesammelt. In diesem Zweige zeichnen sich die Ajawa und Babisa aus. Die erniedrigenden Wirkungen dieses Handels auf den Menschen sind selbst bei den Eingeborenen sichtbar. Die Ajawa und Babisa sind, obgleich sie in geistiger Beziehung höher stehen als viele Andere, in sittlicher Hinsicht so ganz entwürdigt, daß sie bekanntermaßen für einen Stoßzahn, der ihnen gefällt, ihre eigenen Töchter oder neuvermählten Weiber verkaufen. Die Glieder derselben Stämme, welche ansäßig sind und sich nie in Sclavenmacherei eingelassen haben, würden sich durch die bloße Erwähnung solcher Mißbräuche verletzt fühlen.

Vermittelung des Sclavenhandels durch Europäer. 327

Endlich haben wir noch eine andere und ergiebigere Lieferungsquelle für den Sclavenhandel zur See, und wir bedauern, sagen zu müssen, daß die Mittel zu ihrem Erfolg direct von Europäern bezogen werden. Von portugiesischen und arabischen Küstenstädten werden Handelsschaaren mit großen Quantitäten Musketen, Munition, Kattun und Perlen ausgeschickt. Die zwei letzten Artikel werden zur Bezahlung ihres Weges während des früheren Theiles der Reise von der Küste aus und zum Einkauf von Elfenbein benutzt. Nach einer großen Anzahl von Fällen, die wir untersucht haben, scheinen diese Handelsschaaren während eines großen Theiles der Reise den kaufmännischen Charakter zu bewahren. Sie lassen sich gewöhnlich bei irgend einem Häuptling nieder und bebauen den Boden; aber wir kennen kein Beispiel, wo sie nicht auf einem Theil ihrer Reise sich mit dem einen Stamme vereinigt haben, um einen andern der Gefangenen halber, die sie machen konnten, anzugreifen. Dies kommt so häufig vor, daß das Verfahren einen gräßlichen Verlust an Leben verursacht. Der Bogen kann gegen die Muskete keinen Augenblick Stand halten. Es folgt Flucht, Hungersnoth und Tod, und wir müssen noch einmal daran erinnern, daß nach unserer Ueberzeugung die Sterblichkeit nach diesen Sclavenkriegen, zu den Verlusten auf der Reise nach der Küste und während der Fahrt im Zwischendecked hinzugenommen, es gewiß macht, daß unter Fünfen nie mehr als Einer zu den „freundlichen Herren" in Cuba und anderwärts gelangt, die nach der Schriftauslegung der Sclavenbesitzer die Vorsehung für sie bestimmte.

Die Portugiesen in Tette befolgten das letzte dieser Verfahren. Die Lebensvergeudung, von der wir Zeuge waren, geht über alle Beschreibung. Als Mitglieder des ärztlichen Standes waren unsere Augen wahrlich mit hinlänglich traurigen Scenen vertraut, aber dieses durch den Sclavenhandel herbeigeführte Elend übertrifft Alles, was wir jemals sahen, gänzlich. Ein Theil der zusammengebrachten Gefangenen wurde oberhalb Tette den Zambesi hinaufgeschickt, um für Elfenbein verkauft zu werden — eine Frau trug zwei Arroben oder sechzig Pfund ein. Ein großer Theil der männlichen Gefangenen wurde nach Bourbon geschickt. Wir waren von diesen beiden Arten, über die Gefangenen zu verfügen, so gut Zeugen, wie von den Resultaten, die auf ihre Gefangennahme folgten. Wir führen diesen anekelnden Gegenstand noch einmal an, weil es von Wichtigkeit ist, zu bemerken, daß diese ganze Lebensvergeudung unter der Leitung eines aufgeklärten und weit reichenden Vorstandes vor sich geht. Seine Majestät Napoleon III. gedachte den Mangel an Arbeitskräften in Bourbon durch Anwerbung freier Auswanderer aus Afrika zu ersetzen. Ueber jedes Fahrzeug wurde ein Regierungsbeamter gesetzt, und er sollte darauf sehen, daß die mit den Eingeborenen abzuschließenden Anwerbungen gerecht und billig wären, daß keine Ueberfüllung stattfände, und daß für geeignete Nahrung in hinreichender Menge gesorgt werde. Bei aller Vorsorge des Kaisers brachte seine Politik in der That die Wirkungen hervor, von denen wir Zeuge waren. Es wurde der fluchwürdige Sclavenhandel in einer verstärkten Gestalt und mit einer mächtigen und energischen Regierung im Rücken. Dem Kaiser gebührt alle Ehre, daß er sein Volk von dem Unheil befreite, in Sclavenmacherei verwickelt zu sein, und unserer Regierung, daß sie beharrlich auf die Uebel hinwies, deren er unbewußt schuldig war, und mit bedeutendem Opfer dafür sorgte, daß eine Lieferung von Arbeitskräften aus Indien ausgeführt werden konnte. Damit kein Irrthum obwalten möge, indem man annimmt, wir hätten uns irre leiten lassen, indem wir die traurigen Wirkungen, von denen wir nur eine schwache Beschreibung gegeben haben, dem erleuchteten und sorgfältigen „französischen Anwerbungssystem" zuschreiben, wollen wir einen der Beweise erwähnen. Als wir in Johanna waren, schwamm ein „freier Auswanderer," der in Kilwa für zweiundzwanzig Dollare getauft worden war, von einem Fahrzeug, welches am Vorgebirge der guten Hoffnung lange als die „Mazurka" bekannt war, aber damals einem französischen Besitzer gehörte und unter der Oberaufsicht des französischen Regierungsbeamten stand, an Bord des „Pioneer." Dieser Auswanderer war von der „Mazurka" bei früher Morgendämmerung, als sie eben abfuhr, über Bord geschlüpft, und wir fanden, daß er ein Manganja und wirklich von Banda gekommen war. Auch sahen wir die Manganjaschen „freien Auswanderer" mit Ketten gefesselt in Baumstahnladungen hinabfahren. Der Commandant von Tette bemerkte grinsend: „Jetzt, wo uns die französische Flagge schützt, können Sie uns nichts anhaben." Wir dachten, es gebe in Frankreich Tausende, die ihm für sein Compliment, das er der Tricolore machte, einen Fußtritt würden gegeben haben.

Das Resultat unserer Beobachtung der thatsächlichen Wirkung des Sclavenhandels an seiner Quelle ist, daß er sich für jeden moralischen und commerciellen Fortschritt als eine unübersteigliche Schranke erweisen muß. Die verschiedenen englischen Staatsmänner, die auf seine Unterdrückung hinarbeiteten, haben tiefe Weisheit und große politische Vorsicht gezeigt. Anstatt unsere leitenden Politiker als nur nach Rang und Macht begierig zu betrachten, dürften die Bemühungen der Liberalen und Conservativen in dieser einen Richtung zum Beweise dienen, daß sie im weitesten Sinne des Wortes Frieden und Wohlwollen unter den Menschen zu befördern suchen. Die Wahrheit dieser Behauptung wird einleuchtender werden, wenn wir die letzten Wirkungen des Sclavenhandels erwägen. Er erhält fortwährend Barbarei in dem Lande, aus welchem die Sclaven bezogen, und er hat einen höchst schädlichen Einfluß auf das Land, nach welchem sie gebracht werden. Die Einführung afrikanischer Arbeiter, um mit Europäern zu concurriren, macht die Arbeit unter den letzteren unvolksthümlich und wirft dem Fortschritt der Gesellschaft ein Hinderniß in den Weg; denn nichts dient mehr zur Emporhebung eines Volkes, als daß die besten Geister sich der Arbeit zuwenden und an derselben Freude finden, und die Arbeit gelangt dadurch, daß sie zur allgemeinen Veredelung unternommen wird, zu höherer Würde.

Wir möchten schonend von der schrecklichen Revolution sprechen, die jetzt in Amerika vor sich geht, und die für Leben und Eigenthum so verderblich ist; denn wir beklagen tief die Leiden unserer Brüder — die traurigen Folgen der Sclaverei. Der ganze Krieg ist nur dadurch herbeigeführt worden, daß in einer Abtheilung jenes großen Landes eine Sclavenbevölkerung vorhanden ist, die nicht mehr als ein Sechstel des ganzen amerikanischen Staates bildet. Die Einführung einer niedrigeren Race aus einem barbarischen Lande war ein großer Fehler; diese Race zu entwürdigen und ihr die Rechte der Menschheit abzusprechen, ein noch größerer Irrthum; denn die Erniedrigung mußte sicher auf den Herrn und seine Kinder zurückwirken. In der That, die Entwürdigung des Sclaven muß nicht nur den Herrn entsittlichen, sondern es verliert auch wahrscheinlich der Herr unter Beiden am meisten. Sodann macht die Gegenwart von Millionen einer entwürdigten Race Verschmelzung oder Fortschaffung unmöglich; dort müssen sie bleiben; wenn sie nicht können emporgehoben werden, müssen sie ein Hemmschuh, ein moralischer Mühlstein am Halse, ein unheilbares Uebel werden, eine strenge Vergeltung an den Nachkommen derer, die von unseren Vorältern zum Sclavenhandel angestachelt wurden. Aber wir glauben nicht, daß die Afrikaner an Geist und Herz untüchtig sind, und unsere amerikanischen Brüder verdienen bei der riesenhaften Aufgabe, die sie vor sich haben, unsere wärmste Sympathie. Uns von den mit dem Sclavenhandel verbundenen Uebeln zu befreien und gegen sie zu schützen, haben sich unsere Staatsmänner in edler Weise bestrebt, und es sollte kein vernünftiger Aufwand, der uns vor Befleckung bewahrt, für ein Opfer gehalten werden; wenn wir davonkommen, so geschieht es nicht deßhalb, weil wir als Nation unschuldig sind.

In Bezug auf die Stellung der Afrikaner unter den Nationen der Erde haben wir nichts gesehen, was die Ansicht rechtfertigen könnte, daß sie einer von der civilisirtesten verschiedenen „Abart" oder „Art" angehören. Der Afrikaner ist ein Mensch mit jedem Attribut des menschlichen Geschlechts. Jahrhunderte lange Barbarei hat auf die Afrikaner dieselben verschlechternden Wirkungen gehabt, wie nach Prichard's Beschreibung auf gewisse Irländer, die vor einigen Menschenaltern nach den Hügeln in Ulster und Connaught getrieben wurden. Und diese herabdrückenden Einflüsse haben auf manche Stämme solche moralische und physische Wirkungen gehabt, daß wahrscheinlich Jahrhunderte erforderlich sein werden, um, was Jahrhunderte gethan haben, wieder gut zu machen. Jene Entwürdigung würde indeß schwerlich als ein Grund dafür angegeben werden, daß man eine Race in Knechtschaft hält, wenn nicht der Vertheidiger in moralischer Hinsicht auf denselben niedrigen Stand gesunken wäre. Abgesehen von dem furchtbaren Verlust an Leben, der bei dem Verfahren vorkommt, durch welches, wie man behauptet, für die Neger besser gesorgt wird, als bei einem Zustande der Freiheit in ihrem eigenen Lande, ist es dieses nämliche System, welches die unglückliche Lage forterhält, wo nicht verursacht, mit welcher die verhältnißmäßige Behaglichkeit mancher von ihnen in der Sclaverei in Contrast gestellt wird.

Ethnologen halten den Afrikaner durchaus nicht für den Niedrigsten der menschlichen Familie. Er ist in physischer Hinsicht fast eben so stark wie der Europäer, und als Race mitten unter den Nationen der Erde wunderbar dauernd. Weder die Krankheiten noch die Branntweine, welche sich den nordamerikanischen Indianern, Südsee-Insulanern und Australiern so verhängnißvoll erwiesen, scheinen im Stande zu sein, die Neger zu vernichten. Selbst wenn man sie jenem für das menschliche Leben so verderblichen Verfahren unterwirft, durch welches sie ihrem Mutterboden entrissen werden, schießen sie ununterdrückbar empor und schwärzen den halben neuen Continent. Sie sind von Natur mit einer physischen Kraft begabt, die fähig ist, den schwersten Entbehrungen zu widerstehen, und mit einem Frohsinn, der wie eine Art Ausgleichung sie in den Stand setzt, aus den schlimmsten Lagen die besten zu machen. Sie ist jener Kraft gleich, welche der menschliche Körper besitzt, der Hitze zu widerstehen, und zwar in einem Grade, den wir nie würden kennen gelernt haben, wenn nicht ein abenteuerlicher Wundarzt in einen Backofen gegangen wäre und mit eigener Obacht seine Finger verbrannt hätte. Die Afrikaner haben unter unnatürlichen Verhältnissen, die den meisten Racen würden zum Verderben gereicht sein, wunderbar ausgeharrt.

Es ist merkwürdig, daß die Kraft des Widerstandes in der Noth, oder, wie Manche sagen würden, die Anbequemung an ein dienstbares Leben, nur gewissen Stämmen auf dem afrikanischen Continent eigen ist. Durch das Klima läßt sich die Thatsache nicht erklären, daß Viele sich in einem Zustande der Sclaverei abhärmen oder freiwillig umkommen würden. Kein Krooman kann in einen Sclaven verwandelt werden, und doch ist er ein Einwohner der niedrigen, ungesunden Westküste. Auch keiner der Zulu- oder Kaffernstämme läßt sich zur Knechtschaft zurückführen, obgleich alle diese in vergleichungsweise hohen Gegenden leben. Wir haben von Männern, die mit manchen Kaffern vertraut waren, behaupten hören, daß ein Schlag, der von einem Europäer auch nur im Scherz gegeben wurde, erwidert werden müsse. Bei Allen, die das Zulublut haben, wie die Makololo, die Watuta und wahrscheinlich die Masai, ist eine Freiheitsliebe bemerkbar. Aber das Blut erklärt die Thatsache nicht. Eine schöne Barotsin in Naliele wurde auf die Weigerung, einen Mann zu heirathen, den sie nicht gern hatte, vom Ortsvorsteher im Unwillen einigen Mambari-

schen Sclavenhändlern aus Benguela gegeben. Als sie ihr Schicksal
sah, ergriff sie einen von den Speeren derselben, durchbohrte sich
selbst und fiel todt nieder.

Die afrikanische Regierungsform ist patriarchalisch und je
nach dem Temperament des Häuptlings despotisch oder durch den
Rath der Aeltesten des Stammes geleitet. Ehrfurcht vor der
Königswürde bewegt bisweilen die Masse des Volks, sich großer
Grausamkeit und selbst dem Mord von Seiten eines Despoten
oder Wahnsinnigen zu unterwerfen; aber im Ganzen genommen
ist die Regierung mild, und dasselbe gilt in einem gewissen Grad
von ihrer Religion. Die Racen dieses Continents scheinen bis
zu einem gewissen Punkte und nicht weiter fortgeschritten zu sein.
Ihr Fortschritt in den Künsten der Eisen- und Kupferverarbeitung,
in Töpferei, Korbflechterei, Spinnen, Weben, im Verfertigen von
Netzen, Fischangeln, Speeren, Aexten, Messern, Nadeln und anderen Dingen, mögen sie ursprünglich von diesem Volke erfunden
oder von einem andern Lehrer mitgetheilt worden sein, scheint
eine lange Reihe von Jahrhunderten hindurch in demselben rohen
Zustande geblieben zu sein. Diesen offenbaren geistigen Stillstand bei gewissen Nationen können wir nicht begreifen; da wir
aber in den späteren Zeitaltern der Welt einen großen Fortschritt
in den Künsten, wie wir es betrachten, gemacht haben, so sind
wir unbewußt auf den Weg gerathen, von manchen anderen Racen
ganz in demselben Tone zu sprechen, wie ihn die Himmlischen
im blumigen Lande anwenden. Diese selbigen Chinesen kamen
uns in mehreren höchst bedeutenden Entdeckungen um eben so
viele Jahrhunderte zuvor, als wir Anderen vorausgegangen sein
mögen. In der Kenntniß der Eigenschaften des Magnetes, der
Zusammensetzung des Schießpulvers, der Erfindung des Buchdrucks,
der Porzellan- und Seidenfabrikation und im Fortschritt der Li-
teratur gingen sie uns voran. Dann aber wurde die Kraft,
weitere Entdeckungen zu machen, in Fesseln gelegt, und ein geisti-

ger Stillstand verhinderte sie, auf dem Wege der Vervollkommnung oder Erfindung fortzuschreiten.

Den Asiaten verdanken wir Baumwolle, Zucker, Wasser- und Sonnenuhren. Von Osten her haben wir die Algebra, das Schachspiel, Kaffee, Thee, Alkohol und Stahl. Die sclavische Nachahmung, welche die Stelle der geistigen Thätigkeit und Erfindung einnahm, scheint die Chinesen, Japanesen, Asiaten, Araber und Afrikaner in gleicher Weise befallen zu haben. Zeigt diese Lähmung der erfinderischen Fähigkeiten an, daß jede Race bestimmt ist, in dem einen großen Plane der schöpferischen Vorsehung, von dem unser beschränkter Geist nur einen so winzig kleinen Theil einnehmen kann, daß wir ihn als Ganzes bis zum Ende aller Dinge nie begreifen werden, ihre eigene Rolle zu spielen? In unserer kleineren Sphäre können wir viele Beispiele unbewußter Mitwirkung sehen. Erzbischof Whately weist auf das Beispiel der Stadt London, „eine mit Häusern bedeckte Provinz," hin, die mit einer Gewißheit, Vollständigkeit und Regelmäßigkeit, zu welcher wahrscheinlich die emsigste Wohlthätigkeit unter der Leitung der größten menschlichen Weisheit nie hätte gelangen können, mit Nahrung versehen wird. Die ganze Vermittelung wird in diesem Falle von Menschen gebildet, deren jeder an nichts denkt, was über sein eigenes unmittelbares Interesse hinausgeht, und doch wirken sie alle zur Fortführung eines Systems mit, welches keine menschliche Weisheit so gut hätte leiten können. Wenn eine vollkommene Anpassung der Mittel an die Zwecke Weisheit und Plan anzeigt, so haben wir in diesem Falle beide in voller Thätigkeit; denn jeder Mensch, der nach Beweggründen handelt, die sich an seinen eigenen freien Willen richten, schreitet eben so regelmäßig und passiv nach einem Zwecke hin, welchen die Mitwirkenden als Ganzes nie im Auge hatten, als ob er eines der Räder in einer Maschine wäre. Die Beweise, daß der in Gesellschaft lebende Mensch durch Weisheit geleitet wird, die nicht sein eigen ist, und zu heilsamen Resultaten, die er nie beabsichtigte, sind überall, wo das menschliche Geschlecht so weit vorgerückt ist, daß es unter einer, wenn auch noch so rohen, Regierungsform lebt, in Menge vorhanden und verrathen einen Plan der Vorsehung, der zuletzt Allen als ein vollkommen weiser klar sein wird.

Der geistige Stillstand bei gewissen Nationen, die uns auf der Bahn der Entdeckung vorausgegangen sind, kann auch bestimmt gewesen sein, damit die größte Macht, die sich aus Wissenschaft und Kunst herleiten läßt, mit der Religion verbunden werden möge, die dem Menschen Frieden und Wohlwollen verkündet. Wäre die Macht, welche durch Erfindungen den christlichen Nationen verliehen worden ist, im natürlichen Laufe der Dinge den Menschen zuerkannt worden, welche im Wettlauf die ersten waren, so sehen wir keinen irdischen Grund, warum nicht die Buddhisten und Muhamedaner jetzt mit Dampfern und allen den Verbesserungen in der Artillerie über uns arme Inselbewohner hätten herrschen, und warum nicht die Lancashire'schen Zauberinnen und Edinburgher „hübschen Mädchen" jetzt regelmäßig nach den Harems des Ostens hätten ausgeführt werden sollen.*)

---

*) Die eigenthümliche Wölbung des Gesichts und die ungeheure Größe der Ohren, welche die afrikanische Elephantenart kennzeichnen, sind in einem im britischen Museum befindlichen ägyptischen Sarkophag aus der 26. Dynastie, etwa 600 Jahre vor unserer Zeitrechnung, so deutlich angegeben, daß sie es wahrscheinlich machen, daß der Bildhauer das Thier am Leben sah, und es ist wahrscheinlicher, daß es ein zahmer Elephant, als daß der Bildhauer ein Reisender war, oder daß ein wilder Elephant nach Aegypten hinabgetrieben wurde. Die von den Römern und Karthaginiensern benutzten Elephanten waren sicher afrikanische, und in einem von Herrn R. S. Poole angeführten Beitrage verpflichteten die Römer die Karthaginienser, seine Elephanten mehr zu zähmen. „Perfugas, fugitivosque, et captivos omnes redderent Romanis, et naves rostratas, praeter decem triremes, traderent: elephantasque, quos haberent domitos, neque domarent alios." Livius XXX, 37. Dies zeigt den Schluß eines Zweiges afrikanischer Industrie an. Die Aegyptischen Denkmäler beweisen, daß auch andere wilde Thiere gezähmt wurden; aber der geistige Stillstand, der den späteren Aegyptern und anderen Stäm-

Wir sind so oft gefragt worden, ob die Afrikaner fähig wären, die christliche Religion anzunehmen, daß wir es wagen, folgende Bemerkungen zu machen, wenn wir auch dadurch Allen, welche Zeuge gewesen sind von den Wirkungen, die in West- und Südafrika durch einen ganz mittelst Privatwohlthätigkeit beschafften Unterricht bereits hervorgebracht wurden, oder welche die Missionsbewegungen verschiedener christlicher Kirchen während des letzten Viertels eines Jahrhunderts beobachtet haben, vielleicht ein überflüssiges gutes Werk zu thun scheinen. Die Frage scheint auf Seiten derjenigen, welche sie stellen, den Glauben in sich zu schließen, daß die Annahme des Evangeliums eine hohe Entwickelung und Uebung der Urtheilskräfte voraussetze. Manche Menschen sind in der That von Natur geneigt, jeden Gegenstand so weit zu ergründen, als ihr Erkenntnißvermögen sie führt; aber diejenigen, welche durch reine Ueberlegung durch das Leben geführt werden, machen in jeder Race eine sehr kleine Minderzahl aus. Sir James Stephen sagt in einer seiner vortrefflichen historischen Abhandlungen: „Die Apostel nehmen an, daß in allen Menschen eine geistige Unterscheidungskraft liegt, welche das Begriffsvermögen, wenn es nicht von Begierde oder Leidenschaft umwölkt ist, in den Stand setzt, die göttliche Stimme zu erkennen und zu unterscheiden, mag sie von Innen durch die Winke des Gewissens sich äußern, oder von Außen in der Sprache der inspirirten Orakel reden; sie setzen voraus, daß Stärke der Vernunft mit Schwäche des Verstandes bestehen kann, und daß die Kraft, zwischen religiöser Wahrheit und Irrthum zu unterscheiden, nicht hauptsächlich von der Bildung oder von der Uebung

---

uns auf diesem und dem indischen Continent gemeinsam ist, scheint in sehr fernen Zeiten stattgefunden zu haben. Wenn wir von der afrikanischen Race sprechen, wird der Leser bemerken, daß wir nicht wie diejenigen, welche wenig von dem großen Inneren wissen, den Neger, der den winzig kleinen Saum an der niedrigen Westküste bewohnt, als Urbild der ganzen Familie nehmen.

des reln beweisenden Vermögens abhängt. Das Evangelium, das ganz besondere Erbtheil des Armen und Ungebildeten, ist die Stütze für Millionen gewesen, die nie einen Vernunftschluß bildeten. Wie verhältnißmäßig klein ist unter den großen Massen, die vor und seit der Geburt von Grotius im Frieden unseres Glaubens gelebt haben und in den Tröstungen desselben gestorben sind, die Zahl derjenigen, deren Ueberzeugung aus beweisenden Werken wie die seinigen hergeleitet wurden!"

Wir ziehen es vor, die Worte dieses tüchtigen Schriftstellers lieber als unsere eigenen zu benutzen, um den Glauben auszusprechen, daß unsere göttliche Religion dem Niedrigsten unseres Geschlechts eben so angemessen ist, wie dem Höchsten. Wenn man es aber mit den verschiedenen Klassen der menschlichen Familie zu thun hat, muß der Unterricht den individuellen Umständen angepaßt werden. Das erhabene Ceremoniell, die kirchlichen Gebräuche, die beruhigende Predigt und der strenge Blick derer, die es für recht halten, ein wenig geistlichem Stolz nachzuhängen, mag für manche Geister passen; aber die Entwürdigten unseres Geschlechts in jedem Lande müssen so ziemlich auf dieselbe Weise behandelt werden, wie man sie im Verkehr mit den Verworfenen von London annimmt. Mögen wir uns den niedergetretenen Opfern des Sclavenhandels im schwülen Afrika oder unseren Brüdern auf den Gassen nähern, die weder Wärme noch Obdach noch Heimath haben, wir müssen, um uns ihr Vertrauen zu sichern, dieselbe Vermittelung anwenden — die magische Kraft der Freundlichkeit — ein Zaubermittel, das man als eine der Entdeckungen der Neuzeit bezeichnen kann. Dieses Zaubermittel kann nicht sofort wirken, noch können seine Wirkungen immer fortdauernd sein; das erste Gefühl des Unglücklichen, welche Farbe er auch haben mag, kann das des Mißtrauens, oder ein Argwohn sein, daß Freundlichkeit ein Beweis von Schwäche sei; aber die Gefühle, welche die Härte ihres Looses hat verwelken lassen, werden mit der Zeit aufsprießen wie das zarte Gras nach Regen. Daß Bischof Mackenzie im wahren Missionsgeiste das riesenhafte Uebel des Landes bekämpfte und den Unterdrückten eine Heimath und ein Obdach gewährte, das war es, was ihm so bald das Vertrauen des Volkes verschaffte. In jedem Falle müssen die Mittel der Verbesserung den besonderen Umständen des Volkes angepaßt werden. Die christliche Liebe muß sich jede Bemühung aneignen, welche christliche Liebe erdenken kann, um den Trägen aufzuwecken, den Thierischwilden zu civilisiren, den Unwissenden zu belehren und Allen das Evangelium der Liebe und Barmherzigkeit zu predigen.

Hinsichtlich der Resultate, welche durch die Arbeiten der Missionare bereits gewonnen wurden, sind wir auf die Entdeckung mancher sehr seltsamer und unerwarteter Thatsachen geführt worden. Da wir Sierra Leone und manche andere Gegenden der Westküste so gut wie einen großen Theil von Südafrika besucht haben, waren wir sehr erfreut über die Beweise des Erfolgs, die von uns persönlich bemerkt wurden. Die Schaaren wohlgekleideter, andächtig und verständig aussehender Anbeter sowohl im Westen als im Süden bildeten zu demselben Volke, das sich noch in seinem heidnischen Zustande befindet, einen wunderbaren Contrast. In Sierra Leone, Kuruman und anderen Orten schien der Sonntag zum Beispiel so gut gefeiert zu werden, wie nur irgendwo in Schottland. Der Anblick brachte einen unauslöschlichen Eindruck auf das Gemüth hervor, daß England durch seine Menschenliebe, die von der Nachwelt wird anerkannt und gewürdigt werden, viel Gutes gethan habe. Wären wir nicht vorher durch langen persönlichen Verkehr mit den Leuten in Kuruman, die sich fast ein halbes Jahrhundert der Missionsarbeiten Herrn Moffat's erfreut haben, genau bekannt gewesen, und hätten wir nicht den geistigen Zustand des Stockes gekannt, welchem alle seine Belehrten entnommen worden waren, so hätten wir irre geführt werden und den Erscheinungen einen geringeren Werth beilegen können, als sie verdienten. Aber wir haben reichliche Gelegenheiten gehabt, einen Ueberschlag zu machen, wie viel unter Belehrten, die sich als solche bekennen, wirkliches Christenthum sich findet, und wir haben durch Beobachtung und Untersuchung zu unserer Freude gesehen, daß die Behauptung des Capitän Burton, daß die Muhamedaner allein in Afrika Proselyten machen, nicht richtig ist; wir glauben, daß er, indem er sie aufstellte, eher beabsichtigte, die Vorurtheile derer zu bekämpfen, welche er für schwachsinnig hielt, als eine Thatsache zu behaupten. Die Anführung dieser Angabe in einer englischen Zeitschrift bewog uns, einige Untersuchungen anzustellen, deren Ergebnisse wir mit Vergnügen zum Besten geben, weil überall, wo das Christenthum sich ausbreitet, es die Menschen besser macht.

Bei der von der Regierung veranstalteten Volkszählung von 1861 betrug die Bevölkerung von Sierra Leone 41,000 Seelen. Von der ganzen Bevölkerung waren 27,000 Christen. Die Muhamedaner zählten zusammen 1734 Seelen, was für die Secte, welche „allein Proselyten macht," kein sehr starkes Verhältniß zu sein scheint. Im Jahre 1854 übernahmen die 12,000 Christen in der Colonie, welche zur anglikanischen Kirche gehören, die ganzen Kosten der Schulen, jährlich 800 Pfund Sterling. Wir wissen nicht, in welchem Stadium des Wachsthums der Kirchen der Eingeborenen auf der Westküste der Wunsch, die Religion, die sie angenommen haben, zu erhalten und auszubreiten, kund wurde; aber im Jahre 1861 hatten sich die Beiträge zur anglikanischen Missionsgesellschaft zu diesem Zwecke unter jenen afrikanischen Christen auf 10,000 Pfund Sterling belaufen. Diese Thatsachen beweisen ziemlich entscheidend, daß sie ein ernstes Verlangen tragen, die Segnungen, welche sie empfangen haben, ihren Kindern und Anderen mitzutheilen.

Es ist kein Versuch gemacht worden, von allen afrikanischen Missionen Kunde einzuziehen, aber aus den Antworten unantastbarer Zeugen geht hervor, daß die zur Erhaltung und Ausbreitung des christlichen Glaubens von Negern in Westindien und in West- und Südafrika gesteuerten Beiträge sich jährlich auf mehr als 15,000 Pfund Sterling belaufen. Wir wiederholen es daher, daß, während Muhamedaner in Ausnahmefällen ihre Religion weiter ausgebreitet und zu gleicher Zeit ihr Gelüst nach Beute oder ihre Selbstsucht befriedigt haben, die Regel ist, daß eingeborene Christen der Ausbreitung des Christenthums ihr Eigenthum opfern, obwohl sie stets unterrichtet sind, daß sie dadurch nie ihre eigene Seligkeit erkaufen.

Da wir die Gründe nicht haben finden können, auf welche hin die Ausbreitung des Muhamedanismus als eine Thatsache behauptet wird, so können wir nicht umhin, die Behauptung anderen zuzugesellen, die wider die englische gegen den Sclavenhandel gerichtete Politik aufgestellt worden sind und die wir bei einer Prüfung an Ort und Stelle als grundlos befunden haben. Diese letzteren scheinen von Händlern an der Küste ausgegangen zu sein, die in ihrem Rausche nichts dagegen haben würden, wenn sie den Sclavenhandel wieder neu belebt sähen. Mit aller gebührenden Achtung gegen unsere auswärts befindlichen Landsleute, und trotz der Ueberzeugung, daß sie einen höheren Sinn für Gerechtigkeit haben, als die Mitglieder mancher anderen Nationen, müssen wir doch gestehen, daß der niedrige englische Händler ein so arger Renommist ist, daß er der Fürsorge bedarf, und indem wir die nationale Pflicht des Starken, den Schwachen zu schützen, außer Frage stellen, denken wir, daß der Betrag des

Handels*), der sich durch Lord Palmerston's Politik auf der Westküste bereits entwickelt hat, die Fortdauer jener Politik in unverminderter Strenge verlangt.

Der Bericht des Oberst Ord — des zur Untersuchung der Lage der britischen Niederlassungen auf der Westküste Afrikas ernannten Commissars — der auf Befehl des Hauses der Gemeinen vom 29. März 1865 gedruckt worden ist, sagt: „Was den Sclaven-

---

*) Die dem Parlament vorgelegten jährlichen Handelsberichte zeigen, daß der erklärte Werth britischer und irischer Producte und Manufacturwaaren, die nach der Westküste Afrikas ausgeführt wurden, in Perioden von je fünf Jahren geordnet, folgender war:

Ausfuhr aus Großbritannien.

	Pfd. Sterl.					Pfd. Sterl.
1846—50	2,773,408	oder ein jährlicher Durchschnitt von				554,681
1851—55	4,314,752	„	„	„	„	862,950
1856—60	5,582,941	„	„	„	„	1,116,588
1861—63	4,216,045	„	„	„	„	1,405,348

Einfuhr.

Dieselben Handelsberichte zeigen, daß der Werth der Einfuhr afrikanischer Producte von der Westküste nach Großbritannien folgender war. Bor dem Jahre 1856 wird der „officielle Werth," nach dieser Zeit der „berechnete wirkliche Werth" gegeben:

		Pfd. Sterl.		Pfd. Sterl.
Officieller Werth	1851—55	4,154,725;	Durchschnitt	830,945
Berechneter wirklicher Werth	1856—60	9,376,251;	„	1,875,250
	1861—63	5,284,611;	„	1,761,537

Der Werth der afrikanischen Producte ist während der letzten drei Jahre in Folge der Entdeckung des Petroleums oder Steinöls in Amerika gefallen. Im Jahre 1864 wurden zwischen 4000 und 5000 Ballen Baumwolle nach England verschifft.

Man muß bedenken, daß unter dem System, welches bestand, als Sierra Leone, die Niederlassungen am Gambia und auf der Goldküste zur Beförderung des Sclavenhandels aufrecht erhalten wurden, der gesetzliche Handel jährlich nur 20,000 Pfund Sterling betrug, und daß jetzt das auf den Transport gesetzlicher Waaren verwendete Tonnengeld mehr beträgt, als beim Sclaventransport je bedungen wurde.

handel betrifft, so ist es eine feststehende Thatsache, daß er aus der Nachbarschaft jeder Stelle auf der Westküste, die zu einer britischen Niederlassung gemacht worden, verschwunden ist; die Entfernung, bis zu welcher er beseitigt worden ist, hängt größtentheils von der Weite ab, bis zu welcher die Behörden der Niederlassung im Stande gewesen sind, ihren Einfluß fühlen zu lassen. Auch braucht diese Erklärung nicht auf das britische Gebiet beschränkt zu werden, da die holländischen und dänischen Besitzungen auf der Goldküste und die Republik Liberia in gleicher Weise thätig gewesen sind, den Sclavenhandel aus ihrer Nachbarschaft zu verbannen."

Obgleich es von dem Punkte, auf welchen unsere Beobachtungen gerichtet sind, etwas abseits liegt, und wir nicht gern gegen den Verlust auch nur eines einzigen Menschenlebens für gleichgültig gehalten werden möchten, so ist es doch wünschenswerth, daß es weiter bekannt werde, als es ist, daß die Beschäftigung unseres Geschwaders jetzt nicht die Sterblichkeit in sich schließt, wie ehedem. Die Mannschaft ist nicht mehr so viel in den Flüssen beschäftigt wie früher; condensirtes Wasser ist in gewöhnlichen Gebrauch gekommen, und die Behandlung des Fiebers versteht man besser. In unserer eigenen Erfahrung fanden wir anstatt des Aderlasses, wie die Gewohnheit war, ein mit Chinin verbundenes Abführungsmittel so wirksam, daß ein Fieberanfall in der Regel nicht viel schlimmer war, als eine gewöhnliche Erkältung, und der Patient keine Kraft verlor. Eine etwas ähnliche Behandlung hat das Verhältniß der Sterblichkeit in Ihrer Majestät Schiffen an der Küste Afrikas tiefer herabgebracht als auf der westindischen und nordamerikanischen Station.*)

---

*) Die folgende Tabelle zeigt das Verhältniß der täglich an allerlei Krank-

Missionen auf der Westküste.   343

Wir fanden gewiß nie einen wohlthätigen Menschen, der seine ganze Nächstenliebe an's Ausland verschwendete und sich weigerte, den Kindern der Sünde und des Kummers in der Heimath eine gütige und helfende Hand zu reichen. Wir betrachten in der That seine Existenz als eine reine Erdichtung im Gehirn der Mißvergnügten, deren eigene Wohlthätigkeit nirgends leuchtet. Daher setzen wir voraus, daß uns von Seiten derjenigen, die für die dringenden Bedürfnisse der heimathlichen Bevölkerung auf's höchste empfänglich sind, kein Einwand gemacht wird, wenn wir mit Stolz die Missionsgesellschaften anführen, die auf der Westküste Afrikas arbeiten. Der Gesellschaften sind sechzehn an Zahl. Sechs davon sind britische, sieben amerikanische, zwei

heiten und Verletzungen leidenden, der Invalidirungen und der Todesfälle von 1000 Mann durchschnittlicher Truppen an verschiedenen Stationen:

Stationen.	Verhältniß der täglich Kranken von 1000.	Verhältniß der Invalidirungen von 1000.	Verhältniß der Todesfälle von 1000.
Heimath	48,1	31,3	9,6
Mittelmeer	61,8	45,4	10,4
Nordamerika und Westindien . . .	60,4	36,3	42,1
Brasilien	43,4	27,7	16,1
Stilles Meer	58,9	36,2	7,9
Westküste Afrikas	62,0	38,0	34,1
Vorgebirge der guten Hoffnung . .	76,7	31,3	18,1
Ostindien und China	86,7	61,6	26,1
Australien	40,0	28,4	13,7
Unregelmäßige Truppen	77,4	26,6	10,4

„Hinsichtlich des Verlustes durch den Tod der auf der Westküste lebenden Civilbeamten der Regierung ist keine genaue Kenntniß gewonnen worden; aber man kann annehmen, daß der Lebensverlust in Folge des Klimas unter dieser Klasse keineswegs groß ist. Die Leichtigkeit, mit welcher Beamten aller Dienstklassen, die irgend gefährlich an Krankheit leiden, erlaubt wird, auf Krankenurlaub in die Heimath zurückzukehren, muß bewirken, daß die Zahl der Todesfälle sich beträchtlich vermindert." Oberst Ord's Bericht, S. 30.

deutsche und eine westindische. Diese Gesellschaften erhalten 104 europäische oder amerikanische Missionare, haben 110 Stationen, 13,000 Schüler in 236 Schulen und 19,000 eingeschriebene Communicanten, eine Zahl, die wahrscheinlich eine christliche Bevölkerung von 60,000 repräsentirt.

Es ist besonders angenehm, den Eifer unserer amerikanischen Brüder zu sehen; sie zeigen die natürlichen Einflüsse und Wirkungen unserer heiligen Religion. Bei dem, der reinen und treuen Herzens ist, fragt es sich nie um Entfernung, sondern um Nothdurft. Die Amerikaner sind Hauptmissionare, und es ist nur ein Act der Gerechtigkeit, wenn wir sagen, daß ihre Arbeiten und Erfolge auf der Westküste alles Lob übersteigen. Und nicht an diesem Gestade allein leuchtet ihr Wohlwollen hervor. In Indien, China, der Südsee, Syrien, Südafrika und in ihrem eigenen fernen Westen haben sie sich als würdige Kinder des alten Vaterlandes — des Asyls für die Unterdrückten jeder Nation — der Quelle des Lichts für alle Länder · erwiesen.

Jetzt, wo wir nur einen matten Umriß von dem gegeben haben, was auf der Westküste gethan worden ist, fragen wir, wie die Portugiesen so dreist sein können, gegen 900 Meilen der Ostküste diesen civilisirenden und humanisirenden Einflüssen zu verschließen. Wenn wir auf den gesetzlichen Handel blicken, der sich in einem Theile Afrikas entwickelt hat, kann es da von der übrigen Welt geduldet werden, daß der größte Theil eines so reichen und fruchtbaren Continents zu Schlimmerem als Unfruchtbarkeit verurtheilt sein soll, bis die Spanier und Portugiesen ihren mörderischen Menschenhandel aufgeben lernen? Wenn diese entkräfteten Nationen von ihren berühmten Vorfahren sprechen, so geben sie stillschweigend zu, daß sie ein geistiger Stillstand derselben Art befallen hat, wie die Afrikaner und Andere. Die Vereinigten Staaten würden Spanien eine Wohlthat erweisen und ein großes Stück von dem Schleier wegreißen, der es blind macht, wenn sie Cuba annectirten; und England würde Portugal einen großen Dienst leisten, wenn es die Ansprüche auf Herrschaft auf der Ostküste ignorirte, durch welche es, einer bloßen Aufschneiderei in Europa wegen, sich den schlechtesten Namen in der Christenheit verschafft. Wie schon erwähnt, möchten die aufgeklärten Lissaboner Staatsmänner gern durch eine englische Handelsgesellschaft bewirken, was anderwärts durch englische Menschenliebe, geschützt durch englische Kreuzer, erreicht worden ist. Hier, auf der Ostküste, ist nicht ein einziger Eingeborener im Lesen unterrichtet, nicht ein einziger Handelszweig entwickelt worden, und wohin nur portugiesische Macht oder vielmehr Intrigue sich erstreckt, haben wir jenen Handel in voller Kraft, von dem man sagen kann, daß er jedes Gesetz Christi umstößt und die Rache des Himmels herausfordert.

Alle Bemühungen Englands zu seiner dauernden Unterdrückung werden durch wenige Verbrecher und dürftige portugiesische Gouverneure zu nichte gemacht, deren Macht in keinem Falle so weit reicht, als ihr unbewaffnetes Auge von ihren Forts aus sieht. Wenn Ostafrika noch immer nur für Verbrecher benutzt werden soll, warum sollen denn die Engländer die ihrigen nicht auch hinschicken? Es gehört den Portugiesen eben so wenig, als ihnen China gehört, weil sie Macao besitzen. So schlecht auch unsere Verbrecher sein mögen, sie würden besser sein, als die bereits hingeschickten. Weder Officiere noch Mannschaft würden Sclavenhandel treiben. Das Klima mildert und dämpft die Leidenschaften. Dies haben wir in Loanda beobachtet, wo jede Nacht die ganzen Waffen der Stadt sich in den Händen von Leuten befanden, die einst Verbrecher gewesen waren. Bei der gegenwärtigen Schwierigkeit, über unsere Verbrecherbevölkerung zu verfügen, verdient die Sache Erwägung.

In dem tüchtigen Bericht des Oberst Ord wird angegeben, daß, während die Gegenwart des Geschwaders an der Unterdrückung des Sclavenhandels einigen Antheil gehabt habe, das Resultat hauptsächlich dem Vorhandensein der Niederlassungen zu verdanken sei. Dies wird durch die Thatsache unterstützt, daß er selbst in den von Kriegsschiffen am wenigsten besuchten eben so wirksam unterdrückt worden ist wie in denjenigen, welche ihre beständigsten Versammlungsorte gewesen sind. Wir haben in unserem Inneren fortwährend die Ueberzeugung gehabt, daß eine Expedition oder Niederlassung landeinwärts größere Resultate als Kriegsschiffe auf dem Ocean erzielen und ihre Erhaltung nur halb so viel kosten werde, als die eines einzigen von Ihrer Majestät Kreuzern.

Ende des zweiten Bandes.

www.ingramcontent.com/pod-product-compliance
Lightning Source LLC
Chambersburg PA
CBHW020313240426
43673CB00039B/789